O Espiritismo à Luz dos Fatos

CARLOS IMBASSAHY

O Espiritismo à Luz dos Fatos

(Respostas às objeções formuladas à parte científica do Espiritismo)

☆

FEDERAÇÃO ESPÍRITA BRASILEIRA
DEPARTAMENTO EDITORIAL
Rua Souza Valente, 17
20941-040 — Rio-RJ — Brasil

ISBN 85-7328-172-3

6ª edição – *Do 20,6º ao 21º milheiro*

5,6-AA; 005-O; 8/2005

3º ORTD 11.460/B22

Capa de CECCONI

Reprodução fotomecânica e impressão offset:
Departamento Editorial e Gráfico – Rua Souza Valente, 17
20941-040 – Rio de Janeiro, RJ – Brasil
CNPJ nº 33.644.857/0002-84 *I.E. nº 81.600.503*

Pedidos de livros à FEB – Departamento Editorial:
Tel: (21) 2187-8282, FAX: (21) 2187-8298.

CIP-BRASIL. CATALOGAÇÃO-NA-FONTE
SINDICATO NACIONAL DOS EDITORES DE LIVROS, RJ.

I29e
6.ed.

Imbassahy, Carlos, 1883-1969
O Espiritismo à luz dos fatos: (respostas às objeções formuladas à parte científica do Espiritismo) / Carlos Imbassahy. – 6. ed. – Rio de Janeiro: Federação Espírita Brasileira, 2005
408p.: 18 cm

ISBN 85-7328-172-3

1. Espiritismo. I. Título.

98-1246. CDD 133.9
CDU 133.7

23.07.98 28.07.98 005735

A meu pai

o dr. Arthur Imbassahy

Preito de amizade,
respeito e gratidão.

Ao mestre

Leo de Affonseca

Pelos proveitosos exemplos de justiça, perseverança e amor ao trabalho.

Índice

INTRODUÇÃO

Em nossa terra, quando os doutos, com algumas e felizes exceções, se propõem tratar de Psiquismo ou do Espiritismo, é para dizerem mal. E nesse dizer mal, como é bem de ver, cometem os maiores enganos.

Há, por esse mundo, muita ignorância em referência às coisas supranormais; dir-se-ia, porém, que, entre nós, essa ignorância se estabilizou e condensou mais do que em quaisquer outras terras; de forma que, quando um patrício letrado sobe a uma tribuna ou empunha uma pena para tratar da matéria, podemos ter, de ante mão, a certeza de que vamos ouvir ou de que vamos ler os mais profundos dislates.

Em geral, os maiores adversários do Espiritismo são, além dos doutores em Teologia, os doutores em Medicina. E' fácil perceber a razão da inimizade: é que o Espiritismo cura. Parece que todo o mal vem daí.

Têm-se reunido em nossa capital vários congressos científicos, e, entre estes, alguns de Psiquiatria. Psiquismo e Espiritismo vêm logo à baila; para que, porém, os conspícuos membros dos aludidos congressos pudessem meter a colher no caso, seria necessário que dele entendessem alguma coisa. Entretanto, não é o que temos visto.

Há, em regra, nas doutas agremiações, a nata da medicina brasileira; notam-se ali oradores eloquentes, mestres eruditos, sabedores do idioma, cientistas de nomeada. Mas, psiquista, no rigor do termo, não aparece nenhum; quem conheça, ali, algo do que constitui, atualmente, o supranormal, não se vê.

Até aqui não há muito que estranhar. Embora mé-

dicos devessem estar a par do progresso de tais estudos, não lhes reprocharíamos o não se haverem neles especializado.

O pior, porém, é que abicam ao assunto e sobre ele discorrem com ênfase de pessoas muito entendidas; anatematizam daqui, invectivam dali, fulminam dacolá como se toda a vida lhes transcorresse com os rostos metidos nos livros metapsíquicos, como se todo o seu labor não fôsse outro que o das experiências de Psiquismo.

Mas que desastre as suas considerações! Quem possuir o mais ligeiro verniz do conhecimento da matéria, para logo lhes nota os erros de palmatória, as heresias científicas, as afirmações despidas de senso, as palavras cheias de mau sabor e de mau saber.

Imagine-se um grupo de inscientes em Astronomia a rir-se de quem lhes dissesse — como riam os antigos — que o Sol é maior que o Peloponeso! Pois é, sem tirar nem pôr, o papel dos senhores doutos quando entram a discorrer sobre uma ciência que lhes é completamente estranha. Quem os ouve tem a impressão de que eles falam por palpite.

Curar por espíritas ou pelos espíritos, que absurdo! — diz este; aquele acha que o tal que cura é um intrujão e devia ser posto imediatamente na cadeia. — Refinado velhaco! — exclama um outro, no auge da iracúndia e todos concordam, sem discrepância, que a lei devia ser de ferro para tão refinados patifes.

O Sindicato Médico, por exemplo, propôs, mesmo, ao governo, que se tomassem as mais enérgicas medidas, sem qualquer forma de processo. Chegava a parecer aquele caso do lobo, que "sans autre forme de procès", como diz Lafontaine, devorou o cordeiro em poucos instantes.

Há, entretanto, nesta cidade, espalhados por toda a parte, dezenas ou centenas de centros, onde os enfermos são curados aos milhares. Todo o mundo que não é membro do Congresso de Psiquiatria, do Sindicato Médico ou de qualquer corporação congênere, sabe disso. E se não sabe disso deveria saber. E o que se dá aqui, acontece em toda a parte; hoje o mundo científico europeu estuda o tratamento espírita, a que dá o nome de terapêutica espiritóide e lhe reconhece a eficácia. Mas, por estas bandas, a matéria, quando não causa indignação, é motivo que farte para chalaças.

Por acaso, os senhores respeitáveis doutores teriam ido observar de perto os trabalhos mediúnicos? Por certo que não, e por certo que se escandalizariam se os convidassem para tal, porque eles têm, antecipadamente, a convicção de que tudo aquilo não é mais do que escandalosa trapaça.

Esta questão das curas arrasta-os, por um processo subconsciente, para o negativismo geral. A terapêutica espírita incompatibiliza a classe médica com tudo o que diz respeito a Espiritismo. Ei-los cépticos, por consequência; daí o negarem tudo. Daí o verem fraudes e fraudadores por toda a parte: não há fatos, não há fenômenos, não há nada; tudo isso que por aí anda como "sobrenatural" é ardiloso embuste. Toda a plêiade de sábios que vem estudando e afirmando o fenômeno espírita não passa de uma récova de idiotas.

A classe dos que negam, até mesmo à evidência, não é pequena. Custa a crer que haja homens de ciência com tais ideias ou tais noções, quando já vai tão alto o progresso do Psiquismo. Mas há. E o que é mais lamentável é que não se limitam eles a dizer as suas heresias aos mais íntimos, ou a proclamá-las no recesso dos seus. Fazem mais. Como que se empenham em demonstrar a todos, que são criaturas superiores, que não acreditam em bobagens. E falam, então, de público. Não limitam a balbúrdia e o ataque ao âmbito de suas pequenas assembleias, onde todos possuem mais ou menos os mesmos rudimentos da matéria, onde mais ou menos rezam pela mesma cartilha, onde a insciência é a mesma.

Vão mais longe. Querem colocar a candeia acima dos telhados, conforme a prescrição evangélica. E escrevem-se livros, ostentando destarte os seus autores, universalmente, a mais pasmosa ignorância em Metapsíquica.

Felizmente, porém, já há outros que vêem um pouquinho mais longe. Os fenômenos psíquicos se espalham por tal sorte, que os mais prudentes ou os mais estu-

diosos já não se atrevem a declará-los inexistentes. Os muito doutos, quer religiosos, quer cientistas, já não têm coragem de se opor à evidência, por maior que seja a antipatia que votem ao Espiritismo e por mais interessados que estejam em combatê-lo.

Fatos são fatos. Eles vêm sendo observados por homens notabilíssimos, experimentados pelos mais eminentes professores, afirmados do alto dos institutos e das cátedras científicas; acham-se relatados por toda a parte, em folhetos, em revistas, em jornais, em livros, em compêndios; vivem comentados de boca em boca e já não existem, nos dias que correm, os antigos processos que os faziam calar.

Nestas condições, negar o fato seria empresa arriscada, senão empresa ridícula para aqueles que não estão inteiramente cegos. E assim já há os que não se atrevem a denunciar tudo como o resultado de uma fraude alarmante. Já é meio caminho andado o reconhecimento de que o fenômeno existe.

Não se pense, porém, que aqueles, cientistas ou religiosos, tenham, diante da clareza evidente do fato, abandonado o campo de peleja e se dado por vencidos ou convencidos. Mais do que nunca, oferecem pugnacíssima resistência, e os recursos que empregam, força é confessar, às vezes desnorteiam, parecendo que, com eles, se tornam invulneráveis. E' que lá acharam o seu calcanhar.

Assim, os cientistas, na defesa de suas leis, quando não negam tudo, arrimam-se ao subconsciente; e os religiosos, na defesa dos seus cânones, abroquelam-se com o diabo. Às vezes, trocam de trincheira, e, ou por trás do diabo, ou por trás do subconsciente, se ajeitam de tal feito, que nem sempre é fácil apanhá-los.

Todas as manifestações espíritas são, para uns, consequências de algo que existe pelos subterrâneos da alma; para outros não passam de ardis daquelas almas que andam pelos subterrâneos do mundo; ali o inconsciente, aqui o demônio.

Nestas condições, poderemos esfalfar-nos à vontade com as nossas provas. Tragam-se os fatos mais interes-

santes, mais impressionantes, mais extravagantes. Nada conseguiremos, porque o subconsciente é tudo, o diabo tudo pode.

Mostrem-se os fenômenos, por mais perturbadores que sejam ou por mais demonstradores que pareçam, ninguém se aflige. E veremos os doutores da Academia, fleugmáticos, com as maneiras seguras de quem sabe, dizer — mas isto é o subconsciente; e iremos topar com os doutores da Igreja, graves, com o aspecto severo de quem sentencia, exclamar: — mas isto é o diabo.

Ora, o subconsciente não se deixa analisar, pelo menos "in loco". Ele é inacessível aos nossos olhares, é intangível, é profundo como o infinito; tornou-se científico, mas imaginário como o eixo da Terra; por maneira que, quando os representantes da Ciência descobrem um fato insólito, indemonstrável por suas leis conhecidas, irresolúvel pelos seus velhos conhecimentos, jogam-no para o subconsciente, como um sapateiro jogaria os mais diversos e variados petrechos para a sua gaveta; como jogamos para um baú velho tudo o que sobra dentro do lar, tudo para o que não temos lugar apropriado e definido.

Por sua vez, o diabo ainda é mais difícil de analisar, além de impossível de perceber. Quem é capaz de lhe descobrir os limites do poder? Quem sabe até onde irá a sua terrível ação? Pois não o vemos, com o seu cavanhaque, fremente de astúcia, fazer face às venerandas barbas do Criador, frementes de cólera, segundo ensinam as religiões que têm dominado entre nós?

O caso é que, para discutir com doutores e padres, temo-nos que avir com coisas e personalidades impalpáveis, abstratas, inatingíveis. E quando pensamos entrar em cena com os nossos fantasmas, quem entra com os fantasmas são eles.

Dir-se-ia inútil teimar. Os representantes da Igreja afirmarão, sempre, que existe um ser das trevas universais, que procura enganar o homem, mau grado o remédio da fé; os representantes da Academia dirão que há, nas trevas do ser, um estado mórbido, mau grado o remédio da botica.

E não fogem daí. Os eclesiásticos, apoiados no espírito do mal e os seculares, no mal do espírito, formarão uma barreira quase impossível de transpor.

Depois do que, ficam a sorrir, vitoriosos, esperando que tenhamos à mão o subconsciente ou vamos ter à mão do diabo.

*
* *

Referimo-nos aos congressos de Psiquiatria e ao Sindicato, fontes de ininterrupto ataque ao Espiritismo.

Os primeiros limitavam-se ou se limitam a despejar da tribuna os raios de sua olímpica, mas inócua indignação, alvitrando os meios de debelar o mal espirítico. Já o outro é mais prático; age, em regra, por baixo de mão. E vai, assim, como quem não quer a coisa, conseguindo leis coercitivas e proibitivas da mediunidade.

Quando surge um regulamento médico, pode-se ter a certeza de que lá vem um artigo fulminante contra os médiuns. Quando é preso alguém, quando, na melhor hipótese, alguém é denunciado por estar aliviando, sem remuneração, os males do próximo, aí vereis o dedo do Sindicato. Quando um juiz condena um desses abnegados benfeitores, é quase certo que, em torno da sentença, pairou a sombra daquela conspícua entidade, assim como, em outras épocas, pairava por sobre a fogueira dos hereges o espectro do Santo Ofício.

Quando a perseguição é maior aqui ou ali, quando os esbirros fecham os centros, quando a ameaça vive em torno das sociedades espíritas, é comum ouvir-se, da autoridade que preside a diligência, que foi o Sindicato que denunciou, que oficiou, que pediu, que agiu...

E, às escuras, vai ele pondo em prática a sua ação repressora, esperando, com muito denodo e maior paciência, salvar, enfim, a sociedade, da "terrível praga que a infesta".

O mediunismo é faculdade que o Sindicato não se dá ao trabalho de examinar, nem põe grande empenho em conhecer; se ele existe, com ou sem a vontade do paciente, não lhe importa. Para ele não passa de um caso puramente policial. Médiuns, e médiuns que curam, é pô-los na cadeia.

Não se pense estejamos revoltados. Cumpre compreender as fragilidades humanas e corrigi-las, quando for possível.

Notava Salomon Reinach que os homens não perdoam as doutrinas que lhes fazem perigar os interesses; eles não a atacam, porém, alegando esse motivo; procuram e fàcilmente descobrem outro.

> *"Les hommes ne pardonnent pas aux doctrines qui mettent en péril leurs intérêts, mais ils ne les attaquent pas en avançant ce motif: ils en cherchent et en découvrent aisément d'autres."*

Assim é que S. Paulo foi perseguido pelos que vendiam objetos sacros em Éfeso, os cristãos de Betânia foram denunciados ao imperador romano, grandes vexames sofreu Plínio, o jovem, Zola foi fortemente atacado pelos monges, porque não tratou com o devido respeito o comércio que se fazia à custa dos milagres de Lourdes.

Não é difícil, pois, verificar a razão da cruzada contra o Espiritismo e donde ela parte. Mas acreditamos que tanto o Sindicato como a Igreja estejam sèriamente convencidos dos malefícios que o Espiritismo produz, velando o primeiro, com o máximo interesse, pela saúde pública, pelo equilíbrio mental dos cidadãos, pela higiene do país; e procurando a segunda, com o maior esforço, salvar as almas do naufrágio a que as conduz essa doutrina já proibida por Moisés, conforme ela sustenta.

Isso é o que lhes diz a consciência. Aquele perigo de interesses, de que fala o historiador, processa-se todo ele nos refolhos do espírito; devem ser os mananciais inconscientes, os impulsos que surgem da profundeza do ser, a que se refere Sigmundo Freud, o mestre por todos reverenciado e acatado, o psicólogo por excelência, consoante eles afirmam.

A lenda também os conhecia, aos impulsos. Sabe-se que Caronte costumava passar, indiferente, na sua barca, todos os que se dirigiam para o Inferno. E lá, aquelas almas perdidas encaminhavam-se, automàticamente, para seus postos, sem a menor perturbação, sem a menor desordem, como as levas dos reservistas militares dirigindo-se para os seus respectivos corpos, numa nação disciplinada, ao toque de guerra.

Eis, porém, que um dos defuntos apareceu sem o preço da passagem, isto é, sem a moeda de prata que era de uso meter-se na boca dos mortos, para que eles pudessem atravessar o Estígio. E o desgraçado, além das desgraças que já pesavam sobre si, surgiu em pleno Hades sem o óbolo, sem a moeda, sem o dinheiro!

E agora vereis a consequência. Que azáfama, que reboliço!... Aquilo se tornou, verdadeiramente, um inferno! Foi uma anarquia, um estrupício de mil demônios. Todos falavam ao mesmo tempo e ninguém se entendia. Alvitraram, então, para a pobre alma, os mais tremendos suplícios.

Necessàriamente, que não era por causa da questão pecuniária, conclamavam os responsáveis pela ordem daquelas paragens, — mas era pela irreverência, pelo desacato que sofria o Averno.

O mesmo acontece em nossos dias, a todos os instantes, ainda nos atos mais comuns da vida.

Veja-se um indivíduo a quem o condutor do bonde não lhe deu um pequeno troco. O homem se enfurece, é capaz de produzir ali mesmo uma cena de pugilato. Não. Mas não é pelo níquel, explica ele, é pelo desaforo do outro!

Não se trata, no nosso caso, de atacar o Espiritismo; toda a questão está na salvação das almas e da saúde pública.

*
* *

Alguns patrícios nossos, mais afoitos, mais corajosos ou mais honestos, deixaram o método das perseguições anônimas; compreenderam a inocuidade das profligações orais e resolveram movimentar a campanha, vindo de público, com o valor dos seus conhecimentos, a responsabilidade dos seus nomes, a autoridade das disciplinas que professam, dizer dos inconvenientes, dos erros, da falácia do Espiritismo.

"Escripta manent". Antes assim. Já há alguma coisa de concreto. Já não esgrimimos no ar. Os fantasmas tomam corpo.

São, pois, àqueles patrícios que vimos, com especialidade, responder. Trata-se de vultos eminentes da ciência ou da literatura. São todos ou quase todos membros das mais doutas agremiações do país; pertencem à Academia de Medicina ou à Academia de Letras; são pessoas laureadas aqui e no estrangeiro. Suas opiniões, dados a fama de que gozam e o prestígio que os cerca, podem influir e de certo influem no ânimo do público, que lhes confia no saber, que lhes admira a inteligência, que os segue nos conselhos.

E', pois, imprescindível demonstrar que não obstante todos aqueles predicados, o erro é deles; que eles é que desconhecem o assunto, apesar de mestres em muitos outros.

E' preciso fazer ver que a doutrina espírita repousa em bases sólidas, contra as quais seriam inúteis os mais gigantescos esforços, quer os titãs empenhados na pugna manejem a pena ou usem da palavra; ainda mesmo que esses titãs sejam os afamados homens de saber a quem temos a ousadia de contraditar neste livro.

E' preciso mostrar, ainda, que, firmado nos alicerces inderrocáveis dos fatos, o que o Espiritismo pretende é encaminhar o mundo a destinos melhores; a sua doutrina tem por escopo o bem, a paz e a fraternidade; o que ela procura, com o seu cortejo de fenômenos, é descerrar aos olhos da humanidade à cortina que lhe veda os horizontes da outra vida, para que fiquem sabendo, os homens, que a iniquidade por eles praticada só se redime à custa de longos e penosos sofrimentos.

Os fatos, a que nos vamos cingir neste trabalho, vêm abrir uma clareira no cipoal denso que obscurece a razão das criaturas.

Questões insolúveis, até agora, tornam-se claras pela filosofia dos espíritos; o grande problema da dor hu-

mana, diante do qual emudeciam as religiões do Ocidente, é agora explicado e ventilado; o grande mistério do destino encontra, em nossos dias, a sua solução.

Como todos sabemos, o sofrimento coube em partilha aos habitantes deste minúsculo planeta. E' o Espiritismo que, depois de trazer-nos a chave dos enigmas, e dizer a razão de nossas angústias, vem apontar-nos o meio da liberação: — esse meio é a nossa reforma, o nosso progresso intelectual e moral; é a nossa regeneração, é o esforço contínuo para despojar-nos dos maus sentimentos, é a ascensão pelo saber e a purificação pela virtude; é a escalada dessa intérmina escada de Jacob, que mal conhecemos com o nome de evolução, e que conduz à eterna felicidade.

Para provar aos nossos semelhantes a verdade da doutrina e encaminhá-los na estrada do dever, é que lhes apresentamos os fenômenos em que o Espiritismo se estriba, uma vez que já passou a época da fé cega e os indivíduos exigem a demonstração do que se lhes diz.

Pois é isto justamente o que nossos adversários querem destruir. Todo o seu nobre intuito é deixar a humanidade às tontas. O consolo que as lições do Alto nos trazem para melhor suportarmos as agruras da existência, a luz que os fenômenos jorram sobre as nossas grandes dúvidas, os ensinos, que devem reformar o nosso caráter, tudo isso pretendem eles pôr de lado, para deixarem em seu lugar o vazio, o nada, ou as obsoletas doutrinas que a razão humana repele.

Destarte negam firmemente os fatos que vêm, como um revulsivo, curar as feridas do gênero humano, ou lhes dão uma interpretação, absurda embora, que os desvirtuam, enfraquecem e lhes desbotam o valor —, o único valor que possuem, que é o de obrigar-nos a refletir sobre a imortalidade e suas extraordinárias consequências.

Dir-se-ia que o que têm em mira é estancar a fonte de bálsamos que a filosofia nos oferece; em suma, parecem todos fortemente apressados em dizer aos seus coevos que eles podem e devem continuar dando expansão aos impulsos animais; que nada lhes acontecerá pelos seus delitos, e que o fim de tudo é o pó, pó que somos e para o qual havemos de reverter, como dizem as necrópoles e as escrituras.

Tal é o belo desiderato a que colimam, deixando, "aos que tiverem fé", a furtiva esperança de se salvarem, à última hora, pelos sacramentos.

* * *

O fato de médicos e padres se insurgirem sistemàticamente contra o Espiritismo e lhe darem combate sem quartel, faz com que correligionários nossos procurem revidar no mesmo terreno, e vêem eles os seus antagonistas como inimigos declarados.

Não acertaríamos com esse proceder de alguns confrades, se não soubéssemos como somos ainda frágeis, como nos deixamos dominar pelos instintos e vencer pelas paixões.

O sentimento de hostilidade, em nós, é indefensável. E' indefensável porque não podemos ser sectaristas. Já devemos compreender e desculpar os erros alheios. A inflexibilidade deve ser para os nossos erros.

Cabe-nos tudo examinar com calma e só decidir em face da razão e diante do fato comprovado. E' preciso ver que não defendemos, obstinadamente, tal ou qual doutrina, mas procuramos, simplesmente, a verdade.

O católico ou o protestante têm como dever sustentar os respectivos catecismos, não importa os disparates que eles contenham. A maioria dos homens de ciência firmam-se nos conhecimentos adquiridos e não admitem mais nada que os possa contrariar. No Espiritismo o método é diferente: investiga-se sempre.

Nestas condições, não podemos ser contra seitas, princípios ou disciplinas, mas tão sòmente contra os erros. E com mais forte razão não poderemos ser contra os sectaristas ou disciplinadores, a quem não só devemos tolerar, como ainda estimar, procurando, se nos for possível, esclarecê-los, admitindo mais, que possamos por eles ser esclarecidos, quando o engano for nosso.

Este opúsculo não será, portanto, uma diatribe contra determinadas classes ou contra determinadas pessoas.

Aqui estamos para ventilar assuntos. Padres e médicos merecerão sempre o nosso maior acatamento e respeito.

Nem podia deixar de ser assim. O autor destas linhas tem, com a profissão médica, quase todos os seus parentes, desde o pai, até um irmão que muito estima. São médicos os seus melhores amigos, e de médicos tem recebido inapreciáveis favores. Entre os padres também se honra de possuir sólidas amizades.

Que se veja, portanto, nas páginas que se vão seguir, o simples desejo de deixar claras umas tantas questões que muitos desconhecem.

Se linhas atrás nos referimos com especialidade à classe médica e à sacerdotal é porque delas parte o grito de alarma, o grito de guerra contra o Espiritismo. Julgam a doutrina sem lhe compreender o alcance ou lhe aprofundar o mérito, e daí a campanha, tanto mais lamentável, quanto insegura em seus esteios e, às vezes, subalterna em seus móveis.

Os que se batem, porém, pela verdade, têm por obrigação nortear-se tão sòmente, pelos princípios; o que lhes compete é examinarem os argumentos expostos pelos antagonistas, sem fazer reparo nas pessoas que os apresentam; e, sobretudo, não acoimemos sempre de inconfessáveis os propósitos deles, porque, nós próprio, já temos notado muita sinceridade e boa fé em adversários intransigentes.

Que nos acudam, em vez dos maus exemplos, os casos em que médicos ou padres fazem jus a nossa admiração.

Padre — que se nos afigure aquele que Julio Diniz nos descrevia na "Morgadinha dos Canaviais".

Medico — que se nos lembre aquela figura de Miguel Couto, o inolvidável mestre da Medicina, em nosso país:

> *"O médico elege a profissão do sofrimento. Clinicar, que pelo étimo grego da sua raiz significa estar junto do leito, é sinônimo de sofrer. Sofre cada um as suas dores, sofre o médico as de todos. Sofrem todos pelos seus, e pelos dos outros. Sofrem todos por ver o sofrimento, sofre o médico por vê-lo e o não poder remediar. Sofrem todos sem nada fazer, sofre o médico pelo que*

faz e pelo que não faz. Sofrem todos pelo que vêem, sofre o médico pelo que vê e pelo que adivinha. Sofrem todos com lágrimas, sofre o médico com angústia.

Eis, meus amigos, o que vos espera; a vossa profissão é de heroísmo." (1)

*

* *

A nossa peleja é apenas no terreno científico. Bem sabemos da pobreza dos nossos recursos em comparação com o brilho, o talento e a erudição dos nossos adversários. E só nos abalançamos à temerária empresa de refutá-los, pela certeza em que nos achamos de que eles estão completamente em erro. Mas a nossa discordância não significa que lhes malqueiramos ou lhes maldigamos. E por maiores que sejam os seus enganos, neste caso especial, nunca deixaremos de fazer-lhes justiça, nunca olvidaremos o muito que têm contribuído com as suas luzes para a literatura e para o progresso da ciência, em outros ramos.

Que nos relevem a linguagem, por vezes mais ligeira e menos grave do que requer o nosso estudo. E' ela para amenizar a monotonia do assunto e a aridez da estrada que temos que percorrer, toda cimentada em provas.

Aliás, será pequena a nossa contribuição. A argumentação despendida terá por base a lição dos acontecimentos e será com a documentação, com a experiência alheia que iremos discutir, uma vez que a nossa poderia ser posta em dúvida, ou seria, pelo menos, suspeita.

Vamos deixar falar os fatos.

Rio de Janeiro, Agosto de 1935.

CARLOS IMBASSAHY.

---

(1) **Miguel Couto** — Album dos doutorandos de 1918.

Os fenômenos

O Dr. Paul Gibier, ex-interno dos hospitais de Paris e Ajudante do Museu de História Natural, mais tarde convidado pelo Governo americano para importante encargo, refere que estava a dar a última demão num relevante trabalho, quando recebeu a visita de um dos seus melhores amigos, colega das épocas de hospital. E este, depois de certo tempo, parecendo examiná-lo com inquieta atenção, lhe disse ex-abrupto:

— V. se ocupa com Espiritismo? Porque — continuou o colega — eu ouvi falar disso, e muito espantado ficaria se tal sucedesse, visto como me parece que um homem de bom senso...

— Só há que espantar — respondeu o cientista — com as suas palavras, porque, enfim, meu caro amigo, que é o que V. sabe de Espiritismo?

Nesse ponto — declarou Gibier — o seu visitante, um sábio com que a Faculdade de Medicina se honraria por poder um dia contar entre os seus mais brilhantes professores, produziu numa curta arenga — **nous fit, dans une courte harangue** — a prova de que não sabia as primeiras palavras do assunto. (2)

Também nos conta Delanne, o conhecido psiquista francês, que, em certa ocasião, um deputado, o Sr. Naquet, anunciou que iria fazer uma conferência sobre o Espiritismo e seus adeptos.

Esperava-se da parte do eloquente orador uma re-

---

(2) **Paul Gibier** — "Le Spiritisme. Fakirisme Occidental", 1896, pág. XXVII.

futação em regra, com bons argumentos. Mas não houve nada disso. O orador limitou-se a reeditar os mais desusados lugares comuns e levou a audácia a afirmar que nenhum homem, com alguma notoriedade, se havia, algum dia, ocupado com semelhante matéria.

Uma senhora da assistência levantou-se, então, e lhe mostrou a lista dos sábios estrangeiros que publicaram obras sobre o Espiritismo. O Sr. Naquet confessou ingênuamente a sua ignorância. (3)

Estes casos fazem-nos recordar o que também sucedeu conosco.

Um pastor protestante lembrou-se, certa vez, de pregar, em Niterói, contra o Espiritismo.

Fomos ouvi-lo, e como nos parecesse que ele desconhecia os vultos eminentes que trataram do caso, numa réplica, fizemos como a senhora presente à conferência do deputado Naquet — apresentamos-lhe alguns nomes de cientistas notáveis.

O digno ministro não confessou, como o outro, o seu desconhecimento, mas limitou-se a declarar-nos, com certa displicência:

— Não são gênios!

Certo psiquiatra foi mais além e diz, tratando da Religião:

"Vem desde o culto aos seres inanimados, seguido do aos vegetais e animais, chega ao exoterismo filosófico, depois de ter passado pelo politeísmo greco-romano, e vem até ao positivismo de Augusto Comte, que divinizou Clotilde de Vaux, depois de ter criado o Espiritismo de Allan Kardec que ora avassala a Humanidade como uma nova epidemia de loucura religiosa, igual a tantas outras que a tem castigado em épocas diversas de sua evolução, e no só domínio do sentimento religioso que a tem empolgado em todos os tempos." (4)

Há quase um século que a Ciência se vem ocupando com os estudos espíritas. Andam por dezenas de milhares as obras a respeito; multiplicam-se as fundações; os

---

(3) G. Delanne — "Le Spiritisme devant la Science", 1923, pág. 182.

(4) Xavier de Oliveira — "Espiritismo e Loucura", pág. 12.

Institutos se espalham por todas as grandes capitais; os mestres deixam as suas especialidades e vêm estudar, com o rigor e o método empregados nas suas respectivas disciplinas, esse importante assunto.

Tempo perdido, pois ao Autor tudo não passa, em matéria de Espiritismo, além da epidemia da loucura, de uma entidade mórbida, a clássica histeria:

"Demonopatia, espiropatia, no reinado do sabbat ou do candomblé, tudo, a meu ver, é a mesma coisa, — o disfarce de uma só e única entidade morbida, a clássica histeria de Sydenham e Charcot, e de Babinski e de Freud."

Veja-se a que pílula ficaram reduzidos os estudos metapsíquicos! "A clássica histeria".

E vai o psiquiatra por aí afora, embrulhando o mediunismo, o Espiritismo, o histerismo, o idiotismo, tudo na mesma colcha, sem perder o humor:

"Em verdade, porém, um esquizofrênico tanto se pode convencer de que tem dentro do estômago o espírito de Allan Kardec, como o Zeppelin do comandante Eckner, juntamente com o comandante Eckner."

A piada, não há dúvida, é das melhores. E se o livro fôsse, apenas, um livro para rir, se tudo não passasse da chalaça, dos esquizofrênicos, com o zepelin na barriga, o comandante Eckner inclusive, nada teríamos que dizer, ou acrescentar.

Era deixar para aí o leitor estourar de gargalhadas. Mas, infelizmente, não se trata, tão sòmente, de um livro engraçado; o Autor o apresenta como um livro de Ciência; o livro caiu nos meios anti-espíritas como a sopa no mel. Hoje, quem escreve sobre o Espiritismo, quer venha do seminário ou da academia, traz-nos logo à frente livros que tais.

Protestantes, católicos, médicos, literatos e críticos, todos confundem suas vozes num brado de louvor quando aparece uma obra como essa.

*
* *

Gibier dizia na introdução de sua obra: "O Espiritismo":

Assim, quando em uma reunião de sábios a questão do Espiritismo é posta sobre o tapete, em Paris, por exemplo, no ano da graça de 1886, nove vezes sobre dez, ouvireis dizer: — *"Tout cela est de la plaisanterie."* Tudo é gracejo! Há muito tempo que o Espiritismo está enterrado; e desde que a grande epidemia de espírito-mania reina no mundo, há uns trinta anos, mal existem, aqui e ali, alguns desequilibrados, *(quelques toqués)* que se entregam à prática das mesas girantes. Tudo isso é o produto da burla ou de uma alucinação coletiva".

Mas, se quiserdes ir ao fundo das coisas e questionardes aqueles que resolvem *par les grands mots* o problema das mesas girantes, isto é, que se elas giram, também fazem girar mal as cabeças, fàcilmente vos convencereis de que a opinião assim afirmativamente emitida não é apoiada por nenhuma experiência pessoal. (5)

Em 1886 já os "entendidos" achavam que o Espiritismo não passava de gracejo e que estava enterrado. O gracejo ainda hoje provoca os afamados livros dos conspícuos psiquiatras.

Como disse Gibier, a opinião daqueles entendidos não tinha por base qualquer experiência.

Também é, mais ou menos, o parecer de Russell Wallace, o grande naturalista inglês:

"As acusações e as críticas excitam, apenas, sentimento de compaixão pela ignorância voluntária desses escritores.

"O estado dalma dos espíritas, tranquilo e confiante, deve ser apresentado aos seus adversários, que conhecem tanto a literatura espírita, como a verdade contida nos Vedas." (6)

Hoje, entretanto, os Vedas são mais conhecidos ao comum dos mortais, que a literatura espírita, ao comum dos nossos antagonistas. Verdade é esta, tão palpável como a de que as objeções deles não têm supedâneo experimental. E' fácil ver.

---

(5) **Paul Gibier** — "Le Spiritisme", 1896, pág. XX.

(6) **Russell Wallace** — "Miracles and Modern Spiritualism".

O autor de uma obra contra o Espiritismo caiu nalguns candomblês de má fama, apanhou a colcha de retalhos que por aí anda em opúsculos suspeitos, e, com o adminículo de alguns nomes conhecidos, formou o seu juízo. (7)

Um psiquiatra tirou as suas conclusões no Hospício Nacional: chama a si os loucos e aguarda que os fantasmas lhe desfilem diante dos olhos!

Quase que se resume nisso, em matéria de Psiquismo, o que há em nossa terra por parte de psiquiatras.

A VIDENTE DE WEINSBERG

O caso se desenrola, em grande parte, nas prisões de Weinsberg, na Alemanha, e não deixa de ter certo parentesco, embora longínquo, com os do Dr. Oliveira, que queria os seus no hospício do Rio de Janeiro.

Ali o médium era são e foi parar às grades porque a época, como ainda hoje, não se mostrava favorável ao exercício da mediunidade.

Vamos ao episódio, que é relatado por dois grandes psiquistas: a Sra. Crowe e Ernesto Bozzano, que, por sua vez, o extraíram de um estudo do Dr. Justinus Kerner, escritor, médico e pesquisador alemão, muito anterior a Allan Kardec, autor de uma obra antiga, mas célebre — "A Vidente de Prevorst"..

Uma "sensitiva", Elisabeth Eslinger, foi conduzida à prisão de Weinsberg, da qual era médico o Dr. Justinus Kerner. Ela começou a ser conhecida por ocasião de pesquisas de um terreno oculto. Tinha, então, relações com um Espírito, que se manifestava, mais tarde, mesmo na prisão.

Sabedor do fato, e querendo não só desiludir os "ingênuos", como desmascarar a "embusteira", o diretor do presídio prometeu recompensar com a liberdade imediata os prisioneiros que a apanhassem em fraude.

E' fácil calcular a pressa que eles se deram por conseguir o prêmio, que lhes parecia tanto mais fácil de

(7) L. Ribeiro — "O Espiritismo no Brasil".

adquirir, quanto mais difícil era o se fazerem truques, trapaças e ligeirezas, sem compadrio nenhum, na cela de um ergástulo.

Mas, pobres prisioneiros, não conseguiram por esse processo a liberdade, e tiveram de confessar que os fatos a que assistiram foram da mais absoluta autenticidade. Não poderia haver testemunhas menos suspeitas.

Elisabeth era uma rapariga cheia de saúde; a entidade espiritual, que a visitava no presídio, dizia ter sido padre católico e achar-se no Espaço em condições inferiores de existência, como resultante das graves faltas cometidas, quando era vivo.

O "Espírito" se manifestava entrando pela porta ou pela janela. Quando chegava pela porta, abria-a de maneira visível, e todos os assistentes percebiam, durante o instante da abertura, o corredor que dava para a cela.

Quando o fantasma vinha pela janela, que, como é de ver, se achava em lugar alto e estava fechada por sólidos vergalhões de ferro, ele os sacudia violentamente. Todos presenciavam as sacudidelas.

Alguns magistrados, querendo observar até que ponto era possível abalar as barras, ordenaram a muitos homens robustos que experimentassem fazer o mesmo que o Espírito, e verificou-se que eles mal conseguiam sacudi-las fracamente, com os esforços conjugados, enquanto o Espírito as abalava e *fazia* estremecer com violência.

Quando a entidade se aproximava de uma pessoa, esta sentia sopros glaciais, acompanhados de uma espécie de crepitação elétrica, ruídos análogos a tiros de pistola, e insuportável mau cheiro cadavérico, a ponto de alguns desfalecerem.

Contornava-lhe a cabeça uma luminosidade baça; só certos assistentes percebiam essa fraca luminosidade; outros viam uma sombra vaporosa, de forma humana; outros, ainda, discerniam o aspecto normal do Espírito, tal como o descrevia a vidente. Todos, porém, ouviam os ruídos diversos que se produziam, sentiam as rajadas de vento frio e percebiam o temível e incômodo odor cadavérico.

Alguns membros da comissão encarregada do inquérito tiveram a ideia de fechar-se na sala da médium com um gato que pertencia aos guardas. Desde que o fantasma apareceu, o gato se mostrou extraordinariamente inquieto; em suas tentativas de fugir, atirava-se cegamente para as paredes do aposento; introduziu-se, depois, nas cobertas da cama e não se mexeu mais.

Renovaram a experiência com deploráveis resultados para o pobre felino que, desde então, recusou a comida e não tardou a morrer.

O Espírito se manifestava, também, na casa dos membros da comissão, na do diretor do presídio e na do Dr. Kerner. Ele se anunciava pelos sinais já descritos: vento glacial, crepitações, tiros de pistola, odor nauseabundo, toques e também estigmas.

Estes eram os mais interessantes fenômenos produzidos; havia, ainda, impressões materiais deixadas pelo fantasma; a mão deste materializava-se e ficava moldada em panos, com forma de queimadura. Viu-se, certa vez, a médium enrolar a mão num lenço e dá-la a apertar ao fantasma, o qual, ao tocar no lenço, deixava desprender uma pequena chama.

Tal é o relato do Dr. Kerner. Estamos vendo muita gente a rir, mas testemunharam aqueles fatos, além do Dr. Kerner e dos detentos, o Dr. Seyffer, o Dr. Sicherer, o juiz Heyd, o barão von Hugel, o professor Kapft, o advogado Fraas, o pintor Wagner, o gravador Dettenhoffer, o diretor da prisão, o juiz Mayer.

Este, não podendo absolutamente acreditar no que lhe vinham relatar tantos homens, pediu a Elisabeth que fizesse o Espírito visitá-lo em sua casa.

O Espírito não se fêz de muito rogado e o juiz narra a visita por esta forma:

"À noite, depois desse meu pedido, deitei-me, pouco crente em tal visitante. Mas, acordei lá para a meia-noite, sentindo que qualquer coisa me tocava no cotovelo esquerdo; depois, percebi aí uma dor, e de manhã, quando fui olhar para o lugar, deparei com muitas manchas azuis. Disse a Eslinger que isso não bastava e que era preciso pedir ao fantasma que me tocasse no outro cotovelo. Foi o que sucedeu na noite seguinte, sentindo eu, ao mesmo tempo, odor de putrefação. As manchas azuis se repetiram. Também senti sopros de vento frio e vários ruídos, mas não cheguei a ver a forma do fantasma. Quem a viu foi minha mulher, que rezou durante todo o tempo em que o espectro lá esteve."

Como se vê, há perfeita concordância, por parte das testemunhas, na exposição dos fatos, conforme os relata o Dr. Kerner, que os documenta. (8)

Vejamos, entretanto, como foi a intervenção de um Dr. Dorr. Este não chegou a escrever livro nenhum para provar o estado de loucura ou a desfaçatez da fraude de Elisabeth Eslinger, mas espalhara por todos os cantos que aquilo era impostura; e zombava daqueles que acreditavam nessas "baixas superstições".

Tal qual os obstinados adversários modernos do Espiritismo, não lhe adiantavam os documentos, nem os testemunhos.

Ele descria de tudo, apesar dos detentos, apesar de Seyffer, e de Sicherer, e de Heyd, e de von Hugel, e de Kapft, e de Fraas, e de Wagner, e de Dettenhoffer, e do médico da prisão, e do diretor da mesma.

Foi quando o Dr. Kerner solicitou à vidente que fizesse o Espírito ir à casa do motejador. O Espírito, acessível como sempre, lá foi e se manifestou pela forma habitual.

Dorr passou uma noite horrível e pagou um caro tributo pela sua iniciação. Honesto, porém, contribuiu com o próprio testemunho, para o inquérito do Dr. Kerner, a quem apresentou um relatório do que lhe sucedeu e que terminava por estas palavras:

"Quando eu ouvia falar desses acontecimentos, ria à vontade, o que me elevava muito na estima dos bem pensantes; espero agora que os bem pensantes se riam de mim."

*

* *

---

(8) **Crowe** — "The Nightside of Nature". — **Bozzano** — "Marques et Empreintes de Mains de Feu". (original francês).

Os bem pensantes continuarão a rir, se não formularem hipóteses, e então resolverão tudo, provàvelmente, por uma alucinação geral, alucinação a que não escapou o gato nem escaparam os panos, onde ficaram registradas as impressões e as marcas do fantasma.

E daí, o que ainda é mais certo, pode ser que vejam o caso como o resultado da fraude.

A fraude é o primeiro e mais importante capítulo dos nossos adversários. Estudemo-lo.

Da fraude

Em relação aos fenômenos espíritas e quanto à maneira de encará-los, podemos relacionar as pessoas que de tal assunto se ocupam, em três classes:

A 1.ª, é a dos que negam tudo: não há fenômenos, não há Espíritos, não há nada. Tudo é embuste do princípio ao fim.

A 2.ª, um pouco mais avançada, é dos que já conhecem a existência dos fenômenos; já admitem que eles não possam ser o produto da fraude. Esta classe é suscetível de divisões, conforme a explicação que apresentam para os fatos, e temos, por exemplo: a) alguns religiosos que os atribuem ao demônio; b) os que fazem tudo depender da alma dos vivos; c) os que vêem em tudo a ação do subconsciente; d) os desinteressados, que cruzam os braços e ficam serenamente esperando que o futuro resolva o caso, dizendo, lá consigo, que se o caso não se resolver será o mesmo; e) os complicados, que oferecem umas explicações confusas, complexas, dificílimas de entender.

A 3.ª classe é a dos que aceitam os fenômenos e a doutrina espírita, ou seja, os que acreditam que os fatos supranormais ora são produzidos pelo espírito dos vivos, ora pelo espírito dos mortos. Teríamos, aqui, no 1.º caso, dessa classe, segundo a definição proposta por Aksakof (9), os fenômenos anímicos, tais como a telepatia, o hipnotismo, a sugestão, o sonambulismo; no 2.º, os fenômenos espíritas, devidos à ação, à sugestão ou à

(9) **Aksakof** — **"Animismus und Spiritismus".**

intervenção dos falecidos, neles incluídos todos os fatos objetivos e subjetivos, amplamente conhecidos pelos que se dedicam ao estudo desta matéria.

*
* *

Nas primeiras classes a que nos referimos acham-se quase todos os médicos que responderam a um inquérito promovido pela Sociedade de Medicina do Rio de Janeiro, e devido à iniciativa de um psiquiatra.

Com raras exceções, os entrevistados negam ao Espiritismo o seu fundamento científico, devendo, por consequência, ser embuste o que até agora se tem observado e experimentado com os rigorosos processos de ciência. Os que não se decidiram a responder com franqueza a este quesito, não deixaram, entretanto, de se reportar à fraude. Como quer que seja a fraude entra sempre como um fator comum nas respostas dadas.

Fora do inquérito, o ambiente é o mesmo. Os autores do "Espiritismo no Brasil" parecem inclinados a admitir a fraude em grande maioria de fenômenos, provàvelmente naqueles cuja explicação se torna difícil de justificar com a telepatia, a histeria, a sugestão e outros lugares comuns. E, assim, nos dizem eles que "quanto aos fenômenos da chamada mediunidade física, movimentos de objetos sem contacto, levitações, aparições luminosas, materializações de fantasmas, etc., **se fôssem verdadeiros**, destruiriam os fundamentos mais sólidos da Ciência."

Verdade é que, adiante, amenizam, prudentemente, o aforismo, e declaram: — "sem negá-lo sumàriamente, cumpre não afastar-se do princípio estabelecido por La Place, a propósito do magnetismo animal, tido, ao começo, como inadmissível"...

Não negando os fenômenos sumàriamente, é claro que os autores admitem a possibilidade de não serem eles falsos. Mas aqui parece haver uma contradição, visto como não se compreende aquela condicional — "se fôssem verdadeiros"...

Afinal, são ou não são verdadeiros? Destroem ou não destroem os mais sólidos fundamentos da Ciência? E' possível ou não é possível admiti-los?...

Linhas mais e temos, por definitivo, que os autores não aceitam os fenômenos, logo, os negam sumàriamente, apesar de La Place:

"Richet, Morselli e outros pesquisadores em condições regulares de observação, *pensam* (o grifo é nosso) ter verificado fenômenos absolutamente inexplicáveis. As suas indicações, porém, não constituem uma prova decisiva da realidade dos fenômenos físicos supranormais, pois os mesmos podem ser explicados, já não falando nas fraudes, pela alucinação suscetível de atingir, às vezes, os observadores."

E' pena tão sòmente que nos esquecessem de explicar como a alucinação, além de atingir os observadores, atingiria também as máquinas fotográficas.

Oliveira declara que o Espiritismo, para o qual propõe o termo de espiritopatia, "é uma ressurreição das velhas crenças da Humanidade, que bem explica a nova epidemia de loucura religiosa".

"A obsessão de Esquirol, descrevendo uma epidemia de histeria religiosa no seu tempo — continua o Dr. Xavier —, pode-se aplicar inteiramente ao Espiritismo de hoje, bastando apenas mudar para Espírito — o nome do demônio — e para Espiritopatia — o que ele tão apropriadamente chamou Demonopatia."

Dir-se-ia, ao ver um livro sobre Espiritismo, com 600 laudas, que o Espiritismo iria ser aí tratado à larga. Mas não há tal: o Espiritismo do Dr. Oliveira ocupa duas mirradas páginas: nessas páginas, ele apenas se refere e por alto "à telestesia de Meyers e à crisptestesia de Richet, que são a clássica telepatia".

Por essa informação ficamos sabendo que, tirante a loucura universal, a que já Esquirol tão apropriadamente chamava Demonopatia e que o psiquiatra tão esclarecidamente denomina Espiritopatia, o que resta é tão só a clássica telepatia.

E depois da loucura e da clássica telepatia, o que

há é a fraude. Tanto assim crê o psiquiatra que, despreocupado e confiante, como Frederico Barba Roxa, ao se meter pelas águas de um rio da Armênia, do qual saiu sem sentidos, oferece um prêmio de 2.000 francos para quem, **sob sua imediata fiscalização,** realize fenômenos de ectoplasmia e telecinesia.

Donde se verifica, tudo exposto, que todos, à uma, estão de acordo no arrepanharem os fatos espíritas e jogá-los em duas grandes classes: — o animismo e a fraude.

Na primeira classe, entra a histeria, a demonopatia, a idiotia e a clássica telepatia; na segunda, a velhacaria.

Essa unanimidade deve ser prazenteira aos nossos escritores; essa unificação de vistas prova a solidariedade mental dos nossos mais abalizados beletristas. Pena é não serem aquelas vistas verdadeiras, como pretendemos demonstrar.

*
* *

Examinemos, agora, algumas das opiniões estrangeiras no "O Espiritismo no Brasil".

Meynier deixou patente "que os médiuns exploram truques tão grosseiros que nenhum prestidigitador ousaria produzi-los em público; reservam-nos também para os sábios"...

Essa infantilidade, dita pelo Meynier, pareceu perfilhada pelo nosso patrício, o qual reforça o dispautério com estes dizeres:

"Errôneo é, portanto, admitir que um sábio, um cientista notável em determinado domínio, tenha, por esse fato, aptidão particular à observação de fatos estranhos à sua especialidade, e para os quais a ilusão e a fraude podem concorrer grandemente."

Para corroborar esse modo de ver, apresenta Le Bon, "que teve a ideia de recorrer a diversos prestidigitadores e, depois de fazer com que repetissem a sua sorte à luz do dia, chegou à convicção de que, se eles pretendessem possuir faculdades sobrenaturais, estariam no mesmo plano que os espíritas".

E sem informar onde Le Bon emitiria tão ingênuo parecer, fala-nos também de um Sr. Davy, "psicólogo engenhoso", segundo afirma, o qual convoca vários observadores distintos da Inglaterra, entre os quais Wallace, e faz desenrolar diante deles os fenômenos espíritas; os basbaques para logo aceitaram aquilo tudo, mas o "engenhoso psicólogo" revelou a todos que aquilo não passava de simples embuste.

> "Os métodos inventados por M. Davy eram tão elementares, que se chegava a ficar espantado com a ousadia que ele teve em os empregar; mas ele tinha tal poder sobre a multidão, que podia presuadi-la de ver o que ela não via."

Em suma: Wallace e vários ingleses ilustres deixaram-se enganar como quaisquer pacóvios, e isso com métodos que chegavam a espantar, de elementares que eram.

Ora, esta questão de fraudes tem sido amplamente averiguada na imprensa psíquica e espírita. Todos os fatos de fraude a que se vêm referindo os adversários do Espiritismo são sempre amplamente ventilados. Ninguém desconhece o que se diz de Crookes, de Richet, de Lombroso, de Madame Bisson... E a tudo que se diz já se tem rebatido. Mas aquela história de Wallace e dos fenômenos ou trapaças elementares do psicólogo nunca vimos que merecesse uma objeção. Com certeza acharam tão idiota a ideia, que se pejaram de levantar a luva.

Aliás, é preciso um pouco de cuidado com as citações de nossos antagonistas. Eles, em regra, apanham os seus excertos em segunda mão.

Há uns tantos livros em que já está tudo ali acondicionado, preparado, acepilhado para servir o freguês. E' por isso comum verem-se os mesmos erros repetidos regular, periòdicamente; não importa o credo do atacante; as citas que ele apanha são as mesmíssimas que já outro apanhou e apresentou, embora de credo diferente, mas também anti-espírita. E' que o manancial é também o mesmo.

Muitas vezes estão de boa fé os escritores copistas. Quando eles se preparam para o ataque, não falta quem lhes venha lembrar as fontes onde se podem fornecer de abundante material.

— Olha, diz um, leia Heuzé. — Olha, diz outro, veja o Guénon. — Recorra ao Grasset, diz um terceiro. Tal qual como agora, em nossa terra, está toda a gente a dizer: — Leia o Leonídio, leia o Oliveira... E, seguindo-se o Heuzé, o Guénon, o Grasset, o Leonídio e o Oliveira, hão-de aparecer, fatalmente, os mesmos trechos, os mesmos entrechos e os mesmos petrechos. O que vemos portanto, continuamente, são as frases hàbilmente mutiladas de início, são as transcrições incompletas, lacunosas, é o período ajeitado, de modo a dar ideia de que todos os cientistas não têm mais dúvida de que, em Espiritismo, o que não se resolve muito naturalmente é produto de deslavada fraude.

Temos exemplo na seguinte transcrição do Maxwell, no livro "O Espiritismo no Brasil".

Diz esse autor, tratando das ilusões criadas pelo poder do prestígio, da sugestão e do contágio:

"As desse grupo são comuns. Escreveu Maxwell:

"Os experimentadores mùtuamente se sugestionam e acabam por ter curiosas alucinações coletivas. Aconteceu-me ouvir um assistente indicar que ele vê um luar em determinada direção. Os outros olham por seu turno e vêem. Depois, um deles declara que percebe uma forma. E, de exclamações em exclamações, a descrição da forma se completa. Assiste-se à gênese de uma alucinação coletiva." (10)

Nada podemos verificar, porque não se aponta a obra em que Maxwell teria lançado aquela passagem. Aceitemo-la, porém. Sem os antecedentes e os consequentes que a elucidariam, assim destacada, sem mais nada, teríamos Maxwell ao lado de Le Bon, de Davy, de Meynier, a ver alucinações, sugestões e embustes nos fatos psíquicos.

Mas a verdade é muito outra. Não há, entre os que

---

(10) **Leonídio Ribeiro** — "O Espiritismo no Brasil", **pág. 52.**

conhecem a obra de Maxwell, alguém capaz de o incluir no rol dos negativistas.

E' provável que Maxwell quisesse dizer que **há casos** em que os espectadores se sugestionam. Isso toda a gente sabe, nem é novidade que mereça comentada. Mas o fato de haver casos que tais não significa que todos os casos sejam do mesmo gênero, que todos ao assistir a sessões espíritas, fiquem logo alucinados ou sugestionados; que a sessão espírita tenha esse deplorável privilégio de provocar a sugestão ou a alucinação geral.

Que Maxwell não pensava por aquela forma é fácil de provar, uma vez que os seus livros sobre Psiquismo foram feitos com o fito expresso de lhe demonstrar a autenticidade.

Veja-se como ele se pronuncia em "Phénomènes Psychiques":

"Il y a chez les hommes les plus éclairés, quelle que soit l'époque ou ils vivent, une inconsciente tendance à s'imaginer que les faits incompatibles avec leurs notions sont surnaturels ou faux. Plus modestes, mais plus cruels aussi, nos aieux, théologiens et jurisconsultes, ont brulé les sorciers et les magiciens sans les accuser de fraude; aujourd'hui, la plupart de nos savants, plus affirmatifs et moins rigoureux, accusent de supercherie les mediuns et les thaumaturges sans les condamner au bucher."

"Há entre os mais esclarecidos homens, qualquer que seja a época em que viveram, uma inconsciente tendência para imaginar que os fatos incompatíveis com as noções que possuem, são sobrenaturais ou falsos.

"Mais modestos, porém mais cruéis também, nossos antepassados, teólogos e jurisconsultos, queimaram os feiticeiros e magos sem os acusar de fraude; hoje, a maior parte dos nossos sábios, mais afirmativos e menos rigorosos, acusam os médiuns e os taumaturgos de charlatães, sem os condenar à fogueira." (11)

Depois de relatar as suas experiências, diz o citado autor:

"Mostrei como os mais autorizados representantes da ciência francesa estavam mal informados, com exceção de Richet e alguns outros. O imenso trabalho que vem sendo feito na Inglaterra e nos Estados Unidos tem sido por eles esquecido; é bem difícil, por consequência, discutir com estes sábios, quer eles ignorem, quer finjam ignorar o que os outros têm feito. Mostrei, igualmente, como eram defeituosas as experiências, por eles instituídas, como seus métodos eram criticáveis. Indiquei especialmente as experiências de Grasset, que eram inoperantes, visto como os movimentos por ele obtidos o eram por contacto.

"Disse que as minhas experiências tinham sido realizadas em pleno dia, raramente com médiuns profissionais, ordinàriamente com os não profissionais.

"Insisti, enfim, no método operatório que me pareceu o melhor. Desejo que minhas experiências sejam fiscalizadas e reproduzidas, persuadido como estou que, se forem tomadas as precauções que indiquei, *os resultados por mim assinalados serão observados por aqueles que, para isso, puserem o tempo e o cuidado necessários.*" (12)

A maior parte dos médiuns que trabalharam com Maxwell não tinham noções de experiências psíquicas e chegavam a espantar-se com os fenômenos produzidos. (13)

E como era ele o experimentador e como ele via e observava o fenômeno, deveria também estar ele alucinado ou sugestionado.

Há, no seu citado livro, um capítulo inteiro referente à fraude e ao erro, mas esse capítulo é escrito ùnicamente para mostrar os casos em que podem existir uma e outro. (14)

Finalmente, assegura em suas conclusões:

"A intolerância de certos sábios só pode ser comparada à de certos dogmas...

"O preconceito religioso que proscreve as experiências como sobrenaturais é tão pouco justificável *como o preceito científico que neles só vê fraude e embuste.*" (15)

Prefaciando um trabalho de Mme. Bisson, Maxwell não deixa a menor dúvida de que acredita firmemente na autenticidade dos fenômenos psíquicos.

(11-15) **J. Maxwell** — "Les Phénomènes Psychiques", edição 1920, págs. 11, 62, 99, 256, 316.

Assim é que afirma, com referência à mediunidade de Eva Carrière:

"O método com o qual a médium dessas experiências era examinada, vestida, iluminada, está muito longe do que é ordinàriamente empregado e o uso constante da fotografia permite uma discussão completa dos resultados adquiridos...

"A médium não simula a materialização, visto que o fenômeno e o *sujet* são vistos simultâneamente na imagem...

"1 — Há um fenômeno objetivo, suscetível de ser fotografado, *logo não há ilusão nem alucinação*".

"2 — O fenômeno é distinto da médium, que o não personifica.

"Na maior parte das experiências anteriores o processo descrito pelos observadores é este: um vapor se desprende do corpo da médium, semelhante a uma imagem, luminosa ou esbranquiçada. A materialização se forma às expensas desse vapor, dessa imagem, desse nevoeiro...

"Eu mesmo observei esse gênero de fenômeno, formado de uma nuvem luminosa, fosforescente." (16)

E aqui temos o notável experimentador invocado como sustentáculo das ilusões e alucinações, na observação dos fenômenos psíquicos, a dizer-nos justamente o contrário, a confirmar-lhes a realidade, a declarar injustificável o preconceito científico que neles só vê fraude.

Fica, portanto, esclarecido que o escritor, jurista, psiquista e médico, que foi o Dr. J. Maxwell, não está ao lado dos negadores.

Isto posto, passemos aos malabaristas e ilusionistas.

*

* *

Em matéria de demonstrações espíritas cumpre salientar as pantomimas do padre Herédia, o qual andou pelos teatros de Nova York a fazer acrobacias e truques diversos, a fim de demonstrar como eram os passe-passes do Espiritismo.

---

(16) Mme Bisson — "Les Phénomènes de Materialisation". Preface.

Acreditar-se que a acrobacia do padre seja a reprodução dos fenômenos psíquicos; que Russel Wallace se deixasse embrulhar pelo Davy, apesar do muito "engenho" deste; que os prestidigitadores, com sua sorte à luz do dia, estivessem no mesmo plano dos médiuns-espíritas, se pretendessem possuir faculdades sobrenaturais; e, finalmente, crer-se que os truques grosseiros dos médiuns, os quais truques ninguém ousava produzir em público, estivessem reservados para os sábios, é desconhecer por completo, é ignorar absolutamente toda a prática do Psiquismo, toda a técnica empregada nas experiências, toda a fiscalização até hoje exercida por meio da mais variada aparelhagem.

Os imitadores, leigos ou padres, servem-se de um palco e põem entre si e o público uma respeitável distância, depois do que caem em transe, andam pelo ar, tocam campainhas e empreendem muitas outras coisas mais, provàvelmente, interessantíssimas.

Que alguns fenômenos se possam imitar, como os andou imitando o padre, como poderia imitá-lo Davy, ou os imitariam os prestidigitadores de Meynier, não há dúvida nenhuma, não é novidade nenhuma.

Por um sujeito qualquer fingir um pato que grasna, ou uma cobra que silva, ou um burro que zurra, não se conclui pela inexistência das vozes nem dos bichos.

Aliás, para a imitação do fenômeno não eram precisas as artes de Sua Reverendíssima, o padre Herédia, ou as canseiras de qualquer outro demonstrador. Os livros espíritas estão cheios de descrições de fraudes cometidas por exploradores; os psiquistas estão fartos de desmascarar os tartufos e mostrar-lhes as velhacarias.

Em qualquer teatro se podem apreciar as habilidades dos mágicos. Em qualquer parte está toda a gente farta de verificar a ginástica desses artistas, que fazem coisas muito melhores que a ginástica do padre Herédia ou os truques elementares de monsieur Davy. E não só eles voam e andam pelo espaço, sem aparente ponto de apoio, como serram pessoas pelo meio, cortam cabeças, atravessam indivíduos de lado a lado, achatam crânios a martelo, tudo, num palco iluminado e diante de numeroso público.

Mas quem é que não sabe que há disso? E, por isso, poderia ter caído em descrédito a fenomenologia psíquica? De certo que não.

O que, porém, não poderão fazer os artistas, com batina ou sem batina, é se apresentarem nos centros e nas sociedades presididas por cientistas.

Porque a diferença é imensa entre as artimanhas do padre Herédia e os truques medíocres do Sr. Davy, de um lado, e do outro lado a mediunidade rigorosamente fiscalizada.

E essa diferença só não vêem os míopes e os sectaristas.

Nos palcos, onde se mostram os ilusionistas, há toda uma engrenagem preparada para a encenação: há ali cortinas, e panos, e sanefas, e tabiques, e arames, e espelhos, e cordas, e alçapões, e subterrâneos, e aparelhos, e luzes especiais, e compadres, e certa distância do público. A ninguém é dado examinar o palco. Nem mesmo nos bastidores se entra. O mágico trabalha livremente, como quer. Faz a manobra que entende e usa das precauções que lhe apraz.

Compare-se esta situação com a do médium, nas sessões científicas e calcule-se a incomensurável distância que existe entre os dois casos.

Ali, a mais completa liberdade e toda uma aparelhagem para o favorecimento da ilusão; aqui, o mais rigoroso "controle" e uma aparelhagem mais complicada para impedir a ilusão.

Em cena, o prestidigitador livre e rodeado de auxiliares; na sessão, o médium, inteiramente preso, fiscalizado, seguro pelas mãos, pelos pés, amarrado, enovelado, ensacado, rodeado de campainhas, de luzes fosforescentes, de fios elétricos...

Avaliem-se as condições de um palco, onde o prestidigitador é quem manda, com as do gabinete de experiências, escolhido pelo experimentador, examinado pelos peritos, selado, lacrado...

Tenham-se, ainda, em conta, os recursos com que

pode contar um profissional, afeito a sua arte, e um médium ingênuo, ignorante, como muitas vezes sucede, como sucedeu em Vila Cármen, onde a intermediária dos fenômenos era, então, uma criança receosa, tímida, inconsciente do grande papel que representava no cenário da vida, do grande concurso que prestava ao progresso da Humanidade.

*
* *

Na opinião de um grande observador inglês, o almirante Usborne Moore, as piores fraudes são as daqueles que se julgam capazes de dizer **"como a coisa é feita"**, **how the thing is done**. Cita ele, a propósito, um trabalho, recente na época em que escreveu, trabalho onde se fazia a descrição de como os médiuns conseguiam enganar na escrita da ardósia.

O fenômeno da escrita na ardósia consiste em escreverem os Espíritos nas lousas escolares comuns e aí deixarem, muitas vezes, com a própria letra, longas ou curtas mensagens.

Pois bem: o escritor céptico, que nunca vira o fenômeno, percebeu, mesmo de longe, como era o truque, e o explicava:

"O experimentador traz consigo a dupla ardósia e o psíquico nela insere convenientemente um pequeno pedaço de gis, prèviamente preparado, misturado com limalha de aço. Quando a ardósia está sob a mesa, ou onde quer que seja, o psíquico move o lápis ou gis, por meio de um ímã oculto na manga e fá-lo por meio de um espelho, isto é, como se escrevesse com o auxílio de um espelho."

Veja-se bem — comenta Osborne —, ele não diz: "isto é como eu penso que possa ser feito". Tal opinião seria já uma bobagem, porém não uma falsidade. Ora, o que ele diz é que **assim é que é feito**. Ele estatui aquilo como um fato, quando o que ele estabeleceu é inverdadeiro, quando tal coisa nunca poderia dar-se. (17)

---

(17) **Usborne Moore** — "Glympses of the next State". Londres, 1911, pág. 4.

Assuntemos se não é este, precisamente, o caso do Meynier: "os médiuns exploram truques tão grosseiros que nenhum prestidigitador ousaria produzi-los..." Afirmativa oca, inverídica, que nunca poderia dar-se, que nunca se deu, pelo menos diante de sábios, como se irá provar.

*

* *

Demonstração patentíssima do mais completo desconhecimento dos trabalhos mediúnicos é a afirmativa de que um cientista, dos que estudam o Psiquismo, seja estranho a essa especialidade, que assista às experiências como um espectador desprevenido e ingênuo, e que possa ser fàcilmente embrulhado como fora Wallace pelos métodos rudimentares inventados por Davy.

Quando se fala nas experiências de um sábio é que esse sábio, além de sua especialidade, é também um psiquista; é que também se especializou no Psiquismo.

E enquanto os nossos psiquiatras se escudam em Janet, que não viu nada, ou em Grasset, que se escuda, por seu turno, em Janet, ou, à imitação do autor citado por Osborne, fazem asserções e descrevem a fraude dos fenômenos por simples conjecturas, os espíritas apresentam o testemunho dos homens de valor, que encaneceram, como Flammarion, em tais estudos, e que, da juventude à velhice, observavam quotidianamente, mudavam continuamente de sensitivos, dirigiam-se a lugares vários, investigavam os trabalhos alheios e acabaram enriquecendo o patrimônio intelectual da Humanidade com as mais importantes obras.

Os espíritas referem-se a estudiosos como Ernesto Bozzano, cuja vida tem sido um folhear contínuo nos arquivos, um armazenar ininterrupto de fatos, a ponto de formarem hoje um arsenal de tal forma respeitável, um material de tal maneira abundante, que os arietes da dúvida ali não mais penetram. A meia centena de monografias desse genial pesquisador, com seu formidável feixe de provas, não trazem, apenas, luz à matéria de que nos ocupamos, mas a certeza de que o Espiritismo prático e teórico é uma realidade.

Invocamos as experiências de vultos como Lombroso, que começou as suas investigações pela negativa absoluta. Citamos homens como Barkas, que se conservou na expectativa, antes de pronunciar-se, 10 anos; Oxon que levou 8; Crookes que levou 6.

"Os sábios podem enganar-se." Por certo. Mas quando dezenas, centenas, milhares desses sábios, em vários países, servindo-se de vários médiuns, empregando vários métodos, manejando vários aparelhos, usando das maiores precauções para evitar o embuste, utilizando os peritos e os prestidigitadores em suas observações, nos vêm dizer da autenticidade do fenômeno, não será a opinião dos que não viram, a suposição dos que nada conhecem, as hipóteses dos que nunca experimentaram, que poderão destruir a palavra daqueles sábios.

A impossibilidade dessa fraude planetária, e especialmente dessa mistificação genérica de que são vítimas os sábios, para os quais se reservam os truques mais grosseiros, na expressão do Meynier, logo salta aos olhos de toda a gente.

Relatando o insucesso do famoso prestidigitador Marriott, que havia apostado imitar as fotografias mediúnicas de Hope, tudo conforme os relatos do jornal inglês "Sunday Express" e da revista "Light", de 17 de Dezembro de 1921, assim se exprime Pascal Forthuny na "Revue Métapsychique":

"O ensino capital dessa experiência é mostrar os estreitos limites da própria prestidigitação. Eis um operador dos mais hábeis, um mestre em sua arte. Teve todo o tempo de estudar, de preparar seus processos, e, entretanto, foi desmascarado no *primeiro ensaio*.

De mais, verifica-se que tudo que ele achou para imitar o fenômeno do médium Hope, foram os velhos processos da dupla pose e da substituição das placas. Ora, esses truques infantis, arqui-desusados, não enganariam, mesmo, um noviço.

Nunca é demais mostrar aos nossos adversários como a prestidigitação, que a todo o momento eles invocam, é, em realidade, limitada na sua capacidade, como em seus métodos.

O ilusionista muito conhecido, que, desde muitos anos,

abusa da credulidade da multidão em conferências não contraditadas, em que pretende reproduzir os fenômenos metapsíquicos, fica reduzido às mais pueris acrobacias: ele simula a levitação da mesa com grampos escondidos nas mangas do casaco e a materialização com os compadres disfarçados em ratos de hotel. Pobres expedientes!

Em realidade, a prestidigitação pode trucar fàcilmente certos fenômenos como os movimentos da mesa sem contacto, os deslocamentos de pequenos objetos na vizinhança do operador, ou transportes mínimos. Em face dos grandes fenômenos, ela é totalmente impotente, por pouco que sejam tomadas algumas precauções sérias, tal como segurar as mãos do médium. Mas, a ignorância geral e a falta de reflexão são de tal ordem, que se ouvirá por muito tempo, ainda, invocar contra o psiquismo o testemunho dos prestidigitadores." (18)

Iremos demonstrar o acerto de Pascal Forthuny, quando julga que invocar contra o Psiquismo o testemunho dos prestidigitadores é grande falta de reflexão.

Antes, porém, convém lembrada uma citação do Dr. Lapponi, personalidade insuspeita aos nossos doutos adversários, visto como foi médico, professor de Antropologia na Academia Romana de Conferências Histórico-jurídicas; tem tido mesmo a honra de ser citado nos livros contemporâneos, como, por exemplo, no do Dr. Leonídio Ribeiro; é personalidade, ainda, insuspeita aos católicos, por ter sido médico de dois papas.

Assim, diz o professor italiano:

"Devemos acrescentar uma notícia importantíssima, dada pelo conde Adolfo Polinski em uma conferência realizada em Leipzig e publicada em resumo por Mutze, em 1872. A notícia é a seguinte:

O célebre materialista Buchner teve de renunciar, em Nova York, ao prêmio de 10.000 dólares que foram legalmente oferecidos e depositados por uma sociedade americana, se fôsse capaz de descobrir a fraude e a insubsistência de certos fenômenos espíritas. E cumpre citar também a oferta de 30.000 francos feita inùtilmente em Cleiton pelo profes-

---

(18) P. Forthuny — "Revue Métapsychique", página 49, ano 1922.

sor João Damiani aos professores Tyndall e G. H. Eevers, se conseguissem provar com fatos a falsidade ou a fraude em determinadas experiências do Espiritismo. Os dois professores, postos em apuros, preferiram abandonar o terreno." (19)

Depois do que, declara ainda:

"Além disso, é bom observar que os relatórios, publicados a respeito das famosas descobertas de fraude de certos médiuns, referem-se, ùnicamente, *a algumas* de suas múltiplas e maravilhosas operações e calam-se quase absolutamente a respeito de tudo o mais. E como se tal fôsse pouco, os citados relatórios dão, das mesmas fraudes, explicações que estão bem longe de ser satisfatórias, indicando particularidades e mecanismos absolutamente impróprios para a produção de quaisquer fenômenos dessa espécie." (20)

O caso dos ilusionistas requer um capítulo especial.

PRESTIDIGITAÇÃO

Ê, de fato, demonstração patente de irreflexão e ignorância invocar a arte dos ilusionistas para explicar fenômenos espíritas, como diz Forthuny.

Quando o médium Guzik se submeteu à inspeção do Instituto Metapsíquico Internacional e produziu admiráveis fenômenos supra normais, um grupo seleto de intelectuais franceses, entre os quais se achavam grandes notabilidades científicas do país, firmou um abaixo assinado, denominado o Relatório dos 34, onde os signatários concluíam pela autenticidade irrefragável dos fatos que tinham testemunhado e submetido à mais rigorosa experimentação.

Tal relatório, como é de ver, dado o valor dos que o subscreveram, produziu, nuns, profunda emoção e, noutros, grande azáfama. Sobressaltaram-se os adversários dos estudos psíquicos e não faltaram os que, sem nada haver presenciado, inquinassem logo de fraude tudo aqui-

---

(19-20) **Dr. J. Lapponi** — "Ipnotismo e Spiritismo". Roma, 1906, págs. 179-180.

lo. Os leigos opinaram pelo embuste; dir-se-ia que uma faísca lhes jorrou do entendimento, e eles vieram explicar logo o de que se tratava; a coisa se resumia nem mais nem mesmo do que nisso: — "prestidigitação". Tal qualìssimamente a opinião que linhas atrás acabámos de ver expendida: tudo jogo de mãos, e talvez de pés. E aquela descoberta teve um reforço considerável: é que saiu a campo para roborá-la o prestidigitador Dickson. Este, com admiração geral, declarou pela imprensa que não havia fenômeno nenhum extraordinário, senão truques, que ele reproduziria. Falava um perito!

Dir-se-ia Davy, redivivo na ousadia de Dickson.

Essa afirmativa de um prestidigitador animou, incentivou, desencadeou a campanha dos negativistas, e Dickson, envaidecido pelos aplausos, chegou a lançar um desafio pelo "Le Matin" de 9 de Junho de 1932, onde se comprometia a reproduzir os fenômenos fabricados por Guzik.

E' fácil de calcular o regozijo que o cartel provocou. Era a desmoralização dos 34, do Instituto, da Metapsíquica, do Espiritismo... Foi grande a celeuma. Os jornais reproduziram o desafio. Os opositores inscreviam o fracasso nos seus canhenhos. Já se mandava dizer para todo o mundo que o prestidigitador tal reproduzira, à maravilha, todos os fenômenos que se atribuíam a uma causa fora do comum; que o Instituto embuchava; que os psiquistas se alarmavam...

Foi quando o Dr. Stephen Chauvet, provàvelmente com a paciência esgotada por tanta farromba, apanhou a luva. Escreveu ele à imprensa dizendo que aceitava o repto. O Dr. Gustavo Geley, diretor do Instituto, de plena aquiescência com o seu colega, dirigiu então, oficialmente, ao **Matin**, a seguinte carta:

"Sr. Redator Chefe. Em resposta ao artigo intitulado —*Uma declaração do Prof. Dickson* — aparecida no *Matin* de 9 de Junho, pedimos-lhe a fineza de inserir em seu jornal a nota seguinte:

O Instituto Metapsíquico se associa ao desafio lançado pelo Dr. Stephen Chauvet ao prestidigitador Dickson e oferece por seu turno uma soma de 10.000 francos, não só ao

Sr. Dickson como a qualquer prestidigitador que conseguir reproduzir, sem o concurso de um médium, e nas mesmas condições de "controle" do I.M., os fenômenos constantes da relação assinada por 34 nomes eminentes e publicadas *in extenso* pelo *Matin* de 7 de Junho.

O I.M.I. entregará a soma de 10.000 francos ao presidente do júri. Se o prestidigitador conseguir realizar as condições do desafio, retomará os seus 10.000 francos depositados e ficará com a plena propriedade dos 10.000 francos do Instituto. No caso contrário, o Instituto retirará, apenas, os seus 10.000 francos e os do prestidigitador serão entregues ao *Matin,* em proveito dos laboratórios.

O prestidigitador será submetido exatamente à mesma fiscalização que o nosso médium. Ele virá ao Instituto, será despido e examinado por dois dos signatários do relatório, revestido de um pijama sem bolsos, fornecido por nós.

Só nesse momento entrará na sala das sessões; será seguro pelas mãos; seus pulsos serão presos aos pulsos de dois fiscalizadores por uma fita curta, duplamente chumbada; seus pés e pernas serão imobilizados.

Como nas sessões do I.M.I., serão os assistentes ligados uns aos outros por cadeados e cadeias, que prenderão mão a mão, em torno de uma mesa; todas as portas e aberturas serão fechadas antes de começar a sessão e seladas por meio de cintas de papel, revestidas das assinaturas dos presentes.

Nessas condições, o prestidigitador deverá reproduzir os fenômenos de Guzik: — deslocamentos amplos de uma cadeira ou mesa colocados a 1m.50 atrás de si; toques feitos na cabeça e nas costas dos fiscalizadores; fenômenos luminosos a distância.

Diz o adágio jurídico que pertence ao acusador fazer a prova. O Sr. Dickson, em nome da prestidigitação, acusa; nós lhe oferecemos, a ele ou a qualquer prestidigitador, provar o fundamento da acusação.

Receba, Sr. Redator Chefe, a segurança...

Pelo Instituto Metapsíquico Internacional,

O Diretor

GUSTAVO GELEY." (21)

Como se lê, o que o diretor do Instituto oferecia ao prestidigitador pela quantia de 10.000 francos, era re-

(21) **Le Matin, 14-6-1923.**

produzir os fenômenos de Guzik, tais como este os fazia, com o "controle" exercido pelo Instituto, isto é, o prestidigitador deveria sujeitar-se à fiscalização a que Guzik se sujeitara.

Ótima oportunidade para que o mágico demonstrasse o ilusionismo da fenomenologia psíquica; como o convite fora feito ao Dickson, em particular e aos mágicos em geral, a oportunidade era òtimíssima para que dela se aproveitassem todos os Herédias, para que dela lançassem mão todos os que proclamam a fácil imitação dos processos espíritas.

Tiveram os apologistas da prestidigitação algum conhecimento de como se houveram os mágicos imitadores?...

Pois se não sabem, sabemos nós: — O Dickson não apareceu no Instituto. Nem o Dickson, nem o Herédia, nem nenhum outro. A abstenção foi completa.

*
* *

Não se trata de um caso isolado, nem seria a primeira vez que um ilusionista, chamado à prova, depois de assegurar as suas habilidades em matéria de imitação psíquica, se veria na contingência de tingar-se, ao lhe imporem as condições de "controle" estabelecidas para os médiuns.

Nessa questão de desafios, os mágicos não têm sido de grande felicidade. Aqui se desconhece o alvoroço que os fatos do Psiquismo têm causado no terreno da mágica, os ciúmes que têm provocado, a celeuma daí advinda, as discussões, as controvérsias, os cartéis, e os consequentes desastres para os imitadores. Dir-se-ia, mesmo, que o insucesso parece acompanhar-lhes os passos. Não há, de memória de homem, um prestidigitador que se tenha saído feliz, quando se mete a reptar um médium verdadeiro ou a demonstrar-lhe os truques.

Num daqueles cartéis, o prestidigitador John Nevil Maskeline perdeu não só o seu prestígio de reprodutor de tudo quanto era fenômeno, como, ainda, mil libras por cima.

O caso se passara com o arquidiácono Colley e o médium Monck. Maskeline pôs em dúvida as materializações de Monck e o acusou de fraude. Deu isso em resultado perder mil libras. (22)

Ainda mais interessante foi o caso que se passou na América, com Hiram Maxim, o conhecido inventor. Esse homem de ciência narrou vários fenômenos psíquicos de que fora testemunha. Pouco depois aparecia uma réplica onde se galhofava muito da crendice de Maxim, e o Maskeline dizia aquelas pilhérias que se transcreve de Davy. Afirmava-se mais que os homens do Barnum eram capazes de reproduzir os truques que o ingênuo Maxim tinha como coisas do outro mundo.

Maxim tomou, então, o alvitre de oferecer cem dólares a quem mostrasse como eram feitos os truques, mas nem Maskeline, nem os homens do Barnum, nem ninguém apareceu para levantar os cem dólares. (23)

Prélio um tanto interessante, também, já que estamos tratando de prestidigitadores, foi o que se deu entre o citado mágico e alguns dos seus colegas, de um lado, e o cientista inglês Dr. George Sexton, do outro.

Maskeline fizera constar de seus programas teatrais alguns números que eram verdadeiras chufas ao Espiritismo. Em outros, simulava os fenômenos espíritas, tal qual o Herédia.

O conhecido cientista Dr. Georg Sexton, que era profundo conhecedor de Psiquismo, protestou. Como os truquistas não se incomodassem com os protestos, nem se importassem com o que ele dizia, continuando cada vez mais vitoriosos na galhofa, resolveu ele mostrar ao público as diferenças entre Espiritismo e prestidigitação e, ao mesmo tempo, quais os passes de mágica usados pelos ilusionistas, e no que consistiam os seus mais importantes segredos.

Para isso convocou os interessados na questão. Grande massa de povo comprimiu-se para ouvi-lo. Ia ser um número sensacional. E foi.

---

(22) **Nandor** — "Encyclopedia of Psychic Science". — **Price** "Light".

(23) **Hiram Maxim** — "Maxim versus Maskeline", 1910.

Entrou ele a explicar a razão de sua conferência ilustrativa, e depois começou a expor os processos da magia, os seus mais importantes truques, os meios de iludir o público, em cena.

Um acontecimento extraordinário. Era a magia desvelada. Lá se ia a graça da ilusão. O Dr. Sexton prometia prosseguir, mas os ilusionistas, alarmados, resolveram entrar em acordo com o doutor, e as chalaças findaram. (24)

Dir-se-ia, porém, que o mal era de família e o desastre um caso hereditário, porque o neto de John Maskeline, o jovem Clive Maskeline, também era contrário ao Espiritismo, e julgava os seus fenômenos uma grande farsa.

Quando fizeram sensação, em Londres, as experiências do conhecido escritor Denis Bradley com o médium Valiantine, Clive saiu a campo para negar a supranormalidade dos fatos. Bradley, então, apostou cem guinéus ou cem libras, em como o artista não os reproduziria com a sua habilidade. Clive, a princípio, aceitou, mas quando soube das condições em que deveriam ser feitas as experiências, retirou-se prudentemente. (25)

Também, quando Harry Price publicou o relato dos fenômenos produzidos pelo médium Schneider, os prestidigitadores do Clube dos Mágicos, de Londres, movimentaram-se. Muitos o contestaram. Aquele pesquisador, que era igualmente mágico, ofereceu 1.000 libras a quem reproduzisse os fenômenos, sob as mesmas condições de fiscalização. Desta vez o peixe foi mais esperto, não pegou no anzol. Price ficou sem resposta. (26)

Doutra feita, em Novembro de 1929, o mesmo pesquisador ofereceu a Noel Maskeline 250 libras, a título de serviços profissionais, se este reproduzisse os fenômenos do médium Schneider. Noel Maskeline não aceitou. Em Dezembro do mesmo ano Price renovava o oferecimento, caso o mágico quisesse mostrar como era possí-

---

(24) **Georges Sexton** — "Spirit, Médiuns and Conjurers", Londres, 1873.

(25) **Daily Sketch** — Fevereiro de 1925.

(26) **Daily Express** — 16 de Abril de 1929.

vel que Rudi Schneider fraudasse com a fiscalização a que era submetido e com a aparelhagem elétrica de que se serviam para o "controle". Noel Maskeline, ainda desta vez, recusou. (27)

Prestidigitadores outros, menos obstinados, ou de maior boa fé, para logo se convenceram da autenticidade dos fenômenos espíritas, ao estudá-los de perto.

E' grande a cópia de exemplos. A história do Psiquismo está cheia de impressionantes relatos a respeito. Esses homens, habituados por uma longa prática, e, às vezes, por um longo estudo, a todos os artifícios do ilusionismo, havendo muitos deles, até, apresentado trabalhos de valor sobre a matéria, renderam-se à evidência.

Caso muito conhecido, no gênero, é o de Robert Houdin, talvez por ser este prestidigitador um dos mais célebres do orbe inteiro. Sua fama mundial fá-lo sempre citado quando se trata de magia e Espiritismo. Como, porém, o seu nome e os seus casos ainda não chegaram aos ouvidos dos contraditores patrícios, convém lembrá-los.

Houdin, certa vez, foi visitar o médium Alexis Didier. Diante do mágico, o médium conveio em realizar alguns fenômenos. Munido o mágico de um baralho de cartas, novo, que ali acabara de descintar, e que já levava propositadamente, dele tirava as cartas, sem ver, e o médium as ia nomeando. Houdin não voltara a si do espanto e já Didier produzia novo fenômeno: com outro baralho em mãos tirava cartas ao acaso, que vinham a ser idênticas às que, também por acaso, o prestidigitador escolhia, estando ambos os baralhos ocultos.

Houdin declarou, então, que era impossível colocar tais fatos entre aqueles que faziam objeto de sua arte e de seus trabalhos, acrescentando que se houvesse no mundo inteiro um escamoteador capaz de operar semelhantes maravilhas, esse o confundiria mil vezes mais, como escamoteador, que o agente misterioso que lhe acabavam de mostrar.

"S'il avait dans le monde entier un escamoteur ca-

---

(27) **Harry Price** — "Rudi Schneider".

pable d'opérer de semblables merveilles, il me confondrait mille fois plus, comme escamoteur, que l'agent mysterieux que vous venez de me montrer." (28)

O mesmo hábil operador foi testemunha da fenomenologia produzida pela mediunidade de Dunglas Home, célebre nas experiências de William Crookes. Depois de assistir a uma delas, declarou:

"— **Je suis revenu de cette séance aussi emerveillé que je puisse l'être et persuadé qu'il est tout à fait impossible que le hasard ou l'addresse puisse jamais produire des effets aussi merveilleux.**" "Vim dessa sessão assaz maravilhado e persuadido de que é impossível ao acaso ou à habilidade produzirem tão maravilhosos efeitos." (29)

Harry Kellar, grande mágico americano, declarou que nunca vira nenhum fenômeno psíquico fraudulento.

Escrevendo sobre o médium Eglinton, disse ele: "Fiquei colocado dentro de um círculo, do lado esquerdo de Eglinton e segurei firmemente a sua mão esquerda na minha direita. Logo que as luzes se extinguiram, eu o senti levantar-se suavemente no espaço, e, como tivesse com sua mão presa, fui impelido pelos pés e tive que subir em uma cadeira, e depois em uma mesa, de modo a não largá-lo. Que o seu corpo subiu, em aparente divergência com a lei de gravidade, não há dúvida. O que, porém, mais espanto despertou em mim, foi o fato, que julgo sem qualificação, de ter ele subido a meu lado e haver-me arrastado consigo, parecendo, no momento, que meu corpo se tinha tornado insensível à lei de gravidade." (30)

Aqui é o próprio prestidigitador que se vê também sujeito ao fenômeno da levitação. Levantado sem saber

---

(28) **Eudes de Mirville** — "Des Esprits et de leurs manifestations diverses". — **Karl du Prel** — "Experimental Psychologie"; Ein Problem für Taschenpicier — "Revue Spirite", página 412, 1927; "Revue Met." n.º 6, 1924. — **Dr. Edwin Lee** — "Animal Magnetism". — **Flammarion** — "La Mort et son Mystère", 216. — **Delaage** — "Les Mistères du Magnétisme".

(29) "L'Avenir Spirite" 20-5-1928.

(30) "Procedings", vol. IX, pág. 359. — "Sunday People", 27-8-1922.

como, impelido pelos pés, conforme ele mesmo descreve, não lhe podia restar dúvidas, apesar de mestre nos truques, de que havia no caso um fenômeno supranormal.

Esse mesmo prestidigitador Kellar publicou o seguinte, após uma viagem de estudos na África do Sul:

"Eu vi na cidade do Natal um feiticeiro que provocou a levitação de um jovem zulu, agitando um punhado de ervas sobre sua cabeça.

Era de tarde, e eu estava, em meu acampamento, junto a um grupo de faquires, aos quais fiz ver alguns dos meus jogos de prestidigitação. Isso os interessou mediocremente.

Um deles, então, afastou-se para vir com um feiticeiro, de aspecto repulsivo, que foi o protagonista do fenômeno que vou contar."

Seguem-se várias peripécias, depois das quais, continua o narrador:

"Então o feiticeiro reuniu um punhado de ervas cujas hastes podiam ter o comprimento de três pés e fê-las girar em torno da cabeça do jovem zulu que jazia como morto, perfeitamente iluminado pelo fogo. Pouco depois, vi essas ervas se acenderem e andarem lentamente, embora o feiticeiro estivesse a uns 20 pés de distância do fogo. O feiticeiro aproximou-se, então, do corpo inanimado do indígena, fazendo-lhe passar diante do rosto, a um pé de distância, as ervas inflamadas.

Com grande assombro meu, vi esse corpo destacar-se lentamente do solo e flutuar no ar, a três pés de altura. Ele se levantava ou descia segundo eram lentos ou rápidos os passes feitos com as ervas em chamas; e quando estas, consumidas pelo fogo, caíram ao solo, transformadas em cinzas, o corpo do zulu caiu também.

Alguns passes praticados pelo feiticeiro nas mãos do rapaz bastaram para fazê-lo erguer-se. Ele não parecia ter sofrido nada com a experiência a que acabava de ser submetido." (31)

Outro prestidigitador, que teve oportunidade de ve-

(31) "North American Review", Out. 1904. — **E. Bozzano** — "Delle Manifestazioni Supernormali tra i Popoli Selvaggi". Roma, 1926, pág. 12.

rificar a mediunidade de Eglinton e a sua levitação, foi o professor Ângelo Lewis Hoffmann. Acedendo ao pedido da Sociedade de Pesquisas Psíquicas de Inglaterra, que apelou para a sua capacidade profissional, examinou minuciosamente os fenômenos produzidos por aquele médium e declarou honestamente, depois do exame, que tais fenômenos eram autênticos, acrescentando: "Se a prestidigitação fôsse a explicação única desses fatos, estou certo de que seu segredo tornar-se-ia desde logo propriedade pública"

Essa declaração consta de um relatório que a Sociedade publicou nos seus anais, em 1886. (32)

Dizieu declarou ao Sr. Méliès, presidente da Câmara Sindical dos Prestidigitadores, que a levitação super-normal de objetos é manifestação que lhes vai muito além da alçada.

Quando moço — dizia ele — eu fazia uma mesa levantar-se sem contacto e sem truque.

Interrogado por Montorgueil, diretor do "Eclair", confirmou aquelas declarações e declarou mais: — com 20 anos de idade, eu tinha faculdades de médium; fazia levantar um móvel como o não poderia fazer hoje como prestidigitador. E acrescentou: — A mediunidade e a mágica são duas coisas distintas. (33)

Carlton refere que, durante uma sessão, viu uma jovem inglesa, médium, falar em dialeto zulu com um dos presentes, e sem que ela pudesse absolutamente conhecer aquele idioma. E' indubitável — afirmava esse grande mágico, — que há fenômenos produzidos pelos Espíritos. (34)

William Jeffrey, de Glasgow, mágico amador, realizou várias sessões em sua própria casa. Ele assegura que os fenômenos psíquicos não podem ser produzidos pelos meios conhecidos ou por processos comuns. (35)

---

(32) "Proceedings", 1886.

(33) **Montorgueil** — "Echo du Merveilleux", 1 de Setembro de 1898.

(34) **Arthur Philips** (Carlton) — "Twenty Years of Spoof and bluff", págs. 266.

(35) **George H. Lethem** — "How a magician became a Spiritualist". — "London Magazine", Junho, 1920.

Henri Regnault possui uma carta de Jeffrey, alguns de cujos tópicos transcreve. Diz o notável mágico nessa carta:

"Eu me venho interessando desde a meninice com os mágicos e prestidigitadores de toda a espécie; tenho agora 60 anos e faço parte de quatro sociedades diferentes de ilusionistas e de mágicos, duas em Glasgow e duas em Londres. A princípio fui convidado a estudar o Espiritismo por ministros do culto e amigos vários, para o fim de desvendar onde e como se fazia a fraude.

Sou feliz em declarar que todas as minhas pesquisas, nessa época, provaram-me que o Espiritismo era real. Sou fiel à minha convicção e obrigado a reconhecer a realidade tal como verdadeiramente a achei.

Alguns dos fenômenos mais notáveis de que fui testemunha, em matéria de materializações, de vozes, de fotografias do Invisível, forçam-me a dizer que é absolutamente impossível ao maior ilusionista, ventríloquo ou truquista, de não importa que gênero, reproduzir essas experiências, por mais hábeis que eles sejam em sua arte.

Estou pronto a encontrar-me com qualquer prestidigitador e mostrarei que é impossível obter resultados psíquicos pela prestidigitação.

Já convenci numerosos prestidigitadores da realidade das potências invisíveis operantes. Reuni em um dia seis senhores, que eram ilusionistas e prestidigitadores; cada um deles escreveu um artigo num dos seus jornais profissionais para relatar as experiências com as quais ficaram absolutamente estupefactos.

Eu sou presidente da *Sociedade de Mágica* de Glasgow, sociedade de que sou membro há longos anos; sou também vice-presidente do Clube dos 12 Místicos (*Mystic Iwelde Club*), de Glasgow.

Em negócios, sou carpinteiro e trabalho em madeiras, nos seus diversos ramos; hoje sou proprietário da Casa Brown & Cia. Utilizei em meu tempo todas as máquinas de trabalhar em madeira e sera difícil compreender como um homem dos meus conhecimentos e das minhas aptidões possa ser espírita." (36)

Regnault salienta o fato de haver o prestidigitador

(36) **Henri Regnault** — "Les Vivants et les Morts", página 421, ed. Durville.

mostrado a mais absoluta certeza da autenticidade do fenômeno psíquico. Ele estudou o Espiritismo, não como adepto, mas para descobrir-lhe as fraudes e os embustes. E tão convencido se acha atualmente da sua veracidade, que chegou a lançar um desafio a todos os prestidigitadores. Eis uma prova de boa fé, acrescenta aquele experimentador francês, e pergunta: — Encontrará esse desafio algum eco no campo dos adversários?

Não. Até agora não encontrou. Entretanto Regnault fazia espalhar esse oferecimento: — "Se alguém quiser aceitar o desafio do Sr. Jeffrey, terei todo o prazer de apresentar esse prestidigitador inglês; é só me escreverem para a rua Chalgrin n. 30, Paris."

Belíssima oportunidade para Le Bon, para o Herédia... Talvez mesmo os que estão a oferecer prêmios aos médiuns, ainda chegassem a tempo de desmascará-los. Não cremos entretanto que sejam utilizados os préstimos do Sr. Regnault. Muito mais fácil é oferecer prêmios, ficando ao oferecedor o critério do julgamento, do que irem os pantomimeiros reproduzir as suas artes diante dos sábios, "apesar da facilidade com que eles se deixam embrulhar".

O Dr. Ochorowicz, por ocasião de suas experiências com Eusápia Paladino, pediu ao prestidigitador Ladislau Rykba que assistisse a uma das sessões com essa médium.

Rykba, muito conhecido na Polônia, vangloriava-se de poder reproduzir a fenomenologia de Eusápia.

Cedendo ao convite de Ochorowicz, ele se apresentou para examinar a médium e, depois da sessão, onde exerceu toda a fiscalização que quis e que exigiu, redigiu o seguinte atestado:

"Certifico pelo presente, que assisti, na casa do Dr. Ochorowicz, a uma sessão com Eusápia Paladino e, por minha parte, exerci a mais rigorosa fiscalização. Não notei, entretanto, o menor indício de fraude. Vi coisas espantosas que sou obrigado a considerar como verdadeiros fenômenos mediúnicos. — *Ladislas Rykba*. Prestidigitador.
Varsóvia, 15 de Dezembro de 1893." (37)

Walter Wynn, pastor, conta que um ventríloquo foi

assistir também a sessões espíritas. Ao fim das sessões, declarou: — "Estou atordoado. O que eu vi é um mistério. Aqui vim para descobrir a fraude. Sou ventríloquo e me seria impossível falar como ouvi falar essas quatro vozes distintas e todas ao mesmo tempo." (38)

Muitos dos "psychical researches", isto é, dos pesquisadores da Sociedade de Pesquisas Psíquicas de Londres, eram mágicos, como Carrington, Prince e Baggaly.

Carrington foi conduzido ao terreno da experimentação por intermédio de Eusápia Paladino, cujos fenômenos ele principiou por contestar, convencendo-se afinal. (39)

Prince tem sido um grande pesquisador, notabilizando-se por seus inventos em matéria de fiscalização de médiuns.

Baggaly era hábil "escamoteador" e, por isso, se tornou perito como fiscalizador da mediunidade.

O prestidigitador Hamilton, sucessor de Houdin, em França, onde ficou tão célebre como o mestre, convidado a emitir a sua opinião a respeito de um médium que examinara, declarou:

"Vim da sessão convencido de que só a inveja poderia causar a grita que contra ele se levantou. Os fenômenos ultrapassaram a minha expectativa."

O médium era Slade. Aquela declaração vinha acompanhada das de um perito, Sr. Rhys, que fora com o mágico para o fim de examinar o gabinete, o vestuário, os objetos e auxiliá-lo no "controle". (40)

Bosco, quando lhe falavam nas fraudes de Dunglas Home, o médium de Crookes, contestava-as francamente.

Canti, interrogado pelo príncipe Napoleão sobre se acreditava na mediunidade, afirmou que os fatos mediúnicos não podiam ser equiparados aos princípios de sua profissão. (41)

---

(37) "Annales Psychiques", 1-15 Setembro, 1909.

(38) **Walter Wynn** — "Ruppert Vit". Paris, 1920, pág. 167.

(39) **Hereward Carrington** — "Eusapia Paladino, her phenomena".

(40) "Gazette des Etrangers", 27 de Setembro de 1865.

(41) **Barkas** — Outlines of Ten Year's Investigation", página 54.

Paul Gibier, cientista e escritor francês, a quem já temos tido ocasião de referir-nos, escrevia numa sua importante obra:

"Temos experimentado, rodeando-nos de todas as precauções, que indicaremos, ao expor o resultado de nossos trabalhos e se algum de nossos leitores surpreender qualquer lacuna por onde se tivesse podido ocultar a fraude, ser-lhe-íamos infinitamente reconhecido se nô-la assinalasse.

Convidamos, a não importa que prestidigitador, a produzir, com os recursos de sua arte, e em condições idênticas, iguais àquelas em que nos colocamos, a escrita na ardósia, como a obtivemos em nossas experiências."

Depois desse desafio, provàvelmente sem resposta até hoje, aquele escritor descreve a opinião e o concurso que lhe prestou um mágico, em suas observações científicas:

"Depois das primeiras sessões que tivemos com o médium americano, não podíamos crer que a escrita produzida daquela forma fôsse algo que não um artifício de prestidigitação, o qual nos era impossível compreender, dadas as condições em que nos havíamos colocado.

Para esclarecer-nos sobre este ponto, consultámos um dos mais hábeis operadores do teatro Robert-Houdin, a quem fizemos a narrativa das experiências a que havíamos assistido, experiências que ele próprio, depois, verificou por sua conta.

O operador declarou-nos que toda a arte dos prestidigitadores do mundo, reunidos, não produziria nada comparável, e no álbum deposto na mesa do salão de Slade, onde os visitantes deixavam as suas impressões, escreveu o atestado seguinte:

"Afirmo, senhores sábios, eu, prestidigitador, que a sessão do Sr. Slade é verdadeira, verdadeiramente espírita, e incompreensível fora das manifestações ocultas. E de novo afirmo.

Assino — *J.*, do Teatro Robert-Houdin, Abril de 1886." (42)

Este J. a quem Gibier não quis nomear abertamente,

---

(42) **Paul Gibier** — "Le Spiritisme", pág. 342, ed. 1896.

para evitar-lhe, talvez, as complicações que ele próprio experimentou pela temeridade de afirmar que eram autênticos os fenômenos da mediunidade, era o afamado ilusionista Jacob.

Outra declaração, revestida ainda de maiores solenidades, foi a prestada por Bellachini, da corte de Berlim.

Samuel Bellachini, mágico afamado na Alemanha, não se limitou a declarar verbalmente, ou em simples escrito, a sua convicção na veracidade dos fatos psíquicos. Fêz mais: redigiu uma exposição, em forma de juràmento solene, perante o tabelião Gustav Haagen, em 6-12-1877, na qual afirmava:

"Eu examinei minuciosamente os fatos ocorridos na presença do Sr. Slade e declaro que eles não podem ser absolutamente produzidos por meio de prestidigitação ou por aparelhos mecânicos, e qualquer explicação que lhe queiram dar, baseada na prestidigitação, é impossível." (43)

Alguns ilusionistas, ao estudarem os fenômenos espíritas, uns, por se convencerem de sua realidade, outros por poderem mostrar-lhes a fraude, acabaram eles próprios espíritas.

Assim sucedeu com Howard Thurston, considerado com Houdin, os mais notáveis escamoteadores da cena. Ele chegou a publicar uma formal declaração de fé espírita.

Will Goldston, mágico inglês, fundador do "Magician's Club", de Londres, presidente de várias sociedades congêneres, na opinião do enciclopedista Dr. Nandor **"one of the greatest professional magicians in Europe, the author of forty works of legerdemain"**, isto é, "um dos maiores mágicos profissionais da Europa, autor de quarenta trabalhos sobre prestidigitação", é hoje fervoroso adepto da filosofia espírita e confessa ter conversado, sem sombra de dúvida, com sua falecida irmã.

Tratando do fenômeno de voz direta, a que assistiu por intermédio de Miss Ridley, sem uso da corneta, afirmou que ele, com grande prática de ventriloquia, podia

---

(43) **Nandor** — "Encyclopedia of Psychic Science", 1.ª ed.

assegurar que os fenômenos espíritas que presenciara, pela mediunidade da jovem, eram reais.

Numa carta dirigida a um jornal londrino, escrevia, a respeito de vários outros casos:

"Estou convencido de que o que eu vi não era trapaça. *Ninguém, entre os meus colegas,* seria capaz de produzir tais efeitos, em tais condições." (44)

Numa obra que causou grande interesse na Inglaterra, Goldston narra os fatos que presenciou e a maneira por que se convertera ao Espiritismo; afirma a impossibilidade de se imitarem, pela ciência mágica, os fenômenos mediúnicos. Nessa obra também refere a conversão de outros mágicos, entre os quais Feicher, o seu afamado colega de Viena. (45)

Stuart Camberland era, além de ilusionista, médium. Não podia, pois, deixar da convencer-se da autenticidade dos fatos psíquicos; chegou a confessar a Harry Price que não sabia explicar muitos dos casos que ocorriam em seus entretenimentos. (46)

Outro ilusionista médium era Houdini, da América, o qual, segundo parece, adotou o nome do seu colega francês por admirar-lhe a perícia. Ele, porém, não via com bons olhos a mediunidade. Dir-se-ia acompanhado de uma falange invisível de adversários do Espiritismo — não fôsse ele médium — tal o injustificável e incompreensível empenho que mostrava em apanhar o embuste, mesmo quando não havia embuste algum.

Vários psiquistas sustentam que Houdini era de fato médium, mascarado de prestidigitador. Conan Doyle mostra as razões em que se estribou para acreditar na mediunidade desse mágico, razões muito fortes e convincentes, e que aqui deixamos de expor para não alongar muito o capítulo. Quem quiser verificá-las não tem mais

---

(44) "Sunday Graphic", 2 de Dezembro de 1929.

(45) **W. Goldston** — "Secrets of Famous Illusionists".

(46) **Harry Price** — "An open letter to Mr. Maskeline", "Light", 26-7-1924.

que procurar ler o seu trabalho — "As Fronteiras do Desconhecido". (47)

Campbell também se estende nessa demonstração. (48)

O caso é que o próprio Houdini não escondia aos seus amigos particulares o dom supranormal que possuía.

Harry Price, em vários dos seus trabalhos, declara haver conservado em seu arquivo uma carta daquele ilusionista, onde ele lhe afirma ter visto o Espírito de James Hyslop, psiquista emérito. Em outras missivas afiançava o mágico estar convencido da genuinidade dos fatos psíquicos; relatava alguns casos misteriosos que com ele se passaram e que poderiam explicar muitos dos seus passes. (49)

Em resposta à acusação que lhe faziam, justificava-se ele:

"Os espíritas pensam que eu lhes ataco a religião ou lhe sou inimigo. Não é verdade. Respeito todo crente honesto e respeito a religião espírita, porém acho que é meu dever mostrar a fraude quando ela apareça em meu caminho."

Vários colegas de Houdini, prestidigitadores americanos, e entre eles Passons e David Abbot, fizeram grandes concessões ao Espiritismo. Abott foi testemunha da voz direta.

Até os adversários francamente declarados da doutrina espírita, deixavam por vezes escapar a crença em certos fenômenos. Dingwall, por exemplo, com quem Price se empenhara em calorosa discussão, elogiara, como ótimo fenômeno, o que ele observara com Estela; afirmou também que vira, por intermédio da médium Margery, o mais belo caso de teleplasma e telecinesia, sendo irreprochável a fiscalização: **"it is the most beautiful case of teleplasm and telekinesis with which I am acquainted; the control is irreprochable."** (50)

---

(47) **Conan Doyle** — "The Edge of the Unknown".
(48) **Campbell Holmes** — "Facts of Psychic Science".
(49) **Harry Price** — "Rudi Schneider" — "Light", 12-8-1932.
(50) "Progressive Thinker", vol. 66, n.º 1847, de 18-3-1925.

O próprio prestidigitador Maskeline, tantas vezes confundido na sua teimosia e no seu descobrimento de fraudes, em carta aos jornais ingleses declarara ter visto fantasmas, assim como se mostrava crente do fenômeno das mesas girantes. (51)

Lembremos, para terminar esta resenha, que Carl du Prel escreveu uma obra memorável em que faz o paralelo entre a mediunidade e a prestidigitação, deixando inteiramente demonstrada a inexistência de qualquer parentesco entre ambas. (52)

Depois de vermos tantos prestidigitadores confundidos; diante da grande lista dos que observaram os fenômenos e lhes atestaram a autenticidade; demonstrado que grande número desses prestidigitadores chegaram, mesmo, de cépticos e negadores que eram, a se converter ao Espiritismo; examinadas as declarações que alguns fizeram, revestidas, até, de formalidades tabelioas, assegurando que os fenômenos psíquicos eram irreprodutíveis pela arte que professavam, somos forçados a duvidar do valor da opinião de Meynier, firmada não se sabe onde, — a de que os médiuns exploram truques, e truques tão grosseiros, que reservavam para os sábios.

Que fé merecerá o parecer de Le Bon, se é que Le Bon o emitiu, e a sua declaração de que pedira aos prestidigitadores para lhe mostrarem as suas sortes, como se fôssem coisa nunca vista, como se ele não as conhecesse, como se se tratasse de uma novidade ou de um mistério, que se estivesse ali a desvendar pela primeira vez? Seria que Le Bon nunca presenciou uma representação de mágicos?

Quem acreditará, depois da confissão dos próprios profissionais, que o engenhoso Davy enganasse Wallace com elementares passes de mistificação, quando Wallace foi um dos sábios que mostraram em juízo as diferenças radicais que existiam entre o ilusionismo de Maskeline e o mediunismo de Monck?

As apreciações expendidas por esses negadores des-

---

(51) "Daily Telegraph", 1881; "Pall Mall Gazette", 20-4-1885.
(52) **Du Prel** — "Experimental Psychologie".

troem-se com a simples apresentação dos fatos, como a escuridão se dissipa com a apresentação da luz. Confrontando-se-lhes a opinião, despida do menor indício de prova, com aquelas que acabámos de verificar, o que se nota é que os negativistas desconhecem as relações que há entre a prestidigitação e a fenomenologia; que nada sabem da história de uma e de outra; que ignoram completamente o assunto; e que eram, por isso, os menos aptos a tratar do caso e, consequentemente, a servir de elemento probante do que quer que fôsse.

Cremos que fica definitivamente liquidado esse negócio da prestidigitação; a alegação sempre pronta e fácil, dispensada de provas, de que os médiuns repetem os fenômenos dos mágicos, cai, de uma vez, por terra.

Não temos dúvida de que, apesar de toda a demonstração contrária, da declaração peremptória dos prestidigitadores honestos, do desbarato ruidoso dos impenitentes, os nossos antagonistas voltarão à tecla, como se essa página da história do ilusionismo fôsse uma página em branco. Mas como escrevemos para os espíritos libertos de seita, temos a esperança de que esse capítulo os fará aptos a julgar melhor do assunto.

O PRÊMIO

Tratemos, agora, do prêmio que um psiquiatra, a exemplo de outros, e como um desafio, oferece aos médiuns que fizerem tais e tais coisas a sua vista.

Esse oferecimento, só por si, demonstra a nenhuma prática, no caso. Os premiadores acham que os fenômenos se desenrolariam ou deveriam desenrolar-se diante deles como eles acreditam que acontece diante dos sábios: é só se apresentar o médium e ficarem todos, braços cruzados, uma perna sobre a outra, charuto, talvez, no canto da boca, como quem assiste a uma representação qualquer, e toca a ver maravilhas.

E' assim que eles julgam **"how the thing is done"**, ou pelo menos como eles quereriam que a coisa fôsse feita, e daí a facilidade, a leviandade ou a ingenuidade com que acusam os cientistas de se deixarem ludibriar pelos truques grosseiros de uns e os passes elementares de outros. E julgando assim, nada mais simples que oferecerem prêmios, certos de que os médiuns não aparecem, e, se aparecerem eles, não aparecerão os fantasmas, e, se os fantasmas surgirem, custará pouco descobrir **"como a coisa foi feita".**

Já não é a primeira vez que se lançam esses prêmios, que os médiuns se apresentam, e, no fim, existe sempre algo que impede a entrega do prêmio.

Há uma história que nos lembra, agora, a propósito: era a de certo indivíduo que se propunha ao rei, mediante pagamento, ensinar um burro a falar várias línguas, dentro de dez anos. Alguém lhe perguntou como ia ele haver-se depois dos dez anos, ao que o "poliglota" respondeu: — daqui até lá ou morre o rei ou morro eu; e se não morrer nenhum dos dois, eu arranjarei um jeito de que morra o burro.

Está visto que um camarada inteligente nunca se aperta, e é mais que provável que os nossos dignos patrícios, e os demais premiadores, uns por desconhecerem a matéria, outros por a conhecerem demais, se afoitem a prometer dinheiro, muito confiantes de que o cobre não lhes sairá do bolso.

Para o psiquiatra, que queria ver um médium em cada doido, o problema pode parecer simples, mas o caso é que os bons médiuns não andam por aí a granel, e só um inexperto pode ficar à espera de que um deles lhe entre fàcilmente pela porta a dentro, como qualquer mercador ambulante, que anda a oferecer sua mercadoria.

Os médiuns conscientes de sua responsabilidade não se prestariam a estas apostas.

Passemos a outras razões.

Para experimentar, em matéria tão complexa e delicada, é preciso conhecer o assunto e conhecê-lo bem; é necessário ser perito na técnica, e, pondo mesmo de lado a questão monetária, que tanta influência exerce na produtividade ou improdutividade do fenômeno, só uma pessoa inteiramente bisonha entregar-se-ia, de olhos fechados, a um leigo, o qual, tal ideia tinha da matéria, tal juízo fazia da mediunidade, que alinhou os doidos e ficou na expectativa; queria ele que os objetos saltassem de um lado para outro, sem lhes tocarem, que o ectoplasma surgisse, ali, espontâneamente, à luz radiante do sol, filtrada pelas grades das celas, no meio da azáfama do hospício, entre a grita dos desequilibrados, as vozes dos empregados da casa e os olhares curiosos dos seus companheiros.

Ora, para o bom êxito das experiências, faz-se mister um ambiente apropriado, e não será na atmosfera do negativismo, e muito menos, ainda, na do Hospício Nacional, que os fenômenos se desenvolverão. Não queremos dizer com isso que seja preciso a fé, a crendice, para que eles se produzam. O que prejudica o fenômeno é a ideia sistemàticamente oposta, é o desejo adverso, é a hostilidade dos observadores, e isso pela projeção que eles lançam no espaço. E os nossos antagonistas, que acreditam, muitas vezes, que toda a fenomenologia surge da cabeça dos assistentes, como Minerva surgiu da cabeça de Júpiter, ainda não perceberam o caso.

As forças mentais contrárias, como deveriam estar as do psiquiatra e seus auxiliares, muito empenhados em não entregar o prêmio, quando mais não fôsse, para desmoralizar o Espiritismo, obstariam, por completo, às formações fluídicas. Para estas é mister uma espécie de neutralidade espiritual, ou aquilo a que chamamos "a concentração", "a corrente".

Essa corrente é uma como disposição de espírito, a que os observadores se habituam por longa prática; é a homogeneidade do ambiente, a identidade de aspirações, com fim científico ou moral, são as vibrações uníssonas do pensamento, é a serenidade do meio, a expectativa tranquila.

Quando as ideias turbilhonam, quando há o desejo do insucesso, quando os espíritos se inquietam, quando os pensamentos se entrechocam, como que se lança, no ambiente, uma força repulsiva que apaga, destrói, aniquila toda a construção fluídica, esterilizando por completo a ação dos elementos invisíveis.

O Dr. Gustavo Geley assim se exprimia, em termos de Metapsíquica:

"As experiências mediúnicas realizam o tipo das experiências coletivas, porque os fenômenos são o fruto de uma colaboração psico-fisiológica inconsciente do médium e dos experimentadores."

E mais adiante:

"Na ectoplasmia, o desenvolvimento dos fenômenos é necessàriamente provocado por uma exteriorização dinâmica e material de uma porção do organismo do médium. Mas, se tudo se limita a essa exteriorização elementar, os fenômenos obtidos serão medíocres, apenas perceptíveis, muitas vezes, nulos. Ao contrário, se a ambiência favorável torna possível um como apelo das forças emanadas do médium às forças latentes dos experimentadores, tudo muda." (53)

E finalmente:

"E' por essa razão que é vão e absurdo esperar um resultado qualquer de "concursos", de "desafios", de oferecimentos de prêmios a médiuns.

Ainda que muito poderosos, os médiuns isolados e, *de mais, contrariados pelas vontades divergentes ou hostis de um júri, são reduzidos à impotência.*

Por *uma razão análoga o exame de um médium por um "comité de estudos", composto de sábios mal preparados* à tarefa que empreendem, é dos mais aleatórios. Se esse comité não se interessar ativamente pelo seu trabalho, se ele não experimentar em simpatia com o médium, só obterá resultados medíocres ou nulos.

Deixar exclusivamente ao médium, quer o mérito de uma sessão feliz, quer a responsabilidade de um desastre, é um erro absoluto.

Mérito e responsabilidade são sempre coletivos, como o são as próprias experiências em si." (54)

Assim se pronunciava sobre esse magno problema um dos maiores pesquisadores de todos os tempos, considerado por Bozzano "inteligência das mais rigorosamente lógicas, que honrariam o domínio das pesquisas metapsíquicas".

(53-54) **Dr. Gustave Geley** — "L'Ectoplasmie et la Clairvoyance", págs. 4 e 5, ed. 1924.

Em obra mais recente, estabelece ainda o erudito experimentador:

"A composição do grupo deve compreender, tanto quanto possível, homens e mulheres; é útil certa passividade dos assistentes, da mesma forma que certa harmonia entre os seus pensamentos." (55)

Já Gabriel Delanne, cientista sagaz como era, fazia também estas justas ponderações:

"Para formar um centro, uma das mais importantes recomendações a fazer é escolher pessoas que estejam, tanto quanto possível, em comunhão de sentimentos.

Repito, ainda, que a fé não é absolutamente necessária. Basta que todos se unam com o desejo de observar o fenômeno com sangue frio e sem *parti-pris*.

Quanto mais íntima for a comunhão do pensamento, mais as manifestações aumentarão de intensidade. Foi assim que, no Círculo Minerva, em Gênova, os sábios, que aí experimentaram, chegaram a essa unidade mental, depois de uma série de sessões nas quais, tendo-se eles assegurado da realidade dos fatos, não tiveram mais que um desejo unânime, o de vê-los adquirir a intensidade. A partir desse instante, como nenhuma força neutralizasse mais, no círculo, as forças mediúnicas, puderam as aparições materializar-se de forma completa e se fazerem, enfim, reconhecer."

Depois de apresentar a opinião de Venzano, de acordo com a sua exposição, e onde aquele experimentador lembrava os diversos grupos de cientistas, a cuja testa se achavam Crookes, Reimers, Oxley, Aksakof, Gibier e outros, e cujos êxitos se explicam pela homogeneidade e tranquilidade do ambiente, diz Delanne, referindo-se às sessões com Eusápia Paladino:

"Nesses casos, em regra, o esgotamento da médium é mínimo e verificámos, com efeito, que no fim da sessão ela se achava em condições inteiramente normais e muito diferentes nela, depois de um estado de transe prolongado e contrariado. Servimo-nos, ao acaso, da palavra contrariado,

(55) G. Geley — "Essai de Revue Générale", pág. 31, 1925.

porque uma longa experiência nos ensinou que, todas as vezes que elementos aprioristicamente opostos entram numa sessão, não sòmente a fenomenologia se produz de maneira difícil e penosa, mas se notam em Eusápia movimentos que suscitam, aos que assistem às sessões pela primeira vez, suposições de fraude muito legítimas.

Tudo isso se explica, certamente, pela contrariedade ocasionada pela pouca serenidade, pela ação sugestiva desses experimentadores, os quais, nas manifestações que se vão produzir, querem, a todo o custo, descobrir um embuste." (56)

Fora dos círculos espíritas e metapsiquistas, a opinião é a mesma. Basta que o pesquisador se aprofunde nas questões do pensamento e da alma, para perceber a influência que, nos fenômenos anímicos e nos deles decorrentes, exerce a disciplina e a ordem mental.

Assim se expressa Walter Devoe, um desses pesquisadores:

"O rumor perturba e distrai a mente, quebra o espírito numa como multidão de partículas que, no silêncio, se unem de novo para restaurar a unidade."

"As mentalidades discordantes, as palavras ásperas e o muito falar das coisas triviais fazem o mesmo efeito que o rumor." (57)

Por seu turno, Thomson Hudson, pessoa insuspeita aos nossos antagonistas — **an american thinker** — diz o enciclopedista Nandor — **who attained proeminence by an ingenious anti-spiritualistic theory** — relata o seguinte ilustrativo caso, por onde se vê a influência produzida pelas ideias contrárias, mesmo fora do ambiente das sessões:

"A controversia entre Irving Bishop e Labouchère está ainda viva na memória dos nossos leitores. Bishop exibia, com êxito, em Londres, suas admiráveis faculdades, em reuniões públicas e círculos privados. Ele demonstrara, repetidas vezes, a sua faculdade de ler os pensamentos de qual-

---

(56) **G. Delanne** — "Les Apparitions des Vivants et des Morts", t. II, pág. 634.

(57) **Walter Devoe** — "Mystic Words".

quer dos assistentes, assim como adivinhara o conteúdo de sobre-cartas fechadas e seladas, sob as mais rigorosas condições de experiência, à vista de muitos observadores competentes e merecedores de toda a confiança. No auge do sucesso, Labouchère veio pelo seu jornal e denunciou que tudo aquilo era mentira, que era impostura. Para provar a realidade de sua denúncia colocou uma nota do Banco da Inglaterra, de grande valor, sob um invólucro fechado e lacrado, oferecendo-a a Bishop se ele fôsse capaz de dizer com exatidão o número da nota.

Todas as tentativas que este fêz para ler o número redundaram no mais completo desastre. Entretanto, ele havia produzido o fenômeno milhares de vezes antes e o produziu outras tantas depois, mas o número particular daquela nota nunca pôde dizer." (58)

E' questão fora de dúvida, a faculdade que têm certos indivíduos de ler cartas fechadas ou descobrir objetos ocultos. Não é nosso intuito provar isto agora. Queremos, apenas, salientar a possibilidade do fato, e, verificado este, deixar patente o mal que causou a oposição do jornalista céptico à lucidez do paciente.

Muitos médiuns, tidos por charlatães, devem a diminuição de suas faculdades, ou mesmo a sua falência, ao reclamo, ao ruído que se lhes faz em torno do nome, ou vice-versa, ao combate que lhes movem. Médiuns cujos trabalhos caem no domínio público, são, em regra, médiuns inutilizados, se não têm uma prodigiosa mediunidade.

Há ainda mais. Nenhum médium poderá saber prèviamente o que poderá fazer. Já dizia o Codificador:

> "Não há no mundo um só médium que possa garantir a obtenção de um fenômeno espírita em determinado momento." (59)

Curadores há cujos dons repentinamente empalidecem, mal a imprensa os apregoa. Aqui, em nossa terra,

(58) **Thomson Jay Hudson** — "The Law of Psychic Phenomena", 1893.
(59) **A. Kardec** — "L'Evangile selon le Spiritisme".

temos visto muitos desses casos, enquanto que silenciosa, modesta, obscuramente, outros continuam, durante largo trato da existência, a espalhar pelos sofredores, com resultados surpreendentes, os benefícios de sua mediunidade.

Haja, ainda, como exemplo mais comum dos prejuízos da popularidade, o fenômeno das "casas assombradas" que vêm molestando os inquilinos e aterrando a vizinhança, e logo se eclipsam quando o povo se aglomera para presenciá-los.

Os inscientes encaram isso como uma prova flagrante de fraude, mas a frequência dos fatos e o número das testemunhas não deixam dúvida sobre a autenticidade do fenômeno.

É, ainda, à vista de tais fatos, e com o fito, não só de proteger o médium como os trabalhos mediúnicos, que as associações bem orientadas aconselham tenham as sessões práticas de Espiritismo sempre caráter privado e sejam fiscalizadas por pessoas de critério seguro, honestas e estudiosas.

Pelo exposto se verifica que, neste terreno, gregos e troianos, que conhecem a matéria, estão de acordo. Cabe aqui a frase de Pasteur:

"Il n'y a ici ni religion, ni philosophie, ni athéisme, ni spiritualisme que tiennent... c'est une question de fait.".

Cumpre agora observar, e isto é o mais importante, os perigos a que se expõe um médium, à mercê de um incompetente no assunto.

Desconhecedor do fenômeno, ignorando por completo a sua gênese, ignorando a sua técnica, ignorando as suas condições de produtividade, ignorando o caráter geral das experiências, sem prática e sem teoria, no caso, acreditando antes na sua inexistência, firmemente convencido que tudo não passa de fraude, o neófito, para apanhar o embuste, cometeria erros graves, que poderiam, até, acarretar a morte do sensitivo.

O fato não é sem exemplos, muito pelo contrário.

Conta Mme. Bisson "que certas experiências, tentadas contra sua vontade, por assistentes cépticos, poderiam ter tido consequências sérias para o médium e comprometedoras para a sua saúde".

"Em Munique, um professor imprudente — diz ela — teve a ideia, inesperadamente, de precipitar-se sobre a médium Eva Carrière, a fim de segurar o fenômeno que via, e teve a surpresa de ver a matéria reabsorver-se diante de si, antes que lhe fôsse possivel apanhá-la".

Em consequência disso, a médium esteve muitos dias doente, e as sessões ficaram paralisadas. (60)

Os fatos dessa natureza são comuns na literatura psíquica. Limitar-nos-emos à apresentação dos mais conhecidos, já que não nos é possível deter-nos demasiadamente com cada assunto a expor.

Este que se segue passou-se com a conhecida médium que trabalhou com Crookes, e é narrado por Epes Sargent:

"O fenômeno da materialização era tão novo para todos, que mesmo espíritas incrédulos procuravam explicar, pela fraude, o que eles não compreendiam. Supunham que Miss Cook se disfarçava para representar o papel de Kate King. Um Sr. Volckmann quis prová-lo, agarrando o Espírito; levantou-se sùbitamente e procurou segurar Katie. Esta, entretanto, conseguiu escapar-lhe e encontraram Miss Cook na cadeira, como de ordinário, com todos os laços que lhe tinham posto no princípio da sessão. Esse incidente confirmou a autenticidade do fenômeno e muitas pessoas escreveram, então, testemunhando em favor da médium." (61)

Outro, de mais graves consequências, é relatado pela própria médium, e teve, no momento, vários testemunhos.

Mme. d'Espérance, senhora ilustrada, muito conhecida na alta sociedade pelo seu valor intelectual e moral, tinha dons mediúnicos, e, por seu intermédio, se produziam, entre outros fenômenos, o da materialização. O Espírito que se materializava dizia chamar-se Iolanda.

Escritora, ela mesmo narra o acidente de que foi

---

(60) **Juliette A. Bisson** — "Les Phénomènes dits de Matérialization"; avant propos, págs. XVI, edição, 1914.

(61) **Epes Sargent** — "Katie King, histoire de ses apparitions", pág. 65. — **Henri Regnault** — "Les Vivants et les Morts, 278.

vítima, pela ignorância de um dos presentes. Transcrevemos aqui quase todo o capítulo em que a médium descreve o fato, porque os períodos que lhe tirássemos poderiam fazer esmaecer-lhe o colorido ou quebrar o interesse da lição.

Refere Mme. d'Espérance, no capítulo XXI do seu livro: "No País da Sombra":

"Hesitei, um pouco, antes de decidir-me a escrever a narrativa da experiência amarga que tivemos, meus amigos e eu, experiência de que resultaram longos anos de sofrimentos pessoais, ao mesmo tempo morais e físicos.

Mas, como isso é a recordação de parte de minha obra, sinto que não me é permitido omiti-la.

As maravilhosas lições da vida são muitas vezes aquelas que mais lágrimas nos custaram, e, posto que eu tivesse passado por acerbo sofrimento naquela época, a lição que aprendi iniciou-me muito mais nos mistérios dos fenômenos espíritas do que o teria feito toda uma vida de triunfos.

O êxito que tinha coroado nossas experiências, devo dizê-lo, havia-me tornado cega, em grande parte, a respeito da delicada natureza das condições requeridas para a produção das manifestações espíritas. E talvez sucedesse o mesmo com os meus amigos.

Inconscientemente ou por intuição, havíamos adotado muitos meios necessários aos bons resultados; e estes pareciam justificar a ideia de que não tínhamos mais do que reunir toda a nossa energia para obter o que desejássemos, em matéria de fenômenos.

Como essas coisas se produziam é o que não podíamos compreender. Sabíamos que a presença de certas pessoas era favorável, que a de outras não o era; que as temperaturas extremas eram prejudiciais; uma trovoada, por exemplo, poderia ser nociva; mas, fora dessas regras elementares, não penso que tivéssemos ganho algum conhecimento positivo. Andávamos tateando e o que conseguíamos era devido pròvàvelmente a uma série de acasos favoráveis, mais do que a um conhecimento científico da questão.

Nosso constante bom êxito era para nós uma fonte de perigo. Já falei da vaga sensação de mal estar que me causavam as ações de Iolanda. Eu não sabia, mesmo, o que eu temia.

Minha amiga, a Sra. F., estava prestes a deixar a Inglaterra e eu me tinha decidido a acompanhá-la. Minha partida ia pôr fim à nossa série de sessões. Esse gênero de trabalhos começava a pesar-me, e não era sem prazer que eu antevia o repouso.

Emalamos toda a nossa roupa, móveis, pinturas, porcelanas, etc., pelo que ficámos muito fatigados. Depois de ver tudo em segurança, a bordo do navio que devia transportar-nos ao nosso lar septentrional, voltamos à casa do amigo que nos havia oferecido hospitalidade para os últimos dias que precediam nossa partida.

Eu bem preferiria deitar-me cedo do que presidir a uma sessão; mas esperavam-me e não me restava outra alternativa que não fôsse tomar lugar entre os meus amigos, consolada com a ideia de um bom sono no meu gabinete.

O trabalho inusitado e fatigante, inevitável para chegar ao termo de todas as nossas empresas; minha pintura; uma venda para a qual eu tinha prometido diferentes desenhos; visitas a fazer e a receber; meus doentes, de que me separava com pesar; tudo isso reunido à nossa próxima mudança de residência, causara-me várias noites de insônia e dias cheios de agitação. Eu não tinha o menor interesse pelos Espíritos, naquela noite, e só alimentava a esperança que não me retivessem por muito tempo, pensando que, quando ganhasse o leito, seria para ficar lá até o dia seguinte, ao meio-dia.

Não sei como a sessão começou. Vira Iolanda sair do gabinete. Soube mais tarde o que se passara. O que experimentei foi a sensação angustiosa, horrível, de ser sufocada ou esmagada; a sensação, imagino, de uma boneca de borracha que fôsse violentamente abraçada por seu possuidor. Depois o temor invadiu-me; constringiu-me uma agonia de dores; dir-se-ia que me fugiam os sentidos e eu supunha cair num abismo espantoso, sem saber de nada, sem ver nada, sem ouvir nada, salvo o eco de um grito percuciente que parecia vir de longe. Sentia-me cair e não sabia onde. Procurava amparar-me, segurar-me a alguma coisa, mas me faltava o apoio. Desmaiei e só tornei a mim para estremecer de horror, com a sensação de estar ferida de morte.

Meus sentidos dir-se-iam dispersos a todos os ventos, e foi pouco a pouco que pude recuperá-los o bastante para compreender o que tinha acontecido. Iolanda havia sido segura, e aquele que a segurava, tomara-a por mim.

Foi o que me contaram. Essa narrativa era tão extraordinária que, se não estivesse em tal estado de prostração, teria rido, mas estava incapaz de pensar ou mesmo mover-me. Sentia que muito pouco de vida existia em mim, e esse pequeno sopro era um tormento. A hemorragia pulmonar, que minha residência no Sul houvera curado em aparência, produziu-se de novo, e o sangue quase me sufocou. O resultado dessa sessão foi uma longa e grave doença, que demorou por muitas semanas nossa partida para a Inglaterra, porque eu não estava transportável.

O choque fora terrível, e, pior ainda que o próprio choque, era minha completa incapacidade de compreendê-lo. Nunca pudera supor que alguém ousasse acusar-me de impostura. Eu me julgava a mulher de César; tinha estudado com meus amigos, primeiramente pelo desejo de saber e, em seguida, por puro amor pela causa e pelo desejo de fazê-la conhecer.

. . . .

Não censurei muito o homem que foi a causa do meu mal. Ele nada sabia, sem dúvida, dos sacrifícios que eu fazia, da obra que tinha sido edificada, dos anos de estudo que nos tinham conduzido à situação atual. Era um iconoclasta; acreditava que fazia bem em destruir os falsos deuses, como os considerava. Quanto à Iolanda, ela parecia bastante humana para que esse ignorante pudesse compreender-lhe a natureza especial, e, vendo-a passar perto dele, foi-lhe muito forte a tentação." (62)

Quem expõe, agora, o caso é o experimentador inexperiente, é o "gaffeur", em boa hora arrependido e felizmente convertido. Refere ele:

"Eu assistia a essas reuniões, como incrédulo, convencido de que desmascararia qualquer mistificador, que, não duvidava, estivesse entre nós.

Uma tarde, senti-me tocado no ombro; era uma pancada um tanto brusca. Momentos depois, uma saia roçava pelos meus joelhos; quis segurá-la, ela, porém, escapou-se. O fantasma voltou para perto de mim e, de repente, senti que ele me esfregava a cara. Acreditei num gracejo insolente e, furioso, segurei a mão que havia passado pelo meu rosto. A cólera, misturada com o terror, decuplicava as minhas forças. Mandei que acendessem as luzes, o que o engenheiro fêz imediatamente.

Eu estava de pé. Tinha um braço sob o meu braço, que comprimia contra o corpo. Segurava um pulso com todo o furor, como se fôsse um torno. O silêncio era absoluto. Não

(62) **D'Espérance** — "Au Pays de l'Ombre", **págs. 241-247.**

se percebia qualquer ruído. A mão do fantasma fundia-se entre os meus dedos. Junto a mim ninguém. Cada um de nós estava em seu lugar.

Meu adversário sumiu-se. Eu tinha em minha mão, arrancado da mão do fantasma, um pedaço de pano com o qual me haviam esfregado o rosto. No momento em que a luz apareceu e a mão se dissipou, o médium revolveu-se no canapé, deu um grito estridente e ficou prostrado, aniquilado por muito tempo." (63)

Não só a apreensão do fantasma poderá acarretar grandes males. Qualquer inobservância das condições exigidas, qualquer falha nos processos da observação, pode também ser causa de danos graves.

Refere a "Light" que, em uma sessão, o médium esteve a ponto de perder a vida, porque um dos assistentes, que era surdo, segurou a trombeta por onde se ouviam as vozes anormais, para pô-la no ouvido. O laço fluídico emaranhou-se ou quebrou-se, e houve grande trabalho em fazer o médium voltar a si. (64)

Também os assistentes de uma sessão podem sofrer as consequências da inexperiência ou da incredulidade. Assim é que, fazendo o relatório dos trabalhos da Sociedade de Pesquisas Psíquicas de Reykiavik, na Islândia, diz E. H. Kvaran:

"Um incidente, dos mais lamentáveis, perturbou a terceira sessão. Diversos membros da Sociedade assistiam a ela, quando um deles rompeu a corrente, deu um salto, e segurou as vestes da aparição, que, nesse momento, saía do gabinete. A formação logo desapareceu. Muitos assistentes experimentaram dores fortes. O médium levou muito tempo a sair do transe e adoeceu." (65)

Não são, portanto, pequenos, os inconvenientes da ignorância, em matéria de experimentação psíquica.

Admitindo-se que corresse tudo às mil maravilhas, nas sessões dos premiadores; dado que se portassem eles

---

(63) **Georges Montorgueil** — "E'clair", 25 de Dezembro de 1905.
(64) "Light", 3 de Outubro de 1925.
(65) **Einar Kvaran** — "Revue Métapsychique", **pág. 310, 1924.**

como velhos e experimentados metapsiquistas, dar-se-iam por satisfeitos com os fenômenos observados?

Nada faz crer. Como na história do rei, do burro e do ensinador de línguas, qualquer providência havia de ser tomada, em última instância.

Pudessem as forças supranormais vencer a atmosfera plúmbea formada pelas ideias hostis do júri, andasse tudo òtimamente, e teríamos, no fim, o desprazer de ver o burro morto.

Longe de nós a ideia de supor que houvesse manifesta má fé nesse desfecho; o que, conscientemente, prometia fazer o velhaco "mestre de línguas", processar-se-ia inconscientemente entre os doadores do prêmio. Segundo uma teoria, que, aliás, lhes é muito familiar e cara, os desejos recalcados operam coisas extraordinárias. Não era muito que operassem a fraude, fôsse como fôsse.

O desejo consciente do mestre de animais faria morrer o burro; o inconsciente dos ofertantes de prêmios faria aparecer a fraude.

Os indivíduos, quando se metem pelas veredas do negativismo, ficam mais perigosos que os fanáticos da credulidade. Negam tudo. Negam a evidência. Negam o que está absolutamente provado, o que é irrefragávelmente certo. Negam sem dizer porque, e, quando dizem, caem no ridículo.

Ilustremos o caso.

Cinco universitários se reuniram em Paris para verificar a mediunidade de Guzick; eram eles o Sr. Langevin, o Sr. Rabaud, o Sr. Laugier, o Sr. Marcelin, o Sr. Meyerson.

As sessões, em sua maioria, foram negativas. Houve, porém, alguns fenômenos, que seriam suficientes para uma demonstração. Mas os cinco honrados cavalheiros, depois de muito matutar, viram que aquilo bem podia ter sido feito pelo médium e por processos normais; e, então, não tiveram dúvida: proclamaram, num relatório, que o médium fraudara.

Teriam apanhado o médium em flagrante? Houve

qualquer sintoma de embuste? Do delito apareceria qualquer indício?

Não. Não houve nada. Não houve indício nenhum. O que se deu foi apenas isso: o médium poderia ter fraudado e daí a conclusão que parecera impor-se à respeitável comissão: — **o médium fraudou.** E assim ficou morto o burro.

Gustavo Geley, analisando o aludido relatório, foi forçado a mostrar que as conclusões eram arbitrárias, incoerentes, e que os relatores não entendiam nada do riscado. (66)

Caso ainda mais interessante foi o de Gustavo Le Bon.

Presente às sessões de Eusápia Paladino, aquele psicólogo afirmava: **Eusápia est, sans contredit, un merveilleux sujet.** Ele fêz parte dos fiscalizadores e declarava: "Não vejo aqui possibilidade de truque, assim como não a vejo para o movimento da mesa".

No relatório que apresentou sobre o que presenceara, ainda dizia: "E' impossível que os fatos sejam produzidos por Eusápia; eu tinha presa uma de suas mãos, via-lhe o antebraço, e colocara a cigarreira em tal posição que, mesmo com os braços livres, ela não teria podido produzir o fenômeno".

"Um compadrio também não era provável", acrescentava.

Apesar, porém, de todas essas impossibilidades e improbabilidades, achara ele possível que o inconsciente de Eusápia tivesse sugerido ao inconsciente de uma pessoa qualquer, perto da cortina, passar a mão por baixo e operar. E isso porque, dizia Le Bon a Flammarion, — "fazer intervir um espírito seria provar que há espíritos, e vós vêdes as consequências".

Flammarion nada disse sobre esse manejo fraudulento dos inconscientes, mas fêz ver que não havia ninguém perto da cortina a que se referia o psicólogo.

Le Bon não se deu por satisfeito. Arranjou novas sessões com Eusápia, a que assistiam um seu prepara-

(66) "Revue Métapsychique", **págs. 409; 1928.**

dor e outra pessoa. Numa delas, viu um braço que vinha bater no ombro de um dos presentes. Não precisou mais para concluir que se tratava de um braço da médium, subtraído hàbilmente à fiscalização.

Como se deu a subtração não explicou, nem também soube explicar por que braços se levantava uma mesa de quatro pés. Uma vez, porém, que viu um braço, já não teve mais vacilações, e declarou a Flammarion que, para ele, era tudo fraude naquelas experiências. (67)

Le Bon impunha, ainda, que as experiências se fizessem a seu sabor, contra todas as regras da técnica.

Esse Le Bon foi quem inspirou ao Dr. Xavier o prêmio de 2.000 francos.

Ora, Le Bon escreveu vários livros onde expôs as suas ideias psicológicas. "Fazer intervir um espírito seria provar que há espíritos e daí as consequências". As consequências seriam, com certeza, inutilizar muitos dos princípios que ele estabeleceu. E, nessas condições, se os inconscientes dos médiuns e dos presentes não se mancomunassem para a fraude, se as mãos não passassem por baixo da cortina, fatalmente "o braço da médium havia de subtrair-se, com habilidade, à fiscalização dos experimentadores". Mal comparando, Eusápia, como o burro do poliglota, estava prèviamente condenada.

Com esse precedente, quem seria o pacóvio capaz de concorrer aos dois mil francos?

Os pseudópodos, as mãos fluídicas, os membros ectoplásmicos, a alavanca psíquica, de Crawford, os filamentos invisíveis, como o célebre fio de linha da mesma Eusápia e de outros médiuns, todas essas manifestações que fazem parte integrante do fenômeno, estariam a depor contra quem tivesse a ingenuidade de se inscrever no certâmen.

Expostos os perigos e os inconvenientes de se entregarem os médiuns ao exame dos leigos, verificado que nada adianta esfalfarem-se os sensitivos em produzir fenômenos, visto como os citados leigos ou os cépticos

---

(67) Camille Flammarion — "Les Forces Naturelles Inconnues", t. 1.º págs. 138-140; ed. 1921.

obstinados hão-de apelar sempre para um truque qualquer, podemos concluir que o psiquiatra nunca terá o trabalho de converter os seus francos em cruzeiros, nem o desprazer de desembolsá-los a favor de um médium.

Não há dúvida de que podem ficar confiantes, tanto o ilustre psiquiatra como todos aqueles que tiverem o mesmo arrojado e generoso impulso. Ninguém virá procurá-los. Nenhum médium, por mais estulto que seja, concorrerá ao "pau de sebo".

Não se provam as asserções da Ciência, confiando-se um aparelho raro e delicado às mãos de inexpertos.

Os fenômenos psíquicos obedecem a leis que é preciso conhecer. Não são os desconhecedores destas que se podem pronunciar sobre aqueles.

Que o nosso patrício, e os demais premiadores, daquém e dalém mar, fiquem, pois, tranquilos: os dois mil francos não perigam. Além de se verem libertos da trabalheira do exame, podem ainda eles exclamar, cheios de nobre orgulho, como Cyrano de Bergerac:

— Mas que gesto!...

O FUNDAMENTO CIENTÍFICO

De como os sábios examinam — devia ser o título deste capítulo, visto como o que vamos estudar é a maneira por que eles observam e experimentam os fenômenos psíquicos; veremos, então, se com o rigor científico levado até ao excesso, é possível haver engano por parte deles.

Verificando os processos e métodos empregados, a técnica que já desenvolvem, os resultados a que já chegaram, não há motivo por que ainda se negue ao Espiritismo o seu fundamento científico, tal como o vimos negado por vários doutos.

A quem conhece a Metapsíquica, ciência hoje vastíssima e que abrange vários ramos do conhecimento humano, logo surge, claríssimo, que aquela negativa não tem base.

Nossos patrícios ouvem falar de Espiritismo como do sobrenatural, termos estes que empregam amiúde, tendo-os como sinônimos.

O sobrenatural é o fantástico, o improvável, o absurdo; são as histórias de fadas e duendes; é a carochinha; é o milagre, quando inventado e ardilosamente preparado. E vai daí eles misturam tudo e formam o seu juízo.

Esse juízo traz, ainda em si, a recordação dos velhos tempos da meninice, por maneira que já não sabem distinguir os relatos verídicos, frutos da observação, daqueles que lhes eram ministrados, ingênuamente, por suas amas, no alvorecer da idade.

Outros, quando muito, saíram a esculcas; toparam com casas mal afamadas; viram muito animismo, muita maluqueira; deram em centros de gente inculta, de gente crédula, incapaz de extremar o verdadeiro do falso; uns, simplórios; finórios, outros; pessoas a quem se deve ensinar, e nunca com quem se vá aprender.

Não viram nada que tivesse o menor vislumbre de critério científico, de investigação escrupulosa; muitos o confessam, e, entretanto, disseram lá para si: — o Espiritismo é isto!

Disseram lá para si, e, o que é pior, vieram dizer cá para os outros. Daí o afirmarem, categòricamente, sem vacilação nenhuma, como se muito experimentados em trabalhos de tal natureza, que não há fundamento científico no Espiritismo.

Pois nós vamos ver que há.

O PERÍODO CIENTÍFICO DAS INVESTIGAÇÕES

Foi William Crookes quem iniciou o período verdadeiramente científico das investigações psíquicas, servindo-se de máquinas, de aparelhos de registro e de utensílios vários, que asseguravam a autenticidade dos fatos supranormais.

Deixaremos de lado todos os fenômenos observados pela Sociedade Dialética, **d'une évidence éclatante,** como diz Richet (68), por não nos alongarmos muito nesta parte, um tanto árida, e que só interessará a limitado

(68) **Ch. Richet** — "Traité de Métapsychique", pág. 35, 2.ª ed.

número de estudiosos. Pelo mesmo motivo somos forçados a abandonar as célebres experiências do conde de Gasparin, cujas sessões, afirma Flammarion, **peuvent être qualifiées de nettement scientifiques, car elles ont été conduites avec tous les soins désirables et sous le contrôle le plus sévère.** (69)

E ainda pelas mesmas razões deixaremos de referir-nos às do Prof. Thury e outros que antecederam as do notável físico inglês.

Crookes, além dos seus infinitos recursos, sábio eclético que era, teve ainda a auxiliá-lo, nos seus famosos trabalhos, o talento extraordinário de Varley, cujos inventos, em matéria de fiscalização, unidos aos do grande mestre, tornaram graníticas e invulneráveis as clássicas experiências do erudito cientista britânico.

De fato, um dos primeiros sábios que se ocuparam com a fiscalização dos médiuns, por meio de dispositivos elétricos, foi Cromwell Varley, membro da Sociedade Real de Londres, descobridor do condensador elétrico, afamado por haver lançado os cabos submarinos entre o Velho e o Novo Continente e considerado um dos mais célebres físicos ingleses.

Foi esse verdadeiro gênio em matéria de eletricidade, perquiridor hábil, quem examinou, em companhia de Crookes, os trabalhos mediúnicos da Senhorita Cook.

Varley fazia passar uma fraca corrente através da médium e registrava o resultado por meio de um galvanômetro e por duas séries de bobinas de resistência. Qualquer interrupção da corrente, qualquer junção do fio ou seu afastamento do corpo da médium era logo verificado no aparelho registrador.

Esses processos de verificação e fiscalização já têm sido várias vezes relatados, mas é coisa de que não se cuida quando surgem a lume "as mistificações de que foram vítimas os sábios ingleses".

Quem quiser, porém, se dar ao trabalho de maiores minúcias e saber como os ditos sábios procediam, não

---

(69) **C. Flammarion** — "Les Forces Nat. Inconnues", II, pág. 311.

tem mais que ler a exposição que, dos seus métodos, fêz o notável químico britânico e aqueles que o acompanharam em suas memoráveis experiências. (70)

Outros trabalhos que não podem ser esquecidos, quando se trata dos rigorosos métodos de fiscalização mediúnica, são os de Fritz Grunewald.

Fritz Grunewald, engenheiro que muito se distinguiu pelas suas qualidades de técnico, começou a interessar-se pelas questões psíquicas diante da mediunidade de um dos seus colegas e amigos, o Dr. Johannsen, principiando a aplicar o melhor dos seus conhecimentos científicos no estudo experimental do Psiquismo.

Assim é que resolveu, por seu turno, submeter os fenômenos objetivos do Espiritismo a uma fiscalização e registro, por meio de aparelhos elétricos, eliminando destarte os fatores subjetivos.

Num dos seus primeiros livros a respeito da matéria — as "Experiências sobre a mediunidade física" —, expunha seu programa de investigações e o método rigorosa e escrupulosamente científico por ele empregado. (71)

Entre as máquinas e aparelhos de que se utilizara, muitos de sua exclusiva invenção, podem ser nomeados a báscula, destinada a registrar a perda de peso do médium, o galvanômetro Deprez - D'Arsonval, o solenóide e outros.

Grunewald pôde substituir o testemunho humano pelo registro mecânico dos fatos e, em importante comunicação que levou ao Congresso de Varsóvia, mostrou como conseguira, com seus médiuns, ações telecinésicas sobre uma balança fechada em grande caixa de vidro, tendo ele registrado a força exercida sobre a mesma balança.

Karl Krall, esse — na expressão de Notzing — mestre de psicologia animal, construiu um laboratório de parapsicologia, em Munique, o qual era dotado de magnífica instalação elétrica e chegou a realizar o "con-

---

(70) "Psychische Studien", 1874, pág. 346.

(71) **Fritz Grunewald** — "Physikalisch mediumistiche Untersuchungen".

trole" elétrico automático, de modo prático, o qual, combinado com a vigilância ativa do médium, evitava as fontes de erros e tornava a fraude irrealizável.

O Barão de Notzing, num de seus magistrais trabalhos, apresenta, cheio de pormenores, os métodos que foram empregados com a aparelhagem ideada por Krall, para imobilizar os membros do médium Schneider, com os quais se fizeram as notáveis e universalmente conhecidas sessões de Munique. Aqueles métodos tornavam impraticáveis quaisquer propósitos suspeitos, quaisquer movimentos fraudulentos.

Depois de descrever a fiscalização exercida, o experimentador alemão assegura que o emprego dos aparelhos elétricos, de que se utilizou, deixa, para logo, a mais firme convicção de que a fraude do médium é absolutamente impossível. Finalmente, conclui:

"A invenção de Krall, acima descrita, é de grande alcance para as experiências com médiuns; poderíamos chamar-lhe o ovo de Colombo. Com efeito, sua extrema simplicidade lhe dá a grande vantagem de não perturbar em nada o desenvolvimento do fenômeno, durante as sessões, e oferece a prova objetiva, absoluta, registrada, de que os membros do médium não são a origem dos movimentos a distância.

A objeção, sempre renovada de nossos adversários, de que o médium frauda, servindo-se dos pés ou mãos para produzir os fenômenos, torna-se ociosa a duplo título, porque só a fiscalização por meio de fitas luminosas e pela supervigilância de duas pessoas mais, bastava a afastar qualquer fraude.

O dispositivo elétrico inventado por Krall e aperfeiçoado pelo autor (Notzing) não deve faltar em nenhum laboratório de pesquisas psíquicas. Ele apresenta, no que toca à autenticidade dos fenômenos, o mais alto grau de segurança possível." (72)

Em seus trabalhos sobre os fenômenos físicos da mediunidade, Notzing relatou suas primeiras experiências

(72) **Dr. Schrenck Notzing** — Zeitsrift für Parapsychologie", Set. 1926.

com o médium Willy Schneider, rapazola, ainda, de seus 16 anos. (73)

Já, então, o cientista, que era céptico, afirmava a absoluta realidade do fenômeno supranormal. Com o correr dos tempos, foi-se especializando nesse novo campo de atividade; aperfeiçoou os seus aparelhos e métodos de fiscalização; chamou para testemunhar as suas pesquisas os mais notáveis intelectuais de sua pátria e dos países vizinhos; deu a essas pesquisas a maior publicidade; esperou a pé firme todas as críticas e a elas respondeu de maneira fulminante, demonstrando que o "controle" era impecável. (74)

Tratando das experiências que esse pesquisador levou a efeito de 1921 a 1922, declara o Sr. René Sudre, autor de que muito se socorrem os adversários da doutrina espírita, que **"falar de fraude, nas condições em que aquelas experiências se realizaram, é um absurdo."**

Referindo-se às formações ectoplásmicas, Sudre descreve-as por esta forma:

"Durante os meses de Março e Abril as materializações visíveis se formaram a uma distância cada vez maior do médium e todos os assistentes puderam distintamente vê-las. Os que tinham melhores olhos reconheciam, perfeitamente, "mãos" e puderam, mesmo como o neurólogo Dr. Marcinowski, desenhá-las.

Os relatórios dos professores Freytag, Gruber, Becher, Oesterreich confirmam as observações do Dr. Marcinowski, quanto à mão fantástica.

O Dr. Bohn, que é um dos melhores conhecedores dos truques empregados pelos falsos médiuns, viu e tocou a referida mão. Ela lhe pareceu fresca, mas não fria. Não poderia haver alucinação — declara o Dr. Bohn —, nem mesmo substituição da mão ou do pé de Willy, nem de mão artificial. Os dedos se agitavam, eu lhes sentia o contacto. A mão foi vista por outros assistentes."

E com estas sensatas considerações, termina o Sr. René Sudre o seu relato:

---

(73) **Dr. Schrenck Notzing** — "Physikalische Phenomene des Mediumismus".

(74) **Dr. Schrenck Notzing** — "Materialisations Phenomene".

"Diz o autor da fenomenologia mediúnica de Willy, "que ela completa a de Eusápia Paladino, a da Sra. Goligher e a de Franek Kluski. Ela confirma, de fato, os resultados inumeráveis obtidos com esses médiuns e oferece novos materiais e novos pontos de vista ao estudo dos membros fluídicos. Em particular, o caso Willy pode ser considerado como o paradigma clássico da mediunidade física, por causa das condições ideais de fiscalização, por causa da regularidade e da intensidade dos fenômenos, enfim por causa da renovação constante das condições de observação".

E' preciso sublinhar — diz René Sudre — essas palavras do eminente sábio bávaro, não sem fazer notar que garantias de fiscalização foram suficientemente dadas com aqueles médiuns em questão. As pessoas de boa fé não esperaram essas últimas experiências para se convencerem da realidade do ectoplasma. Mas podemos predizer que elas não terão mais valor que as outras para as pessoas de má fé. Nossos grandes perseguidores de médiuns pretenderão que, se não se verificou a fraude, ela há-de verificar-se um dia. Assim não se deu com Eusápia, com Eva, com Mme. Goligher, com Kluski?

Eles não deixarão de encontrar em Munique, ou melhor, em Paris, alguém que não viu nada, que não quererá ver nada e que, por consequência, estará no mais são estado de espírito para desmascarar Willy.

Entretanto, há uma coisa que deve molestar esses pueris adversários. E' a publicidade que Notzing deu a suas sessões. Não se trata mais de um pequeno *"comité"* de investigadores crédulos ou interessados na fraude — porque é assim que nos chamam nos meios do agnosticismo oficial. Sábios com carta-patente e cépticos assistiram às sessões e se declararam convencidos. Toda a Universidade de Munique desfilou diante do laboratório de Schrenck. Físicos, químicos, psicólogos, psiquiatras e até diretores de asilos de alienados viram e tocaram mãos de fantasmas.

Citemos nomes que atravessaram as fronteiras de seus países e que são notabilidades da ciência oficial: o Prof. Hans Driech, o admirável autor da *Filosofia do Orgânico*; o Professor Oesterreich, que escreveu a *Introdução à Psicologia das Religiões* e um belo estudo sobre as possessões. Esses universitários não temeram, nem pôr à prova suas opiniões filosóficas, nem perturbar seus ensinos, reconhecendo a realidade das materializações.

Mas há também o testemunho da Inglaterra. Já tivemos muitas vezes ocasião de ver com que desconfiança inveterada a Sociedade Inglesa de Pesquisas Psíquicas acolhia os fenômenos físicos. Tinha ela delegado dois dos seus mais terríveis inquisidores, os Srs. Dingwall e Price, para estudar Willy. Ora, eles atestaram nestes termos a realidade do ectoplasma:

Durante a sessão, o "controle" impedia o médium absolutamente de servir-se de objetos fraudulentos, admitindo mesmo que eles fôssem capazes de produzir o fenômeno, o que não era possível. Restava-nos ver se se podia suspeitar um compadresco. Em último recurso o céptico pode imaginar que a sala das sessões foi hàbilmente arranjada por meio de alçapões, mas as mais minuciosas pesquisas não nos fizeram descobrir nada a este respeito.

A conclusão a que chegámos é que é razoável supor que os fenômenos são produzidos verdadeiramente por agentes supranormais, cuja natureza nos é desconhecida." (75)

Em livro de grande valor e que teve extraordinária repercussão na Alemanha "Experiências de Movimentos a Distância" (76), o barão apresenta minucioso relatório de suas experiências com Willy Schneider, com a descrição dos seus aparelhos e dos melhoramentos neles introduzidos. Entre estes o Dr. Notzing menciona a aplicação da caixa de gaze, onde o médium podia ser visto do exterior, sem poder receber nenhum auxílio e sem deixar de ficar seguro pelas mãos dos experimentadores.

Além da luz vermelha que iluminava a sala, Willy estava coberto de agulhas fosforescentes, que faziam destacar a sua silhueta e torná-la francamente visível. Os fenômenos telecinéticos continuaram a produzir-se; viam-nos os assistentes e registravam-nos os aparelhos.

O mais importante na obra do famoso pesquisador tedesco são as impressões, os atestados, o testemunho dos universitários alemães. Eles enchem mais de metade da obra. Nenhum teve a menor dúvida da autenticidade do fenômeno; nenhum deixou de admirar-se dos processos empregados para a fiscalização; todos, unânimes,

---

(75) **René Sudre** — "Revue Metapsychique", 1923, págs. 24 e segs.

(76) **Dr. Schrenck Notzing** — Experimente der Fernbewegung".

afirmam a impossibilidade de engano com semelhante aparelhagem e semelhantes métodos.

A obra de Notzing denota aquela capacidade de trabalho, aquele vigor de análise, aquele exagero de minúcias que caracterizam o espírito do pesquisador alemão.

Dentre os sábios que passaram pelo gabinete do barão, podemos destacar os seguintes nomes:

Dr. Zimmer, professor de Zoologia na Universidade de Munique.

Dr. Gruber, professor de Zoologia na Politécnica.

Dr. Hans Driech, professor de Filosofia na Universidade de Leipzig.

Dr. Becher, professor de Psicologia da Universidade de Munique.

Dr. Oesterreich, professor de Filosofia da Universidade de Tubingue.

Dr. Von Kalker, professor de Jurisprudência na Universidade de Munique.

Dr. Gustave Freitag, professor de Medicina na Universidade de Munique.

Dr. Salzer, idem.

Dr. Gustave Wolff, professor de Psiquatria da Universidade de Bâle, e diretor do Hospício de Alienados de Friedmatt.

Dr. Von Aster, professor de Filosofia na Universidade de Giessen.

Dr. Graetz, professor de Física da Universidade de Munique.

Dr. Pauli, professor de Psicologia da Universidade de Munique.

Dr. Alruz, professor de Psicologia da Universidade de Upsal.

Dar. Vanino, professor de Química na Universidade de Munique.

Dr. Wiedersheim, conselheiro privado, ex-professor de Anatomia da Universidade de Friburgo.

Dr. Huber, privatdozent de Psicologia da Universidade de Munique.

Dr. Schmidt, ex-professor de Filosofia da Universidade de Heidelberg.

Dr. Hartogs, professor de Matemática da Universidade de Munique.

Dr. Heilner, professor de Medicina da Universidade de Munique.

Dr. Pauli, professor de Física da Universidade de Iena.

Dr. Geiger, professor de Filosofia da Universidade de Munique.

Dr. Wildstaetter, professor de Química na Universidade de Munique.

Dr. Lindemann, professor de Matemática na Universidade de Munique.

Dr. Osborne, neurólogo, Munique.

Dr. Marcinowski, médico, diretor do Sanatório de Heilbrunn, na Baviera.

Dr. Troemmer, diretor da secção de doenças nervosas nos Estabelecimentos St. Georges, em Hamburgo.

Dr. Tischner, oculista em Munique.

Dr. Muller, higienista, especialista em radioscopia, Munique.

Dr. Kindborg, neurólogo, Breslau.

Barão von Gebsattel, especialista em doenças nervosas, Munique.

Dr. Krapf, diretor do Asilo de Alienados de Gabersee.

Dra. Lebrecht, neuróloga, Munique.

Kuttner, estudante de Medicina, Munique.

Dr. Wittenberg, neurólogo, Munique.

Dr. Recknagel, médico clínico, Munique.

Dr. Durig, idem.

Dr. Von Hattingberg, neurólogo, Munique.

Dr. Nobb, oculista.

Dr. Patin, ginecologista, Munique.

Dr. Bohm, veterinário, Nuremberg.

Dr. Von Scanzoni, advogado, Munique.

Dr. Oertel, Munique.

Dr. Erich Bohn, advogado, Breslau.

Dr. Willy Seidel, escritor, Munique.

Dr. Gustavo Meyrinck, escritor, Starnberg.

M. R. Lambert, conselheiro, Stuttgart.

Dr. Karl Krall, Psicologia animal, Elberfeld.

Dr. Rudolf Schott, cientista, Munique.

Sichler, bibliotecário nacional, Berna, Suiça.

Dr. Bastian Schmid, professor de Psicologia animal, Munique.

Dr. Alfred Schuler, cientista, Munique.

Dr. Ludwig Klages, ex-prof. de Filosofia em Munique.

General Peter, escritor, Munique.

Dr. Offner, diretor do Ginásio de Gunzburgo.

Hutchinson, escritor, Munique.

Pearse, oculista e escritor inglês.

Dingwall, membro da Sociedade Inglesa de Pesquisas Psíquicas, perito prestidigitador.
Harry Price, idem.

Em Viena, o mesmo médium se submete a experiências perante psiquiatras austríacos. Foi estudado, especialmente, pelo Dr. Holub, médico chefe do Asilo de Alienados de Steinhof; assistiu às sessões o diretor do Asilo, Dr. Bergé. Esses psiquiatras e outros colegas seus, depois de assistirem a vários fenômenos, tiveram ocasião de verificar a levitação do médium, o que os encheu de assombro, dada a extranormalidade do fato e a certeza que tinham de que nenhum truque poderia ser empregado.

Hans Muller descreveu este fato sensacional:

"Toda a silhueta do médium se desenha claramente e não há nenhum movimento seu que não seja visível. Ele começa por fazer aspirações crescentes; de quando em quando, um estremecimento lhe percorre o corpo hipnotizado, como se uma vontade subterrânea o repelisse do solo. Os fiscalizadores, a uma ordem sua, ficam de pé nas respectivas cadeiras. Dando uma impressão de súbita leveza, como uma nuvem que se eleva, o médium sobe, de repente, no espaço. Ali fica suspenso, qual foco luminoso. Depois, agita-se, à maneira de um nadador; bate as mãos como se fôssem asas e experimenta ir mais alto. Apesar de estarem os fiscalizadores em pé, nas cadeiras, é preciso esticar os braços para conservar o contacto com o médium; ele, porém, reúne as nossas mãos e as faz passear por cima do corpo, para provar que se eleva sem auxílio. O corpo luminoso, estendido horizontalmente, toca já o teto. Willy balança da direita para a esquerda e da esquerda para a direita, como se fora um leque, suas pernas ligadas. Uma sensação dionisíaca parece animá-lo, enquanto um sentimento de medo nos invade pela resistência inveterada de nosso espírito.

Seria uma ilusão? Podemos convencer-nos de que no aposento não havia nenhuma corda, nenhuma escada. Ninguém ali se introduziu: as portas estavam fechadas. E, entretanto, como explicar aquilo? Desprende-se tanta força do médium que seu peso específico se torne mais leve? Projeta ele, sob si, braços invisíveis que o sustentam, que o impelem? Ou é bastante poderosa a sua vontade para poder emprestar-lhe as asas de cera de Ícaro?

A levitação dura agora cinco minutos. Ela se interrompe bruscamente como começou. O corpo de Willy se torna pesado, como se a alma lhe escapasse e ele volta à sua cadeira, numa aterrissagem um pouco brusca." (77)

Fato idêntico se passara já com Dunglas Home, nas experiências de Sir William Crookes, e com muitos outros, o que descreveremos mais tarde.

Possuidor de dons psíquicos é também Rudi Schneider, irmão de Willy, aquele ainda vivo.

Price descreveu os processos de fiscalização que empregou com esse médium e declara: — O Barão Schrenck e Krall haviam empregado e desenvolvido um "controle" elétrico do médium, de tal ordem, que fizeram calar os críticos. Eu estendi estas disposições elétricas aos assistentes e, sob essa implacável (mercilless) fiscalização táctil e física de sua pessoa, Rudi produziu fenômenos que fazem época **(which are now a matter of history)**. O relato da mediunidade de Rudi acha-se em um volume que Price publicou em 1930. (78)

Rudi, a convite do Dr. Eugène Osty, que ficara impressionado com seus trabalhos, foi ao Instituto Metapsíquico de Paris, onde se submeteu a experiências. Novas disposições se estabeleceram. Só aparelhos elétricos e fotográficos empregados custaram três mil libras esterlinas, ou sejam 255:000$000 (duzentos e cinquenta e cinco contos) em nossa moeda, ao câmbio atual, a libra custando 85$000.

Tudo ficou hàbilmente disposto pelo Dr. Osty e seu filho, o engenheiro Marcel Osty. Vários cientistas franceses acompanharam as observações.

Um dos processos empregados nessas experiências foi o dos raios infra-vermelhos, como averiguador das emanações psíquicas, e que deu resultados conclusivos.

O Dr. Osty assim descreve os trabalhos preliminares:

---

(77) **Sc. Notzing** — "Experimente der Fernbewegung". — **R. Sudre** — "Revue Métapsychique" pág. 94, 1924.

(78) **Harry Price** — "Rudi Schneider, a Scientific Examination of his mediumship".

"Sob forma de simples enunciado, precedendo de alguns meses a exposição técnica e pormenorizada das experiências, julgo dever mostrar desde já o que um primeiro trabalho que efetuei em estreita colaboração com meu filho Marcel Osty, engenheiro, fêz descobrir.

Esse trabalho foi levado a efeito com a produção psíquica paranormal de Rudi Schneider, médium com o qual o Dr. Notzing, durante alguns anos, e depois Harry Price, em 1928 e 1929, verificaram numerosos fenômenos de deslocamento de objetos a distância (telecinesia), e algumas materializações de formas humanas (teleplastia).

Schneider fêz a sua primeira estada no I. M. de Paris, em fins de 1930. Em comparação com a produção anterior, pode-se dizer que foi baixa a sua mediunidade. Das 13 primeiras sessões, onze foram longas e sem fenômenos; duas, apenas, mostraram um deslocamento de mesas, visível à luz vermelha, a um metro do paciente, ele próprio visível e bem fiscalizado.

Na 14.ª sessão nenhum fenômeno se produziu. Mas, tendo-se feito pôr em jogo os raios infra-vermelhos, sucedeu verificarmos que, pouco depois que o "sujet" ficou em seu estado sonambuliforme, ele criava, se se pode assim dizer, a distância de si, uma substância invisível e não fotografável, localizada no espaço, e que parava ou desviava fortemente nossos feixes de infra-vermelho, de comprimento de onda conhecido.

Isso foi uma revelação. Tínhamos o ponto de partida de um estudo de consequências importantes.

Nas sessões que se seguiram, esforçamo-nos pela confirmação precisa da ação da "criação mediúnica", em sua fase de invisibilidade, sobre as radiações infra-vermelhas.

Para esse fim, pusemos em ação dispositivos que tornaram verificáveis pelo som e ao mesmo tempo gràficamente registrados, os deslocamentos e a presença da substância invisível no infra-vermelho."

E assim, por processos de laboratório, o Dr. Osty ia surpreender a formação ectoplásmica, **ab ovo**, a substância na sua fase ainda invisível, aquilo a que já Crawford, o professor de mecânica de Belfort, dava o nome de alavanca psíquica (79), isto é, o aparelhamento fluídico de que os Espíritos se serviam para a produção do fenômeno físico.

---

(79) **Crawford** — "The Reality of Psychic Phenomena", 1916.

Osty conclui:

"Nós encontramos um processo que revela, com tal nitidez e tal segurança, a existência, os deslocamentos e a direção psíquica dessa substância invisível, que a demonstração de tais fatos é tão probante como a mais pura e a mais simples experiência de Física."

"A segurança absoluta — afirma aquele experimentador —, quanto à causa que agia sobre o infra-vermelho, foi garantida pela fiscalização corpórea direta do médium, assegurada por duas pessoas, por fotografias tiradas automàticamente logo que sobrevinha um fenômeno, pelas fotografias tiradas de improviso pelos experimentadores, e também pela iluminação em boa luz encarnada, de todo o espaço atravessado pelo infra-vermelho, e de todos os assistentes, aí compreendido o médium."

Aqui damos um ligeiro esboço dos primeiros trabalhos do diretor do Instituto Metapsíquico. Toda a descrição das experiências levadas a efeito com os novos processos que Osty introduziu na fiscalização psíquica, vem amplamente apresentada num livro desse cientista. (80)

E' uma exposição longa, técnica, de síntese difícil, tendo nós nos limitado, por isso, aos traços que aí ficam.

Quem ler, porém, a obra daquele experimentador francês, para logo se convencerá que terminaram definitivamente as dúvidas sobre a realidade do fenômeno.

*

* *

As manifestações mediúnicas obtidas em Paris e Londres, com aquele médium, chamaram a atenção do mundo científico, pelos novos processos mecânicos ado-

---

(80) **Dr. Eugène Osty** — "Les Pouvoirs Inconnus de l'Esprit sur la Matière", Paris, Felix Alcan.

tados para a fiscalização, os quais tiram, como já vimos, toda e qualquer dúvida a respeito da possibilidade de fraude.

Sobre esses processos se pronunciou no "The Times", o reputado Professor Dr. William Brown, eminente especialista.

O Dr. Brown é considerado o mestre dos psicologistas e psico-terapeutas do Império Britânico.

Na sua carta dirigida ao referido jornal, o Dr. Brown descreve o que presenciou, isto é, vários fenômenos de efeitos físicos, inclusive o da ectoplasmia e o da sensação de sopro gelado, "sem o menor indício de fraude ou de embuste".

Tive a forte sensação — diz ele — de que havia uma força misteriosa no gabinete das operações, força para a qual não posso imaginar, como causa, nenhuma invenção mecânica ou pneumática.

E declara: "Indubitàvelmente, os fenômenos são dignos da mais cerrada investigação científica".

Outro professor, o Dr. Fraser-Harris, confirma, no mesmo "Times", as declarações do seu colega e dá também o seu valioso testemunho. (81)

Assim como pelo gabinete de Notzing passaram as maiores notabilidades da Alemanha, pelo de Price passaram eminentes vultos da Inglaterra, aos quais se uniram vários membros do afamado "Magic Club"; também na França, grande número de intelectuais presenciaram, testemunharam e autenticaram os fenômenos psíquicos.

No Instituto Metapsíquico Internacional, foram testemunhas dos fenômenos realizados com o médium Guzik, a começar de Novembro de 1922, mais de 80 pessoas da "elite" parisiense.

Finalmente, um grupo de notabilidades firmou um abaixo assinado, onde, depois de descrever a fiscalização exercida, tanto sobre o médium, como sobre os experimentadores, e ainda mais, os métodos empregados para evitar qualquer processo fraudulento, com a assistência

---

(81) "The Times", 7 de Maio de 1932.

de peritos, nesses métodos incluída a mais rigorosa fiscalização da sala das experiências, assim conclui:

"Afirmamos, simplesmente, a nossa convicção de que os fenômenos obtidos com Jean Guzik não são explicáveis, quer por ilusões ou alucinações individuais, ou coletivas, quer por um embuste".

Esse atestado fêz grande ruído em França e no estrangeiro, pelos nomes que o subscreviam. Eram eles:

Joseph Ageorges, homem de letras.

Dr. Bayle, chefe do serviço de identidade judiciária.

Dr. Benjamin Bord, antigo interno dos hospitais de Paris.

Dr. Bour, diretor da Casa de Saúde de Malmaison.

Dr. Bourbon.

Dr. Stephen Chauvet, antigo interno, laureado, medalha de ouro, dos hospitais de Paris.

Dr. Cunéo, professor da Faculdade de Medicina, Cirurgião dos Hospitais.

Capitão Desprês, antigo aluno da Escola Politécnica.

Camillo Flammarion.

Dr. Fontoynon, antigo interno dos hospitais de Paris, diretor da Escola de Medicina de Madagáscar.

Pascal Forthuny, literato.

Dr. Gustavo Geley, antigo interno dos hospitais de Lião, laureado (1.º prêmio) da Faculdade de Medicina.

A. de Gramont, doutor em ciências, membro do Instituto de França.

Paul Ginisty, literato, redator do *Petit Parisien*.

Georges, doutor em Ciências, engenheiro.

Jacques Haverna, diretor do Serviço Fotográfico e das Cifras do M. do Interior.

Dr. Héricourt.

Huc, diretor do *Dépêche de Toulouse*.

Dr. Humbert, diretor da Secção de Higiene da Liga das Sociedades da Cruz Vermelha.

Com. Reller, do estado maior do general Fayolle.

Dr. Laemmer.

Dr. Lassablière, doutor do Laboratório da Faculdade de Medicina.

Professor Leclainche, membro do Instituto de França, Inspetor Geral, Chefe dos Serviços Sanitários do Ministério da Agricultura.

Sr. Oliver Lodge.

Mestre, professor da Faculdade de Direito.

Michaux, inspetor geral de Pontes e Estradas, antigo Conselheiro de Estado, diretor das Estradas de Ferro.

Dr. Montier, ant. int. dos hospitais de Paris.

Dr. Osty.

Marcel Prevost, literato, membro da Academia Francesa.

Dr. Rehm, literato.

Dr. Jean-Charles Roux, ant. int. dos hospitais de Paris.

René Sudre.

Professor Santoliquido, representante da Cruz Vermelha, na Sociedade das Nações.

Professor Vallée, diretor do Laboratório Nacional. (82)

O Dr. Neumann, descrevendo as sessões a que assistiu com o mesmo médium Guzik, em Baden-Baden, refere o seguinte:

"Oito pessoas estavam sentadas em torno da mesa redonda, como o indica a figura 2 (clichê que indicava o dispositivo da sala). Fora da mesa ficou o artista pintor Ivo Puhonny. Puhonny é conhecido como criador de um teatro de marionetes e goza de certa reputação como prestidigitador e ilusionista. A ideia que tinha da Parapsicologia é que era preciso considerar todos os fenômenos como embuste dos médiuns.

O médium estava colocado de modo que suas pernas ficavam aprisionadas à direita e à esquerda pelas cadeiras. A direita era fiscalizado por mim e à esquerda por M. K.; a 65 cm. atrás de minha cadeira, estava uma outra bastante pesada, sobre a qual haviam colocado uma guitarra.

Depois que o médium caiu em transe, houve, sobre a pesada cadeira e a guitarra, ruído de contactos e arranhaduras, sem que o médium deixasse de ser ficalizado por mim e sem que fizesse qualquer movimento suspeito. A guitarra veio finalmente ao chão, depois atingiu, aos saltos, o lado direito de minha cadeira e me parecia que ela subia lentamente; mas, pouco depois, caiu, arrastando-se com ruído pelo solo. Ao fim de alguns minutos, as cordas foram dedilhadas com precaução e pouco harmoniosamente.

Foi a vez de Pohonny levantar-se e depois arrastar-se para a guitarra em vibração. Ele descreveu assim suas impressões: "Aproximei-me da guitarra, até que tive, por assim dizer, o nariz em cima dela, e fechei os olhos para, no caso de falhar, não ser ferido por qualquer coisa.

(82) "Revue Métapsychique", 133, 1928.

"Enquanto a guitarra tocava, acendi bruscamente uma lâmpada elétrica de bolso, rodeada de um papel vermelho. Com esta luz pude orientar-me em um ou dois segundos; continuavam a soar as cordas da guitarra. Não pude saber como elas se moviam. Iluminei, em seguida, o punho do instrumento; entrementes, os sons cessavam; meu olhar parou, por segundos, nas cavilhas, porque havia lá a ponta de uma corda, que chamou minha atenção. Nada pude descobrir de suspeito. Então projetei a luz sob a mesa e vi que as pernas do médium estavam bem em seu lugar. O golpe de surpresa tinha falhado." (83)

No caso presente há uma guitarra que toca, que desliza, que anda, que cai. Um dos presentes, artista conhecido, criador de um teatro de marionetes, com reputação de prestidigitador e ilusionista, céptico, tendo como mistificação todos os fenômenos psíquicos, sai furtivamente do seu lugar, e inesperadamente lança, sobre a guitarra que toca, a luz de sua lanterna de bolso. Examina as cordas, examina as cavilhas, examina a guitarra e não vê nada de suspeito; e a guitarra continua a soar aos seus ouvidos e diante dos seus olhos.

Mas tudo isso para Meynier, com a apadrinhagem dos nossos patrícios, são truques grosseiros, só reservados para os sábios.

*

* *

Para não tomar maior espaço, visto que a nossa jornada é longa no desfazer os enganos dos nossos opositores, havemo-nos limitado às mais modernas experiências, e, entre estas, as que não podem deixar dúvidas sobre a veracidade do fato psíquico.

As provas acumuladas em prol da realidade do fenômeno são de tal monta que, se não fora o critério de apanhar as mais recentes e sobre que convergem maior número de testemunhos, nossa dificuldade seria imensa no selecioná-las.

---

(83) **Dr. Wilhelm Neumann** — "Revue Métapsychique", 1924, 51.

Há, ainda, a notar, que a repetição de fatos de ordem física, a descrição de processos mecânicos, o relato de métodos de fiscalização tornariam monótono o nosso trabalho, já, com certeza, inteiramente despido de atrativos, pela maneira por que o expomos.

Pelas razões expendidas, deixamos de referir-nos às inúmeras demonstrações pessoais, às várias modalidades do fenômeno e à multiplicidade de meios pelos quais se pode verificar que é ele indubitável.

Socorremo-nos, apenas, de alguns exemplos, rápidos e colhidos ao acaso, para que se veja que, com vários recursos como o dos fios elétricos, das roupagens prèviamente preparadas, dos sacos ou das jaulas onde se encerram os médiuns, dos pontos, das agulhas luminosas, do exame do corpo, da fiscalização dos membros, poder-se-á chegar à convicção de que o fenômeno espírita é real.

OUTRAS PROVAS INILUDÍVEIS

O astrônomo alemão Zoellner viu, numa de suas experiências com Slade, que mão invisível deixara, num vaso cheio de farinha, a sua impressão material. Essa estava tão nítida que se observavam as sinuosidades da epiderme. Aquele observador não tinha perdido de vista as mãos do médium, as quais ficaram descansadas na mesa, durante todo o tempo da experiência. Examinadas, não mostraram o menor sinal da farinha, que era aderente. Ademais, a mão impressa no vaso era muito maior que a do sensitivo.

De outra vez Zoellner enegreceu uma folha de papel, à luz de um lampião de querosene. Nessa folha apareceu a impressão perfeita de um pé. Slade estava calçado; para maior certeza de que a impressão não provinha dele, fizeram-no tirar os sapatos e em seus pés não havia o menor traço do fumo de petróleo. Além disso, a impressão tinha mais quatro centímetros que o pé de Slade. Era impossível atribuir-se o fato a um compadresco. (84)

---

(84) **Zoellner** — Wissenschaftliche Abhandlungen", vol. II.

Por sua vez, refere o Dr. Wolf um fato idêntico obtido por intermédio da médium, a Sra. Hollis, e onde era inadmissível a intervenção de terceiros. Aquele pesquisador viu certa mão fazer rápidas evoluções no espaço e pousar num prato em que havia farinha, depois retirá-la do prato e sacudir as partículas aderentes. A impressão era de mão de um homem adulto, com todas as saliências e depressões anatômicas. Os dedos marcados na farinha eram muito maiores que os da médium. (85)

O professor Denton, a quem se deve a invenção do processo de moldagem com parafina, obteve com a médium Hardy, só na primeira sessão, quinze a vinte moldes de dedos de vários tamanhos. Nesses moldes havia as linhas e relevos que se vêem nos dedos humanos.

Uma comissão de sete membros assinou uma ata onde consignavam que o molde exato de mão humana, de tamanho natural, se produziu em uma caixa fechada, pela ação inteligente de força desconhecida.

O' Brien, perito em moldagem, examinou sete modelos em gesso e os achou maravilhosamente executados, salientando que eles não apresentavam traço nenhum de soldadura, parecendo-lhe sair de um molde sem junturas.

O relatório assinala que um dos modelos assemelhava-se extraordinàriamente e singularmente, em forma e tamanho, à mão do Sr. Henri Wilson, havia pouco falecido. (86)

O guia de Eusápia Paladino fêz uma série de moldagens, absolutamente diferentes das impressões digitais da médium e dos assistentes. (87)

Geley, num estudo sobre as moldagens obtidas por Franeck Kluski, emitia o seguinte parecer:

"No que concerne às moldagens de Kluski, nem prestidigitadores, nem modeladores especialistas chegaram, até agora, a fabricar peças idênticas, isto é, que apresentem o conjunto dos seguintes característicos:

---

(85) **Dr. Wolf** — "Starting Facts", pág. 481.
(86) Spiritualist", 1876, t. I, pág. 146.
(87) **G. Delanne** — "Les Apparitions Materialisées des Vivants et des Morts", II, pág. 473.

1. Moldes de parafina ordinária, do comércio, com uma só peça;
2. Que tenham uma espessura máxima de um milímetro;
3. Que compreendam toda a mão, até o punho, com um ou muitos dedos afastados, curvados ou enroscados;
4. Que reproduzam todos os pormenores anatômicos, neles compreendidos todas as rugas da pele;
5. Que sejam exatamente semelhantes, em uma palavra, às moldagens de primeira operação." (88)

Esses citados característicos são os que se encontram nas moldagens obtidas pela mediunidade de Kluski.

SESSÕES À LUZ

E, finalmente, devemos assinalar que as mais importantes experiências foram feitas à luz; eram claramente observáveis e, por isso, não as impedia de serem vistas "as cortinas negras de ilusionistas" — que, diz o Dr. Oliveira, "guarneciam as salas de experiências da médium Stanislawa".

As sessões de Eva Carrière com a Sra. Bisson procediam-se não só à luz vermelha como à luz branca. Vários experimentadores puderam ver, ao mesmo tempo, nessas sessões, a médium e o fantasma. (89)

As de Eusápia Paladino se passaram à luz vermelha, de maneira visível pelos assistentes; o mesmo com os irmãos Schneider; o mesmo com Franek Kluski.

O médium Home não admitia a obscuridade e Crookes declarou que, nas suas longas experiências de vários anos, só duas vezes a luz foi suspensa; tudo que testemunhou o foi em plena claridade e as manifestações puderam ser apreciadas à luz do luar, à luz da vela, à luz da lâmpada, à luz do gás, à luz elétrica, à luz solar. (90)

César de Vesme, descrevendo uma das memoráveis

(88) **Geley** — "Rev. Métapsychique", pág. 313, 1922.
(89) **Mme Bisson** — "Les Phénomènes dits de Materialisation".
(90) **W. Crookes** — "Quartely Journal of Science, 1874.

aparições de **Katie King**, declara que ela ficou inalterável durante o espaço de um segundo e em seguida começou a derreter: **"Elle resta sans changer durant l'espace dune seconde, puis commença à fondre graduellement.** E todos a viram fundir-se a seus olhos como uma boneca de cera: **comme une poupée de cire fondant devant un grand feu."** (91)

Lebiedzinski afirma que a maioria dos fenômenos se vêem à plena luz. (92)

A respeito da franca visibilidade do fenômeno, escreve Bozzano:

"Todos os que conhecem a história do mediunismo sabem que, no curso das experiências de Crookes com Florence Cook e D. Home, puderam observar-se fenômenos com luz suficiente ou em plena luz. O mesmo sucedeu com as experiências que, durante três anos, F. Livermore realizou com a médium *Kate Fox*. Lembrarei que a forma materializada, sobre a qual Livermore projetou o feixe luminoso de sua lanterna surda, desagregou-se lentamente sob a ação dissolvente da luz, até desaparecer, totalmente, no mesmo lugar.

Outro tanto se pode dizer de uma multidão de manifestações obtidas pela mediunidade de Stainton Moses: muitas eram iluminadas por grandes globos de luz mediúnica.

As experiências do Prof. Zoellner com o médium Slade se desenrolavam, quase sempre, à luz do dia.

Mme. d'Espérance, que empreendeu experiências por conta própria, foi, como todos os médiuns, sujeita a acusações e suspeitas: decidiu ela, então, experimentar com luz suficiente e, se não o conseguisse, renunciaria definitivamente à mediunidade. Mas a tentativa foi feliz; pouco a pouco os fenômenos se produziram sob uma luz cada vez mais forte, até que chegaram a realizar-se em luz bastante para que todos se vissem e pudessem tomar apontamentos." (93)

Entre as experiências conclusivas assinalaremos a de Fritz Grunewald, o qual chegou a tomar o peso do

---

(91) **C. de Vesme** — "Les Polemiques de Ville Carmen".

(92) **Lebiedzinski** — "Essal de Classification des Phénomènes Psychiques.

(93) **Ernesto Bozzano** — "En défense des phénomènes médiumniques à effets physiques". — "Rev. Spirite", 1933, pág. 195.

fantasma e verificou que ele era igual ao peso perdido pelo médium. (94)

É, portanto, uma burla ou mais uma inverdade, a acusação de que os fenômenos se passam nas trevas ou que ninguém possa descobrir o que se está fazendo por trás ou por diante das cortinas negras dos ilusionistas.

*
* *

Em suma: viu-se como esses ilusionistas, menos hábeis que nossos conterrâneos, não perceberam, durante as sessões, o que, de longe, estava a verificar o ilustre psiquiatra patrício. Antes, fizeram os prestidigitadores as mais formais declarações de que os fatos espíritas eram verdadeiros, com ou sem cortinas.

Viu-se que, nas experiências, se empregaram os mesmos processos, os mesmos métodos que se empregam nas verificações científicas.

Viu-se que a vigilância sempre foi extremamente rigorosa.

Viu-se que não se tratava, tão sòmente, de fatos singulares — e só nos havemos ocupado dos fenômenos objetivos.

Viu-se mais que os fatos eram observados, relatados, autenticados por muitos homens de valor, por sábios que, ora sós, ora em grupos, lhes afirmavam a realidade.

Viu-se que os mesmos fatos não eram presenciados em teatros, porém nos gabinetes científicos, nos laboratórios prèviamente preparados para a experiência.

Viu-se, ainda, que não houve recurso de que não lançassem mão os experimentadores para se não deixarem iludir, e, ao lado dos processos comuns de fiscalização, havia, ainda, os registros mecânicos e o emprego de toda uma custosa aparelhagem.

---

(94) **Fritz Grünewald** — "Physikalisch — mediumistiche Untersuchungen".

Viu-se, principalmente, que o fenômeno era não só observável em seu pleno desenvolvimento, como ainda na sua fase inicial e invisível.

Viu-se, finalmente, com o auxílio da balança, como era demonstrável a realidade da ectoplasmia.

Tudo exposto, só resta indagar dos entrevistados e dos mais anti-espíritas do país, o que é necessário para que os fenômenos espíritas se possam inscrever entre aqueles para os quais existe "fundamento científico".

CONCLUSÕES DO CAPÍTULO

Diz-se que não existem provas verdadeiras e autênticas.

Que replique, pois, Stanley de Brath.

O escritor e psiquista inglês, Stanley de Brath, dizia, respondendo a um dos seus colegas que perguntava onde estavam os fatos da Metapsíquica:

"Não estão cheios de fatos os 38 volumes da S.P.R.? Crookes, Wallace, Gurney, Myers, Hyslop, Hodgson, Lodge, Barrett, Conan Doyle e uma quantidade de homens qualificados, há 60 anos, ocupam-se de outra coisa que não seja de fatos?

Na França, na Itália, na Polônia professores vários têm publicado longa série de fatos obtidos nos laboratórios. O Instituto Metapsíquico Internacional, onde trabalham sábios de alto valor, reputados como experimentadores, publica regularmente o resultado de experiências, que se podem interpretar sob diversos aspectos, mas que ninguém tem a coragem, absolutamente, de negar. Esses fatos foram observados, verificados por sábios, escritores, homens de negócio, no curso de sessões estritamente organizadas para evitar a fraude. Mais de cem sábios alemães participaram das pesquisas de Schrenck Notzing e ficaram convencidos. Assinaram atas. Os fatos foram verificados e declarados autênticos por prestidigitadores e peritos como Carrington, Dingwall e outros, cépticos determinados.

Todos os mencionados acima começaram seus trabalhos com esse espírito de cepticismo e alguns foram bem difíceis de abalar.

Wallace disse a princípio que, a seu ver, os pretendidos fatos eram o resultado da fraude, mas mudou de opinião diante da evidência. Richet declarou que, para admitir os fatos, teve que, a princípio, sofrer muito mentalmente. A literatura sobre este vasto assunto é enorme. Os fatos foram reconhecidos por milhares de pessoas sãs e honestas, no mundo inteiro. O movimento é universal. Existem mais de 150 órgãos consagrados às pesquisas psíquicas na Europa e nas duas Américas. As pessoas que hoje nos reclamam fatos fazem ùnicamente prova da mais vã ignorância. Os próprios "teóricos "não constroem suas teorias senão sobre a base dos fatos. O reproche que nos dirigem, concernente a uma suposta ausência de fatos, mostra-nos uma vez mais, com que espécie de contraditores nos temos que avir." (95)

*
* *

Richet apresenta-nos, num dos seus livros, um sugestivo retrato, a que ele chama fantasista, e deixa à perspicácia dos bons entendedores tirar dali as convenientes deduções.

Por aquele quadro poderíamos compreender a relutância, por parte de doutos, no aceitar os fundamentos científicos do Espiritismo, ou deixarem, sistemàticamente, de ver-lhe as provas, por mais que estejam elas a entrar-nos pelos olhos.

Vejamos o quadro:

"Euphorbion é um sábio; ninguém pode duvidar, porque ele é professor numa Faculdade. Antes do mais ele é reacionário e reacionário em tudo. Não quer o progresso, porque o que o público chama progresso não é mais do que uma decadência. Repele as invenções novas sem as conhecer e não as quer conhecer. Antes que lhe provassem a possibilidade de se construírem máquinas volantes, indignava-se, porque homens de bom senso pudessem acreditar no mais pesado que o ar e agora, ainda, registra, piedosamente, todos os acidentes de aviação, porque não pode acreditar que esse absurdo deixe de ser algum dia instrumento de morte!

Não admite nem o estilógrafo, que espalha tinta por toda parte, nem a datilografia que tira toda a per-

---

(95) **Stanley de Brath** — "The Two Worlds", 11-4-24.

sonalidade à escritura, nem os automóveis, custosas máquinas que assassinam os transeuntes... Para nada encontra apoio a sua universal neofobia. Quanto às ideias generosas que certos pensadores têm emitido, elas são pestilenciais.

Uma língua auxiliar comum é a mais infame das monstruosidades e é preciso mandar ao cárcere os que a propõem. Ele não quer ouvir falar de telefone. O túnel sob a Mancha, que horror! Para as coisas da arte tudo é pior ainda. Depois de Rossini não há mais boa música. A loucura dos romancistas estrangeiros lançou a desordem em todas as literaturas." (96)

Euphorbion, o sábio, continuará, por muito tempo, reacionário; ele repelirá tudo que sair da craveira comum; ele, por muito tempo ainda, verá hipóteses nas questões menos hipotéticas; verá fraudes nos mais certos e seguros fenômenos; nunca notará fundamento científico naquilo que estiver fora dos velhos moldes ou dos velhos quadros; registará, piedosamente, não só os acidentes de aviação, como os do Espiritismo; será contra as máquinas que cindem os ares e, da mesma sorte, contra os indivíduos que perscrutam o espaço; custar-lhe-á ver romper os horizontes da Terra e muitíssimo mais lhe custará ver franqueados os da eternidade.

De todas as invenções e inovações só dará tento nos perigos, por maiores que sejam aquelas e mínimos que sejam estes. Os grandes descobrimentos deverão ficar encobertos, vistos os acidentes a que podem dar causa. Será sempre a encarnação da prudência e da estagnação.

A certeza da imortalidade da alma seria o mais notável acontecimento de todos os tempos. As pesquisas psíquicas, disse Gladstone, são o mais importante trabalho que já foi feito no mundo: **are the most important work which is being done in the world.** Também é esta a opinião de Oliver Lodge. Para Richet **il y a là quelque chose qui changera de fond en comble nos idées sur la matière et sur la vie.** Acha o eminente Lord Sands

(96) **Charles Richet** — "Le Savant".

que um caso de comunicação com um Espírito desencarnado, verificado cientìficamente, fará eclipse a todos os demais descobrimentos da ciência moderna.

Mas Euphorbion, quer ele viva no continente europeu ou demore em nossas plagas, estará de pé atrás. As suas reservas serão inamovíveis. Ele porá um terrível empenho — andem as coisas como quiserem, — em dizer que não há nada, em mandar fechar centros e assembleias, em impedir experiências, em calar oradores, em trancar oficinas tipográficas, em queimar livros e revistas, em multiplicar leis proibitivas e coercitivas, em recorrer às autoridades, em armar o braço policial, a fim de impedir que marche o Espiritismo. Ele apagará, se puder, tudo de um traço, como quem apagaria à esponja, de uma lousa, e de um só golpe, o que lá estivesse escrito.

Euphorbion continuará á pontificar por muito tempo, e a obstar — quem sabe se com muito juízo — que a evolução se transforme em rápidos surtos de progresso.

Ele estará, expectante e vigilante, impedindo os saltos da Natureza.

Médiuns e experimentadores

MÉDIUNS

Entende-se por médium o que serve de intermediário entre o invisível e a Terra, isto é, a pessoa pela qual os Espíritos se comunicam.

Para os metapsiquistas não espíritas será aquele que tem um subconsciente diverso dos demais subconscientes e capaz de operar prodígios, ou seja o que tem predicados divinos nos fundalhos da alma.

Maxwel denomina médium — a pessoa em presença da qual podem ser observados os fenômenos psíquicos.

Para Myers — é o intermediário entre as comunicações do mundo material e espiritual. Geley define como aquele cujos elementos constitutivos são capazes de ser momentâneamente descentralizados. Diz Richet que médium é o medianeiro entre o mundo dos vivos e o dos mortos.

Boirac dá-lhes o antipático nome de metagnomo. Esta foi a terminologia adotada por Osty.

Mediumischip is a delicate gift, dizem os experimentadores ingleses. Dádiva delicada é como eles chamam à mediunidade. Pensam da mesma forma todos os pesquisadores do mundo.

O seu estudo requer prática prolongada, habilidade extrema, juízo reto, espírito científico, poder de raciocínio, hábito de observação, cultura filosófica, estudo infatigável, paciência, imparcialidade.

Sem tais predicados é fácil cair em erro, porque são muitas as causas onde ele se pode originar. Um tanto mais de credulidade, um tanto menos de acuidade; um excesso de cepticismo, uma falha de senso crítico, e já as conclusões podem ser falseadas.

Há no mediunismo dois grandes inimigos — o fanatismo e o mercantilismo.

Os que tomam todos os sensitivos como médiuns, todas as mensagens como provindas do além, todos os fatos, os mais pueris, como fatos de Espiritismo, deixam nos leigos a impressão de que o Espiritismo é aquilo; por seu turno, os aproveitadores, que nunca faltam em nenhum campo da atividade, que estão, como as moscas, em todos os lugares, conspurcando tudo, não podiam deixar de ver, nas coisas espíritas, um terreno ótimo de exploração; como é de ver, não o têm perdido, e se põem a ganhar dinheiro, usando de processos, ora revoltantes pela sua indignidade, ora desprezíveis pelo seu ridículo; eis porém os inscientes ou os Zoilos, a exclamarem, com muita satisfação e nenhum critério: aí está o que é o Espiritismo! O Espiritismo é isso!...

A quem for familiar a leitura de periódicos protestantes e católicos não será estranha uma história, bastas vezes repetida; eles se fartaram de afirmar que um neto de Kardec — outras vezes bisneto — provara que o avô ou bisavô fora enganado, e que nunca houvera Espíritos, diziam uns; para outros, o neto demonstrara que o avô é que era o mistificador; que ele conhecia perfeitamente a inexistência de Espíritos. As versões nem sempre se acolchetavam; as contradições eram flagrantes em vários pontos; onde se viam todos unânimes, era no jurar verdadeiras as palavras daquele "descendente", de que eles nunca tiveram informação nenhuma. Daquela genealogia, porém — neto ou bisneto, não importa —, nunca eles tiveram dúvida. Era contra o Espiritismo, logo se lhes tornou coisa irrefragável, matéria absolutamente indiscutível e se tomaram todos de tal certeza, e com tal convicção nos impingiram o relato, que parecia nos estarem a falar das penas eternas ou das tentações de Satanás.

Nas "Folhas Soltas", escritos católicos, que têm por lema, consoante está nos Evangelhos, porem a candeia acima dos telhados, é o bisneto que, muito compungido, aliás como convém a um bom parente, confessa a mistificação de que foi vítima o bisavô.

Em outros periódicos, a versão apresentada era a de que o avô ou bisavô se mancomunara com os patifes para fazerem a farsa do Espiritismo e embrulharem a Humanidade.

Esse rebento, se as notícias são verdadeiras, ora se tomava de pena pela simplicidade do velho, ora de iracúndia pela sua trapaçaria. Ele tinha fórmulas para todos os paladares.

Fiquemos nestas passagens. O que é pena, porém, é que a novela não viesse enriquecer a lista que os "psiquistas" de nossa terra costumam apresentar. Esse "neto" deveria fazer excelente figura ao lado do acrobata Herédia ou do engenheiro Davy. Seria um achado, de par com o Meynier e o Heuzé. Era mais um elemento, pelo menos, a fazer número, junto ao Antônio Conselheiro, ao Bonfim, ao beato Francelino, ao profeta da Gávea, ao profeta de Santo Inácio, ao Manoel das Virgens, ao homem das quinze facadas e a tantos outros que ilustram as teses desenvolvidas no "Espiritismo e Loucura", no "Espiritismo no Brasil" e em quantos "Espiritismos" por aí andam, tratados por **mão de mestres.**

Era, enfim, uma lacuna a preencher. Ficou faltando aquele Dulier à feira-livre dos nossos psiquiatras. Que eles não se esqueçam de encaixá-lo nas próximas edições.

*

* *

Fenômeno complicado, o mediunismo é cheio de embaraços. As forças invisíveis têm que se utilizar do psiquismo do médium e vencer as dificuldades do ambiente. Destarte, nos casos subjetivos, as mensagens vêm mescladas com o estilo, as peculiaridades, as opiniões do médium; por vezes mal se lhes nota o aspecto transcendental; quanto maior é a interferência do médium menor é a do comunicante, até que esta desaparece por completo e o fenômeno se reduz a um simples desprendimento do Espírito encarnado, ou seja um caso meramente anímico.

Por outro lado, quando o médium tem opiniões firmadas sobre determinado assunto, repele consciente ou inconscientemente as opiniões espirituais contrárias. Repelido, o mensageiro afasta-se e o médium fica falando ou escrevendo por conta própria. Há mais os casos em que muitos são os seres que se querem comunicar; uns procuram tomar o lugar dos outros; as comunicações saem, então, truncadas, ininteligíveis; há pontos admiráveis, que causam surpresa e estupefação, ao lado de trivialidades, senão de disparates.

No campo objetivo são maiores os estorvos e muito maior deverá ser a prática e o cuidado do observador. Aqui não se trata de simples mensagens ou comunicações espirituais, mas existe a mecânica psíquica, que requer especiais conhecimentos em ambas as fronteiras. Vemos, mesmo, aí, grandes perigos, visto que o médium perde fluidos na sessão; há uma exteriorização da vida do médium, e a incompetência do experimentador ou dos assistentes pode ser de graves consequências, como já se viu.

Outros fatos mais se verificam, intrínsecos ao fenômeno, que os desconhecedores podem tomar como fatos fraudulentos, tal como o automatismo inicial na sua produção, os filamentos, como os que apareciam nos fenômenos de Eusápia, e eram tidos por fios de linha, os membros fluídicos, os pseudópodos, sem já falar nas mistificações do invisível e nos atos inconscientes do médium.

Em certa sessão, como insistissem com o médium para que produzisse tal ou qual fato, ele, em transe, levantou-se à vista de todos, e, com o maior desembaraço, fêz normalmente o que se lhe pedia fôsse produzido pelos processos mediunímicos.

Por aí se nota o quanto de experiência e de espírito crítico se exige de um experimentador; por aí se vê que é necessária a um psiquista muita soma de conhecimentos, muitos anos de prática e considerável dose de paciência. Tal não quer dizer, porém, que não existam os bons médiuns e os bons fenômenos.

A autenticidade e a intensidade do fenômeno dependem, a maior parte das vezes, mais do observador que do médium. E a fraude pode ser atribuída à imperícia daquele. De um mau experimentador pode resultar uma experiência má, ou mesmo o embuste. E' o que Geley estabelecia como lei: — **quand un médium triche, ce sont les expérimentateurs qui sont coupables.** (97)

E de fato. Com os processos de fiscalização, o médium só fraudará se o experimentador for fraco.

Concorrem para a boa produtividade do fenômeno outros elementos que os próprios metapsiquistas ignoram, mas que não escapam aos espíritas sagazes: são os elementos morais.

Se, numa sessão, os que a compuserem forem indivíduos de maus costumes, de maus pendores, se os fins da reunião forem inconfessáveis ou obedecerem, mesmo, a simples curiosidade, os efeitos serão nulos ou desastrosos. E isso porque a má ambiência atrai seres inferiores, só podendo os resultados redundarem em desmoralização e malefício para o Espiritismo.

Os incipientes, porém, desconhecendo todos esses apontados percalços, põem-se logo a tirar conclusões, quando ainda não estão aptos a distinguir um sensitivo de um inerte, um médium de um mistificador, um fenômeno anímico de um fenômeno espírita, um caso de automatismo de um caso supranormal; e acabam confundindo tudo e caindo no velho realejo da fraude.

Para bom rendimento dos trabalhos mediúnicos é preciso que o médium esteja de boa saúde; quanto melhor a sua sanidade material e moral tanto melhor o fenômeno, em regra.

Ao contrário do que supõem os poucos esclarecidos, a histeria, que eles apresentam como causa do fenômeno, ou julgam que lhe é intrínseca, não só nem sempre lhe está associada, como até o prejudica.

Em geral, encontram-se médiuns entre pessoas ner-

---

(97) G. Geley — "L' Ectoplasmie", pág. 21.

vosas, mas um nervoso não é um histérico e a debilidade dos nervos é, algumas vezes, tão sòmente efeito, consequência do esgotamento físico do paciente, esgotamento produzido pelo esforço empregado, pela perda constante de fluidos, pelo abuso das sessões experimentais; outras vezes, trata-se de um nervosismo especial, que nada tem de doentio, antes é ele uma espécie de animação, de vida.

Quando a debilidade é excessiva, "os guias" proíbem a continuidade das sessões.

Se o médium — refere Aksakof — abusa de suas faculdades e se entrega a excessos que podem ter consequências más, os Espíritos que dele se utilizam recorrem a vários expedientes para conduzi-lo à razão.

O conselho dos guias ao médium, para que não abuse de suas faculdades, é muito comum. A Sra. Piper, por exemplo, foi obrigada a ficar muitos dias em repouso, por conselho espiritual.

Richet pensa que os médiuns podem ser mais ou menos nevropatas, tendo cefaleias, insônias, dispepsias. Mas acrescenta: isso é pouco significativo.

Por certo; dispepsia, insônias, cefaleias todo o mundo pode ter, e os médiuns são como todo o mundo, diz ainda o professor Richet: **"ils sont comme tout le monde"**.

O que não se aceita como fator da mediunidade é a histeria.

Também opina Maxwell:

"Parece-me que certa impressionabilidade ou instabilidade nervosa seja condição favorável ao surto da mediunidade. Eu me sirvo do termo instabilidade nervosa, à falta de melhor expressão, mas não o tomo em mau sentido. Os histéricos nem sempre dão fenômenos nítidos; minhas melhores experiências foram feitas com pessoas de nenhuma forma histéricas. Os neurastênicos, em geral, não dão nenhum resultado."

Maxwell explica o que ele chama instabilidade nervosa:

"Não é nem a histeria, nem a neurastenia, nem qualquer neurose. E' um estado do sistema nervoso tal, que ele parece estar em hipertensão. Uma viva impressionabilidade, uma susceptibilidade delicada, que os aproxima de certos nervosos, mas dos quais se distinguem pela integridade de sua sensibilidade, de seus reflexos, de seu campo visual. Têm, em regra, a inteligência viva, são suscetíveis de atenção e não lhes falta a energia.

Eu tenho, mesmo, a impressão de que o sistema nervoso deles é superior ao da média comum." (98)

O que, portanto, Maxwell vê nos médiuns é instabilidade nervosa — estado particular, vizinho de certa excitação, que nada tem de histerismo. Essa excitação, peculiar algumas vezes à mediunidade, é que é tomada por sintoma histérico.

Em suma, quanto mais bem equilibrado o médium, mais belas serão as suas faculdades. Esta é a norma, o que não exclui as exceções.

Geley estabeleceu:

"*Le médium doit être en bonne santé.*" — "Toda a indisposição — ensina ele —, mesmo leve, lhe atenua ou suprime, momentâneamente, a faculdade. Vi um médium muito poderoso, como Kluski, completamente paralisado por uma coriza ou uma dor de dentes." (99)

O escritor Sage afirma que quando Mme. Píper estava doente, a mediunidade se lhe atenuava ou tornava menos lúcida. Suas mensagens eram, então, incoerentes, fragmentárias ou falsas. E acrescentava: Tenho dificuldade em acreditar, examinando os fatos, que a mediunidade seja uma nevrose. (100)

Finalmente, para não abusar das citações, terminarei com a descrição que faz Flournoy da médium com quem por tanto tempo trabalhou e que deu causa a uma obra de grande valor, embora não espírita.

Assim, diz ele referindo-se a Helena Smith:

---

(98) J. Maxwell — "Le Phénomène Spirite", pág. 41.

(99) G. Geley — "L'Ectoplasmie et la Clairvoyance", pág. 7, ano 1923.

(100) M. Sage — "Madame Piper, pág. 8 — ed. 1902.

"De complexão sã e vigorosa, de bela estatura, bem proporcionada, com traços regulares e harmoniosos, tudo nela respira saúde. Não apresenta nenhum estigma visível de degenerescência. Quanto a taras ou anomalias psíquicas, abstração feita da própria mediunidade, não lhe conheço notáveis. No físico ela é admirável. E bem o é preciso, para fazer face às exigências de uma profissão onde fica ocupada 11 horas por dia, em pé, e que só lhe dá uma semana de férias, no verão." (101)

Ora, dadas as exigências para a produção do fenômeno, como vimos; tendo-se em vista os predicados necessários para que o indivíduo possa constituir-se em experimentador; verificadas as condições que expomos, para que o sensitivo seja um bom médium, fácil é aquilatar os enganos, as cincas, as heresias de todo o tamanho que se encontram nas apreciações, nas críticas, nos trabalhos daqueles que observam com imbecis, ou que examinam paranóicos, ou que fazem verificações no hospício, ou que caem num vespeiro, ou que não vêem mais do que casos de animismo, ou que dão em centros mal afamados, ou que topam com farsantes, ou que não vêem nada, que é o caso mais comum.

Ponhamos exemplos.

A OPINIÃO DE UM HIGIENISTA

A opinião do Dr. Afrânio Peixoto é um caso interessante e típico.

No prefácio ao livro "O Espiritismo no Brasil" ele declara:

"Este livro vale por uma boa ação. Com efeito, é pertinente e oportuna uma lição médica sobre os prejuízos do Espiritismo, ou do que tem este nome entre nós. Digo, entre nós, porque não tenho experiência de outras terras."

O que o professor viu, entre nós, foi um tal Bonfim, o qual, ao que se conta, não primava pela moral. Nessas

---

(101) **Th. Flournoy** — "Des Indes à la planète Mars", página 36, 4.ª ed.

sessões do Bonfim "os médiuns estão sentados em dois bancos **de cada lado do altar,** a face para os assistentès", refere o Dr. Afrânio.

Cremos que o professor teria estudado vários casos semelhantes, com outros Bonfins, outros altares e a mesma falta de moral, pois que o assunto lhe mereceu um artigo nos "Annales de Higiène et Médicine Legale", com o título **viol et mediumnité**.

Não sabemos porque preferiu juntar aquele **mediumnité** ao **viol**, visto como o altar, ao lado do qual se alinhavam os bancos, dava muito melhor ideia de catolicidade; assim, ao caro mestre, tanto fazia intitular o seu artigo de **mediumnité**, como de **catholicité** ou **immoralité**. Os últimos títulos, cremos, seriam, até, mais bem adequados.

Afinal, o que o professor viu, entre nós, resume-se nisto:

"Médiuns, em bancos, ao lado do altar; uma reunião de fiéis ou curiosos, com um diretor de cena que exorta à contrição (fixação da atenção) e que depois ordena que pensem em Deus e nos espíritos (mono-ideação) e que convida aos de má fé a se retirarem sob pena de punições (sugestão, coação moral). Vem então longa prédica com lugares comuns, mais ou menos curto discurso e por fim fastidioso (fadiga da atenção). Finalmente, invocação de espíritos... não raro uns gesticulam, cantam, choram, tomam atitudes plásticas... os mais suscetíveis, não raro, entram em convulsões (histeria)."

E o Espiritismo no Brasil é esta história.

Por maneira que, é reunir-se um mestre de cena com curiosos, mandar que os presentes pensem em qualquer coisa, pôr para fora os turbulentos, tudo seguido de um discurso, para que, não raro, entrem todos a cantar, a chorar, a tomar atitudes plásticas e, não raro, os mais suscetíveis a caírem em convulsões.

Que perigo, à vista disso, não deverá ser uma conferência, uma preleção, uma aula, uma qualquer coisa onde haja um diretor, discurso, disciplina, atenção e curiosos!...

Ao fim das missas, deviam os crentes sair aos pinchos, tomados, não raro, das ditas convulsões. O padre figuraria como diretor de cena; a exortação do pregador ou as peripécias do culto impunham a fixação da atenção; o mandar que pensassem em Santo Antônio Milagroso ou na Mãe de Deus arrastaria à monoideação; os fiéis seriam os curiosos; se a polícia entrasse a botar os bêbedos para fora, teríamos o contingente da coação. A invocação do padroeiro fecharia o quadro.

Não há como os alienistas para descobrirem o que não passa pela pobre retina dos incultos mortais!

Entretanto, há centenas de grupos, associações ou centros espíritas no Rio, onde não se vê nada daquilo que o professor verificou. E os fenômenos se realizam, "**quand même**". Como e porque se produziriam as convulsões histéricas, em casos tais, é o que não sabemos. Muito centro existe em que ninguém manda que se pense em Espíritos ou no que quer que seja; essa imposição, generalizou-a o mestre para encaixar a monoideação. Também não consta que haja sempre aquela longa prédica a que o escritor se refere; fazem-se, as mais das vezes, quando há religiosidade, preces muito simples, que ainda cansam menos que aquela que o professor ouve, desatento, quando vai à missa de algum defunto. Mas, se o Dr. Afrânio não torna obrigatório um "discurso mais ou menos longo", como poderia ele chegar à fadiga da atenção? Era número importante e imprescindível no programa; tirassem-no, e estava estragado o sabor científico do fecho.

Há mais. Os experimentadores do psiquismo referem-se aos chamados casos de identificação. Os fenômenos aí têm alguma semelhança com aquilo que o mestre diz ter visto em nossa terra. Os Espíritos sofredores choram, os alegres riem-se; os médiuns, em transe, têm convulsões ou parece que as têm. Isto observaram os Crookes, os Notzings, os Richets... Imaginemos, agora, Crookes, com os membros da "Society of Researches", e Notzing, com os universitários da Alemanha, e Richet, com os membros do Instituto, na França, todos eles, como diretores de cena, exortando à contrição os doutos da assembleia, ordenando-lhes que pensem em Espíritos, convidando os de má fé a se porem no olho da rua e acabando por impingirem ao pessoal uma prédica fastidiosa, cheia de lugares comuns!

Aquilo que o professor viu nas sessões e que supõe causa de histeria, ou pela histeria causado, acontece em vários outros lugares e ambiências, sem produzir histeria nenhuma: aulas, conferências, discurseiras, missas, sermões, solenidades religiosas e por aí além; e o que ele julga necessário para produzir os fenômenos, isto é, o que parece causa do Espiritismo — o diretor de cena com curiosos, a prédica com lugares comuns, a exortação com penitência, a retirada dos de má fé com punição — nada disso se verifica nos trabalhos experimentais de certa ordem, ou pelo menos não há aquele conjunto de circunstâncias que agrupou para chegar à ilação que lhe bailava no espírito.

Em suma, o que o Dr. Afrânio Peixoto viu, entre nós, foi pouco, e esse pouco, suspeito: as sessões tinham **altares**, o que é uma **alta** novidade em Espiritismo; os médiuns gesticulavam, cantavam, choravam, entravam em convulsões; os presidentes, como o Bonfim, levavam as jovens a um fim mau... Isto aqui em nossas terras. De terras outras, confessa não ter experiência. Pois apesar de tão poucos recursos, com tão minguado e duvidoso cabedal, tirou logo definições categóricas sobre Espiritismo e mediunidade. E diz:

> "O espiritismo é a interpretação sistemática e sobrenatural, de fatos naturais uns, outros fraudulentos, fraude subconsciente e, portanto, inconsciente às vezes, outras perfeitamente conscientes, mais ou menos hábil, capaz de imbair aos estudiosos mais prevenidos."

Convimos que, sem experiência em outras terras, e tendo nas nossas as experiências com altares, gesticuladores e o Bonfim, o higienista não podia chegar a outra conclusão; seria, mesmo, quase desculpável a conclusão a que veio — de que o Espiritismo é a interpretação sistemática de fatos naturais e fraudulentos. Com o contingente de suas experiências, nenhumas em outras terras e a do Bonfim nas nossas, não se poderia chegar a coisa melhor.

*
* *

Dir-se-ia que o higienista tem como sobrenatural a interpretação: "O Espiritismo é a interpretação sistemática e sobrenatural"... Provàvelmente, o que o professor queria dizer é que os fenômenos é que eram tidos por sobrenaturais. Até agora, os fatos é que são inquinados de sobrenaturalidade.

Mas, ainda assim, não está certo. Não pode haver fatos sobrenaturais, desde que todos eles se encontram na Natureza. O sobrenatural é do domínio da Igreja, do dogma, do demônio, do incompreensível, de algo que está fora do mundo, dos nossos sentidos, de tudo...

Nós, portanto, ficaríamos sem saber ao que viria este "sobrenatural", se não estivéssemos vendo no vocábulo a ideia dos nossos contraditores. Referindo-se ao sobrenatural, referem-se ao impalpável, ao inexplicável, ao absurdo — e vão logo, assim, ao tratar de Espiritismo, dando ideia do impossível, do nada, isto é, daquilo que acreditam ou pretendem que o Espiritismo seja.

Tratando da mediunidade, define o professor: — "uma auto-hipnotização sob as tendências crentes da vigília".

E o mesmo é dizer que não existe a mediunidade. Posta a definição em termos simples significa que o indivíduo, quando acordado, tem como crença o Espiritismo; depois, hipnotiza-se a si próprio, e, nesse estado, tudo o que diz ou faz é produto de sua crença. Se, em transe, fala em Espíritos, é simplesmente por ser espírita.

Entretanto, não pode haver nada mais contrário aos fatos. Indivíduos de religiões várias, crentes ou não crentes, materialistas e não materialistas, pessoas com as mais diversas ideias sobre religião ou filosofia, mal caem em verdadeiro transe mediúnico, passam a manifestar teorias espíritas. Mesmo sem transe nenhum, vêem ou ouvem Espíritos. São sempre os Espíritos a causa dos fenômenos; estes fenômenos giram sempre em torno de Espíritos.

Sentimo-nos na impossibilidade de trazer para aqui o acervo de provas nesse sentido. Vamos limitar-nos, pois, a alguns exemplos.

Escolhamos os mais simples:

Extraímos o caso que se segue da notável obra de Gurney, Myers e Podmore, escrita em inglês, com o nome impróprio de "Fantasmas dos Vivos", e traduzida em francês, resumidamente, por Mariller, com o nome de "Alucinações Telepáticas" ("Hallucinations Télépathiques").

O caso é assinado por A. E. Collyer:

"Eu morava em Camden, Nova Jersey, na época em que morreu meu irmão. Ele vivia na Luisiânia; sua morte foi causada pelo abalroamento de dois vapores, no Mississípi. Um pedaço de mastro caiu-lhe em cima, fendeu-lhe o crânio e produziu-lhe a morte instantânea. Minha mãe viu-o surgir ao pé da cama. Ele ali se conservou por algum tempo, olhando-a, e por fim desapareceu. Estava vestido com uma comprida roupagem branca, e com a cabeça também envolta em panos de linho branco.

Minha mãe não era supersticiosa e não acreditava em Espiritismo; estava inteiramente acordada no momento da aparição. Não era um sonho.

Quando a vi, no dia seguinte pela manhã, disse-me ela: "Vou ter más notícias de José", e depois me contou o que tinha visto.

Dois ou três dias depois, soubemos do triste acontecimento. Quando um outro irmão, que se achava no local do acidente, chegou em casa, pedimos-lhe os pormenores e a maneira por que estava o nosso irmão. Vimos, com grande espanto, que sua descrição acomodava-se, perfeitamente, com o que minha mãe tinha visto."

Os autores fizeram inserir um anúncio no "Daily Picayune", principal jornal de Nova Orleans, prometendo uma recompensa a quem desse informes precisos sobre o acidente a bordo do "Alice". A 6-1-1886, receberam uma carta do redator do jornal, dizendo que ali havia aparecido um senhor que fizera a declaração seguinte:

— "Chamo-me Hall. Era timoneiro do "Red River", quando ele abalroou o "Alice". Aquele subia e este descia o rio. O choque quebrou a máquina e fêz graves avarias. Fomos logo em socorro do "Alice" e alguém de sua equipagem disse que o capitão estava morto. Acharam-no, de fato, no passadiço, com uma grande ferida na cabeça e já sem vida".

Seguem-se várias cartas e outros documentos probatórios da autenticidade do fato narrado.

A obra dos três grandes psiquistas está repleta dessas narrativas, todas ricas de incidentes. Em nenhuma se nota "a tendência crente da vigília". Audientes, videntes, sensitivos outros, não cuidaram nunca de Espiritismo. (102)

Vamos a outras fontes e a outras categorias de casos, mais ou menos relacionados com o presente.

Conta o Dr. Woetzel:

"Uma tarde, algumas semanas após a morte de minha mulher, achava-me eu em meu quarto, quando senti um ruído em torno a mim. As portas e janelas estavam fechadas. Pela fraca luz que reinava no quarto, percebi a forma de minha mulher, que me disse com voz fraca: Carlos, eu sou imortal, nós nos tornaremos a ver.

A aparição tornou a mostrar-se e, desta vez, o cachorro da casa voltou-se para o lugar em que apareceu minha mulher e balançou alegremente a cauda." (103)

O que se segue tem como fiadores dois mestres conhecidos, os professores Hodgson e Roice. Encontramo-lo descrito na obra de Frederico Myers — "A Personalidade Humana". O relato é o seguinte:

"Sua irmã — conta o protagonista —, jovem de dezoito anos, morreu sùbitamente de cólera, em 1867, em S. Luís. De viagem para os Estados Unidos, dez anos depois, estava,

---

(102) **Gurney, Myers e Podmore** — "The Phantasms of Living".

(103) **Dr. Woetzel** — "Apparitions réelles de ma Femme, aprés sa Mort", 1804.

certo dia, ocupado em seu quarto a escrever, e fumava, no momento, um bom cigarro, quando viu que alguém se sentava a sua esquerda, tendo um braço apoiado na mesa. Voltando-se para ver quem ali estava, deu com a falecida irmã, o que lhe causou extraordinária alegria, porque ele a estimava muito. Mas a irmã desapareceu.

Vivamente impressionado, tomou o trem para contar o caso à família. Todos pilheriaram a respeito da visão, tomando-a à conta de alucinação do rapaz. Descrevendo pormenorizadamente a aparição, para ver se o acreditavam, referiu-se a um arranhão que a irmã tinha no rosto. Ao ouvir esta parte da narrativa, sua mãe perdeu os sentidos. A razão desse desfalecimento estava em que, ao vestir a filha morta, lhe produzira um arranhão no rosto, e só ela sabia disso." (104)

Do repositório de Flammarion, extraímos a seguinte carta que lhe foi dirigida pela Sra. Corneille:

"Minha jovem amiga Margaride, que tem agora vinte e dois anos, teve a infelicidade de perder no mesmo ano, em 1918, o pai, a mãe e a irmã, Jeanne, de 16 anos de idade. Esta última, que sempre gozara perfeita saúde, começou a definhar logo depois que sua mãe morreu.

Margaride e Jeanne, que se amavam ternamente e nunca se separavam, dormiam no mesmo quarto. A avó viera morar com elas desde que ficaram órfãs. Cerca de dois meses depois do falecimento da mãe delas, Margaride acordou, certa manhã, às 5 horas e percebeu um ruído de vestes no quarto. Abriu os olhos e viu uma silhueta vestida de preto, que deslizou perto de sua cama, aproximou-se depois da de Jeanne, debruçou-se sobre ela, que dormia, e abraçou-a na fronte. Margaride levantou-se, olhou mais atentamente, e disse: — Mas é mamãe!

No mesmo instante, a sombra ergueu-se e desapareceu, como tinha vindo.

A moça, muito impressionada, saiu do leito, sem ruído, para não perturbar o sono da irmã, que já sofria muito por essa época, e correu ao quarto da avó, que dormia profundamente. Acordou-a e perguntou-lhe: — Memé, foste tu que vieste abraçar Jeanne na cama? — E narrou-lhe o que acabara de ver.

---

(104) **Fr. Myers** — "Human Personality", II, 27.

— Não, minha querida — respondeu a avó —, eu não me mexi daqui; tu deves ter sonhado; volta depressa a deitar-te de novo e a dormir, porque são ainda duas boas horas.

Margarida voltou p'ra cama, procurando persuadir-se de que havia sonhado. Mas logo que se deitou, sua irmã acordou e lhe disse: — "Oh, que infelicidade ter eu acordado, eu me sentia tão feliz!... Enquanto eu dormia, mamãe veio abraçar-me, estava vestida de preto, como se vestia sempre depois da morte de papai; passou por perto da tua cama, depois veio para a minha, onde se inclinou e eu a senti depor-me um beijo na fronte".

Margarida contou-lhe, então, a visão que tivera..." (105)

Aqui a aparição é vista por uma das moças acordada, e pela irmã menor, que dormia. A visão de ambas foi idêntica, idênticos os pormenores. Nenhuma tinha noções espíritas, ao que se infere da narrativa.

Continuemos por outras fontes.

O presente relato encontramo-lo no acervo de Ernesto Bozzano. Trata-se de uma comunicação feita pelo conhecido professor Alexander, tão estimado aqui no Rio de Janeiro, e enviada ao eminente psicólogo Frederico Myers:

"Em seguida, por uma noite muito escura, estávamos todos assentados na varanda, quando ouvimos um latido lento e monótono, de um cão, preso fora da casa. Fomos ver do que se tratava e encontramo-lo como a olhar qualquer coisa que nem Davis nem eu podíamos perceber. Entretanto, as moças que nos acompanhavam declararam ver uma forma espiritual bem conhecida, postada em frente ao cachorro; e o latido deste exprimia grande assombro.

Mais tarde, a mais moça das meninas, ainda um bebê naquela época, chamou a atenção de seu pai para alguém que estava perto da porta. — Um homem! Um homem! — dizia ela. Mas, para outros olhos que não os dela, ninguém era visível. E, enfim, antes que ela pudesse conseguir fazer-nos ver o que era tão evidente à própria vista, sua expressão tornou-se de espanto intenso e ela exclamou: — partiu!..." (106)

---

(105) **Flammarion** — "La Mort et son Mystère", III, pág. 32.

(106) **E. Bozzano** — "Animali e Manifestazioni Metapsichiche". Roma, 1923.

O erudito cientista italiano, que vem classificando e sistematizando os fatos psíquicos, tem uma obra com casos desse gênero, isto é, onde os animais são agentes ou percipientes, e o que percebem é visto simultâneamente e coletivamente, pelo homem.

Outra série de fenômenos difíceis de julgar pela tese exposta é a que se passa entre os selvagens. Sobre o assunto também escreveu Bozzano importante monografia. Nela se relatam vários fatos psíquicos inteiramente idênticos aos que se notam entre os povos civilizados.

Vejamos um dos mais simples e curtos, na coleção do incansável pesquisador, fato que ele colheu do sociólogo e antropólogo A. Lang. Lang ouviu-o do indianista Tregear, autor do "Maori Comparative Dictionary":

"Um chefe maori, muito inteligente, contou-me o que se segue: Eu só vi em minha vida dois fantasmas. Quando ainda era criança, fui mandado a Auchland, à escola dos brancos. Certa manhã, quando estava deitado e adormecido, acordei em sobressalto. Olhei e vi meu tio, inclinado sobre mim. Fiquei bem espantado, porque eu o acreditava muito longe, em *Bay of Islands*. Fiz-lhe várias perguntas, ele, porém, se tornou transparente e desapareceu. O próximo correio me trouxe a notícia do seu falecimento.

Passaram-se muitos anos e não percebi mais fantasmas. Um dia, enfim, estando sentado, a ler, vi projetar-se no livro uma sombra escura. Levantei os olhos e dei com um homem de costas, colocado entre mim e a janela. Verifiquei que era um chefe maori, e então o saudei, dizendo: — Olá, amigo! Ele se voltou e eu reconheci um outro tio meu, Ihaka. Mas, desde que o reconheci, ele se foi tornando transparente e desapareceu, tal como acontecera com o primeiro fantasma.

Eu estava longe de pensar na morte de meu tio, que tinha deixado algumas horas antes são e robusto. Mas, não tardei a saber que, tendo ido à casa de um missionário, havia comido, em companhia dos brancos, umas conservas envenenadas, e que lhe causaram a morte." (107)

Após grande número de relatos, todos extraídos das

---

(107) **Bozzano** — "Delle Manifestazioni tra i Popoli Selvaggi". Roma, 1926, pág. 22.

mais seguras fontes, Bozzano conclui que as inferências que os selvagens tiram desses fatos supranormais são idênticas às dos povos civilizados, o que basta a demonstrar que a existência dessas manifestações é comum a todos os povos da Terra:

"Le osservazioni dianzi riferite circa le inferenze che ne traggono i selvaggi, inferenze che a loro volta risultano assolutamente identiche a quelle che ne trassero i popolo civilli, bastano a dimostrare che l'esistenza delle manifestazioni supernormali di tal natura é famigliare a qualsiasi popolo della terra."

Como Bozzano pondera, essas manifestações se dão por toda a parte, com as mesmas modalidades, obrigando aqueles que não são mestres de Psiquiatria, ou que não têm ideias preconcebidas e arraigadas, a tirarem as mesmas conclusões.

Citamos, propositadamente, casos dos mais simples, no imenso arquivo da fenomenologia psíquica. Apanhamo-los ao folhear das páginas. Eles andam às carradas pelos tratados, pelos livros, pelas revistas, pelos jornais. Como se nota, ora são pessoas, que nunca se interessaram pelo Espiritismo, que nada conhecem de Espiritismo, mas que vêem, ouvem ou sentem fantasmas; ora os sensitivos são crianças, para as quais não podiam influir as ideias espíritas, ora são os selvagens, cujas crenças, hauridas em fontes imemoriais, não se pode dizer tenham sofrido o influxo dos povos civilizados; ora são os animais, onde mais difícil ainda é supor as "tendências crentes da vigília".

E ficamos, apenas, na órbita das aparições, por ser uma das mais simples classes de fenômenos. Pusemos de lado toda a enorme fileira dos fatos físicos; não nos referimos à fenomenologia complexa, onde ao lado das manifestações materiais há as intelectuais; não tocamos no caso das infestações, — casos comuníssimos, que acontecem em todos os lugares e de que são vítimas quaisquer moradores, não importa a crença que possuam; nada dissemos dos casos subjetivos, onde se perfilam os de identificação de Espíritos, os das aparições no leito de morte, os da música transcendental, os de xenoglossia, os de bilocação, os de correspondência cruzada, todos eles com suas diversas modalidades.

Em suma, os Espíritos se manifestam e aparecem, como iremos ver, em todas as camadas sociais, em todos os pontos da Terra e em todas as épocas da História, o que nos traz a convicção da genuinidade do fenômeno espírita.

O ESPIRITISMO ATRAVÉS DOS TEMPOS

O padre João Gualberto, numa conferência produzida em Niterói, declarou que o caso da mediunidade não é coisa antiga, como declaram os espíritas e que não encontra, fora de Kardec, nenhum fato de chamada de defuntos.

Por seu turno, o pastor Othoniel Motta afirma, em outra conferência, que nenhum médium deixou, nas páginas da História, um traço luminoso, e assegura que emudecer a eloquência do silêncio que a História faz a respeito desses médiuns que ela desconhece é forçar a nota do modo mais clamoroso.

E aqui temos o Catolicismo, o Protestantismo e o laicalismo dando-se as mãos numa cinca histórica.

Alguns autores se arrimam aos casos de "demonismo" da Idade Média e aos "gênios" da antiguidade para apresentar a teoria espírita como fruto de opiniões, como reflexo de um período.

Dizem eles que o médium acredita hoje no "espírito", como o obsesso acreditava no "demônio", e os antigos nos "gênios", de que é exemplo notório o gênio de Sócrates.

O autor do "Espiritismo no Brasil" apresenta a tese pela seguinte forma:

"Em síntese tal é a concepção de Flournoy, relativa à encarnação ou possessão espírita, que aliás não pode distinguir-se da possessão pelos Espíritos impuros da Bíblia, pelo diabo católico da Idade Média, pelos antepassados, deuses ou demônios dos povos primitivos, nem tão-pouco dos fenômenos de divisão da personalidade atribuídos por Charcot e sua escola à histeria."

E mais adiante:

"A possessão demoniaca sempre esteve ligada à realidade da crença do demônio, e, por isso, as suas epidemias atingiam de preferência os centros pios, os conventos... Os fenômenos de possessão desapareceram logo que a crença nisto ou naquilo perdeu o seu poder entre os homens."

Absolutamente inverídico. A tais conclusões só pode chegar os que se limitaram a um exame superficial assim da Metapsíquica como da História.

E' falso que a "possessão demoníaca estivesse sempre ligada à crença do demônio",

Pelo menos, a inversa não é verdadeira. E não é preciso ter a vista de Argos para perceber o equívoco.

As crenças dominantes no Ocidente são o Catolicismo e o Protestantismo, e para estas é ainda o diabo o causador dos fenômenos espíritas. **A crença nisto, portanto, ainda não perdeu o seu poder entre os homens.** O diabo forçou, mesmo, as portas do "Espiritismo no Brasil", quer dizer que forçou as portas de um trabalho científico, pois lá se encontram pareceres de notáveis doutores, onde claramente é a ele que atribuem os distúrbios das sessões.

Continuamos em pleno demonismo, sem que as sugestões, entretanto, consigam agora produzir aquela temível epidemia. E os Espíritos que se manifestam não mais enfardam as vestes de belzebu.

Ora, o que se tem dado, em via de regra, é o seguinte: O demônio surgiu em primeiro lugar, das forjas da Inquisição. Lá se arrancavam as "confissões", pelos processos sobejamente conhecidos. E' bem de ver que o "pseudo demônio", verificando os **ótimos** resultados de sua influência, mantivesse o papel que os autores atribuem aos doentes.

Nos casos reais de obsessão, isto é, naqueles em que "os possuídos representavam um papel, mesmo diante dos inquisidores", havia um perseguidor invisível, que podia ser o Espírito obsessor.

O "obsessor" é sempre ou quase, um inimigo, um antigo desafeto. Velhas contas, velhos ajustes. Sabendo ele que se fazer passar pelo diabo era motivo suficiente para que sua vítima fôsse conduzida à tortura, e da tortura à fogueira, representava, então, com muitas artes — e artes que poderiam passar pelas do demo — o dito papel a que se referem os nossos escritores...

Mas, continua a sugestão diabólica; continuam pastores e padres a trazer à baila, contìnuamente, o demônio. E o diabo não mais aparece nos fenômenos. Ninguém mais sustenta o tal papel diante de quem quer que seja. Ninguém o representa. Não há médium mais que o encene, embora o papel dos sacerdotes continue o mesmo.

Como se explica isto?... E' que Satã não é mais o caminho seguro para as labaredas purificadoras.

Um dos sintomas claros da intervenção demoníaca, naqueles tempos, era falar línguas e, principalmente, o latim, sem se saberem os respectivos idiomas. Tinha-se o capeta como poliglota e latinista por excelência. Aparecesse alguém, ignorante em línguas, a pronunciar-se na velha linguagem do Lácio e, em pouco, estaria reduzido a torresmos.

Mangeron declara que a maior parte dos que escreveram sobre os convulsionários, pró ou contra, atestaram que eles falaram em êxtase línguas estranhas. (108)

Ao Dr. Cheyne não eram estranhos esses fenômenos (109) e Ambroise Paré não tinha nenhuma dúvida, ante os testemunhos gerais, de afirmar que o diabo, pelas possessas, falava latim e várias línguas desconhecidas: — **Ils parlent divers langages, incognues... (110)**

O bispo de Châlons, doutor da Sorbona, fêz o relato da hístero-demonopatia de Auxone e afirmou que as moças atacadas tinham o dom das línguas e respondiam em latim aos exorcismos. (111)

Os tempos mudaram, entretanto; já não adianta

---

(108) **Carré de Mongeron** — "La Verité des Miracles".
(109) **Dr. G. Cheyne** — "The English Malady, 1733.
(110) **Ambroise Paré** — Oeuvres", 1833.
(111) **Dr. E. Dupouy** — Psychologie Morbide". Paris, 1907, pág. 131.

envergar a capa de Mefisto. Não há mais os tais sintomas em energúmenos; é que o diabo viu que perdia agora o seu latim.

Ficam assim explicados, dentro da própria doutrina espírita, os casos de satanismo, sucubismo, incubismo, vampirismo, e tantos outros que celebrizavam aquela Idade, onde a ignorância e a perversidade produziram inúmeros mártires.

Outras coisas poderíamos ainda acrescentar, capazes, em alguns casos, de explicar o fenômeno, porque temos que atender à sugestão, às ilusões, às alucinações, às vesânias de toda a ordem.

Em muitos dos fatos relatados notam-se, apenas, estados mórbidos. Estes não se podem comparar aos da mediunidade de nossos dias, onde os estudos se fazem com pacientes equilibrados e normais.

Muitos fenômenos, francamente espíritas, com os sintomas modernos, houve-os, como em todas as épocas, também na Idade Média, a idade de Satã, mas estes foram embrulhados, misturados, englobados pela Igreja e pelos inscientes numa só rubrica. Não havia competentes, hábeis em distinguir o joio do trigo; não se conhecia o fenômeno, mas, ainda assim, folheando os arquivos do tempo, encontramos alguns florões, provàvelmente escapados à vigilância do Santo Ofício, em que se nota o fenômeno com sua gênese francamente espírita, onde o agente invisível se declara **espírito**, apesar das ideias dominantes, apesar da "crença nisto ou naquilo", apesar da época, apesar do médium e apesar da Igreja.

Como quer que seja, o caso especial do demônio da Idade Média é, quando muito, um caso intercorrente, sem peso entre os casos gerais, universais, constantes; entre os casos sem o caráter doentio das epidemias psico-claustrais, dos vividos sob a influência clerical, apurados nas masmorras da Inquisição e liquidados nas chamas.

Eles não podem suportar o confronto com aqueles verificados em todas as partes do mundo, pelos séculos em fora, e muito menos com o dos nossos dias, que são examinados com o maior escrúpulo, sujeitos à mais ampla crítica e ao mais livre exame.

Suponhamos um rio onde, aqui e ali, aparecem manchas coloridas, provenientes de tintas de uma fábrica, e imaginemos alguém, diante daquelas manchas, a afirmar que o rio é de tinta, todo ele, não obstante as grandes porções de água branca que circundam os veios de cor, e apesar de já se ter visto o rio correr sem mancha nenhuma, e, não obstante, ainda, haver testemunhas várias, que lhe percorreram o curso, e que afirmam não ter notado, além da fábrica, qualquer espécie de mancha.

O indivíduo, que teimasse em assegurar que o rio era de tinta, não poderia merecer crédito. Seria tido, na melhor hipótese, como um pirrônico.

Mal comparando, parece o caso de alguns psiquiatras do país ou de alguns metapsiquistas do estrangeiro, que se estribam na demonopatia ou seja na crença doentia do demônio, em determinado período histórico, para, do mesmo modo, explicarem a crença universal no espírito.

A crença no "espírito" sempre existiu e sempre foi testemunhada, qualquer que fôsse o povo, qualquer que fôsse a Idade.

Em sua monografia — "Das manifestações supranormais entre os povos selvagens" — escreve Ernesto Bozzano:

"Basta consultar as obras dos mais eminentes antropologistas e sociólogos, para verificar que todos esses autores reconhecem, de comum acordo, que a crença na sobrevivência do espírito humano é universal.

E. B. Tylor, em sua obra *Primitive Culture,* observa que "a fórmula mínima para definir uma religião consiste na crença da existência de entidades espirituais, crença que se encontra nas raças humanas mais atrasadas, com as quais conseguimos entrar em relações bastante íntimas. Ele salienta ainda que a crença em entidades espirituais implica, em seu pleno desenvolvimento, a crença na existência de uma alma sobrevivente à morte do corpo, e prossegue, dizendo:

Essa crença é a base fundamental de toda a filosofia das religiões, a partir da religião dos selvagens mais atrasados, para chegar à dos povos mais civilizados; essa mesma crença constitui, aliás, a filosofia mais antiga e mais universal." (112)

Bozzano cita ainda o reparo de Grant Allan:

"A religião contém, em si própria, um elemento infinitamente mais antigo do que a própria religião, mais fundamental e persistente que toda a crença em Deus ou nos deuses; isto é, mais antigo, mesmo, que o uso da propiciação aos deuses e aos espíritos por meio de oferendas, e este elemento é a *crença na sobrevivência dos trespassados*. Ora, é nessa crença universal primitiva que se fundaram todas as religiões." (113)

Também é essa a opinião de Brinton, o qual se torna ainda mais claro e categórico, quando escreve:

"Demonstrar-vos-ei que há religiões, por tal forma rudimentares, que não têm nem altares, nem templos, nem ritos; mas me é impossível demonstrar que haja uma só que não nos ensine a crença em entidades espirituais, que se comunicam com os homens." (114)

Goblet d'Alviella, tão conhecido por suas pesquisas nesse terreno, exclama:

"As descobertas desses vinte e cinco anos, sobretudo nas grutas da França e da Bélgica, mostraram, de maneira decisiva, que na época do mamute já o homem praticava os rito fúnebres, *cria na sobrevivência da alma*, possuía fetiches e talvez ídolos." (115)

Colhemos, ainda, na citada obra de Bozzano, a referência de Powers às tribos da Califórnia. Declara aquele escritor que elas não têm nenhuma ideia do Ser Supremo, mas crêem na existência dos Espíritos (116),

---

(112) **E. Bozzano** — "Delle Manifestazioni tra i Popoli Selvaggi". Roma, 1926, pág. 5.

(113) **Grant Allen** — "The Evolution of the idea of God", pág. 42.

(114) **Brinton** — "Religions of Primitive Peoples", pág. 50.

(115) **Goblet d'Alviela** — "Hibbert Lecture", pág. 15.

(116) **Powers** — "Tribes of California", pág. 413.

e Huxley afirma que há povos selvagens sem Deus, mas não os há sem Espíritos. (117)

Finalmente, conviria reproduzido o tópico do grande filósofo, que foi Herbert Spencer:

"Encontramos por toda a parte a ideia da sobrevivência do espírito à morte do corpo, com todas as complicações múltiplas e complicadas que daí resultam. Encontramo-la idêntica, tanto nas regiões árticas como nas tropicais; tanto nas florestas da América do Norte como nos desertos da Arábia; nos vales do Himalaia como nas extensões da África; nas fraldas dos Andes como nas ilhas da Polinésia. Essa ideia é expressa com a maior nitidez por tão diferentes raças, que os técnicos foram levados a crer que tal transformação se deu antes da distribuição atual das terras e das águas, isto é, tanto entre as cabeças de cabelos lisos como entre as cabeças de cabelos anelados ou entre as cabeças de cabelos lanosos; entre as raças brancas como entre as amarelas, as vermelhas, as pretas; entre os povos mais atrasados e selvagens, como entre os bárbaros, os semi-civilizados e os que se encontram na vanguarda da Civilização." (118)

Declara Bozzano que estas citações representam o pensamento dos antropologistas e dos sociólogos mais eminentes. E de fato.

Por seu turno, esclarece César de Vesme:

"No que se refere à doutrina teológica, limitemo-nos a notar aqui que, se nos preferirmos ater à letra de tal ou qual texto sagrado, do que ao resultado das pesquisas etnográficas, devemos, então, perguntar porque a parte essencial da revelação — a que concerne a Deus — pôde desaparecer, quase, por toda a parte, entre os mais atrasados povos selvagens, e desnaturar-se entre os outros até o ponto de não ser mais fàcilmente reconhecida, para ceder o lugar, invariàvelmente, às mesmas crenças: espíritos inferiores, fantasmas etc?..." (119)

Mais adiante, assegura o historiador:

"A crença na alma, na sobrevivência, nos Espíritos, im-

---

(117) **Huxley** — Lay Sermons and Addresses", pág. 163.
(118) **Herbert Spencer** — "Sociologie", v. II, pág. 689.

pôs-se ao homem, *bon gré, mal gré,* independentemente de seus desejos, pela observação dos fatos de que nos iremos ocupar. Eis tudo." (120)

Já na Bíblia, vamos encontrar as manifestações espíritas, perfeitamente idênticas às que se fazem hoje.

No caso da pitonisa de Endor, vemos todos os característicos de uma sessão.

Saul, disfarçado, procura uma vidente que vivia em Endor, e lhe pede para falar com Samuel. Este aparece e o censura por o haver evocado; Saul desculpa-se, dizendo que o chamara para saber o que havia de fazer. Samuel prediz-lhe maus dias e retira-se. Saul cai por terra, tomado de grande medo. (121)

Ali temos a evocação feita por Saul; ali temos a intermediária ou a médium, que é a pitonisa, e o Espírito, que é Samuel.

Pessoa insuspeita, pelo menos aos que pertencem à Igreja, deve ser Lapponi, escritor católico, médico de dois papas. Esse familiar do Vaticano assegura que o conhecimento da sobrevivência e as práticas espíritas já deviam ser conhecidas dos antigos hebreus. (122)

No Levítico, em Isaías, em Daniel, em Miqueias são comuns as referências àquelas práticas, bem como a bruxos, encantadores, adivinhos e profetas.

As proibições de que estão cheios os livros santos são outras tantas demonstrações do nosso asserto e deixam perceber o uso e abuso que, de tais práticas, se faziam.

Toda a História é uma revelação de mediunidades, desde os kamis no Japão, os pitris na Índia, os elohim entre os hebreus, os ferouers na Pérsia, os manes e penates, na Grécia e em Roma, até os guias do moderno Espiritismo.

Na Índia, a base da liturgia é a evocação dos mortos, que vem de remotos tempos.

(119-120) **C. Vesme** — "Histoire du Spiritualisme Expérimental", págs. 9, 11.

(121) **Samuel, 28.**

(122) **Lapponi** — "Ipnotismo e Spiritismo". Roma, 1906, página 24.

Segundo Estrabão, os magos da Caldeia evocavam já os Espíritos, e Selden fala de alguns cilindros movidos por uma energia que os fazia girar, quando se invocavam as almas. (123)

No antigo Egito, os mortos tinham grande influência sobre os vivos. Em geral, procuravam afastá-los para lhes evitar a ação maléfica. Eles, porém, intervinham, ostensivamente, na vida quotidiana dos mortais. (124)

Conta Maspero que há, em Leyde, um papiro que data da 5.ª dinastia, antes do Cristo, e onde se narra que um viúvo, caindo doente, chamara um feiticeiro, para que este o informasse do motivo da doença, e o feiticeiro respondeu que o mal provinha da defunta mulher do enfermo, que ainda conservava por ele profundo rancor. (125)

Abundam na literatura e na história gregas os casos de mediunidade.

Circe era poderosa médium, e, segundo o relato de Homero, Ulisses valeu-se de seus dons psíquicos para interrogar o Espírito de Tirésias, bem como o de sua mãe e de vários outros defuntos. (126)

Foi do grego que se originou a palavra necromante, de **nekros**, morto, e **mancia**, adivinhação, ou seja, adivinhação por intermédio dos mortos.

Médium também famosa era a mágica da Tessália, Erato, "que a seu corpo as almas revocava". Pela sua mediunidade soube Sexto Pompeu de vários fatos, para ele, de grande importância. (127)

Conta Filóstrato que Apolônio de Tiana recebera um livro inteiro ditado por um oráculo. (128)

Tal acontece em nossos dias com as obras ditadas mediùnicamente.

O caso dos oráculos tomar-nos-ia espaço maior do

---

(123) **C. Vesme** — "Históire de Spiritualisme Expérimental", pág. 296.

(124) **Erman** — "La Religion Egyptienne".

(125) **Maspero** — "Etudes Egyptologiques".

(126) **Homero** — "Odysseia", X e XI.

(127) **Lucano** — "Pharsalia", VI.

(128) **Philóstrato** — "Vida de Apolônio de Thiana".

que podemos dispor. Basta, porém, que se diga que toda a História antiga está cheia deles, e os filósofos daqueles tempos deram-lhes como causa a intervenção dos Espíritos. (129)

Pausânias evocava os mortos e com eles conversava. (130)

Em Roma se notam as mesmas evocações, aparições e manifestações que já se verificavam em povos mais antigos. Como na Grécia, os fantasmas figuram em sua literatura e em sua história.

Cícero refere as práticas espíritas de Apio. (131)

Tibério confabulava com os espectros. (132)

Há quem suponha que muitos dos seus atos eram instigados por Espíritos malévolos.

A antiguidade está povoada de Espíritos. Letrados e incultos falavam com os defuntos. Orfeu evocava o Espírito de Eurídice, como Ulisses o de Tirésias, como Andrômaca o de Heitor, como Cimon o de sua irmã, como Periandro o de sua mulher, como Plínio o de Homero, como alguns magistrados o de Pausânias, como Sócrates o de seu gênio...

Augusto, que foi iniciado nos mistérios de Elêusis, tinha grande prática de fantasmas.

Quase que não há historiador ou filósofo dos tempos idos que não faça perpassar pelos nossos olhos os mais interessantes casos de mediunidade. Assim Heródoto, Xenofonte, Platão, Aristóteles, Plínio, Flávio Josefo, Lucano, Filóstrato, Apuleio, Amiano.

Os cristãos primitivos não eram alheios à intervenção dos mortos. Diz Léon Denis que a comunicação com os defuntos, por parte dos cristãos, era coisa tão frequente nos primeiros séculos, que havia entre eles instruções precisas sobre o assunto. Hermas, discípulo dos apóstolos, indica no "Livro do Pastor" o meio de distinguir entre os bons e maus Espíritos. Ele descrevia, há mil e oitocentos anos, a maneira por que o Espírito se

(129) **Fontenelle** — "Histoire des Oracles".
(130) **Plutarco** — "Cimon".
(131) **Cícero** — "De Divinatione".
(132) **Plínio** — "História"

comunicava, e, lendo-a, diz Denis, acreditar-se-ia estar ouvindo a descrição fiel das sessões de evocações, como hoje em dia se praticam. (133)

Com referência aos tempos medievais, é Lapponi quem diz:

"E os cantos ainda não completamente esquecidos da tradição popular, e relativa a casas, a palácios, a castelos que foi preciso abandonar por causa de aparições espantosas e repetidas de espectros, por causa de extraordinários rumores noturnos, por causa de móveis deslocados por forças invisíveis, por causa de vozes ouvidas do teto, das paredes, dos quadros, das pinturas, por causa de campainhas que tocavam espontâneamente e por muito tempo, por causa de pequenas chamas que, misteriosamente, aqui e ali, se acendiam — talvez tivessem na Idade Média a sua origem nalgum caso espirítico. Nem se pode excluir esta hipótese, ainda que se queira dar grande parte à exaltação da fantasia popular, à ignorância e às superstições daquele tempo, assim como à possível charlatanaria dos velhacos." (134)

Os anais dessa época trevosa, se não são dos mais ricos em casos nìtidamente espíritas, deles nos fornecem muitos exemplos.

O medo de um lado, do outro o fanatismo, do outro a ignorância, do outro, ainda, as fogueiras, ou apagavam os surtos do mediunismo, ou os transformavam em manifestações demoníacas. Apesar, porém, de todos esses perigos, os relatos atribuídos, por alguns, à fantasia, à ignorância ou à charlatanaria, não deixaram de impressionar, pelo seu considerável volume, a autores dos mais insuspeitos, como o Dr. José Lapponi.

Surge a idade moderna. Kardec ainda estava muito longe de aparecer nos horizontes filosóficos do mundo, e os fatos, genuìnamente espíritas, são registados por toda a parte.

Catherine Cox, nos "Espectros Reais", narra uma

133) **Léon Denis** — "Cristianisme et Spiritisme", 1923, página 77.

(134) **Lapponi** — "Ipnotismo e Spiritismo". 1906, pág. 36.

série de aparições, de que foram teatro os castelos, os palácios, as casas senhoriais, os solares, e, só nessa limitada esfera, já nos fornece uma documentação robusta da existência e da comunicabilidade dos Espíritos.

Os livros dos séculos passados falavam na "Dama Branca", cuja presença era triste presságio para a família dos Hohenzollern. Essa dama, que viveu no 13.° século, foi o Espírito de Bertha de Lichtenstein, esposa do rico barão João von Lichtenstein, e filha do governador da Boêmia.

As suas aparições datam de cinco séculos, tendo sido vista há mais de 450 anos no castelo de Nenhauss. Foi perfeitamente identificada: era graciosa, alta e vestia de branco. Muitas personagens de elevada hierarquia e alta linhagem atestam a sua presença. (135)

Outro espectro, a "Dama Negra", aparecia aos membros da família real da Baviera.

A imperatriz Elisabet dizia estar sempre em comunicação com o defunto marido. (136)

O fantasma da família dos Romanoff era visível aos membros da Casa Imperial, pouco antes da morte dos mesmos. (137)

Catarina de Médicis e Henrique de Navarra percebiam o fantasma do cardeal de Lorena; Maria Antonieta, durante o cativeiro, teve a aparição de sua amiga, a princesa de Lamballe, que fora guilhotinada; Isabel de Bourbon, esposa de Filipe IV, de Espanha, apareceu, depois de morta, à religiosa Maria de Agreda.

Ana Bolena visita a torre de Londres. (138)

Também aí se ouvem os gritos de Guy Fawkes, que nela foi torturado. Tais fatos são descritos desde 1860.

Lady Jane Grey, a infeliz rainha da Inglaterra, é vista no velho solar do conde de Stramford. (139)

Henrique VIII, Catarina de Aragão, Jane Seymour,

---

(135) **Hugh Fraser** — "A Diplomatist's Wife".

(136) **Condessa Larich** — "O meu passado".

(137) **Andrew Lang** — "Book of Dreams and Ghosts".

(138-139) **A. E. Strickland** — "Lives of the Queens of England".

Mrs. Penne e Catarina Howard assombram o palácio de Hampton Court e as visões datam do século XVI. (140)

Jorge III ainda frequenta o castelo de Windsor. (141)

Ao tempo dos Plantagenets já se registavam numerosos casos de fantasmas, dizem Agnes e Isabel Strickland.

Constança de Bretanha era visitada pelo marido, que a censurava por sua vida irregular.

Em quase todas as residências nobres da velha Europa há casos de aparição, de fantasmas, de assombração, de manifestações de Espíritos. (142)

Na burguesia o fenômeno é o mesmo.

Por volta do ano de 1600, foi editada uma obra, em Paris, por Nicolas Bonn, da autoria de Pierre Le Loyer, conselheiro do rei. Esta obra tem por título — "Discours et Histoire des Spectres".

Naquele século, as histórias e as falas dos espectros eram por tal forma conhecidas e propaladas, que mereceram um estudo especial do conselheiro do rei.

Joseph Ageorges, numa conferência que realizou em Paris e na qual tratou dos velhos livros de Metapsíquica, reporta-se a grande número de publicações antigas sobre aquele assunto.

No século XV, Pedro Borel publicava um livro com o título — "Biblioteca Química". Em 1752, o padre Lenglet-Dufresnoy fazia editar na França uma coletânea de aparições, visões e sonhos, com o título de "Recueil de dissertations sur les apparitions, les visions et les songes". Deve-se ainda a este autor uma lista dos escritores que trataram de aparições até àquela época, lista que, entretanto, já não era pequena.

Na biblioteca do padre Pierre Jacques Sepher, vendida em 1786, havia mais de 700 obras sobre Ocultismo. Mais tarde, em 1803, é exposta à venda a biblioteca de Martin Mone e aí se encontra, sobre a mesma matéria, uma importante coleção de obras.

---

(140) **Ernest Law — "History of Hampton Court".**
(141) **Daily Mail — 1897.**
(142) **C. Cox — "Os Espectros Reais".**

Em 1842, aparece a enciclopédia de Ferdinand Denis, com um quadro histórico das então denominadas ciências ocultas.

Um ano depois, na Alemanha, o Dr. Graesse apresenta uma "Biblioteca Mágica".

O catálogo dos livros do marquês de Beauregard, em 1868, é rico de obras espíritas; o mesmo acontece com o catálogo da biblioteca Ouvaroff, de Moscou.

Em 1875 é editada em Turim uma "Bibliografia das obras relativas às peregrinações, aos milagres, ao Espiritismo e à prestidigitação". (143)

Agerges refere-se a vários trabalhos outros, estes dos tempos em que já florescera o Espiritismo e, portanto, inúteis à nossa tese, que é demonstrar a existência dos fenômenos, com a característica da intervenção dos mortos, e isto em idades anteriores ao advento do moderno espiritualismo.

Nos "Anais das Ciências Psíquicas", o Prof. Richet publicou vários fenômenos testemunhados há três séculos, tendo os defuntos por protagonistas.

O seu artigo intitula-se "Phénomènes Métapsychiques d'Autrefois". (144)

Casos análogos foram também publicados pelo psiquista italiano M. Zingaropoli. Eles orçam numa dúzia, e citá-los todos levar-nos-ia longe. Eram produzidos pelos Espíritos de pessoas falecidas e datam de tempos remotos. (145)

O magistrado Armbruster encontrou, numa biblioteca de Merseburgo, um livro de Remigius, publicado em 1693, no qual se relatam numerosos fatos do Espiritismo: fantasmas de vivos, insensibilidade ao fogo, aparição do cardeal de Lorena, anúncio profético da morte de Augusto, o Forte, em Varsóvia, vidência pela bola de cristal, por parte do religioso Ristius de Wedel, e duzentas aparições da chamada — Senhora Branca, na Alemanha.

---

(143) Joseph Agerges — "Les Phénomènes de la Métapsychique dans les vieux Livres".

(144) Richet — "Annales des Sciences Psychiques", 1905.

(145) Zingaropoli — "Luce e Ombra", 1908 e 1910.

A descrição é longa, e por ela se prova que os fatos não foram inventados pelos espíritas.

"Ali del Pensiero" relata uma manifestação espírita espontânea da primeira metade do século 17. Por volta de 1640, a menina Regina Fischer, de Hallstadt, pequena cidade danubiana, começou sùbitamente a avistar o fantasma de um desconhecido, que se dizia haver chamado João Klemens, e achar-se em grande sofrimento por não haver cumprido um voto. Exigia que sua viúva distribuísse certa quantia pelos pobres e fizesse colocar em certo templo uma imagem de Nossa Senhora. A viúva relutou em atender, o caso foi ao conhecimento das autoridades eclesiásticas; julgado verdadeiro diante de provas fornecidas pelo fantasma, foi este finalmente atendido. Um decreto assinado pelo Imperador Fernando III veio a conceder, no ano de 1646, uma pensão vitalícia a essa viúva por haver ela **"tirado uma alma do Purgatório"**. O processo relativo a essas manifestações acha-se, segundo o "Corriere dela Sera", de 28 de Junho de 1934, nos arquivos do Imperial Ministério das Finanças da Hungria. Nesse mesmo século, aparecia na Inglaterra um livro bem documentado, repleto de histórias e fatos espíritas. (146)

Comentando-o, declara um psiquista inglês:

"O principal defeito de muitos relatos antigos, de fatos considerados anormais, é não terem ficado bem autenticados. Os livros ou brochuras que trazem essas memórias são valiosos para um bibliófilo, porém pouco mais do que valor acadêmico têm para o moderno estudante de fenômenos psíquicos.

E' muito animador, portanto, encontrar-se um livro que contenha o sumário de fatos que foram perfeitamente verificados por muitas pessoas de responsabilidade. Demais — e isto é de extrema importância — cada incidente da narrativa é individualmente atestado pela pessoa ou pelas pessoas que testemunharam a ocorrência.

Faço essas observações, porque, recentemente, me veio ter às mãos uma obra raríssima, que passa a pertencer à biblioteca do Laboratório Nacional de Pesquisas Psíquicas. O título do livro é o seguinte:

---

(146) "Ali del Pensiero", Outubro de 1934.

"Nova refutação ao saducismo. Narração verdadeira das expressões e ações maravilhosas de um espírito que assombrou a casa de André Mackie, de Ringcroft, no condado de Gallway, Escócia, de Fevereiro a Maio de 1695, em que se encontram, entre outras coisas, predições de tempos vindouros em uma escrita com sangue e deixada pelo dito espírito."

Escrito pelo Sr. Alexandre Telfair, Ministro da Paróquia, e atestado por muitos outros Ministros e pessoas de crédito, cujos testemunhos e nomes se acham juntos. — Londres. Impresso por André Bell, em *Sign of the Cross-Keys,* em Poultrey, 1695.

Essa brochura, de dezenove páginas, in-4.°, foi escrita pelo ministro da paróquia em que ocorreram os fatos e o relato é assinado pelos ministros de cinco outras paróquias vizinhas, pelos dois Lords de Colline e Mulhouse e por várias outras pessoas de reputação, que testemunharam, todas elas, os fenômenos." (147)

Descritas por Franz Lehman e Karl Hagen, vamos encontrar no presbitério de Groeben, por volta de 1736, os mesmos fenômenos como hoje os descrevem os livros espíritas. E' farta a documentação desses fatos, na Alemanha, diz uma revista científica, daquele país. (148)

Não só no Ocidente, mas também no Oriente, e principalmente aí, onde não chegavam com tanta facilidade as labaredas inquisitoriais, eram patentes as manifestações de Espíritos, e de tal sorte eram elas, que o **Santo Ofício**, por decreto de 25 de Setembro de 1910, excomungava os que, entre os chineses, cultuassem os mortos.

Diz Lucien Graux, que data de 1633 a tolerância que tinham os jesuítas para com aquele culto. Alarmados com tal proceder, marcharam os dominicanos para a China e lá o foram combater de crucifixo em punho; quando, porém, espalharam suas doutrinas, receberam-nos da mais hostil maneira. (149)

Em 1704, Clemente XI enviou Monsenhor Tournon a Kang-Hi, para dizer-lhe que não se devia render culto

---

(147) **Price** — Uma assombração do século XVIII" "Light", 1933.

(148) "Zeitschriff fur Parapsychologie", 1929.

(149) **Lucien Graux** — "Revue Spirite, pág. 496, 1930.

aos mortos, mas o príncipe chinês respondeu que a homenagem aos mortos não era um culto, senão um dever, visto que os mortos viviam.

A crença de que os antepassados não se extinguiram no antigo Celeste Império é confirmada pelos seus filósofos. Não a negava Lao-Tseu, cuja doutrina anda próxima do Espiritismo. Confúcio dizia que os Espíritos haviam de estar em alguma parte e que o poder das forças espirituais era ativa em todos os lugares. (150)

Os chineses conhecem a divisão de Espíritos, em superiores e inferiores, e não lhes é estranha a noção do perispírito. Os seus feiticeiros equivaliam e equivalem, como em toda a parte, aos nossos médiuns.

Enfim, para terminar esta pequena resenha, lembremos o que nos referem vários historiadores e pesquisistas a respeito da mediunidade de Jonathan Koons, revelada entre os anos de 1852 e 1856, e que tantos dissabores lhe causou, bem como a da vidente de Prevorst, que se apresentava, cinquenta anos antes de Kardec, já com todas as características do Espiritismo moderno, segundo as próprias expressões de um renitente adversário dessa doutrina. (151)

* * *

Não pode haver dúvida, pois, de que estão errados os que negam tenham existido Espíritos antes de Allan Kardec, ou os que afirmam que a comunicabilidade das entidades espirituais é invenção do Espiritismo; erram também, como se viu, os que julgam não possa a incorporação espírita distinguir-se da possessão pelo diabo católico da Idade Média, pelos antepassados, deuses ou demônios dos povos primitivos.

Ao contrário, pelos modernos estudos de historiadores e antropologistas, se verifica que a crença dos povos primitivos sempre foi a do Espírito e que aos defuntos é que eles atribuíam os fenômenos que os sa-

(150) Confúcio — Livro dos Sonhos.
(151) René Sudre — "Revue Métapsychique", pág. 274, 1922.

credos conferiam ao diabo e os cientistas filiam ao subconsciente.

As demais hipóteses, fora do diabo, nem merecem comentários: é um simples caso de dicionário. Os Espíritos impuros da Bíblia, os áugures, os deuses ou demônios, os oráculos, os gênios, são simples nomes dados às entidades manifestantes. Muitos são sinônimos de Espíritos; era a forma por que eram denominados.

Ainda que os antigos não atribuíssem aos Espíritos os fatos por eles presenciados, isso não importaria a inexistência do Espiritismo; a verdade do Espiritismo não depende da interpretação que lhe dão os estranhos. Nem os Espíritos deixam de existir porque os autores modernos partilhem da concepção de Flournoy, ou julguem "que a possessão espírita não pode distinguir-se dos fenômenos de divisão de personalidade atribuídos por Charcot e sua escola à histeria".

O que convém é estudar o fenômeno e ver o que ele significa; é verificar o caráter que a manifestação assume, e a maneira por que ela se apresenta; é tirar a prova pela convergência dos fatos.

Não importa o nome com que cada um batiza o fato supranormal. A opinião pessoal do observador não influi nas conclusões.

O "Espírito" se manifestou sempre com tal evidência, que não pode haver dúvidas quanto à sua natureza.

A palavra gênio, a palavra demônio quer dizer "espírito". O gênio de Sócrates era um Espírito familiar; penates, gênios, guias, fantasmas, almas do outro mundo é tudo o mesmo, com rótulos diferentes.

Nem Sócrates, nem Plotino, nem Filon, nem nenhum iniciado tinham dúvidas sobre a natureza dos seres invisíveis de que falavam. Ver uma divergência de idéias em divergência de nomes é um contra-senso.

A escola antropológica, a que todos têm garbo em filiar-se, a velha escola antropológica já afirmava que o homem primitivo tem tendência a explicar tudo pelos "Espíritos". É a primeira explicação — diz ela — que lhe atravessa a cabeça. É a explicação da infância da Humanidade.

Em pleno século vinte surge a explicação pelos Espíritos, e os modernos esquecem a escola antropológica, esquecem a explicação da infância da Humanidade, e vêem nos Espíritos a crença de uma época.

Mas tanto a crença dos povos primitivos, como a dos contemporâneos, o que demonstra é a uniformidade da manifestação, com sua feição espírita, nas diversas fases da história universal.

Os etnógrafos, historiadores e arcaístas não têm dúvida em afirmar que a crença em Espíritos é geral, o que levou Kant a dizer que era difícil repelir tais histórias quando a consideramos em tão grande quantidade. (152)

Assim, diante dos fatos claros, positivos, insofismáveis, registados nos fastos da Humanidade, irão fugindo os frágeis pontos de apoio a que ainda se apegam os inimigos do Espiritismo, na luta desesperada e incompreensível de demonstrar ao mundo que o morto está irremediável e iniludìvelmente perdido.

A OPINIÃO DE UM PSIQUIATRA

O Dr. Pedro Cavalcânti, assistente efetivo de clínica propedêutica neuro-psiquiátrica da Faculdade de Medicina de Pernambuco, apresentou uma **"Contribuição ao estudo do estado mental dos médiuns"**.

O que ele chama de médiuns são uns 14 indivíduos, entre homens e mulheres, sendo "todos, menos um — é o que afirma — abaixo da fronteira da normalidade." (Pág. 81).

No seu prefácio estabelece:

"Vem de logo uma ressalva. As nossas observações foram feitas em médiuns de baixas camadas sociais, pelo que as conclusões que delas retiramos não devem ser generalizadas."

Em suma: "os examinados, menos um, estão nos limites da debilidade mental", e ele não podia generalizar.

---

(152) E. Kant — "Traüme eines Geistersehers, erlaütert durch Traüme du Metaphysik".

Entretanto, fazendo as suas pesquisas em indivíduos abaixo da fronteira da normalidade, em médiuns das baixas camadas sociais, em sujeitos que estão nos limites da debilidade mental, o assistente de clínica propedêutica neuro-psiquiátrica lançou logo um estudo sobre o estado mental dos médiuns. Generalizou, portanto.

Este veso de generalizar com casos particulares e fracos é muito comum aos nossos antagonistas.

Ora, quando muito, o aludido doutor poderia fazer um estudo do estado de alguns parvos. E ficar nisso. Mas falar em médiuns, quando se trata de débeis, fazer uma contribuição, quando se examinaram, apenas, catorze pessoas de faculdades duvidosas, é forte temeridade.

O doutor foi ainda além. Com aquele grupinho de anormais, julgou-se apto a tirar conclusões indubitáveis, e diz-nos:

"E' indispensável repisar os malefícios do Espiritismo. A cultura desregrada do subconsciente nele estimulada leva, como é sabido, o paciente ao automatismo mental. E daí consequências mais graves poderão advir."

Quem vê a maneira por que o doutor principia o seu trabalho, julga-o um examinador, de pouco estudo na matéria, é verdade, mas sem prevenções. E' mesmo de crer que ele se suponha de ânimo desprevenido. Mas, logo vem o desengano. O autor trai-se a cada passo, e o que para logo se percebe, em vez do estado mental dos médiuns é o seu estado mental, cheio de apreensões pelo progresso do Espiritismo.

Deixemos de lado a demonstração de que o doutor não sabe o que o Espiritismo significa, nem qual o seu alcance, para observar que, em assunto de tamanha relevância, como o estudo de médiuns e de mediunidades, é necessário grande cabedal científico sobre psiquismo — o de que já tratamos. Quem se propõe a tal estudo precisa, além do que já vimos páginas atrás, despir-se de preconceitos, de ideias arraigadas, dos prejuízos de toda a ordem que entopem o entendimento e não deixam ver claro.

Que falta ao doutor aquele cabedal científico, logo

se nota à leitura da bibliografia estampada no fim do seu livro.

Os seus autores são, quase todos, leigos em questões psíquicas. Parece que andou catando, a dedo, os insipientes na matéria, e, assim, ficou girando, como mariposa em lâmpada, pela sugestão, pela histeria, pelo automatismo e outras "novidades" que vêm à baila, quando os desconhecedores querem explicar a fenomenologia paranormal.

Na citada bibliografia encontramos dois únicos autores com ligeiros conhecimentos de psiquismo: Janet e Grasset.

Escrevendo sobre aqueles dois professores de França, já Maxwell, numa obra que mereceu prefaciada por Charles Richet, mostrava o pouco preparo que possuíam de Psiquismo.

Depois de se referir a Janet, provando que ele nunca fizera uma experiência séria, assim se exprimiu a respeito do outro:

"Que se me permita, ainda, uma incursão em terreno científico, é necessário responder às objeções que se fizeram, de boa fé, sem dúvida, mas por sábios mal ou incompletamente informados. Grasset, homem por cujo talento e sinceridade eu tenho o maior respeito, acaba de publicar no último volume de suas *Leçons de Clinique Médicale*, 1903, uma longa lição sobre o "Espiritismo e a Ciência". Ele começa por tomar Janet como guia, porque suas ideias luminosas são para ele a base científica única, de todas essas questões. Nós pensamos o contrário; e, entretanto, está impresso. Grasset vai, pois, tomar por guia, a Janet, que nada viu." (153)

Por maneira que o autor do "**estudo dos estados dos médiuns...**" alinhou, como faróis na sua estrada, doutores em histeria e doenças correlatas: alguns patrícios nossos, amadores na questão, um que não viu nada e outro que nele se baseia. E, enfim, o professor Richet. Eis tudo.

---

(153) **J. Maxwell** — "Les Phénomènes Psychiques" 1920. Pág. 223.

Da sua bagagem literária, só escapa um volume, que é o deste professor.

* * *

O transe vai do simples desprendimento ao sono profundo. É nos graus adiantados da hipnose, e com sujeitos especiais, que se verificam, em via de regra, os bons fatos espíritas.

Eles são variados, múltiplos, complexos. Dos subjetivos aos objetivos a gama é vastíssima, as modalidades são inúmeras. De sorte que há médiuns de vários feitios, e de vários graus, e de várias espécies, com seus predicados particulares, suas especialidades, seus sintomas, seus efeitos.

Para estudá-los, os sábios consomem uma existência. Flammarion observou-os da mocidade à velhice. Crawford, com um só, consumiu muitos anos, e quando expôs os seus resultados demonstrou, pela pormenorização exaustiva, que vira tudo. Schrenck Notzing e Osty construíram aparelhos custosíssimos para o exame.

A prática, o critério, o estudo, fazem distinguir aquilo que é intrínseco e o que é extrínseco ao médium.

Já há mais de meio século, Aksakof estabelecia a distinção entre Animismo e Espiritismo, isto é, entre os fenômenos provenientes dos vivos e os provenientes dos mortos.

Mesmo os que desconhecem a intervenção dos defuntos, não se perdem nas divagações anódinas em que se embrenhou o Dr. Cavalcanti.

Os negadores, com algum conhecimento, param nas reticências, alvitram hipóteses descomunais, dão poderes divinatórios ao subconsciente, reservam-se para o futuro, mas não ficam gravitando em torno de Baudoin, de Babinski, de Charcot, de Virchow ou da histeria, isto no século dos institutos de Metapsíquica.

Foi, entretanto, o que fêz o psiquiatra pernambucano. E enquanto os mestres só se pronunciam depois de prolongada e minuciosa pesquisa; quando procuram, para os seus estudos, esses indivíduos delicados e **sui generis**, esses verdadeiros aparelhos de precisão a que nós chamamos médiuns, o Dr. Pedro resolve o caso com alguns indivíduos de mentalidade fraca e de faculdades duvidosas que foi apanhar nas alfurjas de Recife.

Nas páginas do seu opúsculo só se vêem citados os mais bisonhos autores, os quais apresentam ideias que, hoje, seriam ridículas.

Tirante Richet, que apareceu apenas na lista bibliográfica como figura decorativa, não se nota, no trabalho do médico, nome nenhum dos que atualmente se inscrevem entre os grandes psiquistas ou dos que deixaram sobre este vasto ramo da ciência moderna uma obra de vulto.

Ele está no mesmo estado de conhecimentos e dalma que os seus demais colegas. Não cremos que marche muito na sua vanguarda o Dr. Pernambuco, seu mestre. Mesmo, aqui, pelo Rio, pouquíssimos há que se metam na questão, sem fazer um embrulho regular.

Lamentamos, entretanto, que das mãos dos nossos patrícios, que no ramo da Medicina tão sobejas provas têm dado do seu valor, só apareçam, no terreno da Metapsíquica, obras abaixo de medíocre, e que demonstram nenhuma leitura séria desta importante ciência.

*

* *

"A experimentação metapsíquica — salientava o Dr. Gustavo Geley —, é coisa delicada e que não se improvisa.

Ela necessita, para ser frutuosa, de *um conhecimento aprofundado da mediunidade e dos métodos inéditos que ela impõe*.

O manejo de um instrumento humano, o médium, é complicado e difícil, e não se assemelha ao manejo comum dos instrumentos de física ou das substâncias químicas." (154)

Depois de mostrar, ainda, a tendência que têm os

---

(154) **Gustave Geley — L'Ectoplasmie et la Clairvoyanee"**, págs. 2-3.

novatos de se lançarem à prática, sem nenhuma teoria, de desprezarem o conhecimento do assunto e as experiências acumuladas, diz o afamado ex-diretor do Instituto Internacional:

"Mesmo muito poderosos, os médiuns isolados e, além disso, contrariados pelas vontades divergentes ou hostis de um júri, ficam reduzidos à impotência.

Por uma razão análoga, o exame de um médium, por sábios mal preparados à tarefa que empreendem, é dos mais aleatórios."

E no fim da obra, lemos no mestre do psiquismo europeu estas palavras que parecem talhadas para os patrícios:

"A ciência metapsíquica, para todo espírito advertido, aparece como a mais difícil e complicada de todas as ciências.

No ponto de vista prático, necessita de apalpadelas (*tâtonnements*) sem número: método de trabalho, instrumentação, hipóteses, *tudo é novo nesse domínio*.

No ponto de vista teórico, ela estende-se pela Filosofia, tem pontos de contacto com a Física, com a Química, com a Biologia, com a Fisiologia, com a Medicina, com a História Natural."

Todos esses pontos de contacto passaram despercebidos, iniludìvelmente despercebidos, ao Dr. Pedro, visto que ele se limitou ao Baudoin, ao Grasset, ao delírio, à auto-sugestão...

Diz mais Geley:

"Aqueles que têm a boa fortuna, muito rara, aliás, de encontrar médiuns verdadeiramente dotados e sinceros, devem ter o estrito dever de se aproveitarem deles, para instruir-se."

Veja-se o contraste entre estas sábias palavras de um experimentador e as do médico de Pernambuco, que julga "indispensável repisar os malefícios do Espiritismo", e que se refere "à prática perniciosa da comunicação com o além".

Agora ouçamos o Prof. Charles Richet, nome com que o nosso patrício enriquece a sua bibliografia (155)

"Ele (o poder dos médiuns) nasce espontâneamente, sem que se saiba nem porque, nem como, e, se tem a fantasia de desaparecer, retira-se sem que o possam reter. *Katie King* deixou Florence Cook e Crookes, apresentando como única razão a necessidade de sua partida...

Qualquer educação é impotente. Sou mesmo tentado a crer que nossos esforços para cientificizar os fenômenos têm mais inconvenientes que vantagens. Assim, em minhas experiências, renunciei, em absoluto, ao desejo de indicar a um sensitivo ou a um médium, como ele deve proceder. E' preciso abandoná-lo a si próprio, porque nossa influência, se é que temos alguma, seria provàvelmente má. Um médium poderoso é um instrumento extremamente delicado e frágil, de que não se conhecem absolutamente as molas secretas.

Expomo-nos a inutilizá-lo, tratando-o com mão desastrada (d'une main maladroite). Deixemo-lo, pois, em plena liberdade, sem o pretender guiar. E' provàvelmente grave erro obstinarmo-nos em educar um médium"."

Essa a opinião do Prof. Richet, que o Dr. C. diz ter consultado.

Enquanto este mestre fala nos inconvenientes de procurar educar ou dirigir o médium, de ditar leis ao fenômeno, na dificuldade de descobrir-lhe as molas ocultas, na possibilidade de estragar o sensitivo, não se sabendo lidar com ele, o Dr. C., ao contrário, pensa que a Secretaria de Segurança Pública do seu Estado é que está nas condições de examinar médiuns e dizer de suas faculdades; louva o fato de ali "fazerem, sempre que possível, se manifestarem os médiuns", isto é, entre leigos e em ambiente impróprio; julga muito científico que a dita Secretaria, que entende de teatros e diversões, conceda a licença aos centros, estabelecendo regras, como se se tratasse de um circo ou qualquer outra casa pública.

Apesar dessa vistoria em médiuns e centros por parte de fiscais de casas de divertimento, o Dr. C. ainda não está satisfeito; os ditos fiscais das [illegible] po-

(155) Richet — "Traité de Métapsychique", 2.ª ed., pág. 58.

deixá-lo afrouxar; entretanto, pensa ele, "acompanhar essas manifestações, como já começam a fazer, é grande passo para a profilaxia mental".

O grande passo para a profilaxia mental, em Pernambuco, é entregar-se o exame dos médiuns aos incompetentes, aos inteiramente leigos no assunto, aos desconhecedores da matéria.

E, enquanto no Velho Continente os mestres como Geley e Richet, depois de prolongados anos de pesquisa exaustiva, depois de um estudo incessante e com vasta cultura no caso, falam na dificuldade do problema, na delicadeza do médium, nas mil leis secretas que o impulsionam, no difícil método de trabalho que é preciso empreender, nos inúmeros tateios a empregar, na formidável aprendizagem requerida para lidar com tão delicados e misteriosos aparelhos, o Dr. Cavalcânti julga-se apto a contribuir para o caso com os seus catorze neuropatas, e pensa que já se faz muito em Pernambuco, porque a seção de teatros registra os centros e lhes impõe umas tantas condições para funcionar. Entre estas está a de não dar receitas; a seção de teatro intervém, portanto, no fenômeno, de que não conhece nada, nem é de sua alçada conhecer, mas onde mete o bedelho, fiada na técnica e nos conhecimentos do Dr. Pernambuco e de seus colegas.

Mas, obrigar um diretor a responsabilizar-se pelo que se vai passar num centro, ou um médium a declarar, prèviamente, que fará isso ou que não fará aquilo, é dar mostra de risível incompetência; é o mesmo que dizer a qualquer cavalheiro: — o senhor se compromete a não deixar ninguém adoecer em sua casa, ou a não consentir que caia qualquer quadro de suas paredes; ou a providenciar para que as moscas não zumbam nas suas salas...

Porque os fenômenos da mediunidade são imprevisíveis, incompressíveis e nem sempre obtíveis. Se um Espírito achar que deve dar receitas, como impedi-lo?

A ingerência policial, no caso, guiada pelo dedo da psiquiatria pernambucana ou geral do país, testemunha da balbúrdia que há nesse terreno, onde só deviam falar os mestres, com a autoridade das suas experiências, experiências estas muitas vezes de mais de meio século.

Ora, o que claramente se percebe da obra do doutor pernambucano, é que ele se meteu em campo, muito desassombradamente, sem verificar o chão que estava pisando.

Isso, entretanto, seria mais ou menos desculpável e sanável, desde que fôsse aprendendo pelo caminho. Mas é que ele já entra na estrada com ideias fixas e preconcebidas, cheio de uma velha bagagem de erros de toda a ordem, onde não só avultam os de ordem científica, como principalmente os de ordem filosófica. E assim o vemos, sem lanterna de qualquer espécie, cheio de muito entusiasmo, mas de pouca experiência, multiplicar as passadas na senda do desconhecido.

Dessa forma, mesmo olhando, deixará de ver; mesmo vendo deixará de enxergar; mesmo enxergando, deixará de compreender.

E o demonstraremos com o próprio relato do autor, com as suas próprias observações, mesmo com os seus débeis mentais.

Topando com o fenômeno, pô-lo-á sempre de lado, olhos postos no Baudoin, no Grasset, no Freud, ou no Dr. Oliveira.

Tem de início, contra si, o mais formidável empecilho, que é a ideia arraigada, que é o sectarismo científico, que é a negação preestabelecida, que é o pensamento entulhado de velhos erros de escola, e que aceita, perfilha e alimenta, por identidade psicológica, por afeição.

E um espírito prevenido, sem independência de julgamento, sem imparcialidade mental, sem a necessária coragem para enfrentar o inesperado, nada poderá fazer em benefício da ciência.

*

* *

Passemos em revista alguns dos próprios casos que ele nos apresenta, e que formam o arcabouço do seu trabalho.

E vamos ver como conclui em desacordo com os casos da sua "contribuição", ou o pouco que lhe merecem pontos de real importância para o exame em foco.

Na obs. 1, "a médium não queria ser espírita; um dia teve uma coisa, ficou estatalada e começou a falar, pedindo para prestar a caridade".

Parece, pelo visto, que não foram as sessões espíritas que lhe fizeram ter uma coisa, nem ficar estatalada, nem começar a falar...

Na obs. 2, a médium, com 13 anos, apenas, já via vultos, tinha tremedeiras, sentia as mãos frias e recusava-se a ir a sessões.

O doutor não diz se os fenômenos apareceram espontâneamente, sem sessões anteriores; se surgiram sem causa. Tal esclarecimento era importantíssimo.

Na obs. 5.ª, "o médium manifestou-se pela primeira vez quando estava botando a ceia; sentiu, então, uma coisa, perdeu os sentidos, e foi acordar no Centro Cáritas..."

Que coisa foi que sentiu? Já frequentava o centro? Conhecia anteriormente o Espiritismo? Foi o Espiritismo a causa da coisa e da perda dos sentidos?

O observador nada nos elucida a respeito.

Na obs. 6.ª o médium é católico.

Na obs. 7.ª "a médium sempre foi muito aproximada da Igreja, é filha de Maria. Sua mediunidade começou por sentir do lado esquerdo uma tremedeira, dando-lhe a impressão de que as carnes estavam-se encolhendo. Ficava fria. Isto durava uns 20 minutos. Tinha dias de sentir tais perturbações até 3 vezes."

O doutor não perdeu tempo em indagar a gênese daqueles fenômenos.

Essa mesma médium entremeava a conversação com alguns neologismos intraduzíveis e declarou que se tratava do guarani. E quando se pensa que o doutor vai elucidar isto, diz ele: "passamos, então, a fazer algumas perguntas simples do catecismo".

Compare-se essa passagem rápida do guarani ao catecismo, com as exaustivas pesquisas dos experimentadores europeus.

Por intermédio da médium americana, Sra. Curran,

o Sr. Walter Prince teve oportunidade de verificar a manifestação de uma entidade que falava inglês arcaico, da época em que o Espírito dizia ter vivido em nosso planeta. Prince, em vez de transportar-se ao catecismo, entrou a folhear os arquivos, a interrogar os mestres, a sondar o passado. (156)

Certa vez, viajava pelo Japão um redator do "Times", quando o comandante do vapor "Makura" lhe mostrou uma mensagem mediúnica, recebida por uma senhora, que a julgou mistificação, tal a algaravia que lá estava, parecendo aquilo "singulares hieróglifos".

O comandante do "Makura", em vez de pôr logo aquilo de lado, achou de decifrar a charada. Para encurtar: era a mensagem um exemplar da escrita hierática, tendo os caracteres a forma popular dos hieróglifos que usavam os sacerdotes da Ásia Menor, cerca de 5.000 anos antes da era cristã; foi o que declarou um famoso orientalista, embarcado no "Makura".

Em todo o mundo não haveria dez sábios capazes de descobrir aquela escrita. (157)

Florizel von Reuter, o grande violinista, considerado como mágico, já pela sua arte, como pelas suas faculdades extra-normais, escrevia mensagens, nos mais exóticos idiomas. Muito relacionado, conseguiu que vários psiquistas e alguns sábios se interessassem pelo fenômeno. Eles, porém, não se furtavam às pesquisas, e, graças às luzes dos entendidos, conseguiram descobrir a linguagem dos comunicantes e o que eles queriam dizer. (158)

Enfim, quem ler a obra de Bozzano — "Xenoglossia" — verá o exaustivo trabalho a que se deram pesquisadores vários, recorrendo aos mestres da Filologia, aos mais eminentes orientalistas, aos glossários de toda a espécie, aos arcaístas, aos museus, às bibliotecas, para descobrirem o conteúdo das misteriosas comunicações. (159)

---

(156) **Walter Prince** — "The Case of Patience Worth".

(157) "The Times", Londres, 18-8-1922.

(158) **Florizel von Reuter** — "Psychical experiences of a Musician".

(159) **Ernesto Bozzano** — "Xenoglossia".

Não sabemos que linguagem teria falado a "médium" da obs. 7.ª, nem mesmo se teriam alguma significação as suas respostas. Não é o que mais nos interessa, no momento. O que é de salientar é o pouco caso que o nosso patrício deu ao Guarani, sem nos dizer porque aquilo não seria o Guarani, e, sem mais informe de espécie alguma, saltou, imediatamente, ao catecismo. Frisamos o ponto para deixar provado que aquela indiferença vinha da certeza preliminar e absoluta, por parte do professor pernambucano, da impossibilidade do fenômeno.

Convencido da inexistência de Espíritos, o psiquiatra não poderia admitir o Guarani pela boca daquela "médium".

Que não se tratava de Guarani, era caso para ele indiscutível, liquidado. E daí voltar-se logo para o catecismo, sem nos dizer do Guarani palavra, nem nos esclarecer sobre se a "médium" pronunciara ou não palavra de Guarani.

Pode a ciência contar com as luzes do professor, desde que ele possui, no campo em estudo, ideias já inamovíveis? Não — e é o que queríamos patentear.

Voltemos às observações:

Na obs. 8.ª o médium conta que via muitas vezes uma senhora que já havia morrido. Esta o orientava. Fê-lo achar dinheiro. Tinha o dom, antes de ser espírita; troçava mesmo dos Espíritos.

Aqui o caso parece claro. Os fenômenos mediúnicos foram anteriores à sua prática, aos seus conhecimentos espíritas.

Na obs. 9.ª o médium entrou em transe aos dez anos de idade. Parece, pelo relato, que depois dos fenômenos é que procurou o Espiritismo.

Na obs. 10, a médium teve um dia um ataque, ficou fria e sem sentidos. Em novo ataque manifestou-se o Espírito de sua mãe. Parece que, ainda aí, não houve qualquer das chamadas sugestões espíritas, antes dos transes, visto que, depois deles, é que, "chamado um doutrinador, este afirmou ser ela médium".

Na obs. n.º 13, a médium sempre sonhava certo;

uma vez sonhou "para fazer a caridade gratuita e fundar um centro; quem lhe falou foi um Espírito. **Ela não acreditava no Espiritismo.**"

Na obs. n.º 14, a médium tinha visões já aos dez anos. Ainda aqui parece que a intervenção dos vivos é posterior aos fatos. A paciente, além disso, é contrária às práticas, e — declara o médico — "nos diz do seu desgosto e da sua vergonha por se manifestar assim espontâneamente; chorou copiosamente enquanto nos revelava isso, acrescentando que preferia mil vezes não ter o dom".

Demoramo-nos, quanto nos permitiu o espaço de que dispomos, nessa questão da prioridade dos fenômenos em relação à prática, por ser de grande importância para a nossa tese, importância essa que passou inteiramente despercebida ao autor do livrinho.

Vê-se que, em muitos casos, ele não se perdeu em indagações para saber donde provinham "os ataques", as "tremedeiras", os "frios", as "coisas" que "davam" nos pacientes. E das declarações categóricas de muitos outros, de que foram levados ao Espiritismo pelos fenômenos, parece que não tomou muita nota.

Nas suas "considerações gerais" frisa uns tantos fatos absolutamente anódinos para o estudo, mas daquela questão principal não se apercebe muito, e conclui como se ela não existisse. E insiste nos perfis hipnóticos, na sugestão, na auto-sugestão, no Baudoin, nas práticas perniciosas do Além, na cultura desregrada do subconsciente, nos malefícios do Espiritismo, nos inconvenientes das sessões, quando as sessões e as práticas, na maioria dos casos, são consequentes ao fenômeno. E' este que arrasta o paciente àquelas, e não aquelas que trazem o paciente a este.

O mais interessante é a ilação que o doutor tira depois disso: — **"é evidente o papel da sugestão"**.

*
* *

Vimos e convém repetir que, na maioria dos casos

apresentados pelo Dr. Pedro Cavalcânti, os fenômenos espíritas se manifestam antes de o paciente dedicar-se ao Espiritismo ou às sessões espíritas.

Na observação 1.ª a médium não queria ser espírita e teve um dia **uma coisa**; na 2.ª a médium já via vultos aos 13 anos e se recusava, mesmo, a ir às sessões; na 5.ª, o médium cai em transe, **pela primeira vez**, quando estava botando a ceia; na 6.ª, ele se declara católico; na 7.ª, a médium, **que foi sempre da Igreja**, principiou a ter sintomas de mediunidade por sentir tremedeiras do lado esquerdo; na 8.ª, conta a médium que costumava ver uma senhora que já havia morrido; **tinha o dom antes de ser espírita**; chegava a troçar dos Espíritos; na 9.ª, o médium entrava em transe aos 10 anos; na 10.ª, teve um dia um ataque e depois outro, e, num deles, se manifestou o Espírito de sua mãe; na 13.ª, o médium não acreditava em Espiritismo, mas um Espírito lhe falou em sonhos e fêz prescrições.

Assim, das observações números 1, 2, 5, 7, 8, 9, 10 e 13 não consta que a mediunidade ou o transe mediúnico se tivesse manifestado após as sessões, por causa das sessões, ou em virtude das sessões. Dos 14 casos observados, há 8 em que, ou por declaração expressa dos sensitivos, ou por inferência das narrativas se verifica a nenhuma responsabilidade do Espiritismo ou das práticas espíritas no despertar da sensibilidade paranormal.

Veja-se bem que nos atemos aqui, apenas, aos casos precários, defeituosos e poucos, citados pelo próprio médico, isto é, aos casos que ele foi buscar para demonstração dos malefícios do Espiritismo.

Não podíamos ser menos suspeito; cremos que não pode haver dúvida nenhuma, para o doutor e seus confrades ou colegas, quanto à fonte em que nos vamos firmar para as nossas conclusões.

Elas já foram expostas; elas se impõem: — é que são falsas todas as teorias que fazem depender o mediunismo dos velhos casos de animismo, ou dos velhos casos patológicos, ou de velhas crenças.

Como notamos, ainda, o doutor concluiu de maneira

inteiramente oposta aos fatos que ele mesmo narra. Os fatos dizem uma coisa e ele conclui por outra. E nos declara, sem maiores explicações, que ali **é evidente o papel da sugestão.**

Mas é evidente como? Donde se evidencia a sugestão?... Porque evidente?!...

Em nenhum dos fenômenos narrados se percebe a causa sugestiva, nem no-la apresenta o psiquiatra. O que lá se vêem são surtos espontâneos, são fenômenos que se mostram sem provocação nenhuma. Onde se acharia neles a sugestão; onde neles se veria uma **sugestão evidente?!...**

Presos aos seus enraizados preconceitos, não podem os cientistas de Pernambuco, quer o Dr. Cavalcânti, discípulo, quer o Dr. Ulisses, mestre, contribuir para o estudo dos médiuns, da mediunidade ou do Espiritismo.

E o que acontece com os psiquiatras pernambucanos é o mesmo que se dá com os daqui e com todos os que não saem dos limites dos seus quadros nosológicos.

E se nada vêem com os casos que têm diante dos olhos; se nada percebem com os aparelhos que lhes caem em mão, com que juízo irão encarar as experiências alheias? As que não forem redutíveis à sugestibilidade ou à histeria irão para o capítulo da fraude. E é assim que fazem ciência em torno do Psiquismo.

Há ainda outra ilação a tirar, que lhes escapa, por certo:

Se, entre pacientes de tão pobres qualidades psíquicas; se, entre os débeis mentais se vão achar fenômenos que contrariam as opiniões e as ideias dos doutos, como não se verão eles desmentidos com as experiências verificadas em médiuns verdadeiros, naqueles sensitivos delicados e raros de que falam Richet e os grandes observadores?

Demonstrando que os fenômenos mediúnicos são independentes da vontade do médium, que surgem espontâneamente, que aparecem quando menos são previstos, que permanecem ou se vão, quaisquer que sejam as nossas opiniões sobre o caso, quaisquer que sejam as leis que os proíbam ou as teorias científicas que os arrasem, resultam inteiramente inúteis as precauções do Dr. Pedro e do Dr. Ulisses e dos demais para evitarem a prática perniciosa de comunicação com o além", para obstarem "aos malefícios do espiritismo", para impedirem "os delírios que à sombra do espiritismo se geram".

Há processos, sem dúvida, para regular a prática do Psiquismo; há métodos que se devem seguir nessas práticas; há uma técnica a empregar. Tudo isso já tem sido fartamente estudado e ventilado. Mas são os conhecedores do assunto que se podem manifestar a respeito.

Como em toda a ciência, só o saber acumulado, só as observações diuturnas, só os trabalhos prolongados, diante dos aparelhos ou em presença do fenômeno, poderão tornar-nos aptos a estabelecer leis.

Foi uma vida inteira de estudos, foi a verificação ininterrupta de médiuns, foram as experiências de dezenas de anos na presença dos melhores sensitivos europeus, que levaram Gustave Geley a escrever um tratado sobre a prática do mediunismo.

Não poderão, entretanto, fazer obra meritória, pelo menos por enquanto, os dois psiquiatras pernambucanos, visto que, pelo que se infere dos seus opúsculos, eles ainda estão em francas apalpadelas.

Voltemos ao livro:

Na observação 10.ª, enquanto o médium estava em transe, entrou na sala um colega do Dr. Pedro. Este inquiriu do guia quem ali se achava e a resposta foi: "Com a graça de Deus, o doutor e a matéria", isto é, o Espírito não percebera a entrada do colega do doutor. E o colega abandonou a sala para não rir.

Não sabemos se o médium estava, mesmo, em transe, se tinha recebido algum Espírito, se ali havia algum fenômeno extraordinário. Mas o que podemos assegurar é que o caso não era para risadas.

Esteve a ponto de estourar de riso o colega do Dr. Pedro, porque não conhece os processos da mediunidade.

Não se segue, do fato de não poder ter dito o Espírito se na sala havia entrado alguém, que o fenômeno fôsse inexistente. Muitos Espíritos narram as dificuldades que encontram quando se acham incorporados, outros precisam abandonar o corpo por que se manifestam, para verificarem o que se passa no meio ambiente.

Em suma, a lucidez do Espírito manifestante nem sempre é completa. A facilidade da manifestação e a perfeição das respostas dependem de vários fatores, como sejam perfeição de aparelho (um bom médium), perfeição do Espírito (um Espírito elevado), perfeição do ambiente (um ambiente próprio para sessões espiritistas).

O Dr. Pedro Cavalcânti promete estudar mais o assunto. Seria bom.

A OPINIÃO DE UM PADRE

Um padre jesuíta, que rompeu nos Estados do Norte intensa campanha contra o Espiritismo, opõe às autoridades de Richet e de Geley a do professor Delmas, e fá-lo nestes termos:

"Já não é sòmente Grasset, são outros professores afamados da Sorbona, psiquiatras ilustres como Achilles Delmas, que se riem da credulidade de Richet, Geley e outros espíritas, em se deixarem enganar..." (160)

Pena é que o escritor se esquecesse de dizer-nos em que se estribaram, para tanto rir-se, Delmas e os outros afamados professores da Sorbona.

Mas porque se riam eles? Que estudos profundos ou que experiências memoráveis teriam para rir daquela maneira? Onde viram as falhas de Geley e de Richet, onde lhes apalparam o ridículo, que tantas risadas provocou?

O reverendo não esclarece este ponto.

Quem vai esclarecê-lo é o próprio Richet, e então ficaremos sabendo a razão por que aquela gente ria.

"Seus argumentos — diz o grande fisiologista, referindo-se a Delmas — são de tal mediocridade, que chegam a desarmar a crítica.

---

(160) **Francisco do Rio — "O Imparcial", Bahia, Julho de 1934.**

Nada lhes digo das experiências. Ele não as apresenta nenhumas. Nem grandes nem pequenas. A experimentação do Sr. Delmas é o vazio em toda a sua sinistra profundidade. *"L'expérimentation de M. Delmas c'est le néant dans toute sa profondeur sinistre."*

Demonstrei pela experiência, e só pela experiência, que a realidade chega por vezes ao conhecimento por vias outras que não as sensoriais comuns. Pois bem. Veja-se o característico do estado dalma de M. Delmas, ele se contentou com uma meia página para refutar "tudo" o que foi dito sobre o assunto.

Que disse ele dos Fantasmas dos Vivos? Nada. Que disse ele de J. Hyslop? Nada. Que disse ele de F. Myers? Nada. Que disse ele de R. Hodgson? Nada. Que disse de Aksakof? Nada. Que disse de Stainton Moses? Nada. Que disse de Mme. Thompson? Nada. Que disse de Mme. Leonard? Nada.. Que disse de Oliver Lodge? Nada. Que disse de Mme. Siedwick? Nada. Que disse de M. Huysmans? Nada. Que disse de William James? Nada. Que disse de Osty? Nada.

Entretanto, existe uma vintena de obras consideráveis, escritas por homens leais e sábios, que estudaram paciente, laboriosamente esse belo e difícil problema e executaram experiências perfeitas.

E' verdade que Delmas consente em consagrar cinco linhas a Ossowietzki.

Em sua ingenuidade — é a palavra mais benévola que posso adotar —, eis tudo o que ele disse ali: — "Um de meus amigos, e de grande autoridade, — e aqui a autoridade, posto que anônima, intervém magistralmente — foi especialmente convidado a uma sessão: houve três tentativas que foram três desastres."

Pensamos sonhar. Eis tudo que M. Delmas pôde objetar às quarenta experiências, de precisão incomparável, que fizemos, uns e outros, com Ossowietzki. Já é verdadeiramente abusar da bonomia dos seus leitores acreditar que três experiências negativas, ainda que a autoridade do anônimo seja quase divina, podem arruinar, demolir, modificar completamente, aniquilar, lançar no abismo das ilusões e dos erros, quarenta experiências, positivas, irreprocháveis."

Em torno da mediunidade de Mme. Piper, Delmas faz algumas observações e Richet replica:

"Para contestar os fatos de Mme. Piper, cuja clarividência, depois de quinze anos de estudos, foi resolutamente adotada por William James, por Sir Oliver Lodge, pelo Sr. Richard Hodgson, por Frederico Myers, que tiveram mais de quinhentas sessões, todas descritas ao longo de cinco grossos volumes, diz M. Delmas: "o Dr. Berillon fêz as mais expressas reservas".

Enfim! Eis-nos, enfim, em presença de alguma coisa de sólido. O Sr. Berillon — que não é William James, nem Sir Oliver Lodge, nem Frederico Myers —, M. Berillon — que nada viu, aliás —, faz expressas reservas.

Quais? E isto basta para que M. Delmas possa concluir que toda a história de Mme. Piper é uma prolongada mistificação. Berillon duvida; é quanto basta para M. Delmas negar. Não se pode ser mais acomodatício. Aí, ainda, o Sr. Delmas abusa da credulidade dos seus leitores.

E abusa mais, citando Jules Bois, que achou um erro de Mme. Piper. Um erro em cinco grossos volumes de respostas. E' bem grave!

Em uma palavra, e com todo o respeito que devo a um confrade, doutor em Medicina como eu, toda essa crítica da metapsíquica subjetiva me parece, não ouso dizer um gracejo, mas um nada.

Deixemos vários outros lances, que o espaço não nos permite delongas e passemos à metapsíquica objetiva."

Richet demora-se um pouco nesta parte e por fim acrescenta:

"Em realidade, toda a argumentação de Mr. Delmas, onde não há o menor traço de experimentação, repousa na afirmativa seguinte: os médiuns declaram haver enganado.

E' tudo. Absolutamente tudo. A declaração dos médiuns explica tudo.

Para responder a todas as provas acumuladas, a todas as precauções, rigorosamente tomadas, a todas as impossibilidades mecânicas, materiais de fraude, de que se rodearam as experiências múltiplas de Home, de Eusápia, de Eglinton, de Moses, da Sra. d'Espérance, da Sra. Marryat; e com Aksakof, Lombroso, Maxwell, Botazzi, Morselli, e muitos outros cujos nomes encheriam toda esta página, M. Delmas contenta-se em dizer: — "eles fraudaram".

Poder-se-á supor que Delmas desvendou truques notáveis, inéditos, prestidigitações hábeis, artifícios delicados, invenções abracadabrantes e suntuosas, as quais teriam enganado os pobres sábios ingênuos. Nenhumamente! M. Delmas não nos indica nada de novo. Ele ignora, mesmo, que fui eu o primeiro que desvendou o truque simplíssimo de Eusápia, substituição de uma mão por outra. Ele ignora, ainda, que os médiuns trapaceiros, cujos nomes cita — Cradock, Eldred, Milner, Sambor — foram desmascarados pelos espíritas e pelos metapsiquistas.

Assim, nada indica que os médiuns, além dos escroques, tenham enganado, senão com as suas declarações.

E depois de haver, prudentemente, passado em silêncio a metapsíquica subjetiva, em face da objetiva M. Delmas contenta-se com uma frase, que é como a torta de creme de Molière: — a declaração dos médiuns." (161)

E, assim, ficamos sabendo porque ria o Sr. Delmas. Mais tarde, ele dirá como Bonnemère: — **Mais ce que je prenais pour le rire de Voltaire n'était que le rire de l'idiot.**

O riso do Sr. Delmas e mais os dos professores da Sorbona que o acompanharam na hilaridade, devem ter a característica inconfundível das risadas de Bonnemère: é o rir do idiota que eles tomam pelo sorrir de Voltaire.

Richet prolonga-se no seu artigo, demonstrando a falácia desse único elemento de que se serviu Monsieur Delmas para aniquilar o Psiquismo e "rir-se de Richet, de Geley e de outros" — a declaração dos médiuns.

O fisiologista prova que os médiuns — não confundir com os escroques — nunca fizeram declarações nem confissões do gênero que o Sr. Delmas lhes imputa. Depois, refere-se à impossibilidade da fraude, acabando por demonstrar o que alegara no princípio, que as experiências do Sr. Delmas eram o mais completo vácuo — **le néant**.

A OPINIÃO DE UM BISPO

Não é muito de nosso agrado examinar os trabalhos religiosos, pela dificuldade que há em antepor argumentos sólidos aos insuficientes que neles se apresentam.

---

(161) **Ch. Richet** — "La Défense de la Métapsychique". "Rev. Mét.", pág. 5, 1924.

Em geral, temo-nos que avir com o que há de mais impalpável. E' como se estivéssemos a esgrimir com os pés enterrados num solo de areia frouxa.

Dizia Huxley que, diante dos fatos, devemos estar preparados a abandonar toda a noção preconcebida e ir, humildemente, a qualquer abismo onde a natureza nos leve.

Nada há, entretanto, mais contrário a esse espírito de proceder e de pensar do que os processos seguidos naqueles trabalhos, do que os métodos usados por um eclesiástico.

Não que estes sejam sempre ignorantes ou sem luzes. Temos visto, até, no seio das religiões, brilharem as mais admiráveis inteligências. Mas é que os expositores ou os defensores de uma religião só podem ir onde a Igreja os manda ir. Fora dos mandamentos da Igreja não poderão dar mais um passo. Presos aos cânones, deles não poderão sair sem quebrar os juramentos ou despir o hábito.

Por questões de apologética, escorcharão tudo nos mais estreitos moldes e apresentarão a realidade inteiramente deformada. Como se trata de defender a Igreja tudo é permissível.

Os maiores crimes eram antigamente absolvidos, se o criminoso agia em nome da fé. Hoje, o que se absolve são os erros, se é a fé que os impõe.

Discutir com um eclesiástico ocidental é esbarrar logo na Bíblia, no demônio, no inferno... Em matéria de tolerância não estão eles muito afastados de Omar II, aquele soberano que mandou queimar a biblioteca de Alexandria, visto como, existindo o Alcorão, nenhum livro mais era necessário. Atualmente, abre-se o Velho Testamento e lá se desencava uma vetusta proibição de Moisés. (162)

Sem o poder do califa, mas com o mesmo zelo apostólico, um bispo espanhol mandou queimar em Barcelona os livros de Allan Kardec, e se tudo que existe sobre tão nefando assunto ainda não desapareceu, sob as cin-

---

(162) "Levítico", XX, 6 — "Deuteronômio", XVIII, 10-12. Etc.

zas de uma colossal fogueira, não será por falta de conselhos nem por falta de vontade, mas porque, felizmente, os fanáticos como Tomás de Torquemada e os ferozes como o fidalgo Fernando Alvarez de Toledo — o duque d'Alba — se acham, em nossos dias, contidos pelo freio da Civilização.

Quando um católico examina determinado caso, o que ele procura, em regra, não é saber a verdade que nele se contém, mas o que ali está de acordo com a doutrina católica. Se não existe esse acordo, o bom católico põe-no logo de lado, ou o lança no índex, ou o combate com todas as forças, antepondo à lógica, ao raciocínio e aos fatos, a vacuidade do dogma, o subterfúgio dos sofismas, a insubsistência dos lugares comuns, as afirmativas e negativas gratuitas, a falsidade, o erro.

Temos diante de nós uma carta pastoral. Damo-la como exemplo. Lançou-a o honrado bispo de Uberaba. (163)

Sua Reverendíssima não se afasta dos moldes estabelecidos nessas refregas. E' ainda a velha tática, onde o vigor do vocabulário e a energia do fraseado mascaram a falta de argumentos e dão uns ares de realidade às falsas acusações articuladas.

Fala ele "da hidra da heresia, que não desembainha a espada, mas maneja a calúnia, a hipocrisia, a astúcia, tudo como consequência de Lúcifer". E mais:

> "Que assistimos a uma intensa propaganda que se vem fazendo de seitas que se dizem religiosas, mas que destilam o veneno das mais absurdas heresias, espalhando doutrinas contrárias à fé católica e perniciosíssimas aos bons costumes e à paz das famílias. E' a ímpia e nefasta propaganda do Espiritismo."

Deixaremos de lado, inatacada, toda essa objurgatória, a nosso ver justificável, diante do espantalho, que é aos olhos do Sr. Bispo a propaganda espírita, onde ele vê **doutrinas contrárias à fé católica.**

---

(163) **D. Frei Luiz Maria de Sant'Anna** — "Quarta Carta Pastoral".

Desde que a fé católica parece perigar, não podia ser outra a linguagem de um bispo. Perigue tudo neste mundo, menos aquela fé. E se toda a verdade devesse perecer, destruída, como Sodoma, pelo fogo do céu, ou como Beziers, pela espada católica de Simão de Montfort, que aquela fé não pereça, e que ela se salve à custa da outra, da verdade, que não é a verdade que as religiões mantêm.

E' este o modo de ver católico, não só tácito, como expresso.

Defender, seja como for, princípios obsoletos, que estão a ruir com o tempo, que já ruíram ou que vão ruir fatalmente, enquanto surgem princípios novos, não é nada filosófico, nem curial, nem certo, nem lógico, mas é humano.

Só a evolução, lenta, progressiva, poderá trazer a emancipação mental. Respeitaremos, portanto, sem lhes tocar, as queixas do digno representante da Igreja, que acreditamos sinceras, vendo ele ameaçados os alicerces de uma instituição milenária, a que serve com dedicação de sacerdote e amor de crente.

Como, porém, em sua pastoral há uma parte científica, ou que com ela se parece, é esta que vamos ventilar, mostrando, com todo o acatamento, os erros em que incidiu.

Aliás, o que disse aquele dignitário tem-no dito muitos outros, talvez em pior forma. Tomaremos como paradigma a aludida pastoral, em virtude da autoridade de que está revestida e do nome que a assina.

Declara o sacerdote que raríssimas são as sessões em que não se dê algum caso de embuste e de burla. Depois do que, se apadrinha com o padre Ugarte, jesuíta, para mostrar "que sempre existiu a convicção de que nos fenômenos do Espiritismo se cometiam fraudes de espiritistas e enganos de prestidigitadores."

Ora, no campo do Psiquismo houve umas tantas manifestações tidas por fraudulentas; mais tarde se verifica o engano das acusações, ou se prova que os médiuns mal apontados possuíam qualidades reais de mediunismo; ou se fazem novas sessões que os reabilitam. Quando, porém, se ataca o Espiritismo, são sempre as dúvidas que vêm à baila; são sempre as sessões inquinadas de fraude que aparecem; o de que se trata é do embuste e das acusações. A reabilitação fica inteiramente esquecida; esta some-se, por completo, da memória dos eméritos oponentes. Se há que citar médiuns, procuram-se os velhacos ou os tipos suspeitos. O resto não vem à tona. A erudição lhes gira ùnicamente em torno da banda estragada. E' como se alguém, por maldizer do mundo, só lhe visse os pauis, os insetos mortíferos, as bestas feras, os cataclismos, a perversidade.

E' por aquela forma que os eclesiásticos compreendem a verdade católica.

Em vinte anos de experiência, a célebre médium Eusápia Paladino foi acusada de fraude numas sessões em Cambridge, sendo que noutras, nos Estados Unidos, por se achar esgotada e doente, nada pôde produzir. Contra ela é só o que há, afora alguns pareceres particulares, frágilmente documentados. Antes de Cambridge e depois de Cambridge houve as mais sensacionais experiências e os mais impressionantes relatórios, mas, os senhores sacerdotes, quando entram a discorrer sobre Eusápia, olvidam tudo o que de verdadeiro, de devidamente autenticado, de absolutamente testemunhado existe sobre aquela médium; afastam enèrgicamente, para um lado, os vinte anos de meticulosas observações; eliminam toda a vultosa bibliografia Paladina. Só o que lhes cai sob a retina, quando não falam das sessões negativas da América, são as sessões duvidosas de Cambridge. Tratando-se de Eusápia, para eles só há Cambridge. Não sabem de mais nada!

A verdade católica é assim.

Com os outros médiuns o processo é o mesmo. O que se procura saber é se alguém dissera, algum dia, que tal médium fraudara. Se houve esse tal, está salva a situação. E' só lembrar o maldizente e aniquilar o médium.

Outro processo muito usado consiste em espiolhar algumas frases de psiquistas, onde eles teriam dito que há pessoas que fraudam. São afirmações naturais e banalíssimas. Qualquer um as repete, sem expor nenhuma novidade. E quem se der ares de importância e saber, ao enunciar essas frioleiras, quando muito, estará apenas competindo com La Palisse ou com o Conselheiro Acácio.

Não existe dúvida nenhuma que o mundo vive cheio de velhacos, e que há velhacaria em todos os terrenos. E, assim, não é admiração que também, em matéria de Espiritismo, se apresentem os enganadores, tão comuns em todas as épocas e em todos os povos.

E os opositores, então, se aproveitam disso para lançarem a grande cartada: os médiuns fraudam! os cidadãos tais e tais disseram que há fraudes!

Para documentar o asserto alinham umas tantas frases de uns tantos escritores e enfileiram os trechos em linha de batalha. Depois disto, é só entoar o **requiescat**.

Examinemos, porém, os ditos trechos. Vemo-los amputados, violentamente; há outros que os antecedem ou sucedem e que os explicam. São frases soltas, perfeitamente compreensíveis, se lermos todo o período em que se acham. Servem para elucidar situações, para mostrar casos que acontecem, para instruir o assunto, nunca porém para negar o Psiquismo. Isoladas e reunidas como um feixe de diversas varas, dão, entretanto, a supor que toda aquela gente não fêz mais do que escrever artigos ou livros para demonstrar o embuste da fenomenologia psíquica. E' como se arrancássemos os galhos secos de uma árvore e os amontoássemos à vista dos neófitos para dar com aquilo a ideia de uma floresta.

Tal é o que se vê com as citações do padre Ugarte, onde se apóia a pastoral.

Em primeiro lugar, salientemos um pequeno truque, que muito se assemelha às habilidades comerciais.

Com referência a Hodgson, escreve Ugarte:

"Hodgson chega a dizer que **quase todos os médiuns** profissionais são trapaceiros vulgares, mais ou menos ligados uns com os outros."

O autor grifou a frase — **quase todos os médiuns,** para que se ficasse com a impressão de que se tratava de quaisquer médiuns. Mas, o de que ali se falava era de **quase todos os médiuns profissionais.** O "profissionais", porém, ficou fora do grifo, a fim de passar despercebido.

Compreende-se o que queria dizer Hodgson e era que, sendo profissionais, isto é, fazendo da mediunidade profissão, quase todos os médiuns, quando lhes faltava ela, fraudavam para não perderem os proventos.

Isto toda a gente sabe que acontece com o profissionalismo e a comprovação do fato vem reforçar a tese espírita; ela salienta a importância dos fatores morais no mediunismo; os profissionais são tentados a fraudar, com o que se desmoralizam e desmoralizam a causa a que servem, por dinheiro.

Entretanto, o padre fingiu não perceber ou não percebeu, mesmo, a intenção de Hodgson e pôs o grifo onde lhe convinha, suprimindo-o do lugar onde mais ele se fazia necessário: o que se buscava mostrar é que os médiuns fraudadores eram os profissionais, e assim mesmo **quase todos,** não a sua totalidade.

De maneira que o jesuíta procedeu como certos vendedores espertos. Não é raro vermos, nos mostruários, umas importâncias, onde há uns algarismos em letra grande, saliente, e outros quase imperceptíveis. Assim, por exemplo, em tal peça de fazenda, o preço anunciado é **4.**^{90} o m. Mas como o 4 está em letra garrafal e o 90 é um número pequeno, apagadote, o freguês supõe que a mercadoria não passa dos quatro cruzeiros, quando ela vai até cinco, quase. Também o mesmo com vendedores de fruta e outros, que dão o preço de sua mercadoria por quilo. Um quilo de uvas por Cr$ 2,50, não resta dúvida que é barato, mas quando se vai pagar, o negociante retruca polidamente que aquela importância é só de meio quilo. Apenas, o freguês não viu o meio (½) que estava em minúsculos algarismos, à esquerda, um tanto escondido, só leu a palavra quilo, em tipo berrante, e não tem outro jeito senão desembolsar os 5 cruzeiros, com vergonha de mandar desfazer o embrulho.

Mas, o que aqui se faz por malandragem, no caso

psíquico a que nos referimos, não passa de piedosa e desculpável fraude.

Uma outra, mais ou menos semelhante: O jesuíta apresenta umas trinta citações de vultos que se referiram aos supra citados embustes do Espiritismo. E lendo aqueles nomes, em tão grande número, acaba o leitor por pensar que não há dúvida, entre os psiquistas, de que em Psiquismo é tudo charlatanaria.

Prestemos, porém, um pouco de atenção: Ali vemos Hodgson a falar de fraude; pulam-se uns tantos nomes, e nova citação de Hodgson; volte-se a página, e ei-lo, o Hodgson novamente citado. O mesmo com Ochorowicz; o mesmo com Maxwell, que aparece cinco vezes, com mais ou menos os mesmos conceitos, nas duas páginas de citações. O leitor vai somando, sem reparar que os nomes se repetem e acredita que a turma é respeitável: é a ilusão das cenas de teatro, em que as mesmas pessoas, formando procissão, batalhão, povaréu ou coisa que o valha, passam pelo palco, dão volta aos bastidores e voltam de novo ao palco, fazendo crer ao espectador que a procissão é majestosa, que a tropa é grande ou que a populaça é temível.

É, ainda, estonteante ver como o padre Ugarte, com o honroso apoio da pastoral, enriqueceu a sua lista. Lá está o nome de Hyslop, da Universidade de Colúmbia, considerado entre os seus conterrâneos, o mais notável pesquisador americano, **"the most distinguished American researcher"**; lá vemos o nome de César de Vesme, o autor da "História do Psiquismo Experimental"; lá se acha Lodge, o sábio inglês, francamente espírita; lá está Myers, cujo livro "A Personalidade Humana", fêz que tantos homens eminentes voltassem as suas vistas para o Espiritismo; lá figura o nome de Rochas, o de Mac Nab, o de Flammarion...

E' para desanimar os espíritas verem os experimentadores, em que tanto se fiam eles, arrolados, como depoentes, na causa do jesuíta.

De par com os psiquistas, citam-se fraudes; uma delas é tornada célebre e se repete de longes tempos, é a de Slade, que movia agulhas ou escrevia em lousas por meio de um ímã. Já nos referimos a esta história. Um sujeito qualquer disse como aquilo era feito; não que ele visse nada, mas **imaginou** como se podia fazer. De imaginar a explicar como se fazia foi um pulo; de se transformar a suposição em fato averiguado, outro pulo; novo pulo, ainda, o inscrever-se o caso entre os desmascaramentos de fraude; finalmente, e último pulo — vem a fraude das agulhas robustecer as acusações do padre.

Bem razão tinha o almirante Osborne em achar pouco ou mesmo nada honesto essa transformação rápida. A falta original se há-de perpetuar por muito tempo; tão cedo não se hão-de fartar os pessimistas no darem forma real às suas hipóteses, aliás ordinárias; eles estarão sempre prontos a dizer **how the thing is done** e a transmitir às gerações futuras suas frágeis lucubrações. Fiquemos à espera de um redentor, capaz de expiar e apagar essa espécie de pecado adâmico.

Ao lado do caso das "agulhas" registam-se, nas páginas que analisamos, os embustes clássicos: uma senhora tal vestia-se de gaze para fingir de fantasma; o Sr. este e aquele faziam de defunto por meio de um manequim. O expositor chama, aos fraudadores, médiuns, para que se veja que médiuns são fraudadores, e que os fenômenos não passam de gente vestida de gazes ou manequins materializados como defuntos.

Isto de fatos autenticados e verdadeiros não é o que interessa ao padre Ugarte, com quem se foi aconselhar o honrado bispo, senão os manequins e as gazes.

Não é de espantar que no Catolicismo se argumente assim: trata-se de religiosos a quem o uso constante de livros e princípios tornados infalíveis mataram todo o espírito filosófico; o que é de espantar é ver florescendo os mesmos processos entre doutos de vária natureza, para os quais a fenomenologia psíquica se resume, como nos contos do jesuíta, em gazes envolventes, manequins envolvidos e agulhas movidas a ímã.

Além dessas fraudes e trapaças, há na pastoral umas tantas outras, ninguém sabe quais, que se realizaram, ninguém sabe onde, as quais, de mistura com os nomes de Flammarion, de Rochas, de Myers, de Hyslop, de Lodge, de César de Vesme, de Maxwell, de Ochorowicz, de Hodgson, dão uma impressão de catástrofe.

Fica-se a pensar, realmente, depois daquilo, que os psiquistas outra coisa não têm feito que não seja explicar embustes, que os seus escritos não passam de manuais de mágica, que o Psiquismo inteiro é um memorial de prestidigitação.

Um livro de padre ou um livro de psiquiatra, em questões de Espiritismo, tem qualquer coisa de terremoto.

*
* *

O que dizem os psiquistas é o que diz toda a gente, que há fraudadores que conspurcam a mediunidade, como um médico diria que há charlatães que desmoralizam a Medicina, como os engenheiros diriam que há remendões que podem prejudicar os edifícios; como um profissional se poderia queixar de um amador, o artista de um diletante. Mas ninguém procuraria negar qualquer disciplina, porque há diletantes, amadores, remendões, charlatães e fraudadores.

Mas, em Psiquismo o método é outro; reúnem-se os embustes e os embusteiros, eis tudo.

Entretanto, o que os homens de ciência têm feito, com toda a sinceridade, é tornarem as suas pesquisas o mais seguras possíveis, apontando as prováveis causas de erro e desmascarando os truques, quando eles existem.

Dizia Gaboriau que, quanto mais suspeita fôsse uma profissão, tanto mais escrupulosos deveriam ser os que a exercessem.

Para mostrar o maior escrúpulo é que os experimentadores afastam de si e mostram aos inexpertos onde está o lixo. Os nossos adversários, porém, na sua campanha, é esse lixo que recolhem e apresentam como trabalhos psíquicos.

Vamos ao primeiro nome citado na pastoral. E' o de Hodgson.

Antes de ser psiquista e psiquista emérito, o Dr. Richard Hodgson era céptico e como céptico era natural que vivesse a ver o engodo por toda a parte. Mas, à força de pesquisar, acabou por acertar com fenômenos autênticos e terminou convencido, não só da genuinidade do mediunismo como da comunicabilidade dos Espíritos, o que franca e lealmente confessou. (164)

Um incidente interessante se verificou em suas observações:

Quando jovem se havia ele enamorado de uma patrícia, na Austrália, terra que lhe serviu de berço. Os pais da moça opuseram-se ao casamento e ele, tomado de desgosto, embarcou para a Inglaterra. Feito ao mar, nunca mais soube da apaixonada.

Eis que, muitos anos depois, numa sessão com Mme. Piper, manifesta-se o Espírito de sua noiva, que diz haver morrido, evoca lances do passado, conta a maneira por que falecera, fala do seu desditoso amor e narra particularidades de que ninguém poderia ter tido conhecimento. (165)

Hodgson fêz, mais tarde, esta peremptória declaração:

"At the present time I cannot profess to have any doubt that the chief communications to whom I have referred are veritably the personages that they claim to be, that they have survived the change we call death, and that they have directly communicated with us, whom we call living."

"Presentemente, eu não posso dizer que tenha qualquer dúvida de que as principais comunicações a que me tenho referido sejam, verdadeiramente, das personagens que pretendem ser, que elas tenham sobrevivido à mudança a que nós chamamos morte, e que se hajam diretamente comunicado conosco, que nos chamamos vivos." (166)

---

(164) "Proceedings", vol. VIII, 1882.

(165) **Hereward Carrington** — "The History of Psychic Science".

(166) **Hodgson** — "Proceedings, vol. XIII, 1897.

Aí temos. O grande psiquista não só acreditava na realidade do fenômeno, como na hipótese espírita. Risque-o da pastoral o Sr. Bispo.

Vamos a outro.

C. de Vesme figura na lista do padre Ugarte declarando umas tantas coisas, que não se sabe a alta significação que tiveram para o expositor. Assim o historiador teria dito:

"Ora, em se tratando de fenômenos de transporte, a pessoa do médium é tudo."

Até aí não proferiu novidade nenhuma. Qual será a declaração de fraude mediúnica que aquela expressão envolverá?

Que ele acreditava no fenômeno psíquico dizem-no todos os seus trabalhos.

Ouçamo-lo na introdução à "História do Espiritualismo".

"Muito se tem citado o pensamento de Pascal: "A mortalidade da alma é de tal importância que seria preciso haver perdido todo o sentimento para ficar na indiferença de saber o que ela é."

Pois bem, é o formidável objetivo a que alude Pascal que constitui o fundo da obra aqui apresentada ao público. Sem dúvida, o assunto não é novo. Mas o que é novo — tão novo, pelo menos, como pode sê-lo qualquer coisa sob o Sol; e o que acreditamos poder conferir à nossa obra toda a sua importância — é o sistema adotado para tratá-la; o sistema histórico permitindo fazer falar não textos e argumentos especulativos, não a nossa opinião pessoal, mas os fatos." (167)

Os fatos a que o autor se refere são os do mediunismo. Eles enchem setecentas páginas do seu primeiro volume; são colhidos através das raças e das idades. Diante de tão grande estoque, ficam reduzidas a proporções mínimas as dúvidas apresentadas na pastoral. Aspeie-se ali, ainda, o nome de César de Vesme.

Oliver Lodge, o grande físico inglês, reitor da Uni-

---

(167) C. de Vesme — "Histoire du Spiritualisme Expérimental, Avant-propos", tomo I.

versidade de Birmingham, membro da Academia Real, a quem se tinha como espírita convicto, também ilustra, com a sua opinião, as páginas da pastoral. Onde a houveram, não no-lo dizem. Basta que se saiba que, também Lodge, viu fraudes.

Entretanto, escreve Lodge:

"Os testemunhos a favor da sobrevivência do homem, isto é, em favor da persistência da inteligência humana e da personalidade individual, além da morte do corpo, têm-se acumulado dia a dia e tendem a tornar-se irrefutáveis." (168)

Diante desses testemunhos, que se acumulam dia a dia, que tendem a tornar irrefutável a prova da sobrevivência, como confessa o sábio, há alguém que possa ter dúvidas sobre a maneira por que ele encara o grande problema?

Em memorável discurso, assim falava o eminente físico:

"Estou convencido de que a sobrevivência está cientificamente demonstrada por meio da investigação." (169)

A sua obra "Raimundo ou a Vida e a Morte" é a demonstração de que seu filho sobreviveu à morte e se comunicou com os vivos. Nesse trabalho, diz ele:

"Tenho a esperança de consolar algumas almas aflitas, dando-lhes a segurança de que é possível comunicar com aqueles que estão do outro lado do abismo." (170)

Ainda no mesmo livro:

"Não sòmente o afeto dirige e avalia a relação supranormal; também o interesse científico e o zelo missionário constituem motivos suplementares de positiva eficácia. Devido a esforços animados de tais propósitos, o autor e outras pessoas se têm convencido, gradualmente, por experiência di-

---

(168) **Oliver Lodge** — "Survival of Man".

(169) **Lodge** — "Discurso pronunciado em Walworth, em 22-11-1914.

reta, de um fato que, não há tardar muito, far-se-á patente à Humanidade." (171)

Este fato é o fato psíquico.

Um outro trabalho escreveu-o Lodge para explicar e demonstrar "porque ele cria na imortalidade pessoal".

Diz ele:

"Toda a minha tese repousa na experiência e na aceitação de uma categoria de fatos que podem ser verificados por quem quer que se queira dar a esse trabalho." (172)

Esses fatos são os do Psiquismo.

No capítulo II do seu citado livro, apresenta o grande físico o resumo dos postulados ou conclusões tirados da experiência:

"Que a evidência já acessível basta para provar que o caráter individual e a memória persistem; que as personalidades que deixaram esta vida continuam a existir com os conhecimentos e a experiência adquiridos aqui na Terra, e que, em certas condições, parcialmente conhecidas, nossos amigos desaparecidos podem provar-nos sua sobrevivência real, individual e parcial." (173)

No desenvolvimento desse postulado, declara expressamente:

"Para mim, a evidência é virtualmente completa, e não tenho nenhuma dúvida a respeito da sobrevivência, tal como não teria da dedução de qualquer experiência ordinária e normal. Os mortos que se comunicam são quase tais como o eram aqui na Terra; eles progridem gradualmente, sem dúvida, mas não perdem o contacto conosco." (174)

Depois dessas afirmativas parece não dever restar qualquer dúvida de que a Lodge não se afiguram fraudulentos os fenômenos supranormais.

O que se diz de Lodge, na Pastoral, é que ele, Myers

(170-171) **O. Lodge** — "Raymond or Life and Death".

(172-174) **Oliver Lodge** — Why I Believe in Personal Immortality, 1928.

e Ochorowicz descobriram que era a própria Eusápia Paladino que golpeava a mesa com o pé.

Onde eles teriam dito isto não nos informa a dita Pastoral. Parece-nos, porém, que nem neste caso particular foi feliz o Sr. Bispo, transcrevendo as citações do padre Ugarte. Porque Lodge, observando os fenômenos produzidos por Eusápia na ilha Roubaud, declara: — **There is no further room in my mind for doubt.** "Não há mais razão em meu espírito para dúvidas." (175)

Se teve dúvidas, portanto, modificou-as.

Também não podemos compreender como Ochorowicz estivesse aliado naquela declaração.

O Dr. Julien Ochorowicz, lente de Psicologia de Lemberg, sempre se dedicou a tais estudos, sem nunca duvidar da extra-normalidade dos fatos. Foi ele quem descobriu a mediunidade da Sra. Tomczyk; nas fotografias psíquicas teve ótimos resultados, chegando a obter um prêmio de 1.000 francos por haver fotografado mãos fluídicas e corpos suspensos no ar, isso num filme fechado em lata.

"Quando reflito — confessava ele — que li as obras de Crookes com o sorriso estúpido que iluminava o rosto de meus colegas, ao mais leve enunciado de tais fatos, tremo de vergonha." (176)

Quanto à Eusápia, acha-se Ochorowicz entre os seus melhores observadores.

Assim é que diz Richet:

"As experiências de Roma, 1893 e 1894, feitas por Siemiradzki e J. Ochorowicz, foram igualmente demonstrativas." (177)

E mais adiante:

"Em Varsóvia, Ochorowicz, conservando as mãos e os pés de Eusápia, tinha o cuidado, até, de impedir o contacto da

(175 **Alfred Erny** — "Le Psychisme Experimental".
(176) "Journal of Society Psychical Research — Nov. 1894.

saia e da roupa de Eusápia com a mesa. Viu-se, com a luz diminuída, mas que permitia aos assistentes distinguir as formas, levantar-se a mesa nos quatro pés, ao mesmo tempo, sem oscilações prévias e sem que ninguém, sobretudo Eusápia, lhe tocasse." (178)

Como se lê da descrição, o escrúpulo de Ochorowicz ia ao ponto de não deixar que as vestes de Eusápia tocassem a mesa, e, tendo-lhe os pés e as mãos seguros, viu-se que a mesa se levantava sem oscilações preliminares, e nos quatro pés, ao mesmo tempo.

"Um dinamômetro — continua Richet — marcou uma força muito superior à de Eusápia e à do mais forte dos assistentes." (179)

Diz ele mais:

"De fato, durante três meses, em perfeita intimidade, nós experimentamos, Ochorowicz e eu, três vezes por semana, e verificámos, grande número de vezes, com toda a evidência, movimentos de objetos sem contacto, assim como muitos outros fenômenos a que me referirei mais adiante." (180)

Entretanto, ele declara em nota:

"Não publiquei esses apontamentos; nem os publicarei; eles são de espantosa monotonia: — As mãos estão bem seguras, eu fui tocado à direita, eu fui tocado à esquerda. — Para possuir um protocolo exato, eu ditava, à proporção que fazia as experiências, os resultados a meu secretário Bilier, que escrevia na sala vizinha e notava todos os pormenores. Investigação minuciosa, longa, talvez exagerada em sua minúcia, em seu comprimento, mas que estabelece — salvo erro sistemático que não posso suspeitar — o fato do movimento de objeto sem contacto." (181)

Temos, por conseguinte, Richet e Ochorowicz fazendo experiências na intimidade, com investigações minu-

---

(177-179) **Ch. Richet — "Traité de Métapsychique", páginas 545-6.**

(180-181) **Ch. Richet — Obr. cit. 2.ª ed. pág. 546.**

ciosas, longas, exageradas, até chegar à monotonia, e que evidenciaram, salvo erro impossível de descobrir, o movimento de objetos sem contacto.

Mais de admirar é ainda essa fraude a que se refere Ugarte, por ter sido Ochorowicz um dos maiores defensores de Eusápia, quando ela se viu acusada em Cambridge.

"After the Cambridge exposure Ochorowicz came to the defense of Eusapia." (182)

O estudo do eminente psicólogo encontra-se numa das importantes obras de Albert de Rochas — "A Exteriorização da Motricidade" (183) e, perlustrando-a, não se poderia compreender como se acha Ochorowicz envolvido entre os acusadores da famosa napolitana.

O terceiro que, com Ochorowicz e Lodge, "descobriram Eusápia golpeando a mesa", foi Myers.

Ora, Myers, com os dois psiquistas citados, foram as principais testemunhas, não falando de Notzing, dos fenômenos de Eusápia, por ocasião das experiências em 1894, na ilha Roubaud, sendo todos hóspedes do professor Richet. (184)

Se vacilações tiveram algum dia, deviam elas ter sido varridas mais tarde, não só com relação ao caso de Eusápia, como aos casos de mediunismo.

Myers publicou um longo estudo de suas observações nos "Proceedings" e legou à posteridade uma das mais importantes obras sobre o assunto.

Escrevia ele em "Personalidade Humana":

> "Bacon previa o triunfo gradual da observação e da experiência, a vitória do fato real, analisado — em todos os ramos dos estudos humanos; em todos os assuntos, salvo um... Eu penso hoje que não há motivo mais para essa grande exceção." (185)

Essa grande exceção era o Espiritismo.

---

(182) **Nandor** — "Encyclopedia of Psychic Science".
(183) **Albert deRochas** — "L'exteriorisation de la Motricité".
(184) "Proceedings", vol. VII, 1891-1892.
(185) **Fr. Myers** — "The Human Personality"

Sua tese principal era a de que o mundo espiritual sempre se manifestou ao homem.

De Myers dizia o professor Flournoy que "se as futuras descobertas confirmassem sua tese da intervenção dos desencarnados, seu nome seria inscrito no livro de ouro dos iniciados e junto aos de Copérnico e Darwin completaria a tríade dos gênios que mais profundamente revolucionaram o pensamento psicológico, biológico e cosmológico." (186)

Pois esse filósofo, cuja tese da intervenção dos desencarnados o colocaria no livro de ouro dos grandes iniciados, vê-se inscrito no rol do padre Ugarte como desacreditador do Psiquismo.

Retire-o, pois, de sua Carta, juntamente com Ochorowicz e Lodge, o digno Sr. Bispo.

Albert de Rochas, que trouxe à Ciência elementos capazes de provar a reencarnação, também lá está na documentação dos eméritos sacerdotes, o bispo Sant'Ana e o padre Ugarte. Mas também ele deve sair.

O autor da "Ciência das Filosofias", da "Arte dos Taumaturgos na Antiguidade", da "Exteriorização da Motricidade", da "Exteriorização da Sensibilidade", da "Coleção de documentos relativos à Levitação", dos "Estados Superficiais da Hipnose", dos "Eflúvios Ódicos", das "Fronteiras da Ciência", das "Vidas Sucessivas", da "Suspensão da Vida" não pode achar-se no cardápio dos cépticos e negadores.

Não poderá estar na heterogênea coleção aquele que, pelos seus trabalhos sobre Psiquismo, foi obrigado, até, a resignar o cargo de diretor da Escola Politécnica de Paris.

De Rochas, como cientista sincero, refere-se a sessões negativas e a truques. Mas ninguém suporá, também, que o conhecido engenheiro e notável publicista, que foi de Rochas, se estafasse a produzir tantos trabalhos só para narrar embustes. Estes são os casos excepcionais e nunca impediram aquele experimentador,

---

(186) **Theodore Flournoy** — "Archives de Psychologie de la Suisse Romande", Junho, 1908.

não só de afirmar a realidade das manifestações psíquicas, como de declarar que a hipótese espírita se apoiava em bases sólidas e era, de todas, a melhor formulada. (187)

Nas suas experiências magnéticas, de Rochas fazia, por meio de passes longitudinais, com que o paciente regredisse a fases de seu passado e, então, em profunda hipnose, se recordasse de todos os pormenores desse passado. Aumentando os passes, viu o experimentador que o paciente descrevia a infância, passava a referir-se a uma vida no espaço e depois a uma existência anterior: é o chamado fenômeno da regressão da memória, também observado por outros magnetizadores como Colavida, E. Marata, o Dr. Bouvier, o Dr. Tartaruga, o Dr. Bertrand, o engenheiro Lacoste, o neurologista Dr. Karl Happich, além de outros.

Tais experiências são muito conhecidas pelos estudiosos. Não é, pròpriamente, a elas que nos queremos referir, senão deixar firmada a opinião do antigo diretor da Politécnica de Paris.

Comentando o caso de Mme. J., que, em transe hipnótico, descreve dez vidas anteriores, cheias de episódios históricos, o Dr. Bouvier apresenta quatro hipóteses para explicar tão estranho fenômeno.

Deve-se procurar, diz ele, o que pode ser tomado à conta de sonho, em que o "sujet" se acha arrastado para reviver um passado mais ou menos problemático. E' a 1.ª hipótese.

Na 2.ª, pensa ele que o pai do paciente teria podido, no curso de conversas familiares, falado do país natal e descrito lugares, hábitos, fatos de certos habitantes.

Na hipótese 3.ª o comentador acha que a instrução do paciente lhe permitiria, em consequência dos dados históricos adquiridos nos seus estudos, reconstituir certos fatos concernentes à história.

A 4.ª seria aquela pela qual o paciente teria vivido

---

(187) **Albert de Rochas** — "Les Vies Successives". "Documents pour l'Etude de cette Question", pág. 457, ed. 1911.

no passado, em épocas determinadas, e participado dos acontecimentos descritos, narrando-os como o faz qualquer pessoa, com relação a sua vida presente.

Respondendo às hipóteses e observações de Bouvier, escreve de Rochas:

"Será bem um sonho? Não é antes a revisão pelo Espírito emancipado e tornado livre, de um passado que ele revê *nìtidamente, realmente,* graças à exteriorização quase completa à qual o conduz o experimentador?

Em apoio desse modo de ver, eu pediria se notasse o seguinte:

1. Que a imaginação do paciente não pode criar aquilo que eu considero a *reconstituição de vidas realmente vividas* por ele até dez séculos passados.

2. Que essa eventualidade em rigor seria plausível se se tratasse de uma única existência descrita; mas trata-se de muitas.

3. Nada, atualmente, permite, no estado dos conhecimentos da ciência espiritualista e psíquica, atribuir à imaginação de um paciente mergulhado no sono magnético lúcido, a descrição pormenorizada *que ele revê e revive integralmente*.

4. Um lado notável do fenômeno reside na repetição uniformemente exata das respostas e dos informes fornecidos por Mme. J.

Se a imaginação do paciente compusesse integralmente as existências que nos descreve, ele variaria constantemente nas descrições que delas nos faz; o mesmo se daria se houvesse ali, parcialmente ou completamente, um sonho, no sentido próprio do vocábulo, porque o caráter do sonho é ser essencialmente variável, mutável e sem consistência. E, então, cada exposição nova difereria das precedentes.

Não acontece assim, e todas as descrições concernentes a uma mesma vida são perfeitamente idênticas entre si. Basta este fato para que nos seja permitido deduzir que é incontestável a boa fé do Espírito exteriorizado, que reconquistou sua inteira liberdade por uma ou muitas horas.

Poder-se-ia dizer de uma pessoa em estado de vigília que o interesse o guiaria, e ela agiria segundo uma tática prevista e definida. Ela sabe que não se dará crédito aos seus dizeres se ela os não expuser da mesma maneira, invariàvelmente.

Mas o Espírito exteriorizado de um paciente, em sono magnético lúcido, não faz cálculos dessa natureza.

A segunda hipótese do professor é muito judiciosa. As conversas familiares do pai teriam podido, é verdade, gravar-se no mental do paciente, que, então, durante o sono provocado, poderia construir sua nova personalidade.

Mas essa hipótese não se aplica aos fenômenos realizados com a Sra. J., porque não se trata de uma só, única e mesma personalidade criada por ela, mas de muitas.

Ora, a partir da 3.ª vida, as personagens que a Sra. J. revive não têm a menor relação com sua vida atual, nem com sua segunda vida, nem com as palestras familiares, que teriam permitido ao paciente construir sua segunda personalidade.

Intimamente, e *em razão das informações precisas fornecidas pelos Espíritos nas sessões de evocações sérias,* cremos sinceramente que o maravilhoso "sujet" de que falamos revê e revive bem as existências reais que passou na Terra.

No que concerne à 3.ª hipótese admitida pelo Sr. Bouvier, confirmamos as apreciações que nos sugeriu a 2.ª, substituindo à presumida influência das "conversas familiares", a não menos presumida e suposta dos "dados históricos" adquiridos por Mme. J. no curso de seus estudos.

A 4.ª hipótese desenvolvida é a nossa." (188)

A 4.ª é a hipótese espírita.

Pensamos, pois, que de Rochas não pode ser citado pelo bispo de Uberaba.

De James Hervey Hyslop, professor de lógica e ética da Universidade de Colúmbia, em Nova York, que tantos e tão importantes trabalhos escreveu sobre Psiquismo e Espiritismo, que tanto produziu em favor da sobrevivência e da comunicabilidade dos Espíritos, ao padre Ugarte só lembrou isto:

"Miss Arbott, diz Hyslop, **é mentirosa".** E, imediatamente, o honrado D. Frei Luís Maria de Sant'Ana lançou o veredito da sua pastoral.

Há-de pensar-se, com a quarta carta pastoral diante dos olhos, que o universitário americano fazia dos fenômenos psíquicos o mesmo juízo que de Miss Arbott. Entretanto, Hyslop era daqueles cientistas que não só tinham certeza do fenômeno, como julgavam fora de dúvida a tese espírita.

---

(188) **A. de Rochas** — "Les Vies Successives", **págs. 206 a 209.**

No seu livro — "A Vida depois da Morte", declara ele:

"Publiquei na minha obra — *A Ciência e a Vida Futura*, e na outra intitulada *A Ciência Psíquica e a Ressurreição*, sumários de evidência científica com relação à sobrevivência, e Frederico Myers, na *Personalidade Humana*, coligiu um conjunto de fatos evidentes, mirando o mesmo fim.

Por esta razão não apresentarei tantas provas neste volume, visto que tratarei a hipótese da sobrevivência como cientificamente provada. *I shall treat the hypothesis of survival as scientifically proved*. (189)

De fato, nos dois citados livros ele demonstra, do mesmo passo, a existência do fenômeno e a sobrevivência do Espírito.

No primeiro deles fica patente que a vida futura não é mais intrincado problema de filósofos nem problemática revelação religiosa, senão que entrou, francamente, nos domínios da ciência. (190)

No segundo, demonstra-se que a ressurreição é a volta ao mundo daquele que se julgava extinto: é a prova da comunicabilidade do Espírito. (191)

Temos, consequentemente, mais um nome a ser apagado da Quarta Carta.

Na relação do jesuíta, Mac Nab figura com esta frase: "Todos os prestidigitadores fazem isto".

Se Mac Nab só tinha esta sentença, para desmentir os fenômenos, não possuía, por certo, muita coisa. Aquela expressão não nos pode convencer da esperteza dos médiuns; quando muito nos convenceria da ignorância do autor.

Imagine-se fôssemos contestar a realidade do trovão, exclamando: — os tocadores de bumbo fazem isto! — E sobre o relâmpago: — isto fazem todos os pirotécnicos!

---

(189) **J. Hyslop** — "Life after Death. Problems of Future Life and its Nature", 1918, págs. 233.

(190) **J. Hyslop** — "Science and a Future Life".

(191) **J. Hyslop** — "Psychic Research and the Resurrection".

Com certeza nos tomariam por parvos, visto como, apesar da pirotécnica e do bumbo, continuam existindo os relâmpagos e os trovões.

O que, porém, nem os pirotécnicos nem os zabumbas podem fazer são trovões e relâmpagos verdadeiros. Tal qual como os prestidigitadores em relação aos fenômenos psíquicos.

Mas, a respeito de Mac Nab, refere de Rochas "que ele viu uma mesinha levantar-se, sem contacto, à luz vermelha, tocar em mãos que estavam a quarenta e cinco centímetros acima dela e cair sem ruído." (192)

Isto os prestidigitadores não fazem.

E' o próprio Mac Nab quem refere o seguinte, descrevendo uma sessão de levitação:

"O médium é frequentemente suspenso no ar, durante as sessões, mas isto acontece a mór parte das vezes a meu amigo M.C., escultor, que também é médium.

Certa vez, havendo, inàbilmente, acendido a luz, enquanto ele levitava, sobre um tamborete, vi-o cair pesadamente de uma altura de 50 a 60 centímetros, e tão pesadamente, que quebrou o pé do móvel. Disso foram testemunhas três engenheiros.

Parecia-me impossível ter provas mais palpáveis dessa levitação e eis o que imaginei. Estendi no chão um pano quadrado muito pouco sólido, que se chama andrinópola; é uma espécie de chita tingida de vermelho. No meio pusemos uma cadeira e fizemos M.C. sentar em cima. Cada um de nós segurava uma ponta do pano, apaguei a luz e logo sentimos a cadeira elevar-se, ficar algum tempo no ar e depois descer docemente. O pano não estava mesmo esticado e ao menor esforço ter-se-ia rasgado.

Não creio que se possa objetar alguma coisa a essa levitação do médium, verificada por meio de um pano colocado sob a cadeira. Ele já estava instalado na cadeira quando apagámos a luz; o soerguimento foi quase imediato: estávamos em torno dele e lhe era impossível descer depois de subir sem que percebêssemos.

Em presença do Sr. De Rochas produziu-se o fato seguinte, que observei em quase todas as sessões.

---

(192) **Albert de Rochas** — "L'Exteriorisation de la Motricité. Recueil d'expériences et d'observations", Paris, 1896.

M.C. estava sentado a meu lado, na obscuridade, de repente ele foi levantado e levado ao piano, com sua cadeira, para perto de Gaborieau. Isto se deu tão ràpidamente que ouvimos quase simultâneamente o ruído que fêz a cadeira erguendo-se e pousando; durante o transporte ela havia dado uma volta de 180 graus.

Em uma sessão o Sr. Montorgueil e em outra o Sr. de Rochas passaram as mãos sob os pés do médium durante a ascensão e puderam assegurar-se que ele não empregava nenhum dos processos ordinários de ginástica." (193)

Lancemos, portanto, mais este fora da Carta.

Ao grande astrônomo Flammarion também se refere a Pastoral. Com o nome de Flammarion dá-se um caso interessante: é que todos os adversários do Espiritismo o ensartam no rosário das suas citas. Ora com frases que ele nunca disse, ora truncando-lhe as expressões, ora apanhando-as isoladamente, ora valendo-se das suas primeiras obras, o certo é que não há quase padre, pastor ou cientista adverso, que não tenha ou não use o nome do célebre ex-diretor do Observatório Astronômico francês, como indispensável escudo. E é assim que o vemos à testa das mais absurdas teses ou disparatadas negações.

Não há falhar. O opositor que enfileira nomes para demonstrar fraudes espíritas; o céptico que toma a peito negar o Espiritismo não podem prescindir de Flammarion, o qual passa a ser umas vezes católico, outras protestante, outras materialista, mas sempre contrário ao Espiritismo, sempre negador de fenômenos espíritas.

Um dos maiores defensores da sobrevivência, reduz-se, nas mãos dos antagonistas daquela doutrina, a um manequim, que eles vestem ou despem à vontade, consoante as circunstâncias e a moda, tal como lhes parecia a eles que os fraudadores vestiam os defuntos.

Um catedrático paranaense logo nos disse:

"Flammarion, com sua grande autoridade neste assunto, assim se expressa: Posso dizer que, há 40 anos, quase todos os médiuns célebres passaram por meu salão da Avenida

---

(193) Mac Nab — "Lotus Rouge", 1888.

do Observatório, em Paris, e que os tenho, na maior parte, surpreendido em flagrante trapaçaria." (194)

Quem ler isto dirá: — Camilo Flammarion não viu um só fato verídico. Flammarion só viu fraudes.

O catedrático não diz onde foi apanhar o lanço que nos apresenta para reforçar a ideia que deseja formem os seus ouvintes e leitores da fenomenologia espírita. Tivemos que descobri-lo, como nos foi possível, no grande acervo do astrônomo.

Ficaria melhor se o conceituado médico não tivesse deixado no tinteiro o resto da frase, que diz assim: **— Ce n'est pas qu'ils trichent toujours et ceux qui l'affirment sont dans l'erreur.** (Não quer isto dizer que eles trapaceiem sempre e os que tal afirmam caem em erro). (195)

O que transparece da citação do conferencista é que Flammarion não acredita na autenticidade do fenômeno, quando ele acha que erram todos quantos afirmam que os médiuns usam **sempre** de fraude.

Se nos foi dado acertar com o trecho citado de Flammarion, a que se refere o conferencista, outros há que ninguém sabe onde os foi topar o professor.

Referências à fonte não há nenhuma. Nem à edição, nem à página, nem ao menos ao livro onde o poeta dos astros pudesse ter dito aquilo que se lhe empresta.

O seguinte passo refere-se a Eusápia Paladino e nol-o dá o professor como sendo de Flammarion. Ouçamo-lo:

"C.F. proclama com esta destemida franqueza: Eu vos asseguro, sob a minha palavra de honra, que estou convencido, fora de toda a dúvida, de que tudo é fraude, do começo ao fim."

Não sabemos onde Flammarion poderia ter empenhado com tal energia a sua palavra de honra.

---

(194) **Dr. J. Candido** — "Balanço Metapsychico", 1926.
(195) **C. Flammarion** — "Les Forces Naturelles Inconnues", págs. 90, 1 ed. 1921.

O livro em que ele estudou a mediunidade de Eusápia foi o já citado ("Forças Naturais") e o faz de páginas 89 a 261 e em algumas outras mais no capítulo destinado às mistificações. São cento e setenta e tantas páginas; nelas o mestre estuda detalhadamente as suas experiências com a médium napolitana e, por mais que se procure, não se encontram "aquelas fraudes do começo ao fim".

Pelo contrário, o que ressalta do vigoroso estudo é que os fenômenos observados eram reais. Dos deslizes aparentes ou verdadeiros soube o grande sábio de Juvisy extremar os fatos de indiscutível e comprovada autenticidade.

Vejamos algumas passagens, ao correr dos olhos.

Principia assim o mestre a sua descrição:

"Minha 1.ª sessão de estudos com essa **notável médium...**" (pág. 89).

Como poderia ser notável médium uma tal mistificadora?

Tratando da levitação, refere:

"Em uma 2.ª experiência, tomo as mãos de Eusápia. Um grande soerguimento se produz. A mesma experiência se verificou três vezes; de sorte que, em um quarto de hora, se deram cinco levitações de uma mesa cujos quatro pés ficaram completamente destacados do solo, cerca de quinze centímetros e durante muitos segundos.

Um objeto, pois, pode ser levantado, contràriamente ao peso, sem contacto de mão que venham influenciá-lo." (Página 98).

E mais adiante:

"*Sempre em plena luz, um gueridom,* colocado à minha direita, avança, *sem contacto,* para a mesa, como se quisesse subir por ela e cai."

Não há nada mais contrário, nessas passagens, à afirmativa de que, com Eusápia, tudo era fraude de princípio ao fim.

Mas continuemos:

"O *controle* (ainda com Eusápia) é rigorosamente feito. A médium se presta a ele com a maior docilidade."

Segue-se a descrição dos fatos produzidos (pág. 100).

À página 105, referindo-se à produção de certo fenômeno, onde entra um bolo de gesso, estuda-o por todos os seus aspectos e conclui:

"Não foi nessa ocasião que ela (Eusápia) poderia ter colocado seu rosto sobre o bolo, porque ele estava na outra extremidade da mesa. Não podia ser anteriormente, porque seria preciso tomar a cadeira com uma das mãos e o bolo com a outra e ela não se moveu. *A explicação, como se vê, é das mais difíceis.*"

Flammarion referia-se a uma explicação fora da doutrina espírita e a achava "das mais difíceis".

Mas como poderia ser das mais difíceis uma explicação sobre fenômenos produzidos por intermédio de Eusápia, se com ela a fraude se dava de princípio ao fim?... Pois ali não estava a fraude para explicá-los?

Há mais:

"As verificações que fiz mais tarde (refere-se a impressões digitais produzidas por Eusápia) deixam-me *inteiramente seguro da realidade de todos os fatos.*" (Pág. 110).

À página 111, com referência ao levantamento de um móvel:

"Tenho a certeza absoluta de que a médium (ainda Eusápia, sempre Eusápia) não levantou esse peso de 7.300 gramas, nem por suas mãos, nem por suas pernas, nem por seus pés."

A págs. 113:

"Eis, afinal de contas, *fatos*. Sem dúvida é mais simples negá-los, mas não é honesto."

Não é honesto e os negaria Flammarion?

Depois de tratar, nas suas páginas, dos fenômenos

por ele observados, do controle estabelecido, das precauções tomadas para evitar a fraude, apresenta Flammarion também a lista dos que o acompanharam nessas pesquisas ou que também fizeram observações sobre Eusápia, e que concluíram pela autenticidade dos fatos verificados, e cita Arthur Levy, Adolphe Brisson, Victorien Sardou, Jules Claretie, Armelin, Mathieu, Pallotti, Le Bocain, Chiaia, Lombroso, Ciolfi, Schiaparelli, Gersa, Ermacora, Aksakof, Carlos du Prel, Richet, Bufferi, Finzi, etc. etc.

Seria possível tivesse dito algures Camilo Flammarion que só viu fraudes em Eusápia depois de gastar com a descrição dos seus fenômenos quase todo o 1.° volume da obra citada, depois das frases transcritas e de outras que nos escaparam ao correr de uma leitura apressada, e depois de apresentar tanta gente que se ocupou com Eusápia?

Até aqui a opinião de um lente sobre as ideias de Flammarion. Para que apresentemos um exemplo de cada espécie, veja-se agora o que diz um pastor, ainda sobre aquele eminente vulto:

"Tomo a liberdade de declarar ao missivista de Recife que nem Édison nem Flammarion fizeram em tempo algum declaração categórica de fé espírita, apenas acreditam em algumas verdades nas quais todos os católicos, todos os protestantes, todos os espiritualistas, enfim, acreditam... e para prova basta citar que, em 1920, propôs em Paris que passasse a denominar-se metapsiquismo em vez de Espiritismo, por ter esta expressão desmerecido do seu valor, no conceito das pessoas verdadeiramente cientistas." (196)

Não sabemos o que teria respondido a isso o missivista de Recife. Provàvelmente, muito generoso, não apertou o pastor, a fim de que ele mostrasse onde estava a proposta do astrônomo, com aquela explicação: "por ter o espiritismo desmerecido do seu valor..."

---

(196) José Nigro — "Os Milagres do Espiritismo". "Jornal Baptista", 18-9-1930.

Nós é que, por nosso turno, tomamos a liberdade de convidar o pastor a perlustrar a já citada obra a que nos vimos referindo, onde poderá ler: **"Nous sommes entourés de forces inconnues et rien ne nous prouve que nous ne soyons pas entourés aussi d'êtres invisibles."**

("Estamos rodeados de forças desconhecidas e nada nos prova que não o estejamos também de seres invisíveis.") (197)

Segundo o pastor, católicos e protestantes ensinam isso.

Vejamos mais interessantes asserções **"católico-protestantes"**:

Nas conclusões de uma de suas últimas obras — "A Morte e seu Mistério", apresenta o astrônomo as seguintes afirmativas:

"Hoje nenhum homem instruído admite mais a ressurreição dos corpos." (198)

"Quanto à lenda das penas eternas do inferno... dificilmente podemos compreender o arrazoado humano nesse ensino da Igreja.

"Eis, entretanto, o que os crentes do Bom Deus o julgaram capaz de fazer, criando almas humanas. Que observação **e que blasfêmia!**

"Corpos humanos ressuscitados! A **ideia é insustentável!" (199)**

Teríamos grande curiosidade em ver onde ensinaram estas verdades os católicos e os protestantes.

E mais esta outra:

"Não se pode compreender a vida eterna, sem o princípio da reencarnação." (200)

Já é grande prazer o sabermos "que todos os católicos, todos os protestantes, todos os espiritualistas", têm

---

(197 **Flammarion** — "Les Forces Naturelles Inconnues". 1921, I, págs. 112, 259.

(198-199) **Camille Flammarion** — "La Mort et son mystère", 3.º vol. 1.ª ed., págs. 427, 428.

(200) **Flammarion** — Obr. cit., pág. 435.

a reencarnação como um princípio, sem o qual não se pode compreender a vida eterna!... Ora ainda bem!

Agora o padre.

O reverendo Ugarte, com a admiração da pastoral que o transcreve, assegura:

"Flammarion reconhece que se podem formular muitas objeções contra essas experiências. Porque esse gabinete escuro? Pergunta."

A frase citada, por si só, nada vale. Que, sobre experiências, podem formular-se grande número de perguntas e objeções, toda a gente sabe. As objeções e as perguntas existem sempre no fraco entendimento humano. O que valeria saber é se aquelas têm valor e se estas não têm respostas. E ainda mesmo que pudessem ser levantadas umas e outras, em que invalidariam o formidável conjunto de fatos que formam o pedestal da Doutrina Espírita?

Que responda o próprio Flammarion:

"A menos que tenhamos de recusar todo o testemunho humano, não é possível duvidar das narrações devidamente fiscalizadas. Ora, não há muitos fatos, históricos ou científicos, que sejam afirmados por tão grande número de testemunhas. Supor que todas essas pessoas tenham sido enganadas, alucinadas ou vítimas da imaginação é uma hipótese absolutamente insustentável." (201)

Vejamos mais:

"As deduções da existência da alma além do túmulo e a sua ação, para mim são tanto mais certas, quanto mais tempo pus eu a examiná-las, a verificá-las, a adotá-las. Isso foi do ano de 1861 a 1923, há mais de sessenta anos." (202)

A quatro conclusões, já anteriormente estabelecidas, o astrônomo, depois daqueles sessenta anos de estudos, acrescenta uma quinta:

"A alma sobrevive ao organismo físico e pode manifestar-se após a morte.

Demonstramos experimentalmente que as transmissões entre os Espíritos dos vivos foram verificadas com certeza, em todas as distâncias, e concluímos que a telepatia é tão certa quanto a existência de Napoleão, de Sírius, ou do oxigênio. *Pois bem, essa transmissão telepática existe igualmente entre as almas dos defuntos e as dos vivos.*" (203)

E no final da obra:

"Quaisquer que sejam os complementos que possam ser acrescentados às observações precedentes, *possuímos dora em diante a certeza científica da sobrevivência* da alma além do último suspiro terrestre. A alma é independente do organismo material e continua a viver depois da morte." (204)

E' assim que se manifesta aquele que arvoraram como sustentáculo da campanha anti-espírita.

Verificado que também não é justa a inscrição do nome do grande astrônomo nas páginas da pastoral, vamos a uma última citação, com que daremos por finda a rastolhada.

Diz a Carta, transcrevendo, não mais o padre Ugarte, mas o "Estado de São Paulo", de 26 de Maio de 1931:

"Sabe-se que Conan Doyle foi convertido ao Espiritismo pelo médium Nino Pecoraro. Esse médium era o mais procurado de Nova York e um dos mais célebres do mundo. Pois bem, ele acaba de mostrar, em espetáculo público, que todo seu espiritismo não passava de mistificação. Durante onze anos guiou-se ele pelo princípio de que a maioria do povo tem vontade de ser iludida. No espetáculo em que fêz essas declarações, para o qual convocou jornalistas e sábios, expôs os seus truques e narrou o mecanismo das mãos flutuantes e das mensagens de além-túmulo..."

Pareceria que, para assumir a paternidade de tal notícia, deveria o Sr. Bispo estar muito a par do fato, muito seguro da informação. Porque se nos afigura que uma pastoral é documento de muita responsabilidade;

(201-204) **Camille Flammarion — "Après la Mort", páginas 403, 395, 387, 442.**

porque a palavra de um bispo não pode deixar de ser de extraordinário peso; porque as afirmativas de tão alto dignitário não devem ser inquinadas de falsas. Um bispo nunca poderia veicular mentiras.

Entretanto, quais seriam as fontes a que Sua Reverendíssima recorreu para saber o que havia de verdade naquela notícia?

Não se sabe. Ninguém sabe como pôde averiguar o Sr. Bispo a autenticidade do que ali se dizia.

O fato é que foi ver aquela nota e estampá-la, sem mais demora, num documento sagrado. E hoje corre o Brasil, como verdade irrefragável, ao lado das citações de Flammarion, de Hyslop, de Myers, de Ochorowicz, de Rochas, de Hodgson — que Conan Doyle foi convertido pelo Pecoraro; que o dito Pecoraro é um dos mais célebres médiuns do mundo; que Pecoraro reuniu os sábios e os publicistas para mostrar mistificações; que Pecoraro fêz ver como era o mecanismo das mãos flutuantes, das mensagens...

Tais informações — é ainda a pastoral que o diz — são de importância incalculável para o desmascaramento do Espiritismo, e, de tal ordem, que o transcritor se dispensou de maiores comentários.

Pois façamo-los nós, para dizer que, provàvelmente, Conan Doyle não teve relações íntimas com esse médium que o converteu; que não consta dos relatos dos grandes experimentadores e das suas experiências, como dos livros dos psiquistas, como dos trabalhos espíritas, como das enciclopédias e dicionários que tratam especialmente do assunto, **o nome desse médium célebre**; que, finalmente, o "famoso médium" desmentiu aquela história toda.

Como sucede nesse gênero de contos, as versões nem sempre se acomodam.

O veio originário do caso foi uma folha americana — "Science and Invention".

Diga-se, de passagem, que surgiu esse caso quando o apreciado novelista inglês — o autor de Sherlock —, já havia falecido. Não estava mais presente, para desembrulhar o enredo, mas lady Conan Doyle veio imediatamente à imprensa e fêz a seguinte declaração:

"Nada há de verdade nesta fantástica história. Não tenho estado na América há muitos anos e nunca ouvi falar de Pecoraro." (205)

Interessante, esta novela da conversão de Conan Doyle pelo Pecoraro, quando a consorte do grande escritor, que o acompanhou em toda a sua atividade de psiquista, que o seguiu nas suas viagens, que esteve a seu lado em todo o movimento de propaganda, que foi a companheira assídua em seus estudos e trabalhos mediúnicos, nunca ouviu falar no nome daquele "grande médium".

Que lady Conan Doyle sempre teve parte intensa nos trabalhos espiritualistas do esposo, confessa-o ele próprio. Num dos seus livros, em que faz interessante relatório de suas excursões de propaganda, dedica à consorte a seguinte página:

"To my wife. This memorial of a journey which her help and presence changed from a duty to a pleasure."

"À minha esposa ofereço este memorial de uma jornada, em que seu auxílio e presença transformaram um dever em deleite." (206)

Aliás, estão aí, ao alcance de todos, as obras de Conan Doyle onde ele narra o início de sua carreira como psiquista e lá não se ouve falar na sua conversão por Pecoraro.

Na "Nova Revelação" há um capítulo inteiro, que ocupa quase a metade do livro, com o título "The search". São as suas primeiras investigações.

Céptico, ele encarava os fenômenos psíquicos como a maior tolice da Terra, e, tendo sabido da condenação de médiuns fraudulentos, admirava-se de que pudesse um homem são acreditar em coisas tais. **"I had always regarded the subject as the greatest nonsense upon earth, and I had read of the conviction of fraudulent mediums**

---

(205) "The International Psychic Gazette", n.º 212, vol. 19, Maio de 1931.

(206) **Sir Artur Conan Doyle** — "The Wanderings of a Spiritualist". 1922.

and wondered how any sane man could believe such things." (207)

Lendo a obra do juiz Edmonds, parecia-lhe aquilo um exemplo de como um homem prático e notável poderia ter uma fraqueza no cérebro. Foi nestas disposições de espírito que ele encetou as suas experiências, entre amigos íntimos, com uma pequena mesa de três pés, e, como a mesa se movesse, ele atribuía esses movimentos a gracejo dos amigos, e os amigos, a gracejo dele. Mais tarde, leu Crookes, Wallace, Flammarion; foi continuando as suas indagações, até que chegou à certeza do fenômeno e da comunicabilidade dos Espíritos. Mas do Pecoraro, nada!

Deste "famoso médium", cujo nome aparecia, raras vezes, nesta ou naquela revista, dizia Arthur Ford, eclesiástico e investigador psíquico:

> "Conheci várias pessoas que assistiram às suas sessões, e todas me declararam que a sua mediunidade era a coisa mais pueril e estúpida que tinham testemunhado." (208)

Tal era o juízo que faziam desse médium — "um dos mais célebres do mundo" — os experimentadores americanos, seus patrícios.

O melhor de tudo, porém, é que ele desmentiu aquelas tais declarações que o transformaram, rápida e maravilhosamente, no "médium mais procurado de Nova York", e numa celebridade mundial.

Em notário público, a 18 de Abril de 1931, declarou "que haviam desnaturado as suas palavras; que todos lhe falavam ao mesmo tempo, o que muito o confundia; que ele jamais se declarara mistificador; que os fenômenos produzidos por sua mediunidade eram reais; que estava farto de ver Espíritos, os quais lhe enxameavam o quarto. Quando ele dizia que nunca viu um Espírito genuíno, queria dizer que nunca os tinha visto pela me-

---

(207) **Conan Doyle** — "The New Revelation". Londres, 10.ª, pág. 19.

(208) "The International Psychic Gazette", num. cit. "Light", Londres, 16 de Maio de 1931.

diunidade de outrem." São suas palavras textuais, deixadas no cartório: **"Furthermore, when I was made to say — apparently — that I never saw a genuine spirit, I meant that I had never seen a materialization poduced through anyone's mediumship. As far as seing spirits by myself is concerned, I see them every night in my own apartment, plenty of them."** (209)

Eis a que fica reduzida a informação trazida a lume, entre nós, pelo "Estado de São Paulo", e que, para o honrado Sr. Bispo, "foi de importância incalculável no desmascaramento do Espiritismo".

O que é mais curioso é que alguns eclesiásticos, entre eles incluído o próprio D. Frei Luís Maria de Sant'Ana, admitem que haja fenômenos reais. E se há esses fenômenos, de nada adiantariam os desmascaramentos, por mais "incalculável" que fôsse a sua importância.

Verdade é que muitos apelam "in extremis", para o diabo; mas não é a causa que se discute, nem nós pretendemos discuti-la agora, mesmo porque aquela temível personalidade já merece algum descanso. O ponto que se ventila é saber se existe ou não o fenômeno.

Que ele existe já o admitem sacerdotes da mais justa nomeada.

Traduzida pelo Sr. Lúcio dos Santos há uma obra alemã, a que ele deu o título de "O Espiritismo". Ela veio à luz com todos os sacramentos. Possui o **nihil obstat** do censor eclesiástico e o **imprimatur** do Arcebispo de Belo Horizonte.

Acha-se referta de fatos espíritas, cuja autoria, é bem de ver, pertence ao "Capeta". Entre os mencionados episódios, cada qual cheio de interessantes peripécias, e **das quais, naturalmente, só o demo seria capaz,** há uma narração autêntica, diz o autor, enviada ao redator da revista "Roma", por Monsenhor Delalle, bispo titular de Natal, na África, narração que — é ainda o autor quem diz — excitou grande interesse nos meios eclesiásticos e profanos.

---

(209) "The Banner of Life", Boston, 2 de Maio de 1931.

Trata-se de duas moças, segundo o bispo, possessas do demônio. Caso outras pessoas pensem diferentemente, quanto ao demônio, isso não importa, diz o tolerante e indulgente bispo. O ponto é que não se duvide do fato. O diretor de certa missão dirigida por Trapistas escrevera ao bispo, narrando a possessão das moças, mas este preferia atribuir os fenômenos ao histerismo.

Sem acreditar na possessão, e até mesmo zombando dela, chega o bispo e outros companheiros a S. Miguel, onde estavam as possessas, Germana e Mônica.

Começaram os fenômenos; o interessante é que o demônio se dizia Espírito, tanto que perguntava ao padre, quando este, cansado das exortações, dos conselhos, da prece e da água benta, resolveu recorrer ao **argumentum baculinum**: — Pensas que podes bater em um Espírito?

As moças levantavam pesos que dois homens juntos dificilmente podiam mover; compreendiam e falavam latim; descobriam os mais secretos pecados das alunas; elevavam-se nos ares, apesar dos esforços para detê-las; ficavam com as vestes em chamas; às vezes, as chamas apareciam em lugares outros. Transmudava-se-lhes a expressão fisionômica, descompunham o bispo e os padres. Afinal, depois de muito esforço, o "tinhoso" resolveu abandonar as presas. **Dioar** fugiu, diz o bispo.

O autor do livro, comentando o episódio, acrescenta: "A narração do bispo deixa bem claro que sòmente uma **inteligência externa** às duas mocinhas poderia produzir tais fenômenos." E mais:

"Conhecemos muito pouco os vários pontos de contacto do mundo visível com o invisível. Estive, no correr dos anos, em contacto pessoal com casos dessa espécie e estou convencido de que são mais frequentes do que se pensa. E' o medo diante da zombaria dos ignorantes ou da ciência dos incrédulos que impõe silêncio às vítimas destes ataques."

Veja-se bem, agora, o que declara ainda o autor, com o **placet** da Igreja:

"Para o leitor, amigo da verdade, haverá interesse em

conhecer o que a Igreja Católica tem considerado, *em todos os tempos,* como sinais característicos da possessão:

1. O conhecimento de línguas sem aprendizado.
2. O emprego inteligente de tais línguas.
3. O conhecimento do futuro.
4. O conhecimento a distância.
5. A manifestação de força física anormal.
6. O ódio às pessoas de santidade.
7. A tendência ao suicídio." (210)

Aí estão arrolados, na descrição e nas conclusões, os fenômenos psíquicos que o Sr. Bispo de Uberaba se esforça por demonstrar fraudulentos.

Ali vemos a incorporação, a levitação, a diminuição de peso, a xenoglossia, a previsão, a lucidez mediúnica, a criptestesia, a obsessão...

Tudo aquilo que o Sr. Bispo quer desmentir é isso o que a Igreja Católica tem considerado, **em todos os tempos,** como sinais característicos da possessão.

Negando os fatos psíquicos, pleiteando-lhes os desmascaramentos, dando mão forte ao padre Ugarte, o que o digno prelado nega é aquilo que, **em todos os tempos,** tem sido reconhecido pela Igreja Católica.

Não importa donde venha a referência. E' um absurdo negar a experiência de A, para aceitar a de B. Não entra na cabeça de nenhuma pessoa sensata que tais ou quais fatos produzidos perante o bispo de Natal, ou à frente de três outros padres, sejam absolutamente autênticos; mas que os mesmos fatos, presenciados por William Crookes ou Camilo Flammarion, devam ser indubitàvelmente falsos.

Pode ser uma distinção muito canônica, mas, positivamente, ilógica.

Outro exemplo colhido no mesmo livro, e este damo-lo na íntegra:

"Um sacerdote da Austrália, com o qual há anos estive em relações, em Roma, e que não é homem crédulo, contou-me como chegou a convencer-se da intervenção do mau Espírito, no mundo. Ouvia de amigos que, em certa casa, depois que a família se entregava ao repouso, eram ouvidos passos, tosses e outros ruídos. O meu informante não acreditava, a princípio, esperando uma explicação natural àqueles fatos. Como, porém, lhe afirmassem que não era esse o caso, benzeu a casa, com licença do bispo. Isso, porém, foi em vão. Continuaram os ruídos. Nessa ocasião, uma mocinha surda, muda e cega, foi enviada à cidade, para que pudesse ser internada em estabelecimento adequado. Como se tratava de uma noite só e como sobre aquela moça nenhuma influência podiam ter as manifestações observadas na casa, puseram-na a dormir no quarto, onde se ouviam os ruídos. Alta noite, saía do quarto aquela moça, em grande excitação e dando mostras de enorme pavor." (211)

Por não alongar excessivamente as nossas citas, deixemos de parte grande número de exemplos, e iremos, para terminar, valer-nos de valioso testemunho, por se tratar de luminar da Igreja, vulto de destaque nas letras sacras, um dos mais acatados membros da cleresia francesa. Assim fala o padre Mainage:

"Pode-se conceder um lugar no estudo filosófico do grande problema da sobrevivência e da imortalidade da alma a esse conjunto de fatos singulares, agrupados hoje sob a denominação de Metapsíquica." (212)

Na Religião Espírita:

"Se, pois, sempre se acreditou e se hoje se crê ainda na existência desses fenômenos estranhos é porque, verossìmilmente, houve e há alguma coisa.

Se considerarmos as linhas de conjunto que desenham, no mundo, a história secular do maravilhoso, já não temos o direito de contestar, para além da fantasia e do sonho, um fundo da verdade positiva.

"Nem tudo é ilusão nas experiências que descrevem as obras de Rochas sobre a "Exteriorização da Sensibilidade e da Motricidade "e nas "Vidas Sucessivas", nos milhares de fatos acumulados por Myers, autor de um livro sobre a personalidade humana ou editados pelos membros da *S. for P.R.* Enfim, a menos que caiamos num hipercriticismo ridículo, não poderemos deixar de acreditar nos relatórios de pessoas

---

(210-211) **J. Godfrei Raupert** — "O Espiritismo". Tradução e adaptação de Lúcio José dos Santos. 1930.

(212) **Père Mainage** — Disc. no Instituto Católico de Paris.

cujo equilíbrio mental, honestidade e inteligência estão fora de contestação.

Padre e religioso sucedeu-me — que me perdoem, por minha vez, trazer o meu modesto tributo — entrar em contacto com algumas destas pessoas. E confesso simplesmente, e sem esperar o veredito da Ciência, acreditar na objetividade dos fenômenos espíritas. Há mesas que giram e falam. (213)

A escrita automática não é uma invenção de imaginação em delírio. As aparições não são todas o resultado de alucinações e as materializações parciais obtidas pelo Dr. Geley não são puras quimeras. (214)

Não poderá considerar-se uma data mais ou menos próxima a em que os médiuns obtenham, com o auxílio dos seus singulares poderes, efeitos comparáveis aos que nós classificamos milagres? Eles já fazem mover objetos a distância, desdobram-se, lêem no pensamento dos homens. Que não farão quando suas admiráveis qualidades tiverem sido convenientemente desenvolvidas?" (215)

No "A Imortalidade":

"Fica aberto o campo das investigações. E a minha única intenção era mostrar que, com efeito, fica aberto a investigações importantes e, temos de o dizer, científicas. Com a condição de não encetar o exame dos fenômenos com um *parti pris* de negação brutal e sem ser, de nenhum modo, obrigado a partilhar o ponto de vista espírita, pode-se conceder um lugar no estudo filosófico do grande problema da sobrevivência e da imortalidade da alma a este conjunto de fatos singulares, agrupados hoje sob o termo de Metapsíquica." (216)

Mas, enfim, não precisamos de maior e melhor depoente que o próprio Sr. Bispo, quando declara:

"Sem negarmos, todavia, nem pôr em dúvida o que o Espiritismo nos oferece de real e genuíno nos seus fenômenos..." (217)

(213-215) **Père Mainage** — La Réligion Spirite", págs. 81, 86, 186.

(216) **Père Mainage** — "L'Immortalité".

(217) **D. Fr. Luiz M. de Sant'Anna** — "Quarta Carta Pastoral".

Mas se o Espiritismo tem alguma coisa de real e genuíno, a que vêm as falsas? Seria pueril supor que estas destroem aquelas. Nunca a autenticidade poderá ser empanada pelo embuste. A mentira não destruirá a verdade. A existência dos ladrões não significa a proscrição da honestidade; porque haja alguém que engane, não se segue que já não tenhamos no que confiar. A imitação dos raios da Lua não nos põe em dúvida sobre as noites de luar.

Se um velhaco se arvorou em médium, e dez, e mil outros o imitaram, não se deverá concluir, a menos que se faça tábua rasa da história e da lógica, que todos os médiuns são velhacos e que devamos ter como suspeito, inexato, mentiroso, tudo que de autêntico, certo e verdadeiro registam os anais do Espiritismo.

Aliás é o próprio Sr. Bispo que pensa conosco, quando acha que o Espiritismo oferece fenômenos reais e genuínos.

Afinal de contas, a tática de negar os fatos se nos afigura inteiramente inútil, pelo menos por parte dos senhores sacerdotes, desde que eles acabam por conceder-lhes existência.

Floretearem, descobrindo-se por essa forma, é oferecerem o peito a todas as rebatidas.

Muito é de louvar a franqueza, ou melhor, a honestidade dos que confessam que os fenômenos existem; o estranhável é o tempo que perdem no se ocuparem dos que não são reais.

*
* *

Se a Igreja se mantém no propósito de fazer guerra, sem trégua, ao Espiritismo, só lhe cabe, mesmo, um recurso: — o de ficar firme no demônio.

Não fora o receio de perpetrar um trocadilho ou molestar tão nobre instituição, diríamos que, obstinando-se naquela guerra, só no diabo estará a salvação da Igreja.

AS SUPOSTAS FRAUDES DOS PRINCIPAIS MÉDIUNS

Ao tratar dos principais médiuns ou dos casos clássicos do Espiritismo, os nossos antagonistas cóndensam, nos seus escritos, ou nos seus trabalhos, tudo o que se vem dizendo contra os fatos psíquicos.

Dir-se-ia, algumas vezes, que o autor está expondo ùnicamente doutrinas e teorias. Há mestres que se apresentam como expositores imparciais. Mas, numa espécie de paralipse, vão dizendo aquilo que parecem não querer dizer, e lá surgem as fraudes de Eusápia Paladino, as dos médiuns que trabalharam com Crookes, Dunglas Home e Miss Florence Cook, as das experiências de Richet, com Martha Beraud, as do caso Guzik, desmascarado por uma comissão da Sorbona, além de outros menores.

*
* *

O grande manancial onde se vão inspirar os que têm escrito contra o Espiritismo é, em via de regra, uns livros do Sr. Heuzé, que foi ciscar, no vasto mealheiro das fraudes universais, umas tantas em que os espertalhões preferiram o terreno do Espiritismo para campo de suas manobras. A estas fraudes autênticas, o autor adicionou umas fraudes hipotéticas ou absolutamente falsas; misturou tudo e apresentou o resultado, dando assim ideia de que os fenômenos psíquicos são consequência de uma fenomenal fraudulência; encartou entre as opiniões de alguns estudiosos outras de nenhum valor; emprestou a uns tantos cientistas conceitos que eles nunca emitiram; arranjou umas "confissões" que os médiuns nunca fizeram e aí temos a Castália onde se vai abeberar de conhecimentos a literatura dos nossos doutos patrícios.

Para avaliar-se a "sem cerimônia" do Sr. Heuzé, basta ver um inquérito a que ele procedeu em pessoa. Quando o apresentou, de público, os sábios, os literatos, os interrogados de todas as categorias ficaram atônitos, por verem, em letra de forma, ideias que nunca expenderam.

Um dos sábios, Flammarion, foi obrigado a publicar um artigo com o título "Une mise au point", desmentindo as asserções de Heuzé, a seu respeito; disse ele que "o leão de Nemeia caindo da Lua não ficaria mais surpreendido do que ele, com as opiniões que o entrevistador lhe emprestara". (218)

Gustavo Geley, outro entrevistado, em carta publicada na imprensa declarou que Heuzé lhe havia desnaturado o pensamento. (219)

René Sudre, metapsiquista, aliás, tão do sabor dos adversários do Espiritismo, tratando do referido inquérito, isto é, dessa fonte de ataque onde se vão todos inspirar, declara:

"Trata-se de um inquérito sobre o estado presente da ciência psíquica? Não, afirmamo-lo com toda a franqueza. Se houve imparcialidade na escolha dos entrevistados, ela não existiu no registo das respostas, visto que provocaram retificações importantes; e, ainda menos imparciais foram os comentários expendidos." (220)

Outro autor metapsiquista, insuspeito aos anti-espíritas, o Sr. Charles Quartier, assim se expressa:

"O Sr. Heuzé nos aparece um pouco como esses órgãos que, nos corpos vivos, resultam da necessidade de uma função. Podemos censurá-lo por haver ferido além do necessário, por haver generalizado indevidamente, por se haver embriagado com o odor da pólvora, por haver atingido com seus golpes pessoas e fenômenos inocentes. Ele ultrapassou a medida e por vezes com grande excesso." (221)

Pois é deste Sr. Heuzé que se valem os doutos patrícios na escalada às questões psíquicas.

---

(218) "Revue Spirite", pág. 262, 1921.
(219) "L'Opinion", 1 de Outubro de 1921.
(220) **René Sudre** — "Revue Métapsychique", 1922.
(221) **Ch. Quartier** — "En Marge de la Métapsychique", "Rev. Mét.", 1926, pág. 489.

O Sr. Heuzé, mestre em inverdades e falsas informações, é quem vem dizer a última palavra sobre a fraude dos médiuns. Temos Vidocq armado em policial. O fantasista passou a ser o esteio dos homens da Ciência; os livros do ilusionista tornaram-se o **vade-mecum** dos homens da Igreja e da Ciência. O farol de toda essa gente é o Sr. Paul Heuzé!!...

EUSÁPIA PALADINO

Eusápia Paladino foi uma das melhores médiuns até hoje conhecidas. Sabendo disso, procuram os opositores desmoralizar-lhe a mediunidade, apontando-a como hábil fraudadora.

Em geral, todos eles se apoiam mais ou menos em Heuzé. Abrimos o livro de um padre, e lemos:

> "Diz o sábio Branly: — "Citam-se a mim, como tendo verificado os fatos e reproduzem a fotografia! Na realidade eu nada verifiquei!" (222)

Vai-se ver onde está isto, lá se encontra em Heuzé, no "Les Morts Vivent-ils?".

O prestidigitador Pickman diz que nunca vira em sua carreira um basbaque igual a Lombroso; qualquer farsante lhe contava uma história e, por isso, ele acreditava nos fantasmas de Eusápia. Vai-se ver a quem ele disse isto: — a Heuzé!

Provàvelmente os testemunhos de Branly e Pickman deviam ser iguais aos de Flammarion e Geley.

Na maioria dos casos citam-se, quando querem mostrar as fraudes de Eusápia, uns tantos autores que nunca disseram o que lhes atribuem. Outras vezes, o a que eles chamam fraude são os movimentos inconscientes da médium ou os fenômenos ectoplásmicos que os inespertos não compreendem, como o célebre "fio de linha".

E a propósito: vêem-se a todo instante apontados, como testemunhos dos embustes da mediunidade, profes-

---

(222) Justino Mendes — Médiuns e Fakirs.

sores e cientistas como Krebs, Branly, d'Arsonval, Pierre Curie, embora não se saiba nem se diga onde teriam eles emitido as suas opiniões. E' de crer que elas fizessem parte do inquérito de Heuzé.

Flammarion, entretanto, declara:

"Os sábios franceses estão um tanto em atraso com relação aos seus vizinhos, mas já apontámos alguns no decorrer desta obra. Hoje podemos acrescentar os nomes do saudoso Pierre Curie, do professor d'Arsonval, de Branly, de Krebs, conforme o relatório publicado pelo Instituto Geral Psicológico, em Dezembro de 1908, sobre as experiências com Eusápia, de 1905 a 1907.

Em uma conferência realizada na Festa do Sol, a 22 de Junho de 1907, d'Arsonval declarou pùblicamente, a propósito desta obra, que estes fenômenos estarão d'ora em diante inscritos no quadro da ciência experimental." (223)

Pois d'Arsonval e os demais estão inscritos, pelos oponentes ao Espiritismo, entre os seus grandes correligionários.

Notável catedrático, contestando os fenômenos de Eusápia, a ela se referia nestes termos:

"Na Inglaterra, o mais afamado médium das materializações, Eusápia Paladino, tantas intrujices praticou que a Sociedade de Pesquisas Psíquicas não quis registar a resenha de suas experiências e resolveu não tomar conhecimento dos trabalhos dela, como não toma dos que fazem outras pessoas dedicadas a uma profissão desonesta."

Esse caso da Sociedade anda na pena de toda a gente. O que é de lamentar, apenas, é que parassem aí. Com certeza, os historiadores desse conto deixaram-se ficar pelo ano de 1895, em que membros da Sociedade de Pesquisas Psíquicas de Londres acusaram Eusápia de fraude. Caminhassem os narradores um pouco mais e veriam, em 1908, a mesma Sociedade, pela boca e pela pena de três dos seus membros, por ela nomeados espe-

(223) Camille Flammarion — "Les Forces Naturelles Inconnues", t. II, pág. 485, ed. 1921.

cialmente para verificarem os fenômenos com a médium, levantarem o labéu, reconhecendo-os reais.

Esses auditores eram Carrington, prestidigitador e desmascarador de médiuns; Bagaly, que julgava anteriormente fraudulentos todos os fatos espíritas, e Fielding, que partilhava da incredulidade dos colegas.

A comissão parecia escolhida a dedo, para fulminar a médium, e, com surpresa geral, reabilitou-a.

Ainda mesmo que a médium tivesse fraudado alguma vez, conscientemente, o que é difícil de provar, isso não destruiria os fenômenos observados em impecáveis condições de fiscalização, com extraordinário número de experimentadores, entre os quais os mais afamados cientistas europeus.

Vejamo-lo.

Em Fevereiro de 1891, Lombroso, até então francamente hostil a assuntos psíquicos, resolveu, depois de muito instado, vir examinar, em Nápoles, Eusápia Paladino.

Damos aqui, resumidamente, o relato das sessões, publicado por Ciolfi:

"Lombroso começou por examinar a médium com cuidado, depois do que tomámos lugar em torno a uma mesa de jogo; Paladino ficou a uma extremidade; à sua esquerda, Lombroso e Gigli; eu, em frente à médium, entre Gigli e Vizioli; vinham, em seguida, Ascenci e Tamburini.

Duas velas sobre um móvel iluminavam o aposento. Tamburini e Lombroso seguravam as mãos da médium; seus joelhos tocavam os dela, longe dos pés da mesa, e ela tinha os pés sob os deles.

A mesa pôs-se a mover, lentamente a princípio, o que é explicável pelo cepticismo, senão pelo declarado espírito de oposição dos que compunham o círculo pela primeira vez; depois, pouco a pouco, os movimentos aumentaram de intensidade.

Lombroso verificou o soerguimento da mesa e avaliou em cinco a seis quilogramas a resistência à pressão que foi preciso exercer com as mãos para fazê-lo cessar.

Esse fenômeno de um corpo pesado, que se conserva suspenso no ar, fora de seu centro de gravidade e que resiste a uma pressão de cinco a seis quilogramas, surpreendeu e espantou muito os doutos assistentes, que o atribuíram à ação de uma força magnética desconhecida.

A meu pedido, pancadas e arranhaduras se fizeram ouvir na mesa; daí, nova causa de espanto. Pediu-se a extinção das velas para verificar-se se a intensidade dos ruídos cresceria. Em uma obscuridade que não impedia a mais atenta vigilância, começou-se por ouvir pancadas violentas no meio da mesa; depois, uma sineta colocada em uma mesinha de um pé, a um metro à esquerda da médium, elevou-se no espaço, soou acima da cabeça dos assistentes, descreveu um círculo em torno de nossa mesa, onde acabou por pousar.

Em meio às expressões de admiração, Lombroso manifestou o vivo desejo de ver mais uma vez esse fato extraordinário. A sineta, então, recomeçou a soar e refez a volta da mesa, onde batia com fortes pancadas, a tal ponto que Ascenci, entre o espanto e o receio de ficar com os dedos quebrados (a sineta pesava bem trezentas gramas), tratou de levantar-se e assentar-se num sofá atrás de mim.

Eu não deixei de afirmar-lhe que lidávamos com uma força inteligente e que por isso nada havia que temer. Ascenci, não obstante, recusou voltar à mesa.

Extinta a luz, as experiências recomeçaram.

Enquanto, por pedido geral, a sineta retomava o seu tintilar e seus misteriosos circuitos aéreos, Ascenci, a conselho de Tamburini e à nossa revelia, foi, sem ser percebido, colocar-se em pé, à direita da médium e acendeu, de repente, um fósforo, podendo ver perfeitamente, como declarou, a sineta no ar, em vibração, cair bruscamente a dois metros atrás da Paladino.

Eu não tentarei pintar a admiração da douta assistência.

Depois, foi uma pequena, mas pesada mesa, que se pôs em movimento, aquela em que estava a sineta. Esse pequeno móvel abalroava a cadeira de Lombroso e tentava içar-se até nossa mesa.

À vista desse novo fenômeno, Vizioli ficou em pé, entre a pequena mesa e a Paladino; segurou a mesinha com mãos ambas e procurou retê-la, mas, a despeito dos seus esforços, ela desprendeu-se e foi cair longe."

Como Lombroso julgasse muito importante os vários fatos verificados nessa sessão, onde outros fenômenos, ainda, foram presenceados, adiou a sua partida de Nápoles, e uma segunda sessão foi realizada, que Ciolfi também descreve:

"Assistiram a ela Lombroso, Tamburini, Ascensi, os professores Gigli, Limoncelli, Vizioli, Bianchi, diretor do hospício dos alienados, e o Dr. Penta.

Após o exame do aposento, a Sra. Paladino assentou-se à mesa; depois, a seu pedido, ligaram-lhe o corpo e os pés à cadeira.

Ascensi e Bianchi recusaram tomar parte no círculo; não me importei com isso, certo de que se tratava de premeditada combinação para redobrar a vigilância.

Vários fenômenos sobrevindo com longos intervalos, na obscuridade, e no meio do ruído das conversas, não foram tomados a sério; viam-se neles efeitos do acaso ou gracejo de alguns dos assistentes.

Enquanto estavam todos na expectativa, discutindo o valor dos fenômenos, ouviu-se o ruído da queda de um objeto. Feita a luz encontrou-se a nossos pés uma trombeta que haviam colocado na mesinha.

Esse fato, pelo qual muito riram Bianchi e Ascensi, surpreendeu os espectadores e fêz com que eles prestassem mais atenção.

Já era tarde. A pouca homogeneidade do círculo impedia os fenômenos. Nestas condições, achei melhor levantar a sessão e acender as velas.

Enquanto Limoncelli e Vizioli se despediam, estando a médium ainda sentada e amarrada, e nós em torno da mesa, ouvimos ruídos na alcova, vimos as cortinas que a fechavam fortemente agitadas, e a mesinha avançar lentamente para a Paladino, sempre sentada e amarrada.

Ao aspecto desse fenômeno estranho, inesperado *e em plena luz,* houve um assombro, uma admiração geral. Bianchi e um sobrinho de Lombroso, céptico, precipitaram-se para a alcova, com a ideia de que uma pessoa, aí oculta, produzisse o movimento das cortinas e da mesinha. Seu espanto não teve limites quando verificaram que ali não havia ninguém,e que, diante dos olhos, a mesinha continuava a deslizar no assoalho, na direção da médium.

Não foi só: o Prof. Lombroso fêz notar que, sobre a mesinha em movimento, um pires, com farinha, estava voltado de boca para baixo, sem que da farinha se escapasse a menor parcela; nenhum prestidigitador seria capaz de executar semelhante ligeireza.

Em presença desses fenômenos, Bianchi, obedecendo ao amor da verdade, declarou que foi ele que, por gracejo, combinou e executou a queda da trombeta, mas que, diante de semelhantes fatos, não podia mais negar e iria estudá-los para lhes descobrir a causa.

O Prof. Lombroso censurou aquele procedimento e observou que, entre professores reunidos para fazerem estudos e pesquisas científicas em comum, semelhantes mistificações da parte de um colega só podiam prejudicar o respeito pela Ciência.

Ele obrigou-se a assistir a novas reuniões, por ocasião de sua volta a Nápoles." (224)

Não há dúvida de que, quando os adversários do Espiritismo tratam de ciências psíquicas, em regra, o primeiro nome que vem à baila é o da médium citada; e eles a apresentam para mostrar como enganava ela os sábios que a examinaram.

Entretanto, Richet, que teve a oportunidade de apreciar-lhe os dons mediúnicos, assim se expressa:

"Eusápia Paladino foi, por todos os sábios da Europa, centenas de vezes estudada, analisada; Schiaparelli, Porro, Aksakof, G. Finzi, A. e Frederico Myers, A. Lodge. E. Feilding, A. de Rochas, Ochorowicz, J. Maxwell, A. de Schrenck-Notzing, C. Flammarion, Botazzi, Morselli, Foa, Sabatier, A. Watteville, A. de Gramont, Carrington e muitos outros verificaram, alternadamente, a realidade dos movimentos sem contacto e das materializações.

Ainda que não houvesse, como médium, senão Eusápia Paladino no mundo, seria o bastante para que a telecinesia e a ectoplasmia fôssem cientìficamente estabelecidas." (225)

Além dos nomes citados pelo Prof. Richet, poderemos encontrar muitos outros na obra de Morselli, intitulada "Psicologia e Espiritismo", no capítulo "Bibliografia paladìniana".

Todos aqueles notáveis professores, mestres em várias ciências e filhos de vários países, são contestes na afirmativa de que não era admissível a fraude nos fenômenos que eles observaram.

---

(224) **Ciolfi** — "Relazione sulle experienze di Nappoli". "Tribuna Giudiciaria", 26, Julho. 1891. "Annales des Sciences Psychiques". 1891, págs. 322 a 326.

(225) **Richet** — "Traité de Métapsychique, pág. 39, 2.ª ed.

"Um dos mais característicos, obtidos por Eusápia — é ainda Richet quem refere —, e que arrasta à mais absoluta convicção, é o da mão do fantasma que se funde na mão do observador que a segura.

Este fato probante, testemunhado por Crookes com relação ao Espírito de Katie King, deu-se várias vezes com Eusápia e vários foram os experimentadores que o verificaram.

Damiani — refere Gabriel Delanne — viu desaparecer nas suas as mãos fluídicas do Espírito John. O médium era Eusápia. (226)

Morselli, na sua obra citada, descrevendo o fenômeno, refere:

"Se seguramos a mão do fantasma, percebemos-lhe a pele, a tepidez, os dedos móveis, e temos a impressão de que a mão se derrete." (227)

A médium era Eusápia

Venzano descreve:

"Os membros (do fantasma) são inteiramente análogos aos membros humanos, mas se apagam se os apertamos, sem deixar traços."

O médium era Eusápia.

Refere, ainda, Richet:

"Bottazzi, o sábio fisiologista, cujo testemunho é o de um observador habituado à mais delicada análise de todas as condições experimentais, diz que certa mão pousou em sua cabeça e se desfez, apagou-se quando ele a segurou." (228)

O médium era Eusápia.

Barjini, jornalista do "Corriere della Sera", declarou:

"Suas mãos me escaparam; elas, por assim dizer, fundiram-se. Faltaram-me entre os dedos, como por um esvasiamento."

---

(226) **G. Delanne** — "Apparitions", II, 163.
(227) **Morselli** — "Psicologia e Spiritismo".
(228) **Richet** — ob. cit.

Eram as próprias mãos de Eusápia.

Os fatos relatados pelos mais sinceros e mais competentes observadores, não deixam a menor dúvida a respeito da autenticidade dos fenômenos produzidos por intermédio da famosa napolitana.

Bozzano, num admirável estudo: — "Em defesa dos fenômenos físicos da mediunidade" —, apresenta algumas passagens, que extraiu de um relatório do Dr. Henrique Morselli, professor da Universidade de Gênova, concernente a uma importante sessão com Eusápia.

(Morselli deve ser insuspeito aos psiquiatras, neurologistas, padres e pastores, visto como vem por eles constantemente citado, como cientista eminente).

Por seu turno, Bozzano, que testemunhou o caso, relata:

"Havia onze meses que se faziam experiências com Eusápia no Círculo Científico Minerva, de Gênova.

"John", a personalidade mediúnica, se havia familiarizado com os membros dos diferentes grupos, que se sucediam alternativamente nas sessões.

Nessas condições — diz Bozzano —, veio-me uma ideia feliz e, numa tarde em que estávamos reunidos em casa do Sr. Avelino, fiz a John a seguinte proposta:

— Meu caro John (John era o Espírito), tu conheces os membros do Círculo, deves saber quais os que possuem fluidos de mais afinidade com a médium. Peço-te, pois, que escolhas as pessoas, a fim de as reunirmos numa sessão especial e podermos atingir o rendimento máximo com tua médium.

John aceitou a proposta e indicou imediatamente nove pessoas, entre as quais Bozzano, o Prof. Morselli, o Dr. Joseph Venzano e mais três senhoras.

Fixou a reunião para o dia seguinte, na mesma casa, e acrescentou o Espírito, o Prof. Morselli deveria ligar, tão estritamente, quanto possível, a médium a uma cama de campanha, dizendo que ele, Espírito, se faria ver, e tornaria visíveis outros fantasmas, em plena luz do gás.

Nós — descreve Ernesto Bozzano — nos reunimos em casa de Félix Avelino, membro do nosso Círculo, que habitava o quarto andar de uma casa da rua Caffaro;

Morselli e Venzano foram encarregados de improvisar um gabinete mediúnico, o que eles fizeram por meio de coberturas e cortinas, nele se introduzindo uma cama de campanha.

Depois disso, Morselli confiou Eusápia a duas senhoras, que ficaram encarregadas de despi-la e examinar-lhe cuidadosamente as vestes e os bolsos. Terminada esta formalidade, começou a sessão.

Assentámo-nos em torno da mesa, esperando que a médium caísse em transe.

John não tardou a aparecer e ordenou ao professor Morselli que ligasse a médium à cama de campanha. Ao mesmo tempo, a médium levantou-se automàticamente, entrou no gabinete, e estendeu-se. Morselli tratou logo de **amarrá-la fortemente ao leito pelas mãos, pelos pés, pelo tronco,** com duas grossas cordas, aplicando a cada laço nós especiais, que ele conhecia bem, já os havendo por várias vezes empregado no curso de suas funções profissionais, no Asilo de alienados.

Colocámo-nos, então, em duas filas, defronte ao gabinete. Morselli instalou-se na frente, diante do ponto onde as cortinas faziam junção, a cerca de 30 centímetros do gabinete.

Achamos que era bom, a princípio, diminuir, momentâneamente, a luz excessiva proveniente do bico de gás. Eis o que Morselli escreveu a propósito:

"Fiz o que se pode chamar uma experiência elementar de fotometria: verifico que, com esse grau de luz, posso ler os menores caracteres de um jornal (corpo 6), ver a hora no mostrador do meu relógio, discernir nitidamente os claro-escuros das gravuras e fotografias penduradas na parede da sala de jantar.

Por três ou quatro vezes, as cortinas se intumesceram e flutuaram, ora à direita, ora à esquerda, um pouco acima do nível do corpo estendido de Eusápia. De repente, a mesa que, por ordem de John, havíamos deixado no meio do semi-círculo dos assistentes, começou a agitar-se e entrou a dançar, sem que ninguém a tocasse. Por três vezes consecutivas, o solo coreográfico do móvel efetuou-se diante dos nossos olhos, estupefactos com essa novidade, que não podíamos, certamente, atribuir a qualquer estratagema.

Em todo o caso, por maior certeza, eu apressei-me a ver: a médium conservava-se sempre deitada na sua pequena cama, em estado semi-hipnótico; os nós estavam intactos.

Repentinamente, as cortinas se afastaram uma da outra, ao meio, a dois metros do solo, apresentando-se, bem diante de mim, uma "aparição".

Era uma jovem, de que se percebia a cabeça, as espáduas e a parte superior do tronco. Tive a impressão de que não recebia, tão sòmente, os raios luminosos do gás, mas possuía, talvez ela própria, certa luminosidade, que se poderia comparar a um pálido raio de lua. Mas parecia desbotada, com os contornos leves, de linhas mal definidas. Dir-se-ia que ela se apresentava através de um nevoeiro: a parte inferior do corpo perdia-se em uma espécie de nuvem...

Estava ligeiramente inclinada para o ombro direito, em atitude de doce resignação. Os olhos me pareciam velados: eu não podia, aliás, distinguir se eles nos olhavam ou não; mas os meus companheiros o afirmam.

A aparição durou, em atitude imóvel, 15 a 20 segundos; mas, havendo eu dito que a não podia distinguir bem, por causa das cintas e dos cabelos que a ocultavam um pouco, ela levou as duas mãos à altura das orelhas e, com um gesto gracioso, descobriu um tanto mais o rosto; em seguida, inclinou ligeiramente a cabeça, saudando amàvelmente; enfim, dissolvendo-se também ràpidamente, desapareceu. Era uma figura característica, que me pareceu logo reconhecer; com efeito, ouvi um dos assistentes, perto de mim, balbuciar um nome célebre na história do Espiritismo: — Katie King."

Tal é a descrição sumária da primeira aparição observada pelo Prof. Morselli.

Ele ali acrescenta longos comentários e comparações interessantes, fazendo notar que as impressões de todos os assistentes **concordavam e se completavam mùtuamente.**

Quanto a mim — diz Bozzano — acho que a forma materializada, conforme a opinião dos assistentes, assemelhava-se de modo impressionante às muito conhecidas fotografias de Katie King. Quando Avelino disse — é Katie King, a forma materializada voltou-se para o seu lado, com ligeiro sorriso. Mas seu rosto tinha uma brancura de mármore.

Uma segunda aparição é assim escrita pelo professor Morselli:

"Discutia-se, ainda, sobre a figura que tinha aparecido, e a mesa tomava parte, com suas danças, na conversa, quando uma 2.ª aparição se mostrou no ângulo do gabinete. Desta vez, era a figura de um homem. As partes visíveis mostravam-se como na materialização precedente. Dir-se-ia um verdadeiro gigante: cabeça volumosa, rosto largo, com fortes zigmas, nariz grosso, curto, chato, barba densa, anelada; espáduas quadradas e robustas, pescoço musculoso, peito largo. Um véu do tecido mediúnico habitual lhe cobria a cabeça e parte do rosto.

Como o segundo fantasma se mostrasse durante um minuto, poderíamos julgar de sua fisionomia e mesmo discuti-la, se não se tratasse da figura tradicional de John King. Pareceu que ele nos saudava com expressivos movimentos de cabeça; depois, apagou-se ràpidamente; a princípio, os traços do rosto se tornaram incertos; em seguida, os contornos se dissolveram até serem substituídos pelo fundo escuro da janela. Eu me levantei *imediatamente* para verificar o estado da médium. Essa, como sempre, estava estendida em condições de semi-letargia; ofegava e transpirava, mas continuava sòlidamente ligada. Entretanto, como se queixava de que os pulsos lhe causassem mal, por muito apertados, eu desfiz, não sem dificuldade, os nós numerosos e complicados com que a atara; assim lhe tendo libertado as mãos, deixei-a ùnicamente ligada pelos pés e pelo busto."

Bozzano, de quem transcrevemos esses trechos, aliás fáceis de encontrar na obra de Morselli — "Psicologia e Espiritismo" —, resume os episódios concernentes à 3.ª e à 4.ª aparições. Nota que um piano abaixava e levantava a tampa várias vezes, com grande espanto do professor. Este pôde examinar a 3.ª aparição a uma distância de 75 centímetros.

Sobre a 4.ª aparição, escreve Morselli:

"Quando me aproximei, o fantasma não se mexeu, ainda que pudesse pensar que eu ia tocá-lo; não manifestou nenhum temor, apesar de me haver eu aproximado dele duas vezes. E, enquanto espantado, mas de forma nenhuma perturbado, continuava a examiná-la, a aparição levantou o braço, curto e imperfeito, agitou-o duas vezes, lentamente, como se tratasse de uma charpa, em atitude de saudação, o que me permitiu ver que o dito braço terminava quase afilado. Retirou-se, por fim. Precipitei-me para a médium; ela gemia lamentosamente. Não a achei livre dos pulsos, como a tinha deixado, mas com um aumento considerável de laços: os pulsos estavam rodeados de diferentes nós, muito estreitos, e a corda, em suas duas extremidades, interior e exterior, fixada de novo, às bordas da cama. Isto ocasionou o estupor dos assistentes."

Com efeito — comenta Ernesto Bozzano —, ficámos literalmente estupefactos pelo fenômeno inesperado da ligadura dos punhos da médium, às duas bordas da cama. Não era, certamente, Eusápia que poderia ter-se ligado daquela forma: é preciso admitir a intervenção de *John*, que quis demonstrar, assim, o seu descontentamento para com o professor Morselli, por haver este libertado a médium, no curso de uma sessão de fiscalização severa, por ele próprio ordenada.

Morselli de tal modo se impressionou que não cessava de repetir na rua: — Ah! Aquela auto-ligadura! Aquela auto-ligadura! Como explicá-la?..." (229)

*

* *

Mais um fenômeno impressionante para juntar aos que vimos descrevendo.

Ele vem narrado pelo escritor Cheiro, com o título — "Reminiscências de Eusápia". O artigo figura no seu último livro intitulado: — "Mistérios e romances dos maiores ocultistas do mundo".

Conta o autor:

"Foi em 1903, em casa do major Alexander Henry Davis, rico americano. Este mandara chamar Eusápia e lhe dissera, de modo áspero: — *Signora,* nós ouvimos falar de seus dons, como uma movedora de móveis (*forniture mover*), e por isso convidei-a para que mostrasse a meus hóspedes alguns de seus truques.

A Paladino, muito pálida, veio para o centro da sala. De repente, seus olhos pareceram atraídos para uma grande mesa de mármore que estava bem defronte dela. Estendeu as mãos na direção da mesa. Toda a sua aparência mudou.

---

(229) **Ernesto Bozzano** — "En défense des phénomènes mediumniques à effets physiques". — "Revue Spirite", 1933, páginas 253-304.

Em vez da pequena e tímida mulher que estava irresoluta, um momento antes, apresentava-se cheia de energia.

Sucedeu, então, um fato extraordinário. Em pleno dia, viram todos, na sala, duas longas linhas de matéria branca saírem de suas mãos e se estenderem até alcançarem a mesa. Quando as linhas esbranquiçadas tocaram a mesa, esta começou a balançar. Era uma mesa grande, pesadíssima, formada a parte superior de uma só peça de mármore de Carrara. A princípio, mexeu-se fracamente, depois ràpidamente; e, com espanto geral, parecia impelida, por força irresistível, na direção do major Davis.

Paladino não se movera da posição que tomara, no centro da sala: ali estava como uma estátua, suas mãos estendidas na direção da mesa, porém com uma expressão vaga nos olhos, como se não a interessasse o que se estava passando.

A mesa aproximou-se ràpidamente do major Davis. Este ainda estava soprando as fumaças de seu enorme charuto, com uma expressão de incredulidade estampada no rosto. A extremidade da mesa alcançou-o e começou a imprensá-lo de encontro a uma outra mesa de carvalho, que estava atrás de si. O major Davis não se deixava vencer fàcilmente; lutou enquanto pôde para livrar-se da pressão, até que pediu socorro. Sir Fletcher Moulton — o eminente advogado, e eu — diz o escritor —, fomos em seu auxílio. Esforçamo-nos por safar a mesa, mas foi tudo inútil. Chamámos, então, quatro criados, homens fortes, destemidos; eles lançaram-se à tarefa, porém a pressão contra o major se tornava cada vez mais forte.

Não sabemos o que teria acontecido se eu não tivesse agarrado Eusápia, e, arrastando a sua frágil figura, a colocasse entre a mesa e o major. Ela parecia estar em transe, porém, desde que pôs as mãos no móvel, começou a operar-se uma ação reversa: a mesa entrou a mover-se vagarosamente para trás, até que alcançou o ponto em que estava antes, e aí parou." (230)

Aqui fica o relato do grande escritor.

Em memorável relatório sobre as sessões de Eusápia, relatório enviado ao "Institut Général de Psychologie", declara, em síntese, o Dr. Jules Courtier:

---

(230) **Cheiro** — **"Mysteries and Romances of the World's Greatest Occultists". "Light", 21-2-35.**

"Em condições que repelem a hipótese da prestidigitação e da fraude, objetos pesados foram levantados inteiramente e transportados sem que Eusápia, nem ninguém, fôsse visto em contacto com eles.

E' supérfluo acrescentar que eu não vi ninguém, nem nenhum mecanismo agir sobre os objetos. Por outra parte, esses fenômenos, pelo seu caráter intrínseco, repelem a hipótese da prestidigitação. É, pois, na verificação sensorial, repetida numerosas vezes e na crítica das condições das provas, que repousa a minha convicção, minha certeza subjetiva da autenticidade da levitação." (231)

O professor Lambert enumera, por classe de fenômenos, os relativos às admiráveis sessões realizadas em toda a Europa e nos Estados Unidos — levitações, ações telecinésicas, sopros, inchação de cortinas, transportes, materializações. (232)

Camilo Flammarion descreve os prodigiosos feitos da mediunidade de Eusápia, de páginas 90 a 260. A variedade é enorme: as mesas se levantam sem lhes tocarem; uma pequena mesa, de um pé, caminha sem contacto, passeia pela sala e quer subir pelas outras. A fiscalização é rigorosa: por vezes a luz está francamente aberta.

Há contactos, pancadas, ruídos, luzes, transportes, mãos e braços no ar, fora dos troncos, silhuetas, materializações. As caixas de música põem-se a tocar por si. Um grande piano chegou mesmo a avançar na sala, lentamente, "como um grande paquiderme".

Certa vez, uma forte mão pega no braço de Flammarion. Este, imediatamente, ràpidamente, procura apanhá-lo e segura o vazio. Outra vez, o professor Jules Bois apresenta um livro à altura de um homem e o livro lhe é bruscamente tomado. A sala está clareada por pequena lâmpada, que não impede se notem os objetos distintamente. Viu-se o livro arrebatado por mão invisível, sumir-se através da cortina.

---

(231) **J. Courtier** — "Buletin de l'Institut Général Psychologique, ns. 4-6, 1928.

(232) "Zeitschrift für Parapsychologic", Fev. 1928. — **S. Notzing** — "Die physikalischen Phenomene des Grossen Medien.

Sucedeu que a Sra. Flammarion, muito céptica, e querendo desmascarar a médium, foi esconder-se, antes da sessão, num vão da janela, de onde via o que se passava aquém e além da cortina, e eis que ela percebe o livro andando no ar, sem mãos, até que atravessou a cortina, indo para outro lado. A mulher do astrônomo saiu, então, precipitadamente, do seu ponto de observação e veio, muito pálida, para o centro da sala, onde caiu para trás. Tudo isso é o próprio marido que conta. (233)

Regnault descreve minuciosamente os fenômenos de Eusápia — pancadas em móveis, cadeiras com pessoas em cima, que se mexem e dão meia volta, transporte de objetos de várias formas e pesos, sons, aparições, luminosidades, mãos visíveis no espaço, impressões digitais, figuras no gesso, materializações parciais e completas...

Dá uma longa lista de pessoas que escreveram sobre tais fenômenos e os testemunharam: o engenheiro de Rochas, Fontenay, Gabriel Delanne, Madeleine Lacombe, Otero Azevedo, Matusewski, Bozzano, Maxwell, Barzini, Morselli, Bottazzi, Chevreuil... A estes poderíamos acrescentar muitos outros, entre os quais Richet, Victorien Sardou, Lombroso, Chiaia, Frederico Myers e um grande corpo de cientistas ingleses.

Além de livros, há atas, processos, descrições da autoria de Schiapparelli, Ochorowicz, Jules Claretie, Adolphe Brisson, René Baschet, Arthur Levy, Gaston Mery, G. Armelin, André Bloch... (234)

Não erraríamos no apontar uma centena de homens ilustres que todos observaram os fenômenos de Eusápia.

Como diz Richet, "se não houvesse no mundo outro médium além de Eusápia, só ela bastava para que a telecinesia e a ectoplasmia ficassem cientìficamente estabelecidas."

FLORENCE COOK E DUNGLAS HOME

Estes médiuns serviram para as experiências de Wil-

(233) **Flammarion** — "Les Forces Naturelles Inconnues".
(234) **Regnault** — "Les Vivants et les Morts".

liam Crookes. Foram as experiências clássicas do Espiritismo; delas data o aparecimento do Espiritismo como ciência; a sua repercussão foi imensa no mundo inteiro, não só pelo valor do eminente cientista inglês que as presidiu, como pela excepcionalidade dos fatos presenciados.

Em vista disso, também, contra esses médiuns se vem adunando a grita dos adversários; minar-lhes o prestígio é derrocar o Espiritismo pela base, assim pensam eles.

Um escritor, por exemplo, inspirado, como todos, no Sr. Paulo Heuzé, afirma "que o Espiritismo é uma dessas presumidas verdades que repousam sobre a infalibilidade de William Crookes e Charles Richet." Depois, seguem-se as citações das trapaças. (235)

No inquérito da Sociedade de Medicina, disse o Dr. Austregésilo que as narrativas dos autores espíritas não lhe merecem confiança. O Dr. Tanner de Abreu "não ignora que homens de grande saber — e basta citar os nomes de Crookes e Richet — se deixaram ingênuamente iludir por médiuns que acabaram por ser apanhados em flagrante, como no caso de Florence Cook."

Outros inquéritos englobam todas as experiências e todos os médiuns numa negatividade geral.

Lendo-se os autores do "Espiritismo no Brasil" tem--se a impressão de que eles, ao contrário dos colegas, aceitam os fenômenos dos médiuns de Crookes. Seria uma honrosa exceção. Assim, escrevem:

"O caso de Crookes. Com o auxílio da médium Florence Cook, um fantasma em carne e osso manifestou-se a Crookes. O sábio inglês pôde, em seu laboratório, passear com ele, fotografá-lo e verificar ainda que ele diferia sensìvelmente da médium...

Estudando o caso, nada impede que se considere Katie como um produto da imaginação criadora de Florence. Compreende-se que essa jovem, sincera e honesta, tenha concebido, como ideal, um guia espiritual sob aspecto tão angelical como o de que Crookes descreveu a aparição com palavras tão entusiásticas." (236)

---

(235) **Velloso Neto** — "Correio da Manhã".
(236) **Ribeiro** — "O Esp. no Brasil", pág. 47.

Como se lê, Florence aqui é a **jovem sincera e honesta**. Dir-se-ia que os AA. fizeram exceção à regra geral e falavam como metapsiquistas. A ilusão, porém, não dura muito. Virem-se as folhas e vamos encontrar mais adiante o seguinte juízo:.

"O grande físico inglês William Crookes, cujo trabalho tanto barulho fêz em sua época, serviu-se para as suas primeiras experiências de uma senhorita chamada Florence Cook, a quem dedicou, no referido volume, alguns versos bastante apaixonados. Flammarion relata que o segundo médium utilizado por Crookes, Dunglas Home, lhe havia confessado pessoalmente que Miss Florence era uma farsista, que enganara o velho sábio, a quem conseguira sugestionar. De fato, isso foi confirmado alguns anos mais tarde, quando ficou descoberto que a médium mistress Corner, cujo truque foi apanhado em flagrante, era nem mais nem menos que a mesma pessoa que fora mistificadora de Crookes." 237)

Agora, como se lê, Florence Cook não é mais "a jovem sincera e honesta", porém "a farsista que, de fato, fora, alguns anos mais tarde, apanhada em flagrante".

Os AA., como se nota, não pecam pela concordância. influências, ainda, do escritor Heuzé, em cujos trabalhos pululam as incoerências, e a quem devemos, por certo, esta tirada.

Aquela história dos versos apaixonados de William Crookes a Miss Florence não pode ter outra origem.

Ora, o que Crookes realçou, certa vez, foi a beleza do fantasma, isto é, da **Katie King**, que era, realmente, deslumbrante, como asseguram todas as testemunhas e dizem as fotografias. O fato, porém, elaborado nas retortas do Sr. Paul Heuzé, disseminado na literatura estrangeira e filtrado, mais tarde, na literatura psíquica nacional, transformou-se em versos apaixonados dedicados à médium. Substituíram Katie King por Florence; mudaram as palavras serenas, de admiração, por poesia amorosa, e aí temos o sábio alborcado num almofadinha piegas, e assim se fêz a opinião científica do caso.

---

(237) Idem, pág. 181.

Há também, dizem eles, como prova do embuste de Florence, a confissão de Home. Até então, o que se sabia, em matéria de confessionário, era o indivíduo relatar as próprias faltas. Em se tratando, porém, de psiquismo, a coisa muda: O que o sujeito confessa são as faltas dos outros. E desde que se trata de uma **confissão**, não há jeito senão tomá-la como prova.

De maneira que, contra Florence, o que há de positivo e certo não são as experiências de Crookes, denominadas "graníticas" pelo Prof. Richet e por quantos estudaram devidamente o caso; o que há de positivo e certo é a "confissão" de Home a respeito de Florence.

Ainda existe, sobre a médium em questão, um flagrante em que a apanharam, posteriormente, segundo prováveis e novas "confissões" de terceiros.

*

* *

Flammarion refere-se, é verdade, à declaração feita por Home de que Misse Cook era uma hábil farsista. **"Home m'a personnellement exprimé son opinion que Mlle. Cook avait été une habile farceuse..."**

Home exprimiu, portanto, **sua opinião.** Era uma opinião, e opinião essa que, para Flammarion, não tinha valor nenhum, visto como Home se supunha o melhor dos médiuns, senão o único, **"et qu'en fait de médium il n'y avait que lui, Daniel Dunglas Home d'absolument sur"**; opinião, ainda, sem valor, **"para quem conhece e observou de perto as rivalidades dos médiuns, tão notadas como a dos médicos, dos atores, dos músicos e das mulheres"** — explica o astrônomo. Mas quem ouve falar nessa tão buzinada "confissão" de Home, ao velho pesquisador e por ele próprio relatada, há-de supor que também ele não tinha dúvidas das trapaças de Florence Cook.

Leiamo-lo, porém. Depois de descrever, em grande número de páginas, as vigorosas experiências com essa médium, declara:

"Tais são as experiências de Sir William Crookes. Fiz empenho em reportar-me às observações, como ele as expôs. A história de Katie King é, seguramente, uma das mais misteriosas, das mais incríveis que existem em todas as pesquisas espíritas, e, ao mesmo tempo, uma das mais escrupulosamente estudadas pelo método experimental, nele compreendido a fotografia." (238)

Não foi sòmente Crookes que examinou Florence. Se nessas experiências só o seu nome é geralmente citado, isto acontece por tratar-se de um dos mais eminentes físicos do mundo e pelo estremado rigor científico com que foram feitas aquelas experiências.

A prevalecer o caso dos "versos apaixonados", tinham que figurar também como apalermados adoradores da médium, e, por isso, também por ela embaídas, as seguintes notáveis personalidades: William Harrison, Benjamin Coleman, Luxmore, o Dr. Sexton, o Dr. Gully, a príncipe Sayn Wittgenstein, que também observaram os fenômenos, lhes testemunharam a autenticidade e deles fizeram relatos.

A propósito dessa "paixão", escreve Richet, respondendo ao Prof. Delmas:

"Penso não trair nenhum segredo dizendo que tive a honra, outrora, de ser recebido por Sir William Crookes, e a Sra. Crookes me contava com emoção que tinha visto, muitas vezes, Katie King vir até à mesa da sala de jantar e conversar com seus filhos. Dir-se-á que Lady Crookes estava apaixonada por Katie King? E, ainda que Crookes tivesse admirado a beleza de Katie, é isto razão para supor que este grande e maravilhoso sábio tenha perdido o sangue frio? Que o Sr. Delmas se dê ao trabalho de ler a descrição de Crookes e talvez acabe dizendo como o meu caro amigo Ochorowitz que, arrependendo-se de haver chamado outrora o grande Crookes de iludido, clamava, batendo no peito — *Pater, peccavi*." (239)

Como justamente pensa Richet, acompanhando-se a descrição feita por Crookes, para logo se verifica a im-

---

(238) **C. Flammarion** — "Les Forces Naturelles Inconnues", t. II, pág. 466.

(239) "Revue Metapsychique", 1924, pág. 11.

possibilidade da fraude, a menos que esteja ele a mentir sem o menor escrúpulo, que tivessem mentido outros cientistas, que mintam todos quantos verificaram os métodos empregados na fiscalização, que mentissem, por fim, as chapas fotográficas.

Não se poderá ter dúvidas, lendo a exposição do sábio, da realidade do fenômeno; seria impossível acreditar, diante da narrativa do mestre, que Florence fizesse o papel de Katie, visto como Katie e Florence foram, várias vezes, vistas simultânea, distintamente.

Ouçamos William Crookes:

"A 12 de Março, durante uma sessão em minha casa, Katie veio até junto de nós, falou algum tempo conosco e retirou-se por trás da cortina, que separava o meu laboratório (onde se achava a assistência), da minha biblioteca, a qual fazia temporàriamente o papel de gabinete. Em um instante, ela voltou à cortina e chamou-me, dizendo: — Entre no quarto e levante a cabeça da minha médium, que escorregou para o chão.

Katie estava, então, diante de mim, vestida com sua roupa branca habitual e seu chapéu em forma de turbante. Dirigi-me imediatamente à biblioteca para levantar a senhorita Cook, e Katie deu alguns passos para o lado, a fim de deixar-me passar.

Com efeito, a senhorita Cook tinha escorregado, em parte, do canapé, e sua cabeça estava em penosa posição. Tornei a pô-la no canapé e tive, apesar da obscuridade, a viva satisfação de verificar que Mlle. Cook não estava vestida com a roupa de Katie, mas que trazia o seu hábito comum de veludo preto e se achava em profunda letargia. Não se tinham passado três segundos entre o instante em que vi Katie de vestes brancas diante de mim e o em que coloquei a senhorita Cook sobre o canapé, tirando-a da posição em que se achava.

Voltei ao meu posto de observação e Katie veio de novo para dizer-me que supunha poderia aparecer-me juntamente com a médium. O gás foi diminuído, ela pediu-me uma lâmpada, e, depois de se mostrar à luz da mesma, deu-ma de novo, dizendo: — Agora entre e venha ver a médium. Segui-a de perto até à biblioteca e à luz da lâmpada vi a senhorita Cook repousando no sofá, exatamente como eu a tinha deixado. Olhei em torno de mim para ver Katie; ela, porém, tinha desaparecido.

Passo agora à sessão que se realizou em Hackney. Katie nunca me apareceu com tão grande perfeição; durante mais de duas horas ela passeou pelo quarto conversando familiarmente com os que estavam presentes. Muitas vezes tomou-me o braço e a impressão sentida por mim é que era uma forma viva que se achava a meu lado, e não uma visitante do outro mundo; essa impressão foi tão forte que a tentação de repetir uma recente e curiosa experiência tornou-se irresistível."

Haverá nessa exposição serena algo que denote o transtorno produzido por uma paixão amorosa?

Mas não se limitaram a esta sessão as verificações de Crookes, tendentes a comprovar que a Katie **espírito** era perfeitamente distinta de Miss Cook **médium**.

Continuemos a ouvir as observações do famoso cientista:

"Ajoelhando-me, deixei entrar o ar na minha lâmpada e ao seu clarão vi a jovem (Miss Florence Cook) vestida de veludo escuro, como estava no começo da sessão. Achava-se na aparência completamente insensível. Não se moveu, enquanto eu mantinha a lâmpada bem perto de seu rosto, mas continuava a respirar tranquilamente. Levantando a lâmpada, olhei em torno de mim e vi *Katie* (o fantasma), que se conservava de pé, atrás de Miss Cook. Estava de roupagens brancas e flutuantes, como já a havíamos visto durante a sessão. Tendo uma das mãos de Miss Cook nas minhas e sempre de joelhos, levantei e abaixei a lâmpada a fim de clarear por inteiro a forma de *Katie King* e convencer-me plenamente de que o que eu via era realmente a verdadeira *Katie*, que apertara em meus braços alguns minutos antes, e não o fantasma de um cérebro doente. Ela não falou, mas moveu a cabeça por três vezes em sinal de reconhecimento. Por três vezes diferentes examinei cuidadosamente Miss Cook, encolhida no chão diante de mim, para assegurar-me que a mão que eu estava segurando era de fato a de uma mulher viva e por três vezes diferentes voltei a lâmpada para *Katie*, a fim de examiná-la com cuidadosa atenção, até que não tivesse a menor dúvida de sua realidade objetiva." (240)

---

(240) **Sir William Crookes** — **"Spiritualist", 30 de Março de 1874.**

Crookes prosseguiu nas suas verificações, para ter a certeza de que **Katie** e Florence eram perfeitamente distintas.

O sábio, com paciência extrema, notou os diversos pormenores que as extremavam uma da outra; verificou-lhes a cor e consistência dos cabelos, a diferença dos talhes e contornos; auscultou-lhes as pulsações e, enquanto o pulso de **Katie** batia regularmente 75, o da outra atingia a 90.

"Apoiando meus ouvidos — diz W. Crookes — ao peito de Katie, pude ouvir um coração bater-lhe no interior, e suas pulsações eram ainda mais regulares do que as de Mlle. Cook quando, depois da sessão, me permitia a mesma experiência.

Pelo mesmo modo foram observados os pulmões de Katie e Miss Cook: aqueles se mostraram mais sãos, porque o médium, nessa época, seguia tratamento médico, em consequência de um grande resfriado." (241)

Crookes descreve, por fim, as despedidas de Katie. Tinha ela cumprido a sua missão, que era trazer a prova da sobrevivência, que era obrigar a Ciência a experimentar os primeiros passos na senda do desconhecido!

Katie deu a Crookes suas últimas instruções. Parecia fatigada. Sua força ia desaparecendo, declarou tristemente. Estava esgotado o prazo. Os assistentes lhe agradeciam as maravilhosas e seguras manifestações que lhes havia ela concedido.

Uma cena, entre vivos, não seria tão impressionante, tão real:

"Enquanto ela dirigia aos seus amigos um último olhar, grave e pensativo, deixou cair o manto que a ocultava. Viram-na acordar a médium, que lhe pediu, em lágrimas, ficasse mais um pouco, mas Katie lhe respondeu: "Minha cara, não o posso mais. Está cumprida a minha tarefa; que Deus te abençoe". E ouvimos o ruído de um beijo. A médium apre-

---

(241) **Sir William Crookes** — "Quartely Journal of Science" — 1874.

sentou-se, então, a nós, inteiramente esgotada e profundamente consternada." (242)

Depois dessas declarações textuais, que é o que dizem os opositores, como se falassem por uma boca só?

Que, nove anos após as manifestações de Katie, isto é, depois de se haver retirado o fantasma, com a declaração formal de estar preenchida a sua missão, uma senhora Corner é apanhada em flagrante, que essa Sra. Corner era a Miss Cook, a médium de Crookes.

Na citada acusação não se dão maiores informes. Basta aquilo para aniquilar tudo.

Tivemos que procurar a origem da história. E ela foi a seguinte:

Contaram ao "Times" que uma Sra. Corner, dizendo chamar-se Florence Cook, fora apanhada em fraude. Mais nada.

Seria preciso que os anti-espíritas, para terem alguma segurança, verificassem a verdade daquele descobrimento; que houvesse a certeza de que os informantes do "Times" não estavam inventando; que, sendo o caso verdadeiro, era Madame Corner, com efeito, a Florence Cook; e que a Florence Cook era, de fato, a médium que trabalhara com o sábio inglês.

Provado esse caso duvidosíssimo, tivesse Miss Cook fraudado nove anos depois, não era isso razão para se afirmar que ela houvesse fraudado nove anos antes. Há indivíduos que perdem os dons mediúnicos, e, não se conformando com isso, falsificam os fenômenos.

Bem podia ser o caso de Florence. Mas isto mesmo é muito hipotético. Ora, já ao tempo de Crookes havia várias senhoras Corners, distintas de Florence. Uma delas, mesmo, acompanhava, com interesse, o movimento psíquico e se dizia médium.

Seria esta que se fêz passar por Florence? Os denunciantes identificaram Florence Cook? Parece que não, visto que eles se baseavam nas afirmações de Corner,

---

(242) Sir William Crookes — "Quartely Journal of Science" — 1874.

"que se dizia Florence". Não se estaria ela cobrindo com as penas do pavão? Estariam eles falando a verdade? Que pessoa de fé se faz ou se fêz fiador do caso?...

Nada. Não se sabe nada! Do fato só há a denúncia. E é só. E foi só! E foi o suficiente, para desbancar a palavra, as experiências, os trabalhos de mais de três anos consecutivos, de um dos maiores sábios do mundo, trabalhos esses confirmados por outros homens de saber, também notáveis na Inglaterra, e acompanhados de custosa aparelhagem, para a qual contribuiu o gênio de Varley.

Pois tudo isso desaparece, de relâmpago, com uma notícia quase anônima e inverificável, feita ao "Times", notícia bastante para que os nossos antagonistas declarem segura, categórica, enfàticamente: — "Provou-se mais tarde que..."

Para eles a denúncia simples e crua é que são provas. Quanto às experiências do sábio, minudentemente narradas, profusamente testemunhadas e pelas máquinas, inclusive a fotográfica, bastamente confirmadas, estas nada valem. Assim arrazoa a Ciência!...

Vamos, agora, ao outro médium de Crookes.

Com referência a Miss Florence, ainda há um ponto de partida para a acusação. Mas, quanto a Home, em vão se procura coisa que possa de longe dar um traço de verossimilhança ao boato propalado.

Trata-se de uma suposta trapaça que o fêz expulso por Napoleão. E' um caso velho, cuja origem se torna apagada e imperceptível, como os mananciais do nosso Amazonas.

Não faltam, entretanto, à falsa asserção os tributários, que a vão engrossando, de modo que ela, com afluentes sempre novos e numerosos, a que agora se vieram juntar os nossos patrícios, está a ponto de formar o imenso estuário da fantasia, causador de maior assombro que a grandeza da bacia hidrográfica do maior dos nossos rios.

Há ainda outros "contos" com referência a Home, mais ou menos inverossímeis. E o mais interessante é que eles divergem na forma e no fundo. Os "contadores" nem sempre, ou quase nunca se harmonizam; contradizem-se a cada passo; nunca estão certos de nada. Pois essas incertezas e contradições também foram transplantadas para os nossos ingênuos opositores, e vieram dar por terra com os trabalhos de Crookes.

Em vão, diversos vultos notáveis como Russel Wallace, Myers, William Barrett, procuraram remontar o curso dessas histórias, a ver se topavam com o veio originário e se descobriam a base de tais acusações. Perderam-se, sem nada descobrir.

Nos relatórios anônimos que correm mundo e onde se esteiam os psiquiatras, a fantasia tinha livre curso. Ao contarem, por exemplo, a humorística história do pé de Home, diziam que ele tinha sido apanhado em flagrante, ora a dar com o dito pé no rosto de Napoleão, ora a batê-lo no da imperatriz. Também os relatores não estão muito certos de onde se teria passado aquele real sacrilégio, se nas Tulherias ou em Biarritz; ainda divergem eles nas consequências do ato, sendo o intruso, para alguns, expulso das Tulherias, para outros, de Biarritz.

Ouçamos, enfim, o que diz um imparcial expositor, com referência às famosas anedotas, o psiquista Dr. Sevemsonn:

"Acolhestes e repetistes cem vezes uma tola história muito reeditada pelos jornais quotidianos (o que constitui já um começo de presunção de erro), segundo o qual Daniel Dunglas Home, o célebre médium de Sir William Crookes, teria sido surpreendido no momento em que fraudava, no curso de uma sessão mediúnica organizada pela imperatriz Eugênia, em Biarritz. Essa história não tem o mínimo fundamento, e é de surpreender haja alguém ainda para lembrá-la. Não há ali, mesmo, sequer, um começo de verdade. Sempre que a reeditam têm o cuidado de rodeá-la do testemunho de pessoas mortas há muito tempo e que, quando vivas, nunca disseram ou escreveram nada de semelhante. O próprio Podmore, que punha em dúvida os fenômenos físicos da mediunidade, consagra um longo capítulo de seu *Modern Spiritualism* à mediunidade de Home, e observa: — No que concerne ao pretendido desmascaramento de Home, nas Tulherias, nunca se apresentou qualquer testemunho que se aproximasse, mesmo de longe, de um testemunho de primeira mão. (Volume II, livro IV, cap. III, págs. 230).

Como, para Podmore, qualquer fenômeno mediúnico de natureza física só pode ser fraudulento, ele busca explicar o fato de não haver Home sido jamais surpreendido em flagrante delito de fraude, pela circunstância de que, não sendo médium profissional, seus experimentadores eram, por assim dizer, seus hóspedes.

Com efeito, nosso ilusionista (Dickson), que encheu seu cofre forte difamando a memória de Home, ficará muito surpreendido ao saber que este último, muito desinteressado, nunca se fêz pagar por suas sessões. Ele possuía modesta fortuna pessoal. Temos um índice de sua natureza idealista por sua conversão ao Catolicismo, que lhe devia acarretar bastantes hostilidades entre seus concidadãos da Escócia. Podmore fala das Tulherias e não de Biarritz porque, como acontece sempre com esses mexericos de estalagem, nunca existe acordo sobre a época e sobre o lugar em que o fato se teria produzido, nem sobre as personagens que a ele teriam assistido. Na *Westminster Gazette* (Fevereiro de 1899), W. J. Stillmann coloca a famosa cena no castelo de Compiègne!... Dickson acrescenta que o imperador, furioso por haver sido mistificado durante mais de um ano, aplicou contra Home um mandato de expulsão.

Tal nunca se deu. Napoleão III, antes de admitir Home nas Tulherias, tinha tomado informações a seu respeito; existe, sobre Home, um *dossier* na polícia de Paris: consultai-o e vos assegurareis da falsidade de vossa alegação: Home continuou a viver em França durante dois anos; ele aí voltou mais tarde e morreu em Junho de 1886; foi enterrado em Saint-Germain em Laye, onde jaz também o túmulo de sua filha.

Evidentemente, o único testemunho ocular que hoje poderia falar é a imperatriz Eugênia. A infortunada soberana deposta não falará, mas nada terá que repreender-se por isso, sabendo perfeitamente que já o havia falado indiretamente. E eis como:

Frederico Myers, o eminente autor da *Personalidade Humana* e W. Barrett, professor de Física na Universidade de Dublin, trataram, em 1888 e 1889, de esclarecer certos pontos da vida de D. Home. Myers escreveu a este respeito no *Jornal da Sociedade de Pesquisas Psíquicas* (Julho de 1889): — Há também uma história muitas vezes repetida, segundo a qual Home teria sido descoberto nas Tulherias, em Compiègne ou Biarritz, servindo-se de uma luva estofada, e que fora então interdito de voltar à Corte Imperial. Esforçamo-nos para remontar à fonte desta história, mas foi em vão...

Nota-se que o pé de Home transforma-se aqui em "luva estofada"; não se trata mais da expulsão de França mas da interdição de voltar à Corte.

Na *Westminster Gazette* de Fevereiro de 1899, o mesmo Myers escrevia: "a história tem sido contada de diferentes modos, mas nunca cheguei a descobrir qualquer testemunho em seu apoio."

Apenas, na obra muito conhecida de *D. D. Home: Sua Vida e Missão,* a viúva Home publicou, entre outros documentos, uma carta escrita em 1863, a Home, por ordem da imperatriz Eugênia. Ela foi assinada pelo secretário do comando, Damas Hinard. Nessa carta, a soberana agradece a D. Home a remessa do seu livro — *Incidentes de minha vida,* e acrescenta que o vai ler com interesse.

Ora, Dickson disse, escreveu e imprimiu que o famoso desmascaramento de Biarritz se deu em 1857 — note-se bem: 1857. Como é possível, observa Myers, que Home tenha oferecido o seu livro à imperatriz cinco anos depois do escândalo de seu desmascaramento, e —o que é mais — que a imperatriz lhe mandasse responder com uma carta amável de agradecimento e de interesse?

Finalmente, Myers e Barrett, depois de haver examinado o documento em questão, afirmam que não há mais dúvida sobre a autenticidade dessa carta, tanto quanto a de duas outras inseridas no livro — *D. D. Home: Sua Vida e Missão*". (243)

Russel Wallace, referindo-se também a Dunglas Home, escreve, no seu livro — "Milagres e Espiritualismo Moderno":

"A vida de Home foi pública, em grande escala; passou ele grande parte do seu tempo como hóspede de pessoas de alta classe e de talento. Conta, entre seus amigos, eminentes individualidades da Ciência, da Arte e da Literatura, homens, certamente, de forma alguma inferiores em poder de percepção e de razão àqueles que, sem assistir às manifestações, acham que não as houve.

Durante 20 anos, foi ele exposto a exagerado exame, e

243) **Sevemsonn** — "Annales des Sciences Psychiques", 1919, n.º 6, pág. 83.

a suspeição, jamais, foi posta de lado por inumeráveis perquiridores: entretanto, nunca foi dada qualquer prova de embuste, nem nunca se descobriram quaisquer fragmentos de aparelhos ou de maquinaria. As manifestações, aliás, foram tão assombrosas que, se fôssem filhas da impostura, só poderiam ser realizadas por engenhos da mais complicada, da mais variada e da mais embaraçosa natureza; elas exigiriam a assistência de muitos ajudantes e cúmplices. A teoria de que tais manifestações não passaram de ilusão é absolutamente insustentável, a menos que não haja meio nenhum de se distinguir a ilusão da realidade." 244)

Mas para que servem tais desmentidos? Uma vez que apareceu uma denúncia, não se sabe de quem, não se conhece donde, exposta de mil modos diferentes, aí é que está a verdade.

Os trabalhos de Crookes se somem, afogam-se diante dessa denúncia. Assim raciocinam os nossos pugnazes antagonistas, e a Ciência fala pela boca desses mestres!

MARTHE BERAUD

Está agora na berlinda o fisiologista Charles Richet.

Deve ser outro mentiroso ou grande idiota, a quem os psiquiatras do Velho e do Novo Mundo agarraram pela gola, e, capitaneados por Paul Heuzé, apresentam como o mais parvo dos experimentadores.

A história de como Richet foi empulhado é muito simples. Leia-se qualquer dos nossos patrícios, que tenham escrito sobre o assunto, e lá se encontrará, invariàvelmente, o mesmo relato, o qual, desta vez, se faz salientar, assim pela uniformidade como pelo disparate.

As experiências de Richet se faziam em casa do general Noel e ali se realizaram as famosas aparições que o conhecido cientista descreve em várias de suas obras.

Pois tudo falso! "Richet foi empulhado risìvelmente. Os fantasmas eram produzidos com a autoria ou com a conivência de uma criada, Marta, e de um cocheiro, Areski". Esses dois é que disseram isto. Esses dois é que

---

(244) **Russel Wallace** — "Miracles and Modern Spiritualism".

foram a um Dr. Rouby e contaram como a coisa foi feita. O cocheiro chegou a dar espetáculos públicos, onde imitava as sessões de Vila Cármen. Quem presenciasse, porém, as imitações — que eram o que havia de mais ordinário e de mais ridículo no gênero — não se admiraria sòmente da grosseiria da encenação, mas das cabeças capazes de levarem aquilo a sério.

E entre a palavra de Areski, o cocheiro, e a de Richet, o sábio, foi a do primeiro que mereceu a consideração dos adversários do Espiritismo.

Mas, em verdade, o que se deu foi isso, também muito simples:

A aveia e o milho dos cavalos do general Noel, confiados à guarda de Areski, desapareciam de maneira assustadora. O general, que acreditava muito nos fenômenos que se produziam em seu gabinete, começou, entretanto, a desconfiar do que se processava nas estrebarias.

Não acreditou na "mediunidade" rapinante do cocheiro e despediu-o. Data daí o negócio. Depois da despedida, o cocheiro, de camaradagem com a cozinheira, muito justamente molestado aquele, por não tratarem com o devido respeito o seu ocultismo, resolveu transferir-se para a sala da frente e dar-se como autor do que ali se verificara.

Foi o golpe decisivo nas aparições de Vila Cármen. Foi a desmoralização de Richet!

Tudo, porém, girou em torno da aveia, do cocheiro, da criada, do cavalo... Um desmascaramento de cozinha.

Pensamos que a comédia não merece maiores comentários.

Houve um Sr. Marsault, que escreveu a Richet declarando que a sua médium lhe teria feito, a ele, Marsault, confissões de farsas ruidosas (**supercheries éclatantes**). A médium sempre negou isto a pé firme; declarou ela, firmemente, a Richet, que tal fato era uma falsidade. Entretanto, quando voltam à tona as fraudes de Marta Beraud ou Eva Carriere, afirma-se, como se não houvesse a mínima dúvida, como coisa absolutamente resolvida, que a médium confessou "pùblicamente" a sua fraude.

Para os adversários do Espiritismo, qualquer balela que surge, ainda que não se saiba donde, é ponto absolutamente assentado.

E, em matéria de confissão, são elas em tal número que chegamos a supor estar numa Igreja.

O autor d'"O Espiritismo no Brasil", como no "caso de Crookes", admite, "no caso Richet", que o fantasma que se apresentava nas sessões do fisiologista, **Bien Boa**, era uma elaboração imaginativa de Mme. M. Logo, não era fraude. Relata mais "que o fantasma de Vila Cármen" foi fotografado, fazendo-se que ele soprasse na água de barita; a água de barita tornou-se turva, demonstrando que esse fantasma, da mesma forma que **Katie**, possuía as mesmas funções respiratórias que os vivos".

A admiração do leitor diante dos conhecimentos e da conversão do professor não dura muito. Tal qual ocorreu no "caso Crookes". E' só correr as folhas e darmos com o seguinte lanço, uma página atrás:

> "Richet, Morselli e outros pesquisadores, em condições regulares de observação, pensam ter verificado fenômenos absolutamente inexplicáveis. As suas indicações, porém, não constituem uma prova decisiva da realidade dos fenômenos físicos supranormais, pois os mesmos podem ser explicados, já não falando nas fraudes, pela alucinação suscetível de atingir às vezes os observadores."

Interessante o caso. E veja-se que pasmosa coincidência! Richet e outros observadores, há dezenas de anos, vêm observando fenômenos e deles terão visto aos milhares. Pelo feito, deviam todos viver alucinados. Era dirigirem-se a uma sala de experiências e a alucinação pegá-los. Saíam dali e ficavam bons, e se tornavam uns homens como os outros, como toda a gente, equilibrados. Nada, porém, de sessões, porque, ao pisarem os umbrais da sala fatídica, logo se lhes perturbava o juízo. Mas porque seria este fenômeno? Não sabemos. E os experimentadores, com Richet à frente, nunca deram com isto! Nem eles, nem os colegas, nem os companheiros, nem os amigos, nem ninguém, todos, provàvelmente, também alucinados. E' preciso ser contrário ao Espiritismo para perceber logo tudo.

O fato deve ser mais surpreendente que o próprio fenômeno psíquico. Mais do que surpreendente, assombroso! Uma alucinação daquelas deve espantar mais que qualquer fantasma. E não eram eles, sòmente, que se alucinavam, mas os que tomavam notas, os estenógrafos, os assistentes, os curiosos, os aparelhos de registro, as máquinas fotográficas...

Um caso mórbido, curioso, não há dúvida!...

Felizmente, não há como os psiquiatras para tocarem no ponto vulnerável da questão!...

JEAN GUZIK

O fato que surge à baila quando se fala nas fraudes de Guzik são umas célebres sessões na Sorbona, realizadas por cinco inexpertos: Langevin, Rabaud, Laugier, Marcelin, Meyerson.

O relatório apresentado por esses senhores acusa Guzik de fraude. Não que eles verificassem uma fraude qualquer, mas simplesmente e justamente, porque eles não verificaram nada. Deu-se aquilo a que já se referia Geley: — Eles não sabem como os fenômenos se realizaram, e como estes fôssem poucos e o médium os poderia ter feito por si, deduziram que houve fraude. Deduziram e afirmaram.

O eminente psiquista francês, examinando o relatório dos "cinco", demonstrou que ele era um modelo de incoerências e dislates.

Verifica Geley, em primeiro lugar, que a acusação repousava, tão só, numa hipótese —a de que o médium tivesse liberado uma perna e dela usasse para produzir os fenômenos. Mas o fato, ou a hipótese, nunca foram demonstrados — insiste Geley: Guzik nunca foi apanhado em delito de fraude, na Sorbona.

"Ora — continua o afamado clínico —, entre os fatos obtidos na Sorbona, conforme o relatório, há alguns inexplicáveis pela ação da perna do médium, fraudulentamente libertada.

"Basta, para convencer-nos, ler as atas das sessões. Eis alguns extratos:

"3.ª sessão, 9 de Novembro: "...faz-se a luz, logo depois da pancada recebida por Langevin, verifica-se que uma cadeira, à direita do médium, e pouco atrás, foi transportada a 1m,60, ao longo da mesa e por trás de Langevin..."

Nota de Geley: "O médium, assentado, não podia deslocar uma cadeira no espaço de 1m,60 por trás do seu fiscalizador."

E mais: "O cesto, distante 1m,10 da cadeira do médium, foi deslocado a 0m,75, à esquerda." Nota de Geley: "Um objeto colocado a 1m,10 da cadeira do médium, não podia ser acionado pela perna deste, assentado, nem, com mais forte razão, deslocado de 75 cm. Pelo menos, a fraude, se houvesse, teria necessitado de um recuo pronunciado da cadeira do médium, e um deslocamento do corpo, tão extenso, não poderia passar despercebido."

"E' preciso notar — acrescenta Geley — que o médium é de pequena estatura." E que estava seguro pelos professores — acrescentamos nós.

"Eis o flagrante e incontestável delito!", exclama o psiquista, e continua:

"Na mesma sessão, o cesto é ainda lançado sobre a mesa. Infelizmente, os experimentadores não verificaram um ponto capital: a que distância o cesto estava do médium. Por falta desse esclarecimento só se pode concluir que foi cometida imperdoável omissão.

"Como quer que seja, há contradição entre certos fatos e as conclusões dos experimentadores. Essa contradição é formal e vicia totalmente o relatório.

"Não é tudo. As atas são extremamente pouco afirmativas, no que concerne às impressões dos fiscalizadores. Eu cito:

"1.ª sessão, positiva. M. Langevin tem a impressão

de haver conservado o contacto com a perna e a mão direita do médium..."

"6.ª sessão, positiva. M. Meyerson **não tem a impressão** de haver perdido o contacto da perna do médium; mas não pode afirmar se fiscalizou a perna direita ou a esquerda do médium."

"Esta última frase é inconcebível. Como? O fiscalizador, antes mesmo do começo da sessão, não sabe se fiscaliza a perna esquerda ou a direita!... Ele não está certo de nada! Que testemunha!..."

"Em suma— quer **eles tenham a impressão** ou quer **eles não tenham a impressão** de ter conservado ou de haver perdido o contacto, "os controleurs" não estavam seguros de coisa nenhuma.

"Sem o hábito das experiências metapsíquicas, eles confessam francamente a sua incerteza, e têm razão. Mas que contraste entre essas dúvidas, essas reticências e as afirmativas decisivas da conclusão: "Os abaixo assinados declaram que sua convicção é completa e sem reserva."

Geley continua examinando o relatório dos inexpertos professores e conclui: "Em resumo: nenhuma prova de fraude; fatos em contradição com a hipótese de fraude. Eis o que ressurge das atas." (245)

Pois é nestas atas e naquele relatório incoerente que se firmam os doutos opositores e, logo para eles, os cinco fraquinhos examinadores que, sem prática nenhuma, se metem pelos difíceis caminhos do Psiquismo, é que passam a ser "os juízes competentes".

Entretanto, Guzik foi examinado em vários gabinetes científicos, por toda a Europa; meia centena dos mais eminentes vultos da Metapsíquica verificaram-lhe os fenômenos; fiscalizou-o, pessoalmente, o Dr. Eugênio Osty, diretor do Instituto Internacional, talvez o mais meticuloso e exigente de quantos cientistas se têm dado a tais pesquisas. Todos foram e têm sido unânimes em proclamar a supranormalidade dos fatos. Nada disso,

---

(245) G. Geley — "Frontière enchantée et Monde à l'envers". — "Rev. Metapsychique", 1923.

porém, impressiona. Há cinco professores que julgam não ter visto nada; que acham que o médium poderia ter liberado uma perna da fiscalização que eles exerciam; que ora têm a impressão, ora não têm a impressão de haver conservado ou haver perdido o contacto da dita perna; que acreditam houvessem uns tantos objetos sido movidos por essa perna infeliz, numa distância em que a perna não podia tocá-los. Esses é que são os juízes merecedores de fé. E o juízo desses juízes vale por uma declaração geral, um atestado de fraudulência, que não só atinge Guzik, senão ainda todos os médiuns do mundo, quaisquer que sejam.

HELENA SMITH

Não nos admira que, a respeito dos fatos passados diante de Richet e Crookes, e de tantos outros, cada um borde a seu modo o comentário que entender, e torça, a seu jeito, o caso como achar mais conveniente.

Não nos espanta ver deturpados, falseados, truncados ou negados fenômenos que se passaram no âmbito de sessões privadas, com reduzido número de testemunhas, embora fôssem elas de grande peso e de grande vulto.

E não nos espanta nem admira isso, quando fatos que aí estão ao alcance de todos, à vista de todos, são **embrulhados** da mesma forma.

Querem nada mais fácil de verificar que um livro? Há nada que possa desmentir-se com tanta facilidade como uma citação errada? Pois os adversários do Espiritismo, a cada passo, estão a apontar-nos trechos e autores a fim de corroborar as suas teses e os seus assertos. Mas, é darmo-nos ao trabalho de investigar as citas, e topamos logo com uma série de enganos, senão de erros injustificáveis em mãos de mestre.

O Dr. Flournoy escreveu um livro, **Das Índias ao Planeta Marte**, onde estuda a mediunidade de Mlle. Smith.

O livro está aí. Acha-se à venda o volume; obtê-lo-á quem quiser.

Pois o que nos diz o professor de Psicologia da Universidade de Genebra toma feição diversa, quando passa pelos lábios ou pela pena de um dos nossos conspícuos adversários.

E senão vejamos a seguinte passagem da conferência de um ilustrado catedrático paranaense:

"Grasset mostra que todos os fatos espiritistas têm sido reproduzidos pelos prestidigitadores. Um destes realizou sessões, cujo relato foi publicado como vitória notável do Espiritismo e no dia seguinte ele declarou que tudo era embaçadela e desvendou os seus truques.

Para mostrar a importância que se deve ligar aos trabalhos e revelação dos médiuns, lembra o que se passou com Helena Smith, que, como médium célebre, encarnava o espírito de Lorenza Feliciani, até o dia em que lhe demonstraram que Lorenza Feliciani não tinha existência real, pois era uma fantasia de Alexandre Dumas. Daí em diante encarnava e evocava Maria Antonieta."

Por felicidade, um livro não é uma sessão espírita e, assim, tomamos a liberdade de convidar o digno conferencista a perlustrar as páginas do professor de Genebra, a ver se lá se encontra semelhante "encarnação" de Feliciani.

Helena Smith nunca encarnou a personagem do romance de Dumas e nem mesmo a da infeliz rainha. O que se deu foi o seguinte:

Uma senhora B. disse à médium que ela podia ter sido, em outra existência, Lorenza Feliciani; essa senhora B. era viva e o caso é tão natural como o de vir alguém dizer-me a mim que fui o cardeal Richelieu ou ao ilustre conferencista que ele foi o tribuno Robespierre.

Tal dito pode entrar por um de nossos ouvidos e sair pelo outro, ou mesmo não sair por nenhum, mas o que nunca ninguém se lembrará de afirmar é que essa insinuação de um vivente seja uma fenômeno mediúnico.

Isso quanto a Feliciani.

Com referência a Maria Antonieta, sim, houve um fenômeno espírita, não de encarnação, mas de reencarnação.

Helena não encarnava Maria Antonieta. Ela fora a

própria Maria Antonieta, no dizer do guia que se manifestava, de nome Leopoldo. Esse é quem ela encarnava ou incorporava.

Aliás, o caso da Feliciani está perfeitamente explicado pelo próprio Flournoy. Leia o conferencista o que nos diz esse autor a págs. 91 do seu livro citado e, se não se contentar, acompanhe-nos no seguinte trecho:

"...Foi alguns meses depois desse incidente, que se soube pela mesa, a 30 de Janeiro de 1894, que Helena era a reencarnação de Maria Antonieta. Lembremo-nos de que, nesse intervalo, ela havia acreditado, durante certo tempo, ser a de Lorenza Feliciani; há a notar, entretanto, que essas duas identificações sucessivas não têm a mesma garantia ou significação psicológica. Com efeito, foi Mlle. Smith, em estado de vigília, isto é, em sua personalidade normal, que aceitou a hipótese de Mme. B., de que era ela a reencarnação de Lorenza, *mas a mesa,* isto é, sua subconsciência, conservou-se sempre muda sobre este ponto. Ao contrário, a ideia de ter sido Maria Antonieta não parece ter sido aventada pela consciência ordinária de Helena, até o dia em que Leopoldo revelou esse segredo pela mesa."

E, em uma nota, diz o Sr. Flournoy:

"Mlle. Smith assegura atualmente que nunca acreditou sèriamente que fôsse a reencarnação da Feliciani, mas que, não tendo razões para repelir em absoluto essa hipótese de Mme. B., conservou-se em um silêncio dubitativo, que os que a rodeavam interpretaram, sem razão, como acquiescência de sua parte." (246)

Foi-nos possível ir ao encalço do professor Grasset nesse tópico da Feliciani. Ele aí sempre nos deu alguns nomes. Do caso, porém, do prestidigitador, a que o mesmo Grasset se refere e que reproduzimos no parágrafo citado, nada podemos dizer, pela muito simples razão de que nada pudemos saber.

*
* *

(246) **Th. Flournoy** — **"Des Indes à la Planète Mars", página 364.**

Sobre estas importantes experiências, o que n'"O Espiritismo no Brasil" se diz é o seguinte:

"O caso de Mlle. Smith, analisado por Flournoy, deu margem a três romances sonambúlicos, o ciclo hindu e o ciclo real, inspirados na noção espírita da reencarnação, e o marciano, em que foi criada uma língua inédita. *Os dois primeiros são tão inverossímeis quanto difíceis de verificação,* ao passo que o último nada mais é que um disfarce pitoresco do francês."

Dir-se-á, depois desta informação, que é tudo bobagem nos **romances subliminais** de Mlle. Helena; casos inverossímeis e difíceis de verificar, uma coisa, pois, absurda, sem vislumbre de realidade, nem jeito de verificação. Romances sonambúlicos...

Entrementes, expliquemos aquilo o que era.

No **ciclo hindu**, a médium dizia-se a reencarnação de uma princesa Simandini, que existia na Índia, no século XV, e que fora casada com o príncipe Sivrouka Nayaka. Esse príncipe vivera em Kanara e aí fizera construir, em 1401, a fortaleza de Tchandraghiri. Por fim, Simandini fora queimada viva em seguida à morte do marido, que era muito ciumento.

Inverossímil tudo isto! Ora, vejamos o que relata o próprio professor Flournoy:

"O modo por que Simandini se assenta, com as pernas cruzadas, meio recostada, indolentemente reclinada ao braço de Sivrouka; a religiosa e solene gravidade de suas prosternações; a suavidade melancólica de seus cantos, extensas e lânguidas melopeias; a elegância de seus movimentos ágeis, ondulantes, serpentinos quando se diverte com um macaco imaginário, e o acaricia, e o excita, e o abraça, e ralha com ele, rindo, e lhe faz repetir as momices; toda essa mímica diversa, esse falar exótico têm tal cunho de originalidade, de naturalidade, de realidade, que perguntaríamos, com assombro, donde vem a essa jovem das margens do Lemano, sem educação nem conhecimentos especiais do Oriente, tal perfeição de cena, a que não atingiria a melhor atriz senão à custa de longa estada nas bordas do Ganges." (247)

---

(247) **Th Flournoy** — "Des Indes à la Planète Mars", página 272, 4.ª ed.

Até agora o **inverossímil**. Vejamos, a seguir, o que diz respeito à **dificuldade de verificação**, que o escritor pôs em paralelo com a inverossimilhança, para que se tivesse a certeza de que esses assuntos espíritas são tudo o que há de invenção e irrealidade.

Estará toda a gente a pensar que aquela "dificuldade de averiguação" significa impossibilidade de se descobrirem os relatos de Helena quando ela faz emergir dos refolhos da alma a sua vida de princesa asiática.

Entretanto, o Prof. Flournoy, que vivia enfurnado nas bibliotecas, procurando verificar a exatidão dos "casos subliminais", descobriu uma antiga história da Índia, de Marlés ("Histoire Générale de l'Inde Ancienne", Paris, 1828), e deu com o seguinte passo:

"O Kanara e as províncias limítrofes do lado de Delhi podem ser encarados como a Geórgia do Hindostão; é lá, diz-se, que se encontram as mais belas mulheres, de que os maridos são muito ciumentos...

Tchandraghiri, cujo nome significa montanha da lua, foi uma vasta fortaleza, construída em 1401 pelo rajah Sivrouka Nayaca..."

Tudo, pois, absolutamente exato. As cenas representadas pela "sensitiva" eram de assombrar pela sua naturalidade; elas demonstravam o mais perfeito conhecimento dos usos e costumes orientais; além da fidelidade da exposição, notava-se a da linguagem, tanto mais difícil quanto já tinha sido apagada pelo tempo da memória dos homens. Finalmente, o que havia de mais impressionante é descoberto em uma velha história perdida nas estantes de uma biblioteca... Isto tudo, porém, para o ilustrado professor, é inverossímil e difícil de verificação.

Que nem sempre foram fáceis de se toparem os informes de Helena, assim era. Mas essa dificuldade tornava mais curioso o fenômeno, visto como demonstrava a impossibilidade, para a moça, de ter sabido o que dizia e ter aprendido o que fazia.

Mas se esse fato é motivo de dúvida, vamos verificar que ele não **existe** já no ciclo **real**, onde Simandini reencarna, e assume o destino de Maria Antonieta.

Já não são difíceis de averiguar os episódios relacionados com a vida da infeliz rainha de França, os quais pertencem ao domínio da História moderna. E Helena, quando fazia lembrar a existência daquela mártir, era sempre impecável nos gestos, na fala, nos modos, nas reminiscências, de modo que, quando o transe se tornava completo, raramente se lhe via um anacronismo, um engano, um erro histórico.

O que aí fica é o bastante para que se saiba **de como se conta a história.**

CARLO MIRABELLI

Esse médium, de origem italiana, há muito tempo residente no Brasil, é tido algumas vezes por exímio escamoteador, outras por fraudador reles. Por outro lado, pessoas de grande responsabilidade garantem a autenticidade dos fatos extra-normais produzidos a sua custa.

A nossa dúvida, portanto, era grande. Se, amigos nossos, como Bernardino Filho e pessoas insuspeitas de sectarismo, juravam pela mediunidade de Mirabelli, de quem falavam com grande entusiasmo, outros, também merecedores de fé, afirmavam que ele já tinha sido apanhado em flagrante embuste.

Bernardino, para que não nos restasse dúvida sobre os dons do seu amigo, ficou de trazê-lo a nossa casa. Em vista do que se dizia do médium, só não recusamos tal visita, por no-lo impedirem os preceitos de educação. Acrescia a circunstância de nos afirmarem, e nisto não havia discrepância entre os seus próprios admiradores, que o médium era seguido por Espíritos turbulentos, o que em linguagem espírita se chamaria um "indivíduo mal acompanhado".

Quando ele aparecia numa casa, as louças se quebravam; onde ia, objetos de vária espécie levitavam e se projetavam nos assistentes ou nele próprio; a vidralhada partia-se ruidosamente nos armários e prateleiras e os estilhaços voavam pelo espaço, quando não se lançavam nos assistentes ou no médium. Na Federação Espírita do Estado do Rio, com o salão repleto, um quadro enorme desprendeu-se da parede e atirou-se na testa de Mirabelli, causando a todos um enorme pânico. Quinhentas pessoas testemunharam isto.

Como é de ver, não tínhamos vontade nenhuma de presenciar essa perigosa mediunidade, e muito menos a tinham as pessoas de nossa família. E, se juntarmos a tudo, o mal que se dizia dele, fácil é conjeturar a contrariedade de que fomos tomado quando, numa bela tarde, ele nos apareceu em casa acompanhado de uma senhora e do Bernardino.

A nossa cara deveria ter sido, no momento, a do lavrador quando vê surgir no horizonte uma nuvem de gafanhotos. Havia, ainda, a notar, a circunstância de achar-se enferma pessoa da nossa família, a quem as façanhas de Mirabelli inspiravam um invencível pavor. De sorte que, não poderia haver, naquele instante, para nós, criatura mais indesejável.

Escondemos como nos foi possível o nosso aborrecimento, enquanto Mirabelli se sentava, jovialmente e à vontade, numa cadeira de balanço.

Apesar de simpático, Mirabelli é muito espetaculoso. Hiperbólico, cheio de gestos, falando alto e nem sempre a propósito, com rompantes na voz, movimentos bruscos, violentos, por vezes assusta; aos indivíduos desconfiados dá logo má impressão.

As poucas pessoas de casa estavam juntas à enferma. Na sala, apenas a senhora que veio com Mirabelli, este, o Bernardino, o industrial Daniel de Brito e nós.

Logo depois de haver chegado, Mirabelli pôs-se a discorrer num italiano detestável, mesclado de palavras portuguesas e castelhanas, muitas com a acentuação errada; era um Espírito que falava. Do que o Espírito disse, pouco se aproveitou; lugares comuns, um palanfrório inútil e dispensável. O interessante é que esse Espírito se despediu dando o nome de Lombroso.

— Como se calunia um pobre morto! — pensávamos nós.

Mirabelli, depois da retirada do criminalista, pareceu acordar, embora não se lhe notasse o menor sinal de transe mediúnico. Perguntou o que dissera o "Espírito" e quem era. Repetimos a bobagem que o médium pronunciara, quando falava por Lombroso, e ele, grave, setencioso, depois de refletir um pouco:

— E' o que eu penso! Lombroso pensa como eu!...

— Mas que grotesco charlatão — dizíamos com os nossos botões, e, se de um lado nos entristecia ver que aquele homem era uma fonte perene de desprestígio para a Doutrina Espírita, por outro lado, tranquilizou-nos a convicção de que os nossos pratos já não corriam iminente perigo, uma vez que a mediunidade ali era uma burla.

Estávamos nesse solilóquio, quando o médium se virou para o Daniel de Brito e disse que ali via um parente dele, falecido. E começou a falar...

Ele falava e o Daniel se perturbava. E' que o médium começara a revelar fatos íntimos, surpreendentes, uns que conhecíamos, outros apenas sabidos do Daniel. Em breve desvendou todo o passado do jovem, como se fôsse o parente morto que estivesse ali falando. Dir-se-ia que a infância e a mocidade do rapaz não tinham segredos para ele e, entretanto, era a primeira vez que o via e que com ele tratava. Disso ninguém tinha dúvida.

Nem se diga que o Daniel era pessoa conhecida e relacionada; pequeno e modesto industrial, mal principiava a vencer as dificuldades da vida, espinhosas para ele até então, vida apagada, triste, trabalhosíssima. Tudo o Mirabelli desvendou, dizendo que os casos lhe eram relatados pelo pai de Daniel, falecido há muitos anos, e que, de fato, deixara o filho, com outros irmãos, desprovidos de recursos. E o homem parecia que sabia tudo, que tinha conhecimento de tudo. Não lhe escapavam os pormenores.

Entrámos a tremer de novo pela sorte dos pratos.

Como alguém viesse dizer que a doente estava muito nervosa e assustada, Mirabelli resolveu dar-lhe água fluidificada. Para isso, mandou que arranjassem vasilhas.

Entrementes, continuou a dizer particularidades sobre a vida dos presentes e até dos que estavam no quarto. Parecia que um sopro mágico lhe tinha atravessado o entendimento.

Posta a água numas garrafas, dirigimo-nos para a sala de jantar, que era contígua à sala da frente. Ia fazer-se a concentração necessária.

As garrafas ficaram numa extremidade da mesa e o Brito, o Bernardino, o Mirabelli e nós nos assentámos junto à porta da sala da frente, a uns quatro ou cinco metros das garrafas, todos de mãos unidas, para estabelecer a corrente.

A sala em que nos assentámos estava perfeitamente iluminada por duas lâmpadas de cem velas, colocadas no salão contíguo. O nosso fim visava, apenas, tornar medicamentosa, pela ação dos Espíritos, a água das garrafas, ou fluidificá-la, como comumente se diz.

Acedemos ao convite de Mirabelli, aliás, sem grande entusiasmo.

Um de nós declarou que parecia haver Espíritos na sala.

— Pois que se manifestem — gritou Mirabelli, com voz imperativa.

Imediatamente, à vista de todos, uma das garrafas levantou-se a meia altura das outras e bateu nelas com toda força, repinicando por espaço de uns cinco a dez segundos, depois do que voltou a ocupar o seu lugar. Chegámos a pensar que elas se tivessem rachado.

O fato foi francamente visto e ouvido, sem sombra de hesitação. Quem permanecia na sala de visitas e no quarto também ouviu o tilintar dos vidros. A doente ficou enormemente alarmada.

Estávamos nós muito satisfeito, por ter tido, enfim, a prova da mediunidade de Mirabelli, quando este preveniu, espantado: — E' preciso cuidado, agora; acaba de entrar uma falange de obsessores!...

O sangue fugiu-nos, de repente: era a louça, que voltava a perigar. Vieram-nos à mente, em tropel, todos os relatos das depredações realizadas pelos Espíritos inferiores com os fluidos daquele médium. Víamos em estilhaços os nossos cristais; e, o que ainda era pior, sentíamo-nos ameaçados de levar com os cacos pela cabeça.

A posição de Mirabelli era inquietante; pernas arqueadas, a torcer o pescoço de um para outro lado, o dorso bombeado, parecia a figura de Triboulet. Mas em vez dos esgares do riso, tinha o terror pintado na fisionomia.

— Estão ali — dizia ele. — Querem quebrar... Vão quebrar!... Livrem o rosto!...

E ele, mesmo, punha as mãos diante da cabeça, como anteparo, fazia-se pequeno, para diminuir o alvo e olhava de viés, para determinado ponto, onde deviam estar os invisíveis, maquinando as tropelias.

— Desta vez não escapa nada nesta casa — pensávamos nós, já arrependido de ter acedido àquela fluidificação, que prometia acabar mal.

À falta de melhor providência, fechámo-nos numa concentração profunda.

A esse tempo a doente saltava da cama e vinha pedir-nos que acabássemos com a sessão".

Bernardino, pálido, já acostumado àquelas cenas, e, pior ainda, aos estragos, fazia-nos sinais com os olhos, como a dizer-nos que o momento não era para graças.

Felizmente, "o ambiente" melhorou. Bernardino, Mirabelli e a senhora retiraram-se. Os de casa ficaram combalidos. Quem piorou foi a doente.

O autor destas linhas sentou-se numa cadeira, suando, exausto, aniquilado. O louçame estava, felizmente, intacto.

*

* *

Restou-nos, como consolo, a certeza inabalável dos dons mediúnicos de Mirabelli.

Além da manifestação de ordem intelectual, houve a de ordem física — a das garrafas. Delas não se aproximara o médium. A não ser a empregada, que as encheu e colocou em cima da mesa, ninguém lhes tocou. Na sala, suficientemente iluminada, havia as já mencionadas pessoas, numa extremidade, longe dos vidros, e de mãos presas uns nos outros.

O fenômeno se produziu, mal nos sentámos. O artifício seria impossível, em curto espaço de tempo; mas, nem esse espaço de tempo houve. Um truque era absolutamente irrealizável.

Dos fenômenos objetivos

Numa conferência sob o título "A interpretação psicológica dos fenômenos espíritas", resumida n"O Globo" de 5-6-31, o humanitário clínico Dr. Murilo Campos, frisa que o Espiritismo remonta a Allan Kardec e que este ignorava a noção só mais tarde firmada pela Psicologia, das divisões do Eu, das cisões ou desdobramento da personalidade. Cita o caso da senhorita Beauchamps e declara que é, precisamente, essa divisão do Eu o que se verifica no transe mediúnico; a memória e a imaginação subconsciente, sobretudo esta última, marcada por uma nota de puerilidade, a denotar uma regressão infantil, chegam, por assim dizer, a constituir no médium uma função espiritógena, que cria as personalidades imaginárias com que ele se põe a conversar. Acha que essas "perturbações psico-sensoriais" nada têm de estranho para os que se entregam ao estudo de psicologia normal e patológica, aceita a telepatia inter-vivos como explicação do fenômeno, lembra, contra a hipótese da "desencarnação" — (parece que o professor quer com o termo significar a incorporação mediúnica) —, o apoucamento intelectual dos desencarnados, o que passa despercebido às pessoas medíocres, refere-se ao pêndulo de Chevreul e, por fim, aos três casos célebres de materialização observados por Crookes, Richet e Morselli; não os julga escoimados de erro, e, a serem verdadeiros, não passariam de emanações do próprio médium. (248)

Não faz parte do programa deste livro demonstrar

---

(248) **Murillo de Campos** — Conferência na Liga de Higiene Mental", em 5 de Junho de 1931.

o erro das hipóteses aventadas para a explicação dos fenômenos. Não nos demoraremos, por isso, na "dupla personalidade" ou na personalidade múltipla que o Dr. Murilo apresenta como o "abre-te Sésamo" de toda essa história de "espíritos". Vamos, porém, lembrando, desde já, que é engano supor que Kardec deveria ignorar as divisões do Eu, ou que as ignorem os espíritas.

Já em 1876, o Dr. Dufay descrevia na "Revue Scientifique" os estados de personalidade de Mlle. R. L. Casos idênticos eram apresentados em época anterior por Alfred Maury, por Bersot, por Lemoine, por Marvaud.

Este escreveu, em 1871, um importante livro onde estuda, convenientemente, o assunto. (249)

O caso clássico de Felida, embora só mais tarde fôsse publicado, remonta ao ano de 1856; datam daí as observações do Dr. Azam. (250)

Se quisermos obras de épocas mais afastadas, não é difícil encontrá-las. Mach Nish publicou, em 1830, uma obra notável, onde estuda, minudentemente, um caso de dupla personalidade. (251)

E se não nos detivermos aí, veremos que o caso já era anteriormente conhecido. Já havia sido ele lembrado em 1816 por Michel e Nott no seu trabalho — "Repositório Médico". (252)

Não se trata, portanto, dum descobrimento recente de Psicologia, nem de novidade revelada pelos modernos psiquiatras.

Que os casos nunca passaram despercebidos aos autores espíritas, nota quem lhes conhecer as obras. Léon Denis, o continuador de Allan Kardec, tem um capítulo inteiro do seu livro — "O Problema do Ser e do Destino", destinado a essa espécie de fatos, com o título: — "A personalidade integral".

---

(249) **Marvaud** — "Le Sommeil et l'Insomnie, Etude Physiologique, 1871.

(250) **Dr. Azam** — Hypnotisme. Double Conscience et Alterations de la Personalité".

(251) **Mach Nish** — Philosophy of Sleep", 1830.

(252) **Michel e Nott** — "Medical Repository", 1816.

Que ele sabia fazer as necessárias distinções, dizem-no as suas seguintes linhas:

"Em certos casos vê-se aparecer em nós um ser muito diferente do ser normal, possuindo não só conhecimentos e aptidões mais extensas que as da personalidade comum, mas, além disso, dotado de modos de percepção mais poderosos e variados. Às vezes, mesmo, nos fenômenos de *segunda personalidade* o caráter se modifica e difere por tal forma do caráter habitual que observadores houve que se julgaram na presença de outro indivíduo.

Cumpre fazer bem a distinção entre esses casos e os fenômenos de incorporação de defuntos. Os médiuns, no estado de desprendimento sonambúlico, emprestam, às vezes, o seu organismo, conservado livre, a entidades do Além, a Espíritos desencarnados, que dele se servem para comunicar com os homens; mas, então, os nomes, as particularidades, as provas de identidade fornecidas pelos manifestantes não permitem confusão alguma. A individualidade invasora difere radicalmente da do paciente. Os casos de Pelham, de Roberto Hyslop, de Fourcade e outros nos demonstram que as substituições de Espíritos não podem ser confundidas com os casos de personalidade dupla." (253)

Explicar o fenômeno espírita, apresentando o das personalidades múltiplas é não explicar coisa nenhuma, uma vez que estes últimos, já por si, precisam de explicação. E além do nome com que o batizam, e de umas considerações vagas e variáveis com que o acompanham, os doutos nada mais elucidam a respeito.

O muito conhecido psiquista inglês, Walter Prince, havia principiado suas experiências pelo fenômeno da dupla personalidade e, de estudo em estudo, chegou ao fenômeno espírita. Seguiu caminho inverso ao do Dr. Murilo Campos. E porque as suas observações foram longas e minuciosas, em ambos os casos, pôde estabelecer as diferenças que se notam entre um e outro. Estas se podem sintetizar em vinte e quatro itens, que ele desdobrou e explicou, demonstrando que não se podem confundir fenômenos espíritas com fenômenos anímicos. (254)

---

(253) **Léon Denis** — "Le Probléme de l'Être et de la Destinée". Paris. Ed. Durville, pág. 75.

(254) **Walter Prince** — Proceedings of American Society, 1915.

Antes, aqueles nos vem elucidar sobre estes. Partindo do animismo, melhor podemos compreender o Espiritismo, como em dezenas de monografias vem explicando e demonstrando Ernesto Bozzano, diante de cuja lucidez e inabalável lógica se deixam ficar cheios de assombro tantos quantos têm a fortuna de conhecer a sua vasta obra.

Não se poderá acusar o escritor Prince de desconhecimento do fenômeno, em torno do qual o ilustrado Dr. Murilo faz girar os casos espíritas. Ele o estudou longa e minuciosamente. E talvez se houvesse deixado iludir, se não tivesse a oportunidade de encontrar um médium ótimo de incorporação de Espíritos, a Sra. Chenoweth.

Prince relata, em importante obra, as suas observações com essa médium e as conclusões a que se viu arrastado, chegando, finalmente, à hipótese espírita. (255)

*

* *

Seria muito difícil, diremos, mesmo, impossível, comprimir, no caso particular da personalidade múltipla, todos os casos de psiquismo.

Quê? Há objetos que se movem, luzes que se acendem, casas em que se ouvem ruídos insólitos?... Tudo tão simples, já se vê: — é a dupla personalidade.

Há indivíduos que ouvem, que sentem e que vêem, sem que ninguém lhes fale, lhes toque ou lhes apareça, entre os vivos... Claro: — é a dupla personalidade.

Há quem escreva sem saber como, sem perceber donde lhe vêm as ideias; quem veja mover-lhe o braço e surgirem as frases; há mesmo as escritas diretas, em que o escrito aparece sem que ninguém escreva... Não se poderá vacilar: — é a dupla personalidade.

Há quem, no estado de transe, se apresente como um defunto, e como tal se identifique; e diga coisas não sabidas por si, pelos circunstantes, e, às vezes, por ninguém; que traga notícias que não se percebe onde fo-

---

(255) **Walter Prince** — "The Mother of Doris".

ram hauridas... Pois é cristalina a explicação: trata-se da dupla personalidade.

Há quem escreva uma carta e a deixe inacabada, indo encontrar-se-lhe o fecho escrito por outro indivíduo, ficando ambos, que, muitas vezes, nem se conhecem, intrigados com o enigma: — dupla personalidade.

Há quem ouça melodias, sem que lhes descubra a proveniência, que fale línguas estranhas e até arcaicas, sem nunca as haver aprendido, quem escreva com o estilo, a letra, as peculiaridades e a assinatura do morto... Não há que esmiuçar, tudo se resolve com a enunciação de uma palavra mágica: — é a dupla personalidade!

Logo se vê o absurdo da explicação, mesmo emprestando-se ao vocábulo latitudes inconcebíveis, à simples enumeração dos fenômenos em suas diversas modalidades.

*

* *

Os fatos espíritas classificam-se em duas grandes divisões: os objetivos e os subjetivos. Na primeira se encontram os variados casos de materialização e desmaterialização, os de levitação, de transporte, as luminosidades, as moldagens, as casas assombradas (**poltergeist**, dos alemães), a fotografia psíquica, as vozes diretas. Na segunda, a psicografia, a visão, a audição, a sensibilidade, a incorporação, a aparição de fantasmas (fluídicos), a aparição de defuntos nos leitos mortuários, a música transcendental, a correspondência cruzada, a identificação de Espíritos, as previsões, os avisos, as curas psíquicas, o diagnóstico e prognóstico transcendentais, a xenoglossia ou fala de línguas estranhas, a escrita com os caracteres do morto...

Além destes há os de caráter misto, como os de televisão, os de teleaudição, de telestesia, de psicometria, entre outros.

Como se nota, a lista é longa, variada, complexa; reduzir tudo a uma modalidade única, dar como causa geral uma dessas modalidades, cuja causa, por sua vez, os doutos ainda não descobriram, é gracejar em matéria científica, senão proceder como em matéria religiosa, onde se procura explicar o conhecido com o desconhecido, o certo pelo vago, e onde, por se fugir ao flagrante de erro, busca-se algo de inatingível, ou seja uma figura imaginária, que pode tomar a forma que se deseja e produzir os efeitos que se quer, conforme as circunstâncias.

Não é nosso intuito estendermo-nos na teoria explicativa, visto como o fim deste trabalho é a exposição dos fatos. E ainda porque a sua inteira exposição equivaleria a toda a história do Espiritualismo, vamos limitar-nos, neste capítulo, às principais ordens de fenômenos, com os exemplos melhor autenticados e por onde não se lhes possa duvidar da genuinidade.

Deter-nos-emos, entre os fenômenos objetivos, nos de materialização, que os nossos psiquistas **in fieri** circunscrevem aos casos de Richet e Crookes; e aos de levitação por sua notoriedade e importância.

Entre os subjetivos, aos de cura e previsões, por serem quase que unânimemente negados pelos vultos de maior responsabilidade e representação nas letras e nas ciências do país.

MATERIALIZAÇÃO

No próprio laboratório do afamado cientista francês Dr. Paul Gibier, produziram-se fenômenos de materialização de fantasmas.

Servia de médium Madame Salmon. As senhoras dos médicos que assistiam às experiências eram encarregadas de vigiar a médium, despi-la, examiná-la e revesti-la de preto, a fim de que ela não se confundisse com os fantasmas, que apareciam vestidos de branco.

A médium era colocada numa caixa metálica, com cadeado, ficando a chave em poder do Dr. Gibier. Esse médico tinha a ajudá-lo, apenas, os seus preparadores, que o auxiliavam nos trabalhos de biologia.

A fiscalização era rigorosa e observada pessoalmente por Gibier, o qual lançava mão de todos os recursos para verificar qualquer indício de fraude. Esta, entretanto, ele nunca pôde perceber, mau grado sua constante e infatigável vigilância.

Com luz suficiente para verificar o que se passava no laboratório, o Dr. Gibier e seus colegas notaram diversas aparições, variando na forma, no talhe, e até na voz. Foram vistos muitos fantasmas de crianças. As formações ectoplásmicas, à semelhança das descritas por Carlos Richet, surgiam, gradualmente, à vista dos observadores; elas se operavam diante dos assistentes. As formas vaporosas iam-se condensando, até tomar o aspecto de corpos vivos, que se deslocavam, andavam, falavam e apertavam a mão dos observadores, enquanto a médium jazia desacordada e visível à luz do laboratório. Interrogados os Espíritos, eles se diziam personalidades que já tinham passado pela Terra. (256)

*

* *

No Congresso Espiritualista realizado em Paris, no ano de 1900, o Dr. Bayol, senador das Bocas do Ródano, ex-governador do Dahomey, expunha os fenômenos de materialização de que ele foi testemunha em Arles e Eyguières. O fantasma de uma jovem romana, Acella, cujo túmulo se encontra em Arles, na França, no antigo cemitério de Aliscamps, materializou-se, a ponto de deixar a impressão do rosto, em parafina fervendo; essa impressão não foi feita em côncavo, mas em relevo, o que seria impossível, se praticada por um ser vivo.

Tais experiências, rodeadas das necessárias precauções, tiveram a testemunhá-las personalidades de grande valor, entre as quais se destacavam, além do experimentador, o prefeito local, um general de divisão, o poeta Mistral, médicos, advogados, industriais, etc. (257)

*

* *

---

(256) **Dr. Paul Gibier** — "Compte rendu officiel du IVme. Congrès de Psychologie", 1901. "Annales des Sciences Psychiques", 1901.

(257) "Compte rendu du Congrès Spiritualiste International" de 1900.

Léon Denis — "Le Problème de l'Être", pág. 121 (14.º milheiro).

Conta Aksakof que um poderoso médium dava importantes sessões em Liverpool. Estas sessões eram de caráter privado, porque o médium era pessoa de destaque na sociedade inglesa e recusava-se a toda e qualquer publicidade.

Às reuniões assistiam S. Balfour, o poeta Henry Pride, J. Burns, o Dr. Hitchman, sábio distinto, presidente da Sociedade de Antropologia e autor de várias obras notáveis.

A iluminação, durante o transe mediúnico, era suficiente para que se pudesse ler no aposento, para que se visse distintamente o que aí se achava e se distinguissem as formas materializadas. De uma vez, apareceram sete fantasmas, que foram vistos ao mesmo tempo. Conseguiu-se fotografar um deles e o médium. Os assistentes tiveram ocasião de verificar, à luz da sala, o médium em transe e as formas materializadas.

J. Burns, a pedido do conselheiro Aksakof, fêz um extenso relatório dessas experiências, não muito conhecidas, por se tratar de um médium que não queria ruído em torno de seu nome, ainda preso, como estava, aos preconceitos da época. (258)

Apesar de não ter tido tais experiências a divulgação de outras, vários relatos passaram à posteridade. Um deles foi feito por Luísa S. Nosworthy, no "Spiritualist". Outro, mais importante, é da autoria de Carlos Blackburn, nome muito conhecido entre os psiquistas ingleses. (259)

O Dr. Hitchman, descrevendo uma das sessões declara:

"Sucedia-me, frequentemente, entrar no gabinete, no encalço de uma forma materializada e então eu a via, ao mesmo tempo que via o médium, o Sr. B. Creio, pois, ter adquirido a certeza mais científica que é possível, de que cada uma dessas formas aparecidas era uma individualidade distinta do médium, pois que as examinei com vários instrumentos;

---

(258) **A. Aksakof** — "Animismus und Spiritismus".

(259) **C. Blackburn** — Psychological Review, 1878, t. I. página 348.

verifiquei-lhes a respiração, a circulação, medi-lhes a estatura, a circunferência do corpo, tomei-lhes o peso. Essas aparições, de nobre e graciosa aparência, dir-se-iam organizadas, gradualmente, à custa de certa massa nebulosa e desapareciam instantâneamente.

Sou de parecer que deve haver ali uma existência qualquer, em qualquer parte, e que, em nossas sessões, os seres inteligentes, como os víamos, tomavam uma aparência corpórea...

Tive, por muitas vezes, o ensejo, perante várias e competentes testemunhas, de conservar-me entre o médium e o Espírito materializado, de apertar a mão deste último, de conversar com ele cerca de uma hora.

Nestas condições é-me impossível aceitar as hipóteses fantasistas que por aí andam, tais como as ilusões, a cerebração inconsciente, a força psíquica, a nervosa e outras..."

Na importante "Revista Fisiológica" esse apreciado médico descreve as suas observações pelos processos científicos, "como se poderiam desejar para os trabalhos químicos de laboratório ou outros quaisquer." (260)

*
* *

Com grande abundância de pormenores, Aksakof relata as sessões de materialização que observou pela mediunidade de Eglinton.

Essas sessões eram iluminadas com luz suficiente. Numa delas foram vistos importantes fenômenos, que não deixavam a menor dúvida a respeito de sua transcendência.

Descreve o experimentador:

"...O magnésio foi aceso e o hospedeiro descobriu a objetiva; divisei nesse momento a forma de Eglinton banhada de uma luz deslumbrante; ele parecia dormir tranquilamente, com as mãos cruzadas no peito; via-se-lhe no ombro uma terceira mão, enquanto uma quarta lhe aparecia sobre a

---

(260) **William Hitchman** — "Ourselves and Science". — "Physiological Review", Abril de 1879.

cabeça. Essas mãos eram vivas, mãos naturais. Foi tirada uma fotografia. Pensei que a sessão houvesse terminado; mal o fotógrafo sentara-se, porém, uma grande forma, vestida de branco, de aspecto masculino, com um turbante, também branco, surgiu de trás da cortina e deu alguns passos no aposento. — E' Abdullah — observei. — Não, respondeu o hospedeiro, essa forma tem as duas mãos.

A forma de Abdullah, que nos aparecera em São Petersburgo, só tinha a metade do braço esquerdo.

Como para confirmar aquela última observação, o fantasma fêz um movimento com os dois braços e desapareceu por trás da cortina.

Segundos depois, Eglinton mostrou-se, acompanhado pela mesma figura que acabávamos de ver. Pela segunda vez, inflamou-se o magnésio e eu olhei com estupefação para essa grande forma humana, que rodeava e sustinha Eglinton com o braço esquerdo; o médium, em transe, tinha grande dificuldade de manter-se em pé.

Eu estava sentado a cinco passos de distância e podia contemplar perfeitamente o estranho visitante. Era um homem perfeitamente vivo; distingui-lhe, nìtidamente, a pele animada do rosto, a barba negra, natural, as sobrancelhas espessas, os olhos penetrantes e severos, que fixaram a chama durante quinze segundos, enquanto ela brilhou.

Quando o Sr. N. pronunciou — agora — para advertir que era preciso fechar o obturador, o fantasma desapareceu atrás da cortina, mas não levou o médium, que caiu no chão como um corpo inerte.

Nenhum de nós se moveu, pois sabíamos que o médium estava sob a influência de uma fôrça que escapava à nossa fiscalização. A cortina logo se abriu e a mesma figura apareceu; inclinada sobre Eglinton começou a fazer-lhe passes.

Olhávamos com admiração aquele espetáculo, até que Eglinton se levantou. Estava abatido, tinha sangue nos lábios. Só no fim de um quarto de hora e depois de vigorosas fricções, respirou profundamente e abriu os olhos.

As experiências foram coroadas do melhor êxito, mas muito custaram a Eglinton, que ficou enfermo, em grande estado de esgotamento, chegando a ter hemorragias pulmonares." (261)

*
* *

(261) **Aksakoff** — "Animismus und Spiritismus".

Ernesto Bozzano, na sua refutação à obra de René Sudre, apresenta os quatro casos, que ele considera os casos clássicos de materialização, os quais, só por só, bastariam para demonstrar, irretorquìvelmente, a existência do fenômeno; as condições em que eles se desenvolveram, as circunstâncias que os rodearam, as modalidades verificadas, a fiscalização exercida, os vários casos que, concomitantemente, se observaram, tudo era de molde a não deixar dúvidas, se a excessiva incredulidade não fôsse tão pernicioso mal como a credulidade exagerada.

O primeiro dos casos clássicos é o da Katie King, com a médium Florence, das experiências de William Crookes, a que já nos referimos.

O segundo é o de Estela Livermore, obtido por intermédio de Kate Fox. Desse, em regra, se conhece o pequeno resumo que consta dos trabalhos de Aksakof, por serem os mais populares.

Infelizmente, não nos é possível, também a nós, nos estendermos, visto que pretendemos, apenas, numa relação apressada, demonstrar que os fenômenos de ectoplasmia completa não se limitaram aos médiuns e às experiências de Crookes e Richet.

Bozzano foi às fontes principais: a Bejamin Coleman, a Epes Sargent, a Robert Dale Owen, ao "The Spiritual Magazine", e às próprias descrições de Livermore, em cuja casa se realizaram as sessões de maior vulto.

Charles Livermore era conhecido banqueiro de Nova York, homem inteligente, independente e ilustrado. A princípio céptico, só a custo consentiu em assistir aos fenômenos produzidos pela mediunidade de Katie Fox, e entre os quais se contava a materialização de sua falecida esposa, Estela Livermore.

Ficou, então, convencido e deslumbrado com o que presenciou.

Acompanharam-no, nas experiências, homens de valor, o que é fácil de imaginar, dada a alta categoria social de Livermore.

As sessões, depois de certo tempo, eram observadas

em plena claridade, tendo o concurso de grandes globos luminosos de origem supranormal, o que já constituía um fenômeno interessante. Dessa parte se incumbia um operador invisível, e esse era Benjamin Franklin.

Franklin também se materializava e, de fato, muito se parecia com o grande estadista americano.

A materialização de Estela tornava-se cada vez mais nítida e impressionante, como se os invisíveis fôssem adquirindo prática. Ela se pronunciava em francês, língua que falava quando viva e que a médium não conhecia; escrevia com a letra que tivera; identificava-se por todos os meios possíveis, e, não eram os menos convincentes, os traços perfeitos de sua fisionomia.

Não se podia negar falta de tempo para um exame minucioso: as sessões duraram o espaço ininterrupto de cinco anos e foram em número de 388.

Em muitas, além do médium só havia presente o banqueiro. Chegaram ao extremo de rigor as precauções tomadas para evitar as dúvidas.

Essas precauções, porém, se tornavam desnecessárias, desde que os fantasmas apareciam semelhantes ao que foram em vida, que o fenômeno se processava à luz, e que apresentavam característicos impossíveis de ser reproduzidos normalmente.

Bozzano observa a este respeito:

"Faço notar que a personalidade mediúnica aqui considerada chegou a demonstrar sua identidade, recorrendo às melhores provas de que pode dispor uma personalidade de defunto que se manifesta: mostrando-se, durante muitos anos, sob a mesma aparência — a que tinha quando viva —, escrevendo centenas de mensagens com a identidade da escrita, explicando-se em língua estranha, que lhe era familiar durante a vida, e que a médium ignorava, revestindo suas ideias de uma forma nìtidamente pessoal, acrescentando a isso provas supranumerárias de natureza altamente sugestiva; enfim, reforçando as provas de identificação pela produção de fenômenos prodigiosos, destinados a demonstrar a intervenção real de personalidades espirituais estranhas aos assistentes."

Em muitas ocasiões apareciam vários fantasmas ao

mesmo tempo. Certa vez, Estela, em plena luz, plainava no ar, como um silfo, e docemente voejava pelo quarto.

Os fantasmas ainda se mostravam, além da fisionomia física, com a fisionomia moral. Franklin tinha a aparência de um homem de responsabilidade, cheio de solicitudes paternas, a quem se pode recorrer para a obtenção de ensinos inspirados na sabedoria e na bondade.

Uma forma materializada conseguiu conservar-se quase hora e meia diante de Spes Sargent, que pôde, assim, examiná-la livre e demoradamente.

De outra vez, colocada a lanterna de modo que os raios de luz incidiam diretamente no rosto de Franklin, pôde ele ser examinado detidamente, até que, pela ação dissolvente da luz terrestre, o olhar se lhe amorteceu e os traços foram perdendo o brilho.

Fenômeno curioso e que convém notado, era a ação que tinha sobre as aparições um dos presentes, o Sr. Groute; a luz supranormal aumentava ou diminuía, conforme ele se afastava ou aproximava, donde Dale Owen verificou que a natureza de uma pessoa viva tem influência direta sobre as criações do mundo invisível, agindo, às vezes, como elemento perturbador.

Groute era bastante incrédulo. Como os fantasmas se apresentassem qual pessoas vivas, tomou a si a fiscalização do aposento, e, entre as precauções tomadas, incluiu a de selar e encadear portas e janelas.

Não obstante, e como por haverem caprichado os operadores, Franklin apareceu e com extraordinária nitidez. O céptico declarou-se convencido como Tomé.

As materializações se formavam e desfaziam, por forma a convencer os observadores de que se tratava de uma gênese fluídica.

Numa das sessões — é Dale Owen quem refere — Franklin apresentou-se com o rosto ainda não formado de todo, o que lhe dava horrível aspecto. A médium lançou terrível grito de espanto, que fêz se extinguisse a luz supranormal. O Dr. Gray, que estava presente, disse então à médium: — tolinha que és, contrariaste a mais interessante experiência do mundo, que é a formação gradual do Espírito.

Acalmada a médium, refez-se a luz e Franklin apareceu com expressão calma e majestosa. (262)

Tais são os principais aspectos das experiências do banqueiro Livermore com a médium Kate Fox.

Pelos diversos incidentes narrados, pelo desenvolvimento das sessões, pela maneira por que o fenômeno se apresentava, pela fiscalização havida, pelos nomes respeitáveis que verificaram os fatos, logo se vê que estamos defronte de um feixe de manifestações imponentes, capazes de figurar entre os fenômenos que não deixam dúvidas.

Passemos ao terceiro caso. A médium é a Sra. d'Espérance, e o Espírito que se materializava dava o nome de Népenthès. Nota-se o mesmo aspecto experimental das sessões de Kate Fox, revestido, ainda, de circunstâncias de maior valor teórico.

O fantasma se declarava contemporâneo da época grega, na sua fase heróica. E, para demonstrá-lo, escrevia, de seu próprio punho, mensagens em grego antigo, idioma que, nem a médium, nem nenhum dos presentes conhecia.

As sessões se realizaram em Cristiânia, em sala prèviamente escolhida pelos experimentadores. Eles foram os mais eminentes homens da Noruega; contavam-se, no grupo, os professores da Universidade, homens de letras, médicos, magistrados, pastores luteranos.

Népenthès era um Espírito feminino, de admirável beleza; mostrava-se, em plena luz, juntamente com a médium. Materializava-se à vista dos assistentes, no meio do círculo, deixava-se fotografar e examinar à vontade, escrevia com a própria mão, da qual tirava o molde, mergulhando-o na parafina.

A respeito dessa moldagem, refere o Dr. Von Bergen:

"Ao dia seguinte levamos aquela luva a um modelador profissional, para fazê-la tirar em gesso. Ele e os seus operá-

---

(262) **Ernesto Bozzano** — "In Difesa de lo Spiritismo". — **Epes Sargent** — "Planchette, the Despair of Science". — **Robert Dale Owen** — "The Debatable Land. — **Benjamin Coleman** — "Le Spiritualisme en Amérique"; "The Spiritual Magazine", 1862-1869.

rios olharam-na estupefactos, e, verificando que uma mão humana, depois de havê-la produzido, dela não se poderia retirar, acabaram por ver ali obra de feitiçaria. Executado o trabalho, pusemo-nos todos a admirar a pequenina mão, completa até ao punho, e na qual se observavam plenamente as unhas e onde se desenhavam as mais finas linhas da palma. Os dedos, afilados e perfeitamente conformados, espantaram, sobretudo, o artista, e o convenceram da origem supranormal do modelo, tanto mais quanto os dedos se apresentavam curvos de tal maneira, que nenhuma mão humana poderia ter saído dessa forma." (263)

Como observa Ernesto Bozzano, as condições eram absolutamente ideais, pois que, toda a tentativa de fraude se tornava literalmente impossível, visto que o fenômeno se produzia à vista de todos, numa sala suficientemente esclarecida; além dos fenômenos de ordem física, um deles inexplicável por meios naturais, como o da mão modelada em parafina, havia os de ordem intelectual, de que é exemplo a mensagem transmitida num antigo idioma, só conhecido dos especialistas, e ignorado por todos os presentes à sessão, o médium inclusive.

No quarto caso clássico, apresentado por Bozzano, a médium é Eusápia Paladino.

Já nos referimos a essa famosa sensitiva. Entretanto, convém reproduzir em síntese o fato exposto por aquele experimentador, visto o seu grande valor probante e as importantes deduções que dele se podem tirar.

As experiências se realizavam no "Círculo Científico Minerva", de Gênova, e nelas tomavam parte os professores Enrico Morselli, François Porro, o Dr. Joseph Venzano, Luís Arnaud Vassallo, diretor do "Secolo XX" e Ernesto Bozzano, entre outros.

Numa sessão estavam ainda presentes Evaristo Testa, Joconde Faggioni, Pastorino.

Um rosto materializado depõe um beijo em Evaristo Testa; este pede à personalidade manifestante que diga o seu nome. A muito custo, como se estivesse fazendo

(263) **E. Bozzano** — "A propos de l'Introduction à la Métapsychique Humaine", pág. 183. 1903.

esforços sobre-humanos, diz a personalidade com débil voz: "Sou tua mãe".

Insistindo-se para que se apresente nìtidamente, ela volta. Dada a posição em que se achavam, só puderam observá-la bem os Srs. Pastorino e Faggioni, que lhe descreveram minuciosamente os traços. Diante da descrição, Testa declara que se trata realmente de sua mãe.

— Mas não é possível, replica Faggioni, a forma que eu vi, distintamente, era de moça.

— E' isto, mesmo, volve Testa, minha mãe morreu com a idade de 20 anos.

Nenhum de nós, comenta Bozzano, poderia supor que a genitora de Testa houvesse falecido tão jovem.

Houve, porém, um episódio mais interessante. Testa apanhou uma fotografia de sua mãe e reuniu-a a outras várias, tendo o cuidado de as escolher, exclusivamente, entre as que remontavam à mesma época.

Apresentadas essas fotografias a Faggioni, este, depois de examiná-las, tirou a que se achava em último lugar e disse:

— Foi esta a que eu vi.

Era o retrato da signora Testa.

Cumpre assinalar que entre os retratos havia o de uma tia do experimentador e este se parecia mais com ele que sua mãe.

Tal é o relato de Bozzano (264), que aqui damos muito resumidamente.

*
* *

Entre os médiuns modernos destaca-se Franck Kluski, já por suas poderosas qualidades mediúnicas, já por sua grande honestidade. O seu desinteresse sempre foi extremo, a sua simplicidade, cativante. Submetia-se dòcilmente às exigências dos experimentadores e os detra-

(264) **Ernesto Bozzano** — "Ipotesi Spiritica e Teorie Scientifiche", 1903; "A Propos de l'Introduction à la Métapsychique Humaine".

tores habituais, os grandes desmascaradores de médiuns, ainda não acharam o que lhe pudesse tisnar a reputação.

O conhecido homem de letras da Polônia, o professor Pawloski, descrevendo algumas sessões em que o médium era Kluski, diz:

"O pormenor que mais impressiona no fenômeno de materialização, direi mesmo, o detalhe científico mais importante, é o de se portarem os fantasmas como pessoas vivas. Dir-se-iam convidados em uma recepção mundana. Davam a volta da sala, prodigalizando sorrisos aos experimentadores. No modo amável de se conduzirem, em relação aos presentes, na maneira por que respondiam às perguntas, em tudo que faziam, ressaltava o vivo desejo de convencer-nos de que eram entidades espirituais e não criações efêmeras ou alucinatórias.

Os fantasmas que se materializam nas sessões de Kluski são personalidades de mortos, pertencentes a qualquer nacionalidade e "geralmente falam a própria língua".

Muitas vezes dão respostas, sem que os assistentes manifestem o pensamento. Basta se pensar naquilo que se deseja faça o fantasma, para que ele execute o desejo, salvo quando, não concordando, responde por uma recusa." (265)

Conta Pawloski, que, entre vários fantasmas, havia o de um velho, que era uma figura solene e aparecia inteiramente luminosa. Dir-se-ia um farol. A luz desprendida de seu corpo tinha intensidade bastante para iluminar a sala, toda a assistência e os mais afastados objetos.

Geley também descreve as experiências a que procedeu com esse poderoso médium. Tomavam parte nos trabalhos os psiquistas poloneses Ossowiecki, Coronel Okolowicz, Dr. Missiuro, Dr. Starzewski, a Sra. Ossowiecka, o Dr. Jean Modrzekewski; o Coronel Zaraski, e outros.

O médium está por tal forma seguro de mãos e pés que não pode fazer o menor movimento. O salão é examinado e a porta fechada à chave. Não há no salão nem quadros nem armários.

(265) "Journal of American Society for Psychical Research" — Setembro de 1925.

Os fenômenos são de várias ordens: luminosidades, transporte de objetos, moldes em parafina, pseudópodos, materialização de braços, mãos, rostos, meios corpos.

Entre os seres materializados um há que se apresenta e dirige-se a um dos assistentes, o Sr. Przybylski. Este se sente abraçado, apertado entre braços invisíveis, e, à luz da lanterna, reconhece o filho falecido. O mesmo fantasma dirige-se à Sra. Przybylski; esta, ao vê-lo, dá um grande grito e manifesta tanta emoção, que a manifestação cessa por momento. Ela volta de novo e Geley pôde observar que se tratava de um rapaz louro, imberbe; a figura era viva.

Nova aparição; desta vez quem se sente abraçado é o coronel Okolowicz. O coronel fica extremamente comovido: é sua mãe quem o abraça.

Em outra sessão, colocou-se um vaso com parafina, esperando-se obter alguns moldes.

Com grande surpresa, viam-se mãos luminosas pairarem sobre a mesa, hesitarem, e depois se afastarem, sem mergulhar na parafina. Enfim, dedos, apenas impregnados de parafina quente, vêm tocar em Geley e em outro experimentador, o Dr. Charpentier.

Há uma longa espera sem que se ouvisse o ruído da parafina. Afinal, escutam-no: a parafina transborda do vaso e corre pela mesa e pelas pernas dos presentes, felizmente protegidas por panos. Dois moldes são colocados quentes e ainda moles nas mãos dos experimentadores.

Descobre-se o motivo da hesitação das entidades. Haviam esquecido de colocar o vaso de parafina numa travessa, a fim de que a parafina, durante a operação, não escorresse e sujasse o aposento e as vestimentas, como sucedeu. As entidades, diz o Dr. Geley, tiveram mais senso do que eles. (266)

Foram estas as últimas experiências do pranteado psiquista. E' de crer que possuíssemos hoje importantes documentos sobre elas, se esses documentos, que estavam em poder do Dr. Geley, não se abismassem, com

---

(266) **Dr. G. Geley** — "Revue Métapsychique, 1924 e 1925.

o provecto mestre, na queda de avião a 15 de Julho de 1924, e que deu causa ao falecimento do notável cientista, do honesto pesquisador a quem tanto devem as experiências psíquicas.

Kluski é um dos mais poderosos médiuns contemporâneos. As suas qualidades apareceram espontâneamente e, a princípio, muito o aborreceram, já pelas perturbações que lhe traziam, já porque o desviavam dos seus pendores literários; ele era um escritor acatado na sua terra e um poeta de fama.

Compreendendo, porém, o que a Humanidade exigia do seu apostolado, a ele se dedicou abnegada e prazerosamente, enriquecendo com os seus fenômenos os já dilatados quadros da Metapsíquica.

TELECINESIA

Os fenômenos psíquicos, denominados de efeitos físicos, são conhecidos de todos os tempos, notadamente os de levitação e transporte. Na Metapsíquica são eles chamados fenômenos telecinéticos, de tele (distância) e cine (movimento) isto é, movimento a distância.

Albert de Rochas, numa obra especial sobre o assunto (267), descreve vários casos históricos, alguns dos quais remontam a longínquo passado.

Diz Filóstrato que Damis via os sábios na Índia se elevarem no espaço. (268)

Como o caso era extraordinário, acreditava-se que tal propriedade pertencia aos deuses; depois, atribuíram-na aos santos; depois, ao demônio; hoje é um dos produtos do subconsciente, quando não o inscrevem no rol das fraudes engenhosas.

Arnóbio e Sulpício contam que Simão, o Mágico, elevou-se aos ares diante de Nero e de grande multidão; S. Paulino viu um possesso caminhar, de cabeça para baixo, na abóbada de uma igreja; Jâmblico refere que certos indivíduos andavam por cima das águas, como nos milagres escriturísticos.

---

(267) **A. de Rochas** — "La Levitation".
(268) **Philostrato** — "Vida de Apolônio de Tiana".

Esse milagre de andar por sobre as águas, prodígio já realizado pelo Divino Mestre, atribui-se a muitas criaturas, mormente da Igreja: Raymond de Pégnafort transportou-se da Iha Maiorca a Barcelona pela superfície dos mares; S. Jacinto e vários companheiros atravessaram o Vístula a pé enxuto. E' a Igreja quem o diz.

Voltemos aos ares: Guillemette de la Rochelle se mantinha no espaço, sem nenhum ponto de apoio, afirma-o Cristino de Pisan.

A senhorita Thevenet elevava-se até ao teto; com ela ainda se passava um caso extraordinário, é que as vestes também se levantavam e lhe cobriam a cabeça. (269)

Moller — é de Rochas quem o refere — conta que, em 1620, dois pastores protestantes viram uma doente elevar-se a uma altura de 8 pés, sendo grandes os esforços para fazê-la descer.

Alguns anos antes, em 1612, uma mendiga, Denyse Lacaille, quando recebia os exorcismos do padre Pot, levitou dando horríveis grunhidos. (270)

Entre os convulsionários da Idade Média se encontram muitos casos de levitação.

Não é menos rico de exemplos o sacro florilégio.

Santa Teresa e Santa Agreda perdiam o contacto com o solo quando estavam em êxtase. Tal fato sucedia comumente com os santos, como Pedro de Alcântara, Filipe Néri, Francisco Xavier, José de Cupertino, Paul de la Croix.

Dominico de Jesus Maria elevava-se a considerável altura. A bem-aventurada Agnes de Boêmia e a Santa Celeste afastavam-se a perder de vista. Filipino, outro bem-aventurado, pairava por sobre os carvalhos, como uma águia que plaina livremente. Margarida do Santo Sacramento parecia possuir o poder da ubiquidade, tal a rapidez com que se transportava de um ponto a outro. Ana Catarina Emmerich tinha a facilidade de conservar-se em lugares inacessíveis. De Santa Catarina conta-se coisa mais espantosa: já estava no caixão, prestes a ser

---

(269) **La Taste** — "Lettres Théologiques".
(270) **Garinet** — "Histoire de la Magie, en France".

enterrada, quando lhe viram o corpo subir até à abóbada da igreja, na qual se celebrava para ela o **Agnus Dei**; do teto foi para a casa. A vida desta santa é cheia de coisas assim fantásticas e surpreendentes.

Gilles de Frères mantinha-se suspenso no ar e não havia forças que o fizessem descer. Santa Lúcia, a mártir de Siracusa, ficava tão presa ao solo, que os carrascos não conseguiam arrancá-la; nem uma junta de bois pôde demovê-la.

Santa Otte, assegura o padre Ribet, ficara nos ares, sustida pelos anjos.

Dir-se-ia uma faculdade banal, quase, a dos santos flutuarem. Dos fenômenos psíquicos é esse o que mais agrada aos eclesiásticos mencionar, talvez porque o elevar-se, para os céus, devesse significar um sinal seguro de bem-aventurança.

Entre os muitos levitadores citam-se ainda André Salus, Luk de Sotherium, Estêvão I, Ladislau I, São Domingos, Ludgard, Humiliana de Florença, Jutta da Prússia, S. Boaventura, S. Tomás de Aquino, Ambrósio Santedônios, Pedro Armengal, Santo Alberto, Margarida de Hungria, Roberto de Solenthum, Agnes de Montepolitano, Bartholus de Vado, Elisabeth de Hungria, Catarina Columbina, S. Vicente Ferrier, Collete de Ghent, Jeremias de Panormo, Santo Antônio, S. Francisco de Paula, Osanna de Mântua, Bartolomeu de Anghiera, Colomba de Riéti, Santo Inácio de Loiola, Salvator de Horta, S. Luís Bertrand, João da Cruz, J. Piscator, Bonaventura de Potenza.

Filipe foi arrebatado por um Espírito. Schnoudi, depois de haver quebrado os ídolos, foi pelos anjos sublevado nos ares e depois desceu para ser carregado em triunfo.

Em 1555, sob o reinado de Carlos V, Tomás de Valença ficou nos ares por espaço de doze horas e Pierre Clavet aí permaneceu uma noite inteira.

E' bem de ver que não nos fazemos fiadores de todas estas histórias; reportamo-nos, em grande parte, a de Rochas, que, por sua vez, as toma aos hagiógrafos por empréstimo. O que queremos salientar é a seguinte teoria: E' tudo isso muito possível, e devemos, mesmo, aceitar tais casos sem mais exame, por mais fantásticos que se nos afigurem, uma vez que são relatados por homens pios, que foram observados em santos, ou que se processaram no ambiente da Igreja.

E' esta a doutrina católica. Muitos dos ditos fatos ultrapassam as raias do fantástico; há alguns mais ou menos documentados; outros não têm documentação nenhuma; ninguém sabe quem os viu; ninguém pode saber quem deles soube. Mas devem ser aceitos, porque são referidos pela Igreja. Há, porém, outros idênticos. A respeito deles existe uma documentação cerrada. Não constam do folclore popular, tão sòmente; foram verificados por homens de saber, por vultos notáveis, em gabinetes preparados para a experiência. Realizaram-se, porém, fora da Igreja: — Não devem ser aceitos, ou, a serem aceitos, têm que vir com a marca do diabo.

A doutrina católica é assim. Não sabemos por quanto tempo ela será mantida, o que é certo, porém, é que, assim melhore o entendimento humano e se desenvolva o raciocínio, o desprestígio da doutrina acarretará o desprestígio da Igreja.

Expostos os casos canônicos, passemos aos profanos.

*
* *

A "levitação" e o "transporte" foram observados pessoalmente por muitos magnetizadores. La Fontaine, em suas "Memórias" diz ter verificado nos histéricos vários fenômenos, que nós classificaríamos de espíritas, e entre eles, especialmente, o do soerguimento de pessoas e coisas. Numa aldeia, onde se declarou uma epidemia de convulsionários, não eram raros os fatos supranormais por ele observados.

Um dos casos mais interessantes se passou com uma doente, entregue aos seus cuidados clínicos; em certa ocasião, ao ouvir um trecho musical, ficou suspensa no espaço, aos olhos atônitos dos expectadores e, especialmente, do magnetizador que, estupefacto, observava o fenômeno, sem o compreender. (271)

O Dr. Cyriax, médico alemão, numa obra intitulada — "Como me tornei espírita", conta que viu uma pessoa, com os braços cruzados, os olhos fechados e os demais membros inertes, plainar acima do assoalho e ser transportada pelo espaço, por entre uma fila de bancos, onde se deviam achar umas cem pessoas. (272)

As levitações do médium Dunglas Home ou aquelas produzidas por sua mediunidade são muito conhecidas pelos estudiosos do Psiquismo. William Crookes relata os casos de vária espécie de que foi testemunha, todos eles em plena luz.

Algumas vezes, as cadeiras se erguiam do solo com as pessoas sentadas em cima; a própria esposa do sábio, a Sra. Crookes, ficou suspensa no ar. Dunglas Home era levitado comumente, chegando até ao teto; uma de suas levitações foi verificada perante grande número de experimentadores, entre os quais se achavam o conde Dunraven, lord Lindsay e o capitão Wynne.

A propósito, acrescentava o notável físico:

> "O acúmulo dos testemunhos que estabelecem a levitação de Home é enorme. Rejeitar a evidência dessas manifestações é rejeitar todo o testemunho humano, porque não há fato na história sagrada ou profana que se apóie em provas tão importantes." (273)

O caso mais notável das levitações de Home se observou em 1868, em Londres, tendo o médium ficado suspenso do solo, saído por uma das janelas do aposento, plainado no espaço a grande altura do chão e entrado depois por outra janela. Todos os presentes o viram flutuar nos ares, fora da janela. O caso foi minuciosamente relatado por lord Lindsay.

Há, sobre as levitações de Home, várias descrições, dignas de relevo, podendo ser citadas as do conde Léon

---

(271) **La Fontaine** — "Mémoires d'un Magnétisateur".
(272) **A. de Rochas** — "La Levitation".
(273) **Crookes** — "Researches on Spiritualism". 1875.

Tolstoi (carta dirigida a sua mulher em 17-6-1866), a do Dr. Karpovitch, a de lord Crawford, a do Dr. Hawksley, além de outras.

Médium poderoso de efeitos físicos foi o reverendo Stainton Moses, autor dos "Ensinos Espiritualistas"; esses Ensinos são mensagens mediúnicas de alto valor moral.

Os fenômenos produzidos por seu intermédio não podem ser suspeitados; professor, homem de ciência, dedicado à Igreja, sempre gozou da mais ilibada reputação; conhecido por suas virtudes e altos dotes intelectuais, ele é constantemente citado.

O escritor e pesquisador Serjeant Cox foi um dos poucos amigos que tiveram o prazer, e talvez a honra, de verificar os fenômenos de sua prodigiosa mediunidade, visto como o reverendo não apregoava os seus dons, retraía-se, e, a princípio, os escondia, mesmo, temendo que eles fôssem contrários aos princípios que esposara, que defendera e que ensinara.

Entre vários fenômenos, Cox presenciou os de levitação. De uma feita, viu mover-se alentada mesa, que ficou suspensa no espaço, de maneira visível e inequívoca. Ela era de tal peso que dois homens difìcilmente poderiam suspendê-la. (274)

Lembremos, ainda, entre os casos clássicos de levitação, os observados por Mac Nab, a que já tivemos ocasião de referir-nos, e os de Eusápia Paladino, testemunhados ao longo de suas experiências, em diversas cidades, tais como Nápoles, Roma, Milão, Varsóvia, Cambridge, na Ilha Raubaud e em várias localidades da França.

Quase que temos tratado, aqui, exclusivamente da levitação. Vejamos alguns exemplos onde os casos se complicam e a complexidade do fenômeno tende à demonstração de que há uma força inteligente e invisível, que procura comunicar-se com os vivos.

O presente caso é narrado por uma revista italiana

---

(274) **Serjeant Cox** — "What am I?"

de Filosofia e Ciência, a qual o precedeu dos seguintes comentários:

"O nosso amigo Dr. Vincenzo Caltagirone, médico cirurgião, nesta cidade, afrontando os mal entendidos prejuízos e preconceitos que, frequentemente, obrigam os homens de Ciência a não levar em conta a natureza supranormal de certos fatos, não vacilou em dar a conhecer aos investigadores metapsíquicos um caso verdadeiramente singular, estranho e interessante, de repetidas manifestações *post-mortem*."

Foi o seguinte o relato do Dr. Caltagirone:

"Palermo. Eu era amigo e médico do Dr. Benjamin Sirchia, conhecidíssimo em Palermo, velho patriota, homem popular. Incrédulo, um dia em que estava de visita em minha casa, falámos dos fenômenos mediúnicos, e, em tom de pilhéria, disse-me ele: — Doutor, se eu morrer antes de V., o que é provável, porque sou mais velho, virei dar-lhe uma prova de minha sobrevivência.

Estávamos na sala de jantar. Também em tom de pilhéria, respondi: — Venha manifestar-se, quebrando qualquer coisa nesta casa, por exemplo, a lâmpada que está sobre a mesa.

Repito que tudo foi dito por gracejo. Separámo-nos, e como ele me havia declarado que tinha que partir brevemente para Licata, onde pensava estabelecer-se, fiquei de levá-lo à estação, o que aliás não foi possível. E desde aquele dia não mais tive notícias suas.

Em Dezembro, estava sentado à mesa com minha irmã, única pessoa que vive comigo, quando nossa atenção foi despertada por muitas pancadinhas dadas sobre a campânula da lâmpada central, bem como sobre o casquete de porcelana colocado por cima do tubo. A princípio, atribuímos isso ao calor da chama, que tratei de atenuar. Como, porém, as pancadas se tornassem mais fortes, saltei da cadeira e pus-me a examinar o caso detidamente, concluindo que o fenômeno não podia ser atribuído ao calor. Demais, eram golpes secos, que se diriam produzidos pelos nós dos dedos.

Não descobri nada, e o fenômeno terminou.

Isto se repetiu durante quatro ou cinco dias, provocando sempre, em mim, a maior curiosidade. No último dia, uma pancada mais forte quebrou em dois pedaços o casquete de porcelana, que ficou dependurado do gancho do contrapeso metálico.

Declaro, à fé de cavalheiro, que durante esses cinco ou seis dias nunca pensei no meu amigo Sirchia e, muito menos, em nossa conversação.

Ao dia seguinte, às 8 horas da manhã, estava só; a criada tinha saído e minha irmã ficara à janela, vendo não sei quê na rua, quando a sala ressoou com um ruído formidável, parecendo que haviam dado na mesa uma violenta paulada.

Eu e minha irmã corremos a ver o que tinha sucedido. Por estranho que pareça, sobre a mesa, *como posto por mão humana,* encontrámos metade do casquete de porcelana, enquanto que o outro pedaço continuava dependurado no mesmo lugar. Evidentemente a pancada que tínhamos ouvido era desproporcional ao acontecido."

O expositor narra aqui, minuciosamente, a queda do pedaço de porcelana e demonstra a impossibilidade de haver ele caído naturalmente; a posição em que se achava, além de várias outras circunstâncias que expõe, provaram que havia no fato uma intenção, uma premeditação, uma causa inteligente.

E o doutor assim termina a sua carta:

"Dois dias depois encontrei o Dr. Rusci, médico desta cidade, o qual me disse:

— Sabe quem morreu? O Dr. Sirchia.

— Quando?

— Nos últimos dias de Novembro.

O primeiro fenômeno principia a 2 de Dezembro. Dura cinco dias a intenção de quebrar a lâmpada — o que eu tinha indicado a Sirchia que fizesse. Não cessa o esforço até que o propósito se tenha realizado. Conseguido o intento, como para indicá-lo, soa como um aviso a formidável pancada, e, para eliminar toda a possibilidade do fato, aparece o casquete de porcelana em um sítio onde não era possível que caísse por casualidade.

Eu observo, caro amigo, não deduzo.

Aproveito a ocasião para saudá-lo afetuosamente.

Dr. Vincenzo Caltagirone." (275)

*
* *

---

(275) **Caltagirone — "Filosofia della Scienza", pág. 65, Maio, 1911.**

Entre os mais modernos fenômenos de telecinesia devem ser assinalados aqueles que foram objeto de importantes sessões na Islândia e nas quais tomaram parte notáveis membros da Universidade de Reykjavik.

Um deles, o Prof. Gudmundur Hannesson, descreve essas experiências em tom cheio de **humour**, mas que não tira à descrição o seu alto valor científico, antes, tempera a solenidade do assunto com um estilo leve e jovial.

Fora ele arrastado às sessões por convite de amigos e não tinha por elas nenhum interesse.

— **"I was by no means interested"** — assegura o escritor, mesmo porque aquilo se lhe afigurava coisa de feitiçaria, e ele era um homem sério.

Mas lá foi. Nas primeiras experiências ouviam-se vozes, que ele julgava produto da ventriloquia. Essas vozes se diziam de pessoas mortas. Numa das sessões uma trombeta soa e move-se.

— E' o médium quem a faz dançar — pensa ele consigo, e indaga do seu colega, o Prof. Haruldur Nielsen, se o médium está preso. — Está bem seguro — e sem poder mover-se — responde o outro; — **he is sitting motionless**.

O professor, que garantia, como tantos outros, que tais fatos só poderiam ser originados pela fraude, voltava para casa, bastante atrapalhado, e a imaginar quais os processos de que poderiam estar lançando mão os fraudulentos.

Já que o médium estava inteiramente neutralizado pela fiscalização — há-de ser alguém, no banco da frente, que faz de "espírito", pensava ele. — E isto parecia que não tinha espírito nenhum, visto que um homem respeitável, como ele era, não poderia estar sendo, assim, mistificado. Propôs, então, que se colocasse uma rede metálica que separasse os espectadores do local onde se produziam os fenômenos, e mais que se isolasse o médium.

Fêz-se o que ele propôs. Instalou-se a rede, fecharam-se portas e janelas, lacraram-nas, selaram-nas.

Logo no começo da nova sessão, com as precauções

propostas, o guia declarou que a inovação talvez impedisse a fenomenologia.

— Não lhe agradou a minha ideia — foi o pensamento que o assaltou: **Well, he does not like it!** Mas, apesar das suspeitas do guia, os prodígios se realizaram e com maior intensidade; tudo se mexia na sala, os móveis pareciam tomados de loucura e caíam para todos os lados: **every movable thing goes mad and tumbles about.** Terminada a sessão, examinou-se a sala: tudo em seu lugar, tudo direito, os selos intactos. Só os móveis se achavam em miserável estado.

O professor voltou para casa, indisposto, ainda. Ele, um homem sério, metido naquilo, e o que era pior, não conseguia descobrir o embuste! Uma ideia fixa, porém, verrumava-lhe o cérebro: **it must be fraudulence!**

Tomou, então, as mais enérgicas providências, as mais draconianas medidas: acabou com a música nas sessões, rarefez os assistentes, alternou-os, examinou-os minuciosamente. Não houve alvitre preventivo que não lhe acudisse. Sim, a fraude havia de descobrir-se!...

E os fenômenos continuavam cada vez mais perturbadores. E ele ali metido, ele um homem sério!... Mas não desanimava: havia de ver onde estava o embuste. Tenhamos os olhos abertos, dizia para consigo.

Por fim, levou o médium para a própria casa. Escolheu a assistência, composta de sábios e cépticos como ele. No meu quarto eu sei tudo como se passa, dizia aos íntimos: — **I know all about my room.** Redobrou na vigilância, reforçou a pesquisa, extremou-se em minúcias, multiplicou os selos; revestiu tudo de fitas fosforescentes. O médium estava preso de mãos e pernas. Ele mesmo o vigiava. Um invisível, porém, chegou-se-lhe aos ouvidos e pronunciou palavras inconvenientes. Era o cúmulo!

As sessões se prolongaram durante todo um inverno. Nenhuma fraude se descobriu. Se ele tinha uma dúvida nalguma sessão, na subsequente buscava elucidar o ponto para o qual aplicava uma vigilância especial. Procurava, fora das sessões, com o auxílio de técnicos, imitar normalmente o que vira, e não o conseguia. Chegou à conclusão de que os objetos se moviam por meios incompreensíveis. A fraudulência era inacreditável, era impossível!... **This seemed to be a miracle!** Parecia um milagre. Em certas ocasiões via os objetos a andarem de um lado para outro, em plena claridade. Nenhuma dúvida, absolutamente nenhuma!... (276)

Foi esta a conclusão não só do sábio islandês como a dos seus colegas que o acompanharam nesses trabalhos.

Também lá, nas regiões geladas da ilha, naquele ponto extremo do Atlântico, se manifestavam as forças invisíveis, para trazer aos homens as provas que eles, obstinadamente, recusavam aceitar.

E' que essas provas vêm produzir uma revolução nos hábitos e nos interesses humanos!

*
* *

Há várias outras modalidades dos fenômenos objetivos e entre estas poderemos citar as luminosidades, as fotografias psíquicas, as vozes diretas. A descrição de todas elas levar-nos-ia muito longe e daria a esse modesto trabalho a feição de um tratado. Ativemo-nos, portanto, aos de maior vulto, e sobre os quais incide, de preferência, a atenção dos adversários do Espiritismo.

Aqui fica, portanto, a descrição de alguns dos principais fenômenos de materialização, levitação e transporte, observados por processos científicos.

Essa parte da Metapsíquica é a mais acessível a enganos, a erros, a fraudes. Um médium de efeitos físicos está ainda sujeito à ambiência desfavorável. Nele influem várias circunstâncias que lhe diminuem, turvam ou anulam as faculdades. As sugestões podem ter efeito sobre ele, neutralizando-o, algumas vezes, outras levando-o a mistificar. Os seres inferiores do espaço também podem intervir na produtividade, atrapalhando a manifestação, destruindo o trabalho dos operadores invisíveis

---

(276) **Prof. Gudmundur Hannesson** — "Remarkable Phenomena in Iceland".

e conduzindo o médium à fraude inconsciente ou à semi-consciente pela sugestão; isto deixa nos circunstantes a ilusão de que o embuste é inteiramente do médium.

Os movimentos automáticos são outras tantas causas de suspeição.

Médiuns menos escrupulosos, não podendo produzir anormalmente o fenômeno, procuram fazê-lo pelos meios normais; lançam mão de truques grosseiros ou infantis, em contraste com os bons fenômenos anteriormente verificados, e para logo se desmascaram. Os truques, porém, deixam sempre uma sombra a pairar sobre os fatos genuínos. Ainda mais. Como o campo se presta às manobras dos aventureiros, alguns indivíduos, sem escrúpulos e sem mediunidade nenhuma, se apresentam em concorrência com os médiuns honestos. Descoberta a charlatanice, ei-los contribuindo para o descrédito da fenomenologia. Imediatamente aproveitados pelos adversários do Espiritismo, temo-los colaborando na obra ingente da desmoralização.

Tais são os óbices que a incipiente ciência encontra por diante, no seu acidentado périplo. Esses percalços, porém, não poderão fazer com que se destruam os fatos verdadeiros, em cujo exame homens de saber, escrúpulo e competência expenderam o melhor dos seus esforços, do seu tempo e do seu talento. Os meios que eles empregaram na fiscalização não deixam margem a hesitações; o mecanismo de que se utilizaram demonstra, experimentalmente, a existência do fenômeno. Há, ainda, fora dos trabalhos de gabinete, fatos tão claramente verificados, e por tal maneira evidenciados, que a negação, ou, mesmo, a dúvida não podem ficar de pé.

Foi o que procurámos mostrar com os exemplos que acabámos de expor. Reflitam sobre eles os que puderem, aceitem-nos os que quiserem. O nosso fito é abrir caminho aos que desejam conhecer; o nosso escopo é auxiliar, com os modestos recursos de que dispomos, os que, sem as obnubilações da seita ou a mácula do interesse, se dedicam ao assunto.

E, ainda mais, mostrar aos nossos psiquiatras como eles se equivocam, quando constroem as suas arquibancadas, tomando como espeques meia dúzia de casos mal definidos de animismo, e outra meia dúzia de casos totalmente desprezíveis de fraude.

OS FENÔMENOS EM BELÉM

São dos nossos dias os fenômenos de efeitos físicos produzidos em Belém do Pará, por intermédio da Sra. Ana Prado, esposa do conceituado negociante daquela praça, Sr. Eurípedes Prado.

Os fenômenos eram constituídos por pseudópodes, moldagens em parafina, materializações completas, e até intervenções cirúrgicas. E' exemplo de uma a que se verificou com o Sr. Alexandre de Carvalho Leal, conforme franco depoimento seu.

As formações se realizavam de maneira a não deixar dúvidas, começando por núcleos brancos, ou nuvens, ou fosforescências, que se adelgaçavam, alongavam, intumesciam e cresciam até tomar a forma humana.

O "controle" chegava ao exagero. Até numa gaiola de ferro colocaram a médium; as desconfianças muito a magoavam, chegando ela a declarar que não era uma fera para que a enjaulassem.

As materializações foram várias; aos Espíritos familiares, como "João" e "Anita"; às aparições de crianças, vieram juntar-se personalidades estranhas à família, como Hilda, filha do Dr. Melo César, Sita, filha de Teixeira Marques, e Raquel, filha de Frederico Fígner, todas reconhecidas por seus pais, extremamente comovidos com o fenômeno. Ester Fígner, a mãe da moça rediviva, fêz sobre o caso interessante relato e seu marido descreveu em vários escritos as convincentes experiências.

As atas eram assinadas pelos homens mais representativos da sociedade paraense e estes se contavam entre políticos, magistrados, estadistas, cientistas, literatos e artistas, não faltando, mesmo, às reuniões, dois ex-governadores do Estado, os Drs. Lauro Sodré e João Coelho.

Era sob palavra de honra que os experimentadores prestavam o seu testemunho. Muitos deram entrevistas nos jornais paraenses; outros escreveram artigos a respeito, cumprindo destacar, pela sua sinceridade, a profissão de fé do Dr. Mata Bacelar, conhecido médico, e pela sua lealdade a bela crônica, cheia de humor, da lavra de Eustáquio de Azevedo, poeta, literato e médico, que atacara e ridicularizara anteriormente o Espiritismo, e onde confessava ter entrado na casa dos Prados como um espião ou traidor, com o fim de desmascarar a fraude. Voltara convicto da realidade do fenômeno e arrependido.

Não faltaram ao casal Prado as horas amargas a que estão sujeitos os que se sacrificam em prol da verdade ou dos seus semelhantes. Essas horas apareceram pela pena de um padre Dubois, que, durante todo o memorável episódio das experiências, agrediu pela imprensa a família da médium e os assistentes, não lhes poupando as mais aceradas zombarias.

Ana Prado faleceu de acidente, minada de desgostos, mas o seu nome ficará registado nos anais do Psiquismo pátrio como uma das muitas mártires, enxovalhada pelos sectaristas, vítima da inconsciência das paixões.

Há algumas obras que tratam da fenomenologia de que foi médium Ana Prado, e outras que descrevem pormenorizadamente todos os feitos que, por tanto tempo, abalaram a capital do Pará. (277)

---

(277) **Nogueira de Faria** — "O Trabalho dos Mortos. — **Ettore Bósio** — "O que eu vi". — **Pedro Granja** — "Afinal quem somos?"

Dos fenômenos subjetivos

Passaremos, agora, aos fenômenos subjetivos, escolhendo, de preferência, a exemplo dos objetivos, os que mais têm preocupado os adversários do Espiritismo e lhes provocado a eloquência negativista ou a iracúndia dos ataques.

Os fenômenos subjetivos se dividem em várias categorias. Os principais são os seguintes:

a) **Psicografia** — E' a escrita psíquica. O Espírito se manifesta escrevendo a sua mensagem, e a manifestação é tanto mais perfeita quando menos consciente é o médium.

b) **Incorporação** — Por esse fenômeno o Espírito se *incorpora* ao médium, por cujos sentidos se manifesta. A perfeição da comunicação depende de várias circunstâncias; tanto melhor será ela quanto maior for o desprendimento do Espírito do vivo.

c) **Aparição de fantasmas** — Desse fenômeno já temos dado vários exemplos, no decorrer dessa obra. O fantasma aparece ao médium em sua forma fluídica. Essa forma é uma espécie de luva do corpo físico. Cumpre distinguir o fantasma fluídico do fantasma materializado. Ali, só o médium o percebe, enquanto o fenômeno de materialização é perceptível a todos os presentes.

d) **Música transcendental** — E' o fenômeno que se observa, principalmente, nos leitos mortuários. Ou os médiuns ou o moribundo ouvem sons harmoniosos, algumas vezes sublimes, que chegam a extasiar os que têm a felicidade de senti-los. Sendo a arte uma das manifestações superiores da inteligência, assim como demonstração de elevação mental, vemo-la contìnuamente associada aos fenômenos psíquicos. A música, por exemplo, como que favorece a produtividade do fenômeno, e isto o têm verificado os maiores psiquistas. No fenômeno de que se trata, esta admirável manifestação da arte parece que facilita o desprendimento daquele que deve deixar a Terra, ao mesmo tempo que o envolve num ambiente de tranquilidade, de alegria, de beleza. E' o fenômeno que acompanha, na sua passagem para o Além, os seres excelentemente formados, os Espíritos que muito sofreram ou que bem cumpriram a sua tarefa planetária.

Sabe-se a influência que a música exerce em certos temperamentos sensíveis, e delas não é a menor a sensação de bem estar, de repouso. Verdadeiro sedativo mental, é de crer que a música venha, como uma graça divina, nesses instantes supremos da existência terrena, trazer o bálsamo para o sofredor, o alento para o desanimado, e, principalmente, o manto de paz para o que foi presa constante das lutas ásperas da vida.

e) **Aparições de defuntos no leito de morte** — Como o fato anterior, este igualmente se presencia nos leitos mortuários. Geralmente é o moribundo que vê, em torno de si, pessoas já falecidas. O fenômeno também pode ser visto por pessoas presentes ou, concomitantemente, pelos vivos e pelos moribundos. E' ele uma das provas patentes da sobrevivência.

Os médiuns costumam descrever as cenas que se passam por ocasião do trespasse: rodeiam o expirante, além dos seus parentes e amigos encarnados, várias entidades espirituais; muitos reconhecem, nessas entidades, amigos e parentes do moribundo. Os Espíritos que se comunicam conosco, ao descreverem os seus últimos momentos, declaram que, ao penetrar os umbrais do outro mundo, encontram, esperando-os afetuosamente, pessoas caras, amigos de que se supunham separados para sempre.

A visão dos que estão para falecer vem confirmar esses dados dos ensinamentos espíritas. E, fato interessante, sobre o qual insiste Bozzano, por tratar-se de uma prova de transcendentalidade do fenômeno, é que o doente nunca vê, no momento pré-agônico, pessoas vivas, por mais estremecidas que lhe sejam, e por mais que, para elas, lhe esteja voltado o pensamento, senão, sempre, pessoas mortas; isso deixa evidente a objetividade do caso.

f) **Correspondência cruzada** — Consiste em várias mensagens, escritas por intervalos ou simultâneamente, mas por médiuns diversos e em lugares diversos; os médiuns, muitas vezes, nem se conhecem. Essas mensagens parecem não ter significação, ou por lhes faltar o princípio, ou por lhes faltar o meio, ou por lhes faltar o fim. Dir-se-iam pedaços rasgados de uma página, pensamentos sem fecho, sentenças desarrazoadas. Unidas, porém, justapostas as diversas peças, logo se completam, logo se lhes percebe o sentido, tendo muitas admirável estilo, enredo empolgante ou erudição profunda.

Representa esse fenômeno um esforço dos Espíritos por demonstrarem a realidade de sua existência, e, ao mesmo tempo, a insubsistência das teorias comumente aventuradas para a explicação dos fenômenos psíquicos. E tão fraca se apresenta a doutrina do subconsciente e tão difícil é pôr de lado a hipótese espírita, diante do fenômeno da "correspondência cruzada", que os metapsiquistas não espíritas dele não se apercebem, e nunca o incluem nos seus variados números de ginástica intelectual.

g) **Xenoglossia** — Significa o termo — língua estranha. Os médiuns que possuem esse dom especial, quando em transe, falam idiomas que lhes são inteiramente desconhecidos e, muitas vezes, desconhecidos dos presentes.

Ernesto Bozzano publicou uma extensa monografia sobre o assunto (*), na qual não se sabe o que mais admirar, se o número de casos esplêndidos que teve a fortuna de colecionar, se a argumentação clara, incisiva,

(*) "Xenoglossia". Edição da F.E.B.

fulminante que apresenta e com que prova que só uma teoria explicaria tal ordem de fatos — a teoria que os dá como provenientes dos Espíritos.

h) **Identificação** — Não é das mais comuns a mediunidade de identificação, o que justificaria o axioma de que o que é precioso é raro; por essa mediunidade, o Espírito consegue manifestar-se de modo a não deixar dúvida de sua presença: ele se "identifica", por conseguinte. Os casos registados, entretanto, nos anais do Psiquismo, são já em grande número. Um dos mais célebres foi o da Sra. Piper, a qual conseguiu arrastar para o domínio do Psiquismo os grandes intelectuais de seu tempo. Tão impressionantes eram os fatos do seu mediunismo, que havia "detetives" encarregados de vigiá-la, a fim de poderem verificar onde ela colhia os espantosos informes que apresentava. Escusado é dizer que nunca se descobriu nada.

Tão difícil é arquitetar-se uma teoria explicativa para tal ordem de fenômenos que aqueles que os observam logo se convertem à Doutrina Espírita, salvo, já se vê, os que têm invencível pendor para as coisas nebulosas ou para as divagações fantásticas.

CURAS PSÍQUICAS

A grande vastidão do assunto impede que possamos tratá-lo num simples capítulo. Ele deverá fazer parte de monografia de grande extensão, visto que é o fenômeno psíquico mais comum, mais espalhado, mais conhecido, o que interfere com as leis da Medicina, o que mais ruído provoca, o que põe em pé de guerra os ardorosos paladinos da saúde pública, o que faz se movimentem os arautos da repressão aos charlatães. E' talvez o pivô em torno do qual gira a grande animosidade científica contra o Espiritismo.

O deputado Pacheco apresentou à Câmara um projeto de lei sobre o curandeirismo, e o justificou com um acervo de absurdos. (278)

---

(278) "Diario do Poder Legislativo", 27 de Fevereiro de 1925.

Legislador, apresentou uma lei iníqua; médico, mostrou desconhecer matéria que não pode ser ignorada "**num país como o nosso, cujo nível intelectual é já elevado e onde o grau de cultura médica já pode ombrear com as nações mais cultas do mundo.**"

Que a caudal de espíritas é capaz de curar, já o veremos. Resta, entre outras, a declaração que fêz de que "as sociedades espíritas se mantêm exclusivamente à custa de meios ilícitos, explorando a credulidade pública."

Este aleive, atirado à face da sociedade espírita brasileira, vem sendo reeditado de longa data. E' uma espécie e consequência do **odium theologicum**, revivescência ancestral da maneira por que os indivíduos encaravam as ideias dos seus adversários.

No seu livro contra o Espiritismo, já um psiquiatra atribui "proventos" a todos os centros espíritas e a seus chefes, e entre estes centros inclui o "candomblé" da Avenida Passos, que é a Federação Espírita.

Ora, todos sabem os esforços desinteressados dos que dirigem as associações espíritas sérias, as quais, no Distrito Federal, sobem quase a seiscentas. São os seus associados, médiuns e diretores, que as mantêm, do seu bolsinho. Os que recorrem aos serviços e benefícios da sociedade não pagam nada, absolutamente nada! Tudo têm, tudo recebem de graça. Vê-se-lhes isto dos estatutos, consta-lhes dos programas, faz parte dos ensinos doutrinários, sabem-nos todos quantos as frequentam; há por aí testemunhas sem conta.

A Federação, por exemplo, tem uma vultosa despesa anual com obras filantrópicas. Grande multidão já se tem servido dos seus gabinetes dentário, médico e cirúrgico, sem despesa nenhuma, e sem que se lhes pedissem informes do modo de pensar em matéria religiosa, filosófica ou política; sem que lhes indagassem da raça, da cor, da nacionalidade, da posição; sem que lhes impusessem o que quer que fôsse. A sua "Assistência aos Necessitados" socorre, indistintamente. Nos dias em que o Cristianismo festeja as suas datas, ela abre as portas de par em par e deixa que ali vão receber a dádiva espiritual e material todos os pobres que cabem em seu recinto. Lá se acham os seus livros de escrituração, a Secretaria com todos os seus papéis, os seus arquivos, tudo francamente exposto às vistas de toda a gente. Lá acorrem, sem cessar, os que precisam socorros: vá vê-los quem quiser...

E tão bem o compreenderam os poderes municipais, indenes de qualquer pecha sectarista, que a consideraram de utilidade pública.

Bradar de longe, das páginas de um livro ou da tribuna legislativa, que o Espiritismo aproveita, quando ele prega o ensino do Cristo, que manda dar de graça; ou que os espíritas iludem, quando eles se sacrificam em prol do próximo, é falta que dispensa os nossos comentários.

Mais um reparo: a finalidade do Espiritismo não é curar, como afiançou errada e sem-cerimoniosamente o tribuno. O que diz a doutrina é que os males do corpo são efeitos dos males do espírito; o que importa curar, principalmente, são os males do espírito, causa dos males do corpo. Nestes está a prova, naqueles a falta. Não haveria corpos doentes em espíritos redimidos. A principal cura, portanto, conforme as lições doutrinárias, é a cura da alma; esta é a única parte enferma; a do corpo é o reflexo. E se o Espiritismo ensina isto, é isto que os espíritas têm que ensinar. Não pode ser finalidade do Espiritismo curar corpos. Nem é o Espiritismo uma terapêutica, mas uma ciência, firmada no esteio das provas, tendo por escopo a perfeição individual, a prática do bem, o sublime amor do próximo e o amor de Deus. A cura psíquica é, apenas, um incidente nos seus trabalhos de caridade.

Por fim, o prolator lança o nome de Macedo Soares e faz da opinião do jurista, com as conclusões que lhe apõe, uma desajeitosa embrulhada.

Assim, declara: **"Já afirmava Macedo Soares que o Código não se refere ao Espiritismo como religião ou culto público livremente exercido... A prática do Espiritismo que o legislador proíbe é o uso desse meio, bem como o da magia e seus sortilégios, com o intuito de**

realizar alguns dos fins mencionados no artigo — despertar sentimentos etc. Ora, é esse evidentemente o uso de que fazem entre nós os que praticam o Espiritismo."

Provàvelmente, ninguém entendeu nada.

O que a lei dizia era:

"Praticar o espiritismo, a mágica e seus sortilégios, usar de talismãs e cartomancias para despertar sentimentos de ódio ou amor, inculcar cura de moléstias curáveis ou incuráveis, enfim, para fascinar e subjugar a credulidade pública: Penas — de prisão celular por 1 a 6 meses e multa de 100$000 a 500$000."

Ninguém afirmará, de boa fé, que os espíritas estejam a despertar sentimentos de ódio, ou sentimentos de amor diferentes dos que pregava Jesus; nem acreditará, com ligeiro verniz de psiquismo, ou pequena camada de senso, que um homem honesto, que um médium, instado, rogado para dar um récipe, algumas vezes em transe inconsciente, outras inteiramente desacordado, esteja subjugando a credulidade pública.

Mas, procurando levar a Câmara a acreditar que **"as práticas espíritas não passam do uso desse meio"**, e que **"há o intuito de realizar alguns dos fins mencionados no artigo etc."**, o nosso Licurgo andou a jogar cinza nos olhos dos seus pares.

*
* *

Os casos de mediunidade curadora vêm de data remotíssima. Diz César de Vesme que a Medicina foi fundada, em grande parte, sobre as faculdades paranormais, entre as quais a clarividência gozava o primeiro papel, pelo menos no que concerne ao diagnóstico. Os médicos primitivos não tinham, mesmo, necessidade de um clarividente, sendo eles próprios "sujets" paranormais. (279)

Os selvagens possuíam seus curandeiros. Sabem os

(279) C. de Vesme — "Le Diagnostic Paranormal dans l'Histoire", — "Rev. Met.", pág. 198, 1930.

etnógrafos dos prodígios que eles praticavam em sua arte. Lawrence afirma que a medicina do feiticeiro selvagem cura frequentemente doenças que o doutor branco declara incuráveis. (280)

Aquilo que hoje se procura fulminar com a lei era praticado desde os primeiros tempos da Humanidade, e até onde chegou a luz da História se verificaram os resultados felizes da nefanda prática. Curavam os sacerdotes da Assíria, da Babilônia, da Caldeia, da Pérsia, do Egito. Os livros antigos da Índia estão cheios destes casos, sendo a terapêutica extra normal muito em voga entre os brâmanes; delas sempre usaram os faquires, e, ainda hoje, com elas assombram os leigos.

No Egito, os hierofantes faziam as suas maravilhosas curas nos templos de Ísis e de Serápis. Eles eram auxiliados pelos próprios doentes, que, num estado a que nós hoje chamaríamos transe, não só declaravam o ponto do corpo enfermo, como indicavam o remédio que os devia curar, conta-o Deodoro de Sicília.

O mesmo fenômeno se tem verificado em várias fases da História, merecendo citado o caso dos convulsionários jansenistas, no túmulo do diácono Paris. Tais indivíduos, tidos por loucos, sentiam no próprio corpo os males dos consultantes, sem nada saber das moléstias que estes sofriam. (281)

Esses relatos sempre passaram por lendas, mas a lenda de ontem está cientìficamente comprovada e o fenômeno toma hoje o nome de autoscopia ou heteroscopia. O sensitivo pode descobrir não só as doenças próprias como as alheias, vendo, por lucidez, os órgãos do corpo e lhes percebendo a lesão ou a anormalidade.

Refere o Dr. Osty que uma doente de Solier via e descrevia, a seu modo, os próprios vasos, o coração, o sangue, os pulmões, os brônquios, até as vesículas pulmonares, os intestinos, os ovários, as trompas, o útero,

---

(280) **Edward Lawrence** — "Psychism in its Scientific Aspects".

(281) **Carré de Montgeron** — "Les Miracles opérés par l'intercession de M. de Paris".

o hímen, os músculos e tendões, o esqueleto, compreendido o da face, e, enfim, o cérebro. (282)

A autoscopia é um caso especial da diagnose e terapêutica psíquicas.

O Dr. Solier, diretor médico do Sanatório de Boulogne-sur-Seine publicou recentemente uma obra sobre essa modalidade do supranormal, e dividiu os fenômenos da autoscopia, em externa, já denominada alucinação autoscópica, e a interna.

O douto psiquiatra apresenta um consciencioso estudo, ilustrando-o com vários casos. (283)

Não se trata de um observador solitário. Outros médicos estudaram e verificaram o mesmo fenômeno, contando-se entre eles o Dr. Comar (284), o Dr. Buvat (285), o Dr. Bain (286).

A transmissão ao médium do que experimenta o doente era fato já verificado também pelo professor Liébault (287), e não escapara a Karl du Prel. (288)

Os historiadores sempre se referiram às curas pelos processos anormais. Heródoto narra como os terapeutas restauravam a saúde dos pacientes adormecidos; Estrabão fala dos sacerdotes de Mênfis, que curavam pela imposição das mãos e pelos récipes; Jâmblico historia a aplicação de passes, remédios e insuflações, no Baixo Egito, sendo os aplicadores leigos na arte de curar.

Na Hélade, os oráculos respondiam às consultas médicas que lhes faziam e assim se celebrizaram os de Esculápio, Apolo, Palas, Higeia, Anfiaraus. Muitos recebiam em sonhos a revelação das doenças e o modo de tratá-las.

Em Roma eram comuns as curas nos templos, tal

---

(282) **Dr. Eugêne Osty** — "La Connaissance Supranormale", pág. 22, ed. 1923.

(283) **Dr. Sollier** — "Les Phénomènes d'Autoscopie".

(284) **Dr. Comar** — "Presse Médicale", 17-1-1903.

(285) **Dr. Buvat** — "Gazette des Hospitaux", 25-11-902.

(286) **Dr. Bain** — "L'Auto Representation chez les Hysteriques", 1903.

(287) **Liébault** — Thérapeutique suggestive".

(288) **Du Prel** — "La Magie".

como se dava entre egípcios, assírios, babilônios e gregos. Delas nos falam Tácito, Plínio e outros.

Na Idade Média abundaram as curas supranormais; os taumaturgos desfilam nas páginas da História, e, principalmente nas páginas da Igreja, algumas vezes com aspecto lendário, outras envolvidas no sorriso irônico dos historiadores, outras, ainda, e estas em grande número, aureoladas num halo de santidade. Foi a época dos médiuns, e, se as curas mediúnicas não aparecem em número assombroso, é porque, quando os dons terapêuticos não se manifestavam na Igreja, havia quase certeza de que o curandeiro ia pernear na fogueira e, com suas cinzas, se apagava a lembrança dos seus feitos. Os mais precavidos tinham o máximo cuidado de os não manifestar; se hoje eles custam a liberdade, antigamente custavam a vida.

Ainda assim, há memória de muitos: Asclepíades de Pruse, Apolônio de Tiana, Galeno, Simão, o mago, Avicena, Tomás de Aquino, Bacon, Ticino, Cornélio Agripa, Pomponácio, Paracelso são tidos como entidades milagrosas, pelas qualidades que possuíam de estancar o sofrimento físico dos seus semelhantes.

Aproveitemos, nesta rápida resenha, alguns trechos de um escritor patrício, aliás contrário à Doutrina Espírita, que, no "Correio da Noite", se assinava com o nome de João Travassos.

Escreve o publicista.

"A história da Medicina está repleta desses casos. São Bernardo, em um só dia, curou, em Constança, onze cegos e dezoito coxos, e, em Colônia, fêz falar três mudos e fêz ouvir dez surdos. Santa Margarida, Santa Catarina e Santa Ildegarda curavam todos os enfermos, apenas lhes tocavam com as mãos. Idênticos prodígios operaram Cosme e Damiano, os mártires. O imperador Justiniano, sofrendo de moléstia incurável, foi posto a salvo pelos dois irmãos, que hoje, até, e erradamente, são festejados pelas tendas espíritas. Santa Odília abraçou-se com um leproso. Ele curou-se e ela não ficou contaminada!

Vespasiano, imperador de Roma, sòmente com a imposição das mãos, curava afecções nervosas. E Célio Espartano afirma que Adriano curava os hidrópicos, tocando-lhes apenas com as pontas dos dedos e curou-se a si próprio de violenta febre pelo mesmo processo. O rei Olavo curou Egil, em um momento, tocando-lhe no corpo, ao mesmo tempo que recitava provérbios. Os reis da Inglaterra e os da França curavam, pelo contacto, os que sofriam da laringe. Eduardo, o Confessor, e Filipe I, grangearam popularidade, exibindo esses dons. Durante muitos séculos, as doenças de garganta eram, até, chamadas — "mal dos reis".

Plínio disse: — "Há indivíduos, nos quais todos os órgãos do corpo têm propriedades medicinais, tais como Márcio, Psílio e outros, que curam mordeduras de serpentes, tocando, apenas, nos lábios do envenenado." Era isso corrente em Chipre, onde muitos viajantes testemunharam a maravilha. E, até bem pouco tempo, os salmistas espanhóis curavam, com orações, as doenças de pele. Valentim Greatrakes, na Irlanda, curava, a princípio, com a imposição das mãos, a "moléstia dos reis"; depois, curou febres, feridas, tumores, gotas, e, afinal, todas as moléstias. No século XVIII, Levret, jardineiro, e Streeper, fizeram centenas de curas, em Londres, exclusivamente com as percussões das mãos. E Miguel Medina, o pequeno de Salamanca, bem como Marcelo Empírico, fizeram, também, milhares de curas por esse processo.

A resenha, afinal, seria intérmina!

Explicando extravagâncias desse jaez, von Nettesheim, em sua "Oculta Filosofia", diz que "há uma ciência conhecida apenas de muito poucos, que instrui e ilumina a mente, de tal modo que, de um passo, esta sai das trevas da ignorância para a luz da sabedoria."

E acrescenta:

— "Isto é produzido especialmente por uma espécie de sono artificial em que o indivíduo esquece o presente e como que percebe o futuro, por uma inspiração divina."

Certa vez, em companhia de um amigo espírita, fui ter à "Tenda de N. S. da Guia", que era então presidida pelo Dr. José Meireles, já falecido. O "médium" principal, Sr. Austrogildo de Barros, um rapagão de semblante extremamente simpático, atendia a mais de duzentas pessoas, em transe permanente. Sua fisionomia, durante esse estado de perfeita inconsciência, demudava-se. Cheguei a ter a impressão de que ele enlouquecia! Não obstante, o "médium", revelando completo domínio de si mesmo, dirigia os trabalhos com impressionante regularidade. Os enfermos, todas pessoas crentes, apenas eram tocadas pelas mãos do chefe do "terreiro", caíam em crises. Ele os agitava, falando, sempre, em língua esquisita, que ninguém entendia. Achei curioso aquele sistema de curar e passei a assistir às sessões. Pude, então, com o testemunho de outros médicos, levados por mim propositadamente, verificar curas, que assombrariam a ciência oficial, se essa ciência quisesse tomar conhecimento desses fatos. Um rapaz, que ali se apresentara, levando uma radiografia dos próprios pulmões, já cavernosos, foi tratado, na minha presença, pelo Sr. Austrogildo. O médium nunca receitou. Dava passes e "tirava obsessores". E as cavernas pulmonares cicatrizaram-se, ficando o rapaz completamente bom, a cabo de dois meses!

De outra feita, assisti, à rua Bela de São João, e na presença também de dois outros médicos, Drs. Alcides de Castro e Carneiro da Rocha, este funcionário da Sul América, um "médium", em transe, curar, com simples passes, sem o emprego de qualquer droga, um tuberculoso, cavitário também, e portador de atestados oficiais de sua enfermidade, que era, de resto, visível aos olhos de qualquer clínico. E a centenas de casos dessa e de outras naturezas assisti, em várias tendas espíritas desta cidade. Os espíritas diziam-me que era um caboclo que descia do espaço e se incorporava no "médium", quem produzia aquelas curas assombrosas. Eu, porém, tenho certeza de que do espaço não desce nenhum caboclo. Essas curas são feitas pelo próprio organismo do enfermo, mediante sugestão, que lhe é imposta pelo subconsciente do agente operador.

E' um caso de braidismo." (289)

Deixemos de lado a teoria aventada pelo autor, inteiramente desmentida pelo estudo comparativo dos fatos, visto que nossa principal preocupação, neste trabalho, é a apresentação do fenômeno. A teoria ficará para melhor oportunidade.

Na época dos magnetizadores, as curas e diagnósticos produzidos pelos sonâmbulos foram verificados amiudadamente.

Mesmer, médico alemão, muito tempo estabelecido em Viena, obteve em França, por volta de 1778, grande êxito com seus métodos curativos; foi o iniciador do magnetismo animal, por isso chamado mesmerismo. Fêz vários discípulos; substituiu-o Puiségur, depois Deleuze, depois Du Potet. Formou-se a grande plêiade de mag-

(289) **João Travassos** — "Correio da Noite", 3-7-1935.

netizadores, cujos processos se estenderam até o século XIX e em cujos trabalhos se notam tantos fenômenos francamente espíritas.

Tão seguras eram as informações dos magnetizadores que muitas pessoas os tinham por infalíveis.

Alguns sensitivos diagnosticavam mal lhes apresentavam um objeto do doente. Charpignon relata vários casos dessa espécie. (290) Du Potet refere-se também a esse fenômeno. (291)

Em alguns lugares, tapavam-se os olhos aos sonâmbulos e os levavam aos enfermos, e eles não só lhes descreviam as doenças como experimentavam os sofrimentos dos doentes. (292)

A. Gauthier cita vários casos em que, pela autópsia dos corpos, se verificou que o diagnóstico dos sonâmbulos era mais certo que o dos médicos (293), e o Dr. Koreff, segundo refere Deleuze, declarava: "Posso afirmar que bons sonâmbulos, em casos de moléstia, são menos expostos ao erro que os mais hábeis médicos." (294)

Faríamos grave injustiça ao demônio se não declarássemos o papel que, para alguns, representava ele nessas curas e diagnósticos. O espírito do mal, não se sabe por que cargas dágua, dava, às vezes, para fazer o bem. A desfaçatez do maligno ia até esse extremo de bondade. Curava por velhacaria. Entre os doutores crentes nas suas artes terapêuticas, quando já ia tão alto o sol do entendimento, cita-se o Dr. Tony Dunand. E, segundo refere Vesme, ele teve o cuidado de fazer uma exceção em favor de sua mulher, que partilhava com o "tinhoso" o dom da mediunidade curadora.

Madame Dunand — dizia o marido — era o tipo do verdadeiro sonâmbulo, daquele que nasce sob a influência dos santos anjos invocados no Catolicismo.

Tão suaves conceitos de um esposo, mereceram de Vesme este comentário: — "Há tantos maridos levados

---

(290) **Charpignon** — "Physiologie du Magnétisme".
(291) **Du Potet** — "Le Propagateur".
(292) **Bertrand** — "Le Magnétisme en France".
(293) **Aubin Gauthier** — "Revue Magnétique".
(294) **Deleuze** — "Instruction pratique sur le Magnétisme".

a acreditar que as respectivas metades têm o diabo no corpo, quando não são elas próprias o diabo encarnado, que a opinião angélica do bom marido Dunand precisava ser assinalada."

Depois desta breve excursão histórica, passemos aos trabalhos a que se têm dedicado os modernos cientistas, em cujo número figuram médicos de nomeada.

Já em princípios do século XIX, o Dr. Justinus Kerner descrevia, na sua memorável obra sobre a Vidente de Prevorst, a cura psíquica da condessa Von Maldeghem, devida aos dons extra-normais da vidente. (295)

Atualmente, as referências às curas psíquicas, de caráter espírita, se multiplicam de tal ordem, que aquele que tentar expô-las terá que se avir com um trabalho monumental.

Nos estreitos lindes deste capítulo, temo-nos que limitar a alguns exemplos, colhidos, de preferência, por imunes de suspeição, em autores não espíritas ou franca e declaradamente materialistas.

Afirma Betcherew, por exemplo, "que as curas de origem religiosa vão muito além dos limites das moléstias de fundo psíquico." (296)

Essas curas de origem religiosa não passaram despercebidas a uns tantos observadores francamente contrários às ideias espíritas. Pierre Janet as reconhece e a elas se refere em sua obra: "As Medicações Psicológicas". (297)

Muitos as atribuíam ùnicamente à fé, como Charcot. William James admite que a fé pode operar os mesmos milagres terapêuticos que a Ciência. (298)

Conta o Dr. Tukholka, de Constantinopla, que, em envelope fechado, enviara uma pergunta, sobre assunto médico, à médium curadora Sra. Olga Kahl. A resposta, trazida imediatamente, revelava a natureza da doença e dava a indicação exata da medicação a ser aplicada.

---

(295) **Dr. Justinus Kerner** — "Die Seering von Prevorst".

(296) **Betcherew** — "La Suggestion et son rôle dans la vie sociale".

(297) **Pierre Janet** — "Les Medications Psychologiques".

(298) **William James** — "Varieties of Religious Experience".

Seguida a prescrição, o doente ficou prontamente restabelecido. (299)

O Dr. Karl Happich, em um trabalho que escreveu com a colaboração dos condes Herman Keyserling e Kuno Hardenberg, refere as experiências que levou a efeito com um desses pacientes de mediunidade curadora, que ele designa, apenas, pelas iniciais H.B. O médium não só fazia curas como estabelecia os prognósticos com exatidão. Algumas vezes sentia em si próprio os males das pessoas que dele se socorriam e com segurança apontava os órgãos comprometidos. (300)

O Dr. Emile Magnin, que se dedicou profundamente ao estudo das doenças mentais, descobriu que muitos enfermos se curavam pelos processos espíritas; aplicou-os, então, em sua clínica, dando aos seus casos o nome de casos espiritóides. (301)

O Dr. Watrazewski, diretor do Hospital S. Lázaro, de Varsóvia, teve ocasião de ver como se produziam fenômenos surpreendentes, nesse terreno. (302)

Repositório importantíssimo de curas espíritas, especialmente nos chamados casos de obsessão, é o livro de Ernesto Bozzano, intitulado — "Dos Fenômenos de Obsessão e Possessão". (303)

Depois de lembrar esse escritor o valoroso contingente que trouxeram à matéria, homens ilustres como J. Peebles, Conan Doyle, O Prof. Hyslop, o Dr. Sanders, Oliver Lodge e outros, alguns deles médicos, passa a descrever as curas praticadas em obsidiados, com o emprego dos meios espíritas; a maioria desses obsidiados eram tidos por loucos incuráveis.

O processo foi ensaiado por notável médico, o Dr. Carl A. Wickland (304), o qual, com o auxílio de um

(299) **S. Toukholka** — "Expériences de clairvoyance avec Mme. Olga Kahl. "Revue Métapsychique", pág. 429, 1922.

(300) **Dr. Karl Happich** — "Das Okkulte".

(301) **Emile Magnin** — "Devant le Mystère de la Nevrose".

(302) **Dr. Xavier Watraszewski** — "Experiência de conhecimentos supranormais com Mlle. Sabira".

(303) **E. Bozzano** — "Del Fenomeni di Ossessione e Possessione".

(304) **Carl A. Wickland** — "Thirty yaars among the Dead".

médium, restituiu à razão grande número de infelizes, fadados a acabar seus dias nos hospícios, asilos, ou casas de saúde.

As experiências do Dr. Wickland foram há pouco renovadas em Londres. Extraímos da "Light" uma notícia sobre o assunto: (305)

"Quatro doutores londrinos, formando um grupo de experimentadores, resolveram pôr à prova a teoria de que certas formas de loucura podem ser causadas por seres espirituais obsidiantes e, com o auxílio de um médium, realizaram, obtendo resultados satisfatórios, uma série de experiências, que o Dr. Oscar Parkes descreveu em uma conferência feita a 16 de Maio na L.S.A.

O grupo em questão, continuando experiências anteriormente realizadas pelo Dr. Carl Wickland, de Los Angeles, nos Estados Unidos, submeteu um primeiro paciente e depois outro a fortes cargas de eletricidade estática, as quais, segundo a teoria do mesmo Dr. Wickland, têm por efeito expulsar a entidade obsessora, com a qual, em seguida, se pode algumas vezes falar, através do médium.

Nos dois casos que o Dr. Parkes descreveu, o processo alcançou êxito. Num, o médium experimentou violentas convulsões físicas; no outro, nenhuma perturbação dessa natureza se produziu. Os pacientes, em ambos, recuperaram a normalidade da saúde mental.

Disse o Dr. Parkes haver mais outros casos a que deixava de referir-se, por não estarem ainda concluídas as experiências.

Na América, há, entre os médicos, pouca propensão para a crença no demônio (Espírito). Entretanto, na literatura americana não é difícil encontrar-se uma apreciação menos restritiva da possibilidade da existência deles. O Dr. E. N. Webster, por exemplo, da secção mental da Associação Médica Americana, escreve:

"Muitos insanos há, tidos por loucos incuráveis, que, no entanto, apenas se acham subjugados pela ação opressora de um Espírito, ou de uma falange de Espíritos. Múltiplas vezes temos verificado, *post-mortem*, que nem no cérebro, nem no sistema nervoso de tais pessoas, existe a menor desordem física."

O professor William James escreveu:

---

(305) "Light", 23 de Maio de 1935. Londres.

"Torna-se cada vez mais evidente que a obsessão é a causa determinante de muitos casos de loucura e que estes se podem curar. A atenção médica terá que se voltar para tais problemas, ou a *matéria médica* perderá o domínio do assunto."

Para o investigador da psicologia abnormal segundo a hipótese espirítica — disse o Dr. Parkes — grande parte da sintomatologia das neuroses da guerra ou dos choques de bala (salvo casos muito especiais) indica como causa produtora desses estados, conforme ponderou o Dr. F. E. Williams, atual diretor médico da Comissão Nacional de Higiene Mental, de N. Y., a obsessão ou possessão por Espíritos de soldados mortos e que se conservam inconscientes da transição que sofreram.

O acerto da hipótese espirítica, no que concerne às neuroses de guerra, foi mais tarde evidenciado pela cura rápida dos doentes, uma vez submetidos a severo tratamento elétrico, pelo qual eram afastadas deles as entidades obsessoras, como o demonstrou o Dr. Vicent, que curava, em poucas horas, casos que outros psiquiatras haviam tratado por meses, ficando os doentes em condições de passear e subir escadas.

"Pessoalmente — acrescentou o Dr. Parkes — creio na obsessão, porém não a considero causa vulgar da loucura. Pessoas há, bem o sei, que vêem nisso a razão principal por que mais de 30.000 doentes se acham recolhidos a manicômios. Afirma-se, com efeito, haver um de meus amigos declarado que lhe seria possível esvaziar metade dos hospícios existentes no país. Entretanto, nada, pessoalmente, me disse ele a respeito, se bem eu saiba que essa é a sua opinião. .

"Vários são os fatores determinantes das psicoses, termo pelo qual se designam as desordens mentais. Os abalos, a sífilis, os pesares, um precário desenvolvimento físico e certos danos se reconhecem como causadores da insânia, e diferentes enfermidades, qual a tuberculose, também a podem causar.

"Algumas dessas lesões do cérebro já ficaram patenteadas por um exame *post-mortem* — diz o Dr. Parkes — porém, na maioria dos casos, isso não se dá. Quando tenhamos feito todas as concessões a esses tipos de loucura, que podem ser devidos a doenças, a perturbações, a choques, ainda restarão aquelas condições acima apontadas, para as quais não há como encontrar uma causa possível ou provável, a menos que as lancemos à conta de efeitos da reencarnação, ou à conta da ação do subconsciente, sobretudo nos casos que denominamos extremos."

O Dr. Parkes fêz, então, descrição viva de suas próprias experiências, juntamente com três outros doutores, caracterizadas pelo emprego de uma corrente estática de alta tensão, obtida de uma máquina Wilmhurst, para afastar as entidades obsessoras. Confessa ele não saber porque os choques da corrente estática são insuportáveis a essas entidades. Leu, porém, a seguinte narrativa que ao Dr. Wickland fêz, depois de haver sido desalojado do corpo do paciente, um obsessor, que voltou para escrever, pela mediunidade da Sra. Wickland, o que sentira:

"Estive por longo tempo numa situação estranha. Que se passou no mundo? Ele é às vezes tão singular. Houve relâmpagos e trovões, que me atormentaram horrìvelmente. Não me deixavam em paz um momento. Eram furiosos os relâmpagos e trovões, piores aqueles do que estes. Eram tão terríveis, que me parecia ser impossível ver depois mais coisa alguma. Era como se viessem em torrentes. Parecia que me davam repetidas pancadas na cabeça. Fiquei espantado com aquilo. Era mesmo de espantar, pois que me despertou. Despertou-me tão bem e tão completamente, que não pude ficar por mais tempo onde me achava."

Respondendo a perguntas formuladas por alguns assistentes, disse o Dr. Parkes que, à vista dos resultados satisfatórios que ele e seus colegas estavam obtendo, esperava que a classe médica fôsse induzida a reconsiderar a atitude que assumira relativamente à hipótese da obsessão.

Replicando a dois opugnadores que diziam ser provável que a sugestão desempenhasse o papel principal no tratamento descrito, declarou o Dr. Parkes que o método terapêutico da sugestão falhara em todos os casos submetidos ao grupo de experimentadores de que ele fazia parte. Os casos a que se referira haviam sido dados como incuráveis e o método de tratamento que vinha de descrever restituíra aos pacientes a sanidade perfeita. Essa, afinal, era a prova suprema."

Por ocasião do Segundo Congresso de P. Psíquicas de Varsóvia, o Secretariado recebeu uma consulta dos tribunais dinamarqueses. Mais prudente do que o legislador a que nos referimos, resolveram os juízes daqueles tribunais levar aos competentes no assunto o libelo que fora levantado contra um médium curador, então perseguido por exercício ilegal da medicina.

Examinada conscienciosamente a questão, ficou bem

estabelecida a faculdade do acusado e foi ele absolvido. (306)

A escritora Rosa Agullana, de cuja sinceridade e honestidade ninguém pode duvidar em seu país e fora dele, refere-se, num dos seus trabalhos, a vários casos de mediunidade curadora, entre os quais os seus próprios, tendo tido inúmeras ocasiões de aliviar e curar os padecimentos dos seus semelhantes. Tinha ela certeza de haver feito curas maravilhosas, seguindo o conselho de Espíritos-médicos. (307)

Em importante revista científica inglesa, o Dr. Hewat Mackensie faz o estudo da mediunidade de Sloan. E ao lado dos dons de clarividência, clariaudiência e de outros, ele assinalou o da diagnose e terapêutica curadora. (308)

A Sra. Maurice Garçon, advogada de fama nos tribunais franceses, inicia uma sua conferência declarando:

"Rien n'est plus commun que le récit des guérisons miraculeuses opérées par des personages singuliers..."

E mais adiante afirma:

"Pessoalmente, defendi, perante os mais longínquos tribunais, curadores perseguidos por uma justiça sàbiamente indulgente, e acabei por espantar-me com as descrições quase lendárias que me foram feitas. Chegámo-nos a cansar do mistério, quando ele se nos tornou familiar e vi muitíssimas curas, muito seguras para não serem verdadeiras, posto que de aparência inexplicável."

E ainda:

"Quando me acontece ter que defender um curador, vou

---

(306) **De Welt** — "Relatório do 2.º Cong. de Pesq. Psíquicas de Varsóvia.

(307) **Rosa Agullana** — "La Vie Vécue d'un Medium Spirite". Bordeaux, 1923.

(308) **M. Mc-Kensie** — "Quartely Transaction of the British College of Psychic Science", Abril 1924. — "Rev. Mét.", página 314, 1924.

ordinàriamente à audiência do Procurador da República e lhe faço esta pergunta: — Quantas testemunhas é preciso que lhe apresente para a sua convicção?

O magistrado sorri e supõe que eu gracejo. Informo-o, então, de que farei citar cem ou duzentas pessoas milagrosamente libertas do mal que as acabrunhava. Ele ergue o braço e eu transijo em dez testemunhas. E essas dez testemunhas, que não conheço, às quais nunca dirigi a palavra, e cujos nomes me são fornecidos por meu cliente, vêm à barra com entusiasmo. Quer sejam de Bordéus, de Marselha, de Nanci, de Liie ou de Reims, elas se exprimem do mesmo modo. O testemunho é idêntico; dir-se-ia que a mesma fórmula lhes aparece como a única conveniente e eles proferem com força:

— Eu estava abandonado por todos os médicos, fui procurar aquele e curei-me." (309)

Deixamos com pesar de referir-nos a vários outros tópicos interessantes da conferência, pela urgência de abreviar este capítulo, e passamos adiante.

O Dr. Rehm, médico e psicólogo, apresentou, numa obra editada em 1929, casos de curas surpreendentes praticadas pelos taumaturgos, onde a medicina oficial nada podia fazer.

Comentando tais fatos, assegura o abalizado observador que se nota, naqueles casos, alguma coisa mais do que a sugestão ou o simples prestígio do curandeiro; uns possuem receitas ou remédios ignorados dos médicos e cuja ação objetiva é indiscutível, outros aplicam os chamados fluidos, produzindo curas espantosas. (310)

Em um trabalho enviado à "Revue Métapsychique", o Dr. Henri Desoille, interno dos hospitais de Paris, estuda as faculdades da senhorita Jeanne Laplace, onde se encontram, em grande escala, as vidências utilizáveis sob o ponto de vista médico. (311)

Na Espanha, o marquês de Santa Clara, depois de experiências com vários médiuns, entre os quais uma sua

---

(309) **Mme Maurice Garçon** — "Les Guérisseurs et leurs Pratiques" "Rev. Métapsychique", pág. 273. 1928.
(310) **Dr. P. L. Rehm** — "Guérir sans Médecin". 1929.
(311) **H. Desoille** — "Rev. Métapsychique", pág. 492. 1929.

filha, verifica, entre os vários fenômenos por ele observados, os de diagnósticos médicos, diagnósticos, assegura o experimentador —, que vão muitas vezes de encontro ao dos médicos e são mais felizes. (312)

Na Hungria, o Dr. Carlos Rothy fêz que vários médicos e professores da Faculdade pudessem apreciar as faculdades de Carolina Wunderlich, cuja ação curadora sobre várias centenas de enfermos é de efeitos instantâneos, até mesmo em casos desesperados.

*
* *

Já consignamos diversas modalidades da terapêutica paranormal; de fato, as curas se realizam por diversos modos, complicam-se por vários processos, e se fazem acompanhar por vários outros fenômenos, por forma a desnortear os defensores da teoria sugestiva e outras.

Referindo-se a essa teoria, dizia Maurice Garçon que ela não pode ser acusada de espírita: **"Reste la question de savoir se les médecins disposent aussi bien de la suggestion que leurs concurrents sans diplôme."**

Aliás, não é isto o que nos importa no momento, senão deixar patente e irrefragàvelmente demonstrada a existência do fato.

E, modalidade interessante, é a que relata Emile Christophe, de quem muito se falou como curador. Ele, próprio, explica os meios por que conseguia pôr bons doentes abandonados pelos médicos — e o processo era a varinha ou a pêndula mágica. (313)

Não é para desprezar o caso, desde que alguns autores, como o Dr. Albert Leprince, se têm ocupado com a matéria. (314)

Vê-se destarte que, aos diferentes meios empregados pelos curadores para lhes despertar a sensibilidade para-

---

(312) **M. Santa Clara** — "Un Tanteo en el Misterio".
(313) **Emile Christophe** — "Tu seras Sorcier!"
(314) **Dr. Albert Leprince** — "Application de l'Art du Sorcier à la Medecine".

normal, podem-se ainda acrescentar a psicometria e a rabdomancia.

Para finalizar este capítulo, apontemos agora as lições de três grandes vultos atuais do Psiquismo em França. Todos eles médicos, eruditos, experimentadores, notáveis.

Cientistas, de cuja inteligência e valor não duvidarão os que lhes conhecem as obras, não podem, por nenhum motivo, ser inquinados de suspeição:

Um, o neurologista Dr. Eugène Osty, que ninguém acusará de simpatias pela causa espírita, tem-se dedicado, com especialidade, entre os vários ramos da Metapsíquica, às curas e diagnósticos supranormais.

Na "Revue Métapsychique", de que é diretor, vem escrevendo longos trabalhos sobre a matéria. Num deles afirma o experimentador: "E' evidente que o diagnóstico paranormal, ainda que fragmentário e falível, chega, por vezes, a dizer, a seu modo, a verdade sobre tal ou qual moléstia, na qual o médico se engana."

E sobre a terapêutica:

"Há curas, mesmo em casos que resistiram aos esforços de um ou muitos médicos, e até de alguns altamente titulados."

Finalmente assegura, ainda, o afamado clínico:

"Quando o doente prediz uma doença bem circunstanciada e que essa doença sobrevém, há muitas probabilidades para que sua evolução e consequência sejam as pressagiadas. A aventura patológica, em seu desenvolvimento previsto, é um espetáculo muitas vezes penoso, porém maravilhoso." (315).

Um dos pacientes examinados por Maxwell incorporava um velho médico, havia muito falecido, médico que não passava para ele de uma figura imaginária.

---

(315) **Dr. E. Osty** — "Ce que la medicine doit attendre de l'etude experimentale des propriétés psychiques de l'Homme. — "Rev. Mét.", pág. 79. 1929.

— "Le Diagnostic des Maladies par les Sujets doués de Connaissance paranormales" — "Rev. Mét.", pág. 501, 1929 e página 5, 1930.

Entretanto, fazia a seguinte observação: "O meu colega do Além receita drogas que obrigariam a rir os médicos de hoje, mas os seus diagnósticos são de pasmar." (315 A)

O terceiro experimentador é Ch. Richet. O grande fisiologista dispensa a apresentação. Este mestre dedica muitas páginas do seu Tratado à "terapêutica magnética" e, depois da citação de vários fatos de curas mediúnicas, termina com esta judiciosa consideração:

"A história do Sonambulismo e do Espiritismo mostra-nos dolorosamente quanto a ciência oficial foi mal inspirada, rejeitando *a priori*, sem exame, fatos que mais tarde foi obrigada a reconhecer, fazendo uma retirada honrosa." (316)

*
* *

Aqui finda a exposição. Os fatos aí ficam. Aqui deixamos a opinião dos que trataram o caso de perto.

César de Vesme, examinando o assunto especial de que nos acabamos de ocupar, declara:

"Une seule chose parait infinement probable pour le moment, c'est qu'il n'y a pas là seulment "quelque chose"; il doit y avoir quelque chose d'extraordinairement intéressant à tous les points de vue." (317)

Assim pensam os homens de saber: há lá "alguma coisa" e esta extraordinàriamente interessante sob todos os pontos de vista.

As curas psíquicas, com os fenômenos que as acompanham — a etiologia, o diagnóstico, a marcha da doença, o prognóstico, todo o desenvolvimento da moléstia — é um capítulo do "paranormal".

O "metagnomo", entre os vários dons de clarividência, lucidez mediúnica, ou criptestesia, pode possuir o da

(315-A) **J. Maxwell** — "Les Phénomènes Psychiques". 1920. Pág. 210.

(316) **Richet** — "Traité de Métapsychique".

(317) **C. de Vesme** — "Le Diagnostic Paranormal".

cura psíquica. O "sujet" tanto haure do invisível os conhecimentos do passado, como os do futuro; os de uma pessoa distante como os de uma presente; os de um objeto como os de uma criatura; os do são como os de um doente. A terapêutica extranormal é, como qualquer outro, um fato de Metapsíquica.

Lançar ao médium, desde logo, o título de velhaco, sem nenhum conhecimento de causa, além de grave injustiça é leviandade pouco comum em pessoas de certo trato.

Entre nós, a terapêutica psíquica tomou grande vulto devido ao elevado número de médiuns que aqui desenvolveram as suas qualidades curativas. Não trataremos deles, agora, porque a vastidão da matéria, com o seu acervo de provas, foge dos limites deste trabalho. Mas aí é que está o alarma. Principia a assombrar o elevado número de taumaturgos.

Se os esculápios patrícios tivessem mais amor à ciência e menos calor sectarista, procurariam distinguir a boa erva do escalracho; não reviveriam os ominosos tempos medievais, com medidas violentas: não podendo, felizmente, acender de novo as fogueiras da Inquisição, procuram abrir as portas do cárcere para os medianeiros do Além.

Como vimos, o terapeuta abnormal pode curar moléstias tidas como incuráveis pela Medicina; consegue ele descobrir moléstias que escapam à perspicácia dos maiores especialistas. Trazem eles, portanto — são os sábios que o dizem —, a saúde aos desenganados, a felicidade aos desiludidos. O médium, com suas receitas e seus remédios, evitam aos deserdados da fortuna as tristes contingências do hospital e, muitas vezes, as desumanas exigências do consultório. Estancar-lhe a faculdade, proibir-lhe o uso da mediunidade gratuita, fechar-lhe o tugúrio, e pô-lo, por fim, no ergástulo, é mais do que um ato de ignorância — é um atestado de crueldade. Crueldade para ele, que cura; crueldade para os outros, que são curados.

Mas, por mal dos perseguidores, já há entre nós quem conheça as particularidades dos fenômenos mediúnicos: já há quem saiba como é fácil faltar à verdade e como é simples lançar sobre um inocente, em matéria de mediunismo, o labéu de desonesto.

Dizia Rui Barbosa:

> "A experiência vai demonstrando incessantemente a ineficácia da detração contra os honestos. O caluniai, caluniai continua a ter adeptos; mas o seu comércio é cada vez mais desprestigiado, mais inofensivo. A lição incessante do século confirma invariàvelmente a sabedoria daquele estadista da Revolução Francesa que, num discurso a respeito da difamação dos funcionários, dizia aos caluniados: "Deixai escrever contra vós o que quiserem. Cedo ou tarde irromperá o vosso triunfo sobre a calúnia." (318)

A vitória da verdade não se há-de fazer esperar por muito tempo. E aqueles que lhe procuram opor um dique passarão à História, tristemente célebres, como todos os que, obstinados em velhos preconceitos, arrastados por lamentáveis interesses ou envolvidos em cegueira intelectual, buscam retardar a marcha incessante do progresso.

AS PREVISÕES

Um dos erros de alguns "religiosos", ou dos que crêem firmemente, e com pouca base, no que quer que seja, é procurarem acomodar os fatos dentro de suas crenças. Se, porém, apesar dos seus melhores esforços, os ditos fatos não podem ficar encaixados onde se quer, há um processo simples de remediar as coisas, como já vimos várias vezes, é alijá-los, é negá-los.

Daí os antagonismos profundos entre a religião e a ciência. Do choque, fatalmente, a ciência é que terá que vencer. Aquela se baseia no dogma; esta na experiência. E entre um fato observado, experimentado, renovado e provado, e a mera afirmativa religiosa, despida

---

(308) **Ruy Barbosa** — **"A Imprensa", 13-12-1898.**

de qualquer esteio, é aquele que se imporá, com grande desprestígio para as seitas.

Do conflito resulta que, não podendo atacar de frente os processos científicos, que fazem os religiosos dos vários matizes? Escarnecem a ciência, zombam dos seus processos.

Nós sabemos por que percalços passaram os homens de engenho, quando suas investigações iam esbarrar com os postulados assentes pela Igreja. Eram os anátemas, eram as fogueiras, era o diabo!... Hoje perduram, ainda, as ironias, e o pesquisador é tido como um "racionalista", o que, em linguagem católica, por exemplo, significa herege, danado, ou, na melhor hipótese, pedante.

Pudera. Desde que entra a raciocinar, o indivíduo vai pondo para o lado as velharias absurdas com que lhe entupiram a mente. E isto prejudica a Igreja. No dia em que baixar o descrédito sobre o Purgatório e se verificar que as almas não precisam de missas para sair e entrar onde quiserem, os alicerces de uma grande instituição eclesiástica já não suportarão o peso do vetusto edifício.

Como exemplo do que valem as ideias arraigadas contra os fatos, apresentamos uma opinião do Dr. Austregésilo:

"As adivinhações são meras coincidências; as revelações são fatos esquecidos ou inapercebidos, que dormem no inconsciente. As seitas espíritas representam estados epidêmicos limitados, em grupos, como outrora se verificavam, sobretudo na Idade Média, as epidemias de íncubos, súcubos ou de histeria." (319)

Não sabemos, ao certo, a relação que existe entre os estados epidêmicos das seitas espíritas, os histéricos, súcubos ou íncubos, e as adivinhações.

Às vezes a Academia e a Igreja se dão as mãos para embaraçarem o progresso.

*

(319) **L. Ribeiro** — "Espiritismo no Brasil".

Surge agora nova escola psicológica, que se espalha pelo mundo, que sugestiona os espíritos, que empolga as assembleias doutas: é a psicanálise. Mas, como os sequazes da doutrina não acham muito jeito de enfileirar os fenômenos precognitivos em suas prateleiras, negam-nos também. E' o mais cômodo dos processos.

Freud, o chefe da Escola, não teve coragem de pô-los franca e expressamente de lado. Fêz como os que não estão bem seguros do assunto: lançou a dúvida.

Mais prudente que os discípulos, acha que, "com suas considerações não esgotou a psicologia da superstição", e "por outro lado, não quer deixar de examinar a questão sobre se se deve negar sempre que a superstição tenha raízes reais e que existam pressentimentos, sonhos proféticos, experiências telepáticas, manifestações de forças sobrenaturais, etc." (320)

Apesar de procurar cobrir a retirada, na previsão de futuros desmentidos, o mestre não deixa de mostrar, nas entrelinhas, a convicção da inexistência de pressentimentos ou profecias, querendo tudo explicado pelos processos psicanalíticos. E' assim que nos diz:

> "Sou obrigado a confessar que, por desgraça, pertenço àqueles indivíduos a cujos olhos ocultam os Espíritos sua atividade e dos quais se aparta o sobrenatural, de maneira que nunca sucedeu nada que tenha feito surgir em mim a fé no maravilhoso." (321)

Só este curto período demonstra grande série de desconhecimentos. Aqui ele insiste no sobrenatural. Dá a perceber que os fenômenos são duvidosos e lhe não merecem fé, porque nunca os viu.

Se a um tabaréu não fizer fé um gramofone, por não lh'o haverem mostrado nunca, toda a gente o julgará um ignorante; se um cientista, pelo mesmo motivo, negar as auroras boreais, temo-lo por pouco menos de idiota, entretanto que as vacilações do maior dos psicó-

---

(320) **Freud** — "Psicopatologia da vida quotidiana".
(321) **Freud** — Obr. cit.

logos são capazes de firmar doutrina e não há que admirar, se se tornar, doravante, preceito psicológico e científico o cepticismo de Tomé. De nada ficará valendo a experiência dos outros. O grande acervo de observações acumuladas será inútil. Cada um só acreditará no que vir.

Nota-se mais que, para Freud, os fenômenos deveriam ser sempre obra de Espíritos, o que causaria espanto não só aos metapsiquistas, como aos próprios espíritas.

E, em suma, lhe é inteiramente estranho o conhecimento da mediunidade, ou da criptestesia, visto que, para ele, o fato de lhe não haver sucedido nada no gênero, o coloca na classe dos indivíduos indignos, como se dependesse de dignidade ou indignidade a sensibilidade extra-normal.

E não só nunca viu nada nesse terreno — diz ele —, como os pressentimentos que lhe foram relatados pelos seus pacientes não conseguiram que acreditasse na realidade do fenômeno.

Vejamos o seguinte caso que ele refere:

"Uma paciente minha, pessoa inteligente e sincera, procurou-me certa vez, para que analisasse com toda precisão um sonho seu que, justificadamente, podia qualificar-se de profético. Havia sonhado que encontrara em determinada rua e em frente de determinado estabelecimento, o seu médico de cabeceira, antigo amigo de sua casa, e, na manhã seguinte, indo pelo centro da cidade, o encontrou realmente e no sítio preciso, isto é, no que havia visto em sonho."

Dir-se-ia isto, de fato, um sonho premonitório. Parece que não há dúvida. Mas aí é que está o valor derrocante da psicanálise. Aquele sonho, que seria profético, para qualquer ingênuo, **"não se revestiu, logo, para Freud, de importância nenhuma."** Porque, para o mestre, o que se deu foi o seguinte:

"é que, encontrando a senhora o médico, adquiriu ela, naquele momento de vê-lo, a convicção de que tinha sonhado, quando não tinha sonhado nada." (!)

Por esse fácil processo não será temerário pormos tudo em dúvida. Pode alguém contar-nos, em matéria de previsões, ou fora dela, o que entender. Ficaremos logo a rir, e lhe diremos que aquilo lhe veio à cabeça no momento.

Há mais. O que Freud imediatamente percebeu confirmou-o logo após, conforme ele refere, a sua psicanálise. Vamos transcrevê-la:

"A análise pôde depois indicar *(isto é caso indubitável para o Mestre)* com grande verossimilhança, como a senhora adquiriu tal convicção. Um encontro, em determinado sítio, e depois de uma espera mais ou menos longa, constitui uma entrevista. O antigo médico da casa fêz surgir na senhora a recordação de tempos passados em que os encontros com uma terceira pessoa, também amiga do médico, eram muito importantes para ela. Suas relações com a dita pessoa não se haviam interrompido e no dia anterior ao do pretendido sonho o tinha ela esperado, inùtilmente.

Se me fôsse possível comunicar pormenorizadamente tudo o que ao caso se refere, seria mais fácil demonstrar que a ilusão do sonho profético da senhora ao ver o médico era equivalente à seguinte exclamação: — Ah, doutor, recordo-me agora daqueles tempos em que nunca esperava em vão a chegada de N., quando havíamos marcado uma entrevista." (322)

Se bem entendemos a história, a coisa se resume nisto:

A senhora inteligente tinha encontros com um Sr. N., o qual se dava com o médico. Esperara o N. em vão antes do sonho. Nisto se encontra com o médico: esse encontro é que deu a ideia do sonho, ideia que equivalia a dizer isso: senhor doutor, recordo-me dos tempos em que não esperava o N.!...

Poucas coisas haverá tão convincentes!

Veja-se, porém, como as coisas se ajeitam manhosamente. No sonho não se fala em espera nenhuma. Mas na observação analítica, diz o mestre: "Um encontro em

---

(322) Freud — Obr. cit.

determinado sítio e depois de uma espera mais ou menos longa, constitui uma entrevista."

Que espera?

Mais adiante, acrescenta o psicólogo: "Se nos fôsse possível comunicar pormenorizadamente tudo..."

O leitor, então, que não entendeu bem o negócio, pensa consigo: — a chave está naqueles pormenores que não puderam ser comunicados.

*
* *

Entretanto, dir-se-á, existem sonhos premonitórios, como aquele em que não entra o N., o médico, nem há entrevistas. Mas não importa; há-de entrar outra coisa qualquer. Em psicanálise, cada caso tem sua explicação especial e distinta.

Suponhamos que um sujeito sonha que foi atropelado por um veículo e leva mais tarde um esbarro de automóvel, justo no ponto indicado no sonho. Nada mais simples de explicar. Façamos a psicanálise: não houve sonho nenhum. (Só há realidade quando não há premonição) Foi, apenas, o seguinte: o sujeito tinha desejos de ter um auto; na véspera vira um amigo refestelado num landolé e, ao dar com os costados no carro, veio-lhe a ilusão do sonho, o que equivalia a dizer: ah! que bons tempos seriam se eu me pudesse instalar num carro daqueles!...

Não se esperem demonstrações; elas são substituídas pela ênfase das afirmativas.

No caso do sonho da senhora tudo são asserções categóricas, sem base em coisa nenhuma: o encontro é que deu a ideia do sonho, a ideia equivalia a dizer isto e aquilo...

Em breve, quem ler o caso não terá mais dúvida nenhuma que tudo se passou tal qual.

As premonições, entretanto, se revestem de tais características, são de tal minúcia, por tal forma imprevisíveis, e se acham de tal maneira provadas, que só um míope as poderá negar.

Os exemplos aí estão. Por eles se vê que existe a faculdade de prever. Documentemos com os fatos.

*

* *

Há, além da muita ignorância dos homens, outro motivo que os leva a descrer da premonição: — é a vaidade.

Os triunfadores nas refregas da vida acreditam que tudo devem a si mesmos. Aos que muito lutaram e acabaram por vencer, pode-se-lhes desculpar essa pretensão, por mais ou menos justificável. Outros existem, porém, que subiram, ninguém sabe como; conseguem destacar-se do anonimato das multidões; extremam-se dos seus semelhantes, como que guiados pela deusa da Fortuna e tudo atribuem ao merecimento próprio.

Reforça-lhes a opinião uma série de obras que falam na magia da força de vontade e temo-los, os que se afastam da craveira comum, muito cônscios, quase todos, do seu valor pessoal. E então, com a ligeira camada dos conhecimentos que a nossa fraca civilização lhes forneceu, contestam os fenômenos da previsão.

Lógico, sem dúvida, com sua época, era o filósofo que afirmava:

No man or woman born — Coward or brave can shun his destiny. (Bryant).

Vanitas vanitatum. Quantas vezes o poder da vontade, da inteligência e do saber, a máscula energia do querer e todo o esforço humano se aniquilam diante de outro poder, imponderável, misterioso, designado pelo nome de destino!

Mas que é o destino?

Julgam muitos que as forças cegas da Natureza é que o formam. E o homem, o **homo sapiens**, corrige-as, domina-as, submete-as.

O que nos parece, entretanto, é que os incidentes principais da vida já estão prèviamente escritos; eles obedecem a desígnios que nem sempre podemos perscrutar. Teria, talvez, razão o grande Shakespeare, quando dizia: **Hapless Aegeon, whom fates have marcked. To bear the extremity of dire mishap!**

Hoje, já se começa a perceber que o chamado "acaso" tem coisas interessantes; já se nota, mesmo, que existem fatos cuja realização parece de antemão estabelecida, e isso faz com que o "destino" principie a ser sèriamente estudado.

Já não é com cepticismo que a Ciência encara o problema; já se acredita possível desvendar o porvir. Quem estabelece, como lei, a faculdade de descobrir o futuro, é um notável cientista francês, a quem já várias vezes nos referimos, cujo real valor, como médico, e cujo infatigável esforço, como experimentador, lhe dão incontestável autoridade. E' ele o Dr. Eugène Osty, especialista em moléstias mentais e nervosas.

No seu livro "La Connaissance Supranormale", assim se exprime:

"Doze anos de experiências pessoais, com grande número de indivíduos metagnomos e em grande número de pessoas *deram-me a certeza absoluta* de que há seres humanos capazes de preconceber o futuro dos homens."

"Douze années d'expériences personnelles m'ont donné la certitude absolue qu'il est des êtres humains capables de préconnaitre le devenir des hommes." (323)

Como se vê, o eminente neurologista não tem dúvidas.

O mesmo professor assegura, com referência àquelas criaturas a quem chama de metagnomos:

"Além do consciente, existe a propriedade de perceber o imperceptível, de conhecer o incognoscível; *(de percevoir l'imperceptible, de connaitre l'inconnaissable);* descobrem-se, no fundo do ser humano, os atributos de que os filósofos ornavam o conceito Deus: potência criadora e conhecimento fora do espaço e do tempo. E ninguém poderá presumir o que uma investigação precisa, metódica, progressiva, fará descobrir ainda." (324)

---

(323) **Osty** — "La Connaissance Supranormal, **pág. 117-123.**

(324) **Osty** — Obr. cit., **pág. 224.**

Todos os sábios familiares com os fenômenos psíquicos são da mesma opinião de Osty e não têm sombra de dúvida a respeito da existência dos fatos premonitórios.

Richet assim se expressa numa de suas obras literárias:

"Existem os pressentimentos. Isto tem sido devidamente verificado, a despeito das objeções ridículas opostas aos próprios fatos." (325)

No seu admirável "Tratado de Metapsíquica", ainda esclarece aquele mestre:

"Pode-se conceber uma vista muito penetrante, uma acuidade auditiva prodigiosa, uma percepção das vibrações incluídas nas coisas; pode-se admitir que a vibração de um cérebro é capaz de influenciar outro cérebro; mas, o conhecimento do futuro? E, entretanto, parece-me, há casos numerosos, incontestáveis de lucidez divinatória." (326)

No livro acima citado, o capítulo das premonições ocupa setenta e uma páginas. E' um estudo sério, documentado pelos fatos, terminando o afamado catedrático pela afirmação seguinte:

"Uma conclusão se depreende de todos esses casos, ora graves, ora minúsculos; uma conclusão se impõe, que os críticos de detalhe não podem fazer calar: *que a premonição é um fato demonstrado*. Fato estranho, paradoxal, de aparência absurda, mas que somos forçados a admitir." (327)

Fato demonstrado — assegura esse sábio, o qual tem esgotado os seus últimos anos na inquirição dos problemas do Psiquismo.

E o mestre, tão digno de interesse achou o assunto, que publicou, ùltimamente, um livro especial sobre ele: — "L'Avenir et la Prémonition".

Nessa obra, o eminente professor promete, logo de início, provar que, na inteligência humana, há outras

---

(325) **Charles Richet** — L'Homme Impuissant", pág. 84.
(326) **Ch. Richet** — "Traité, pág. 451.
(327) **Richet** — "Traité", pág. 521.

vias para o conhecimento do futuro, que não as da perspicácia normal.

"Ora — diz ele, tratando das ciências metapsíquicas — a premonição é o capítulo mais perturbador, mais incompreensível e, por isso mesmo, o mais interessante. E' o mais profundo mistério de uma ciência rica em mistérios."

E mais adiante:

"A adivinhação do futuro, é, certamente, o mais extraordinário fato de toda a ciência humana. O que é bem curioso, porém, é que, ao mesmo tempo, apesar de toda essa estranheza, é, da Metapsíquica, a parte mais rica em demonstrações irrefutáveis e em provas que não podem ser postas em dúvida. Tal é a conclusão a que chega Bozzano e eu creio que ele tem absolutamente razão." (328)

Ernesto Bozzano, a quem se refere Richet, também escreveu sobre as premonições uma especial monografia, rica dos mais convincentes episódios, onde assegura, de fato, que **"de todos os fenômenos de lucidez aquele é o que tem sido provado com mais força."** (329)

Também Flammarion, o conhecidíssimo astrônomo, nas obras que deu a lume sob o nome de "La Mort et son Mystère", refere-se a esse capítulo da lucidez divinatória.

"Nossa documentação — declara o ex-diretor do Observatório de Juvissy — é extremamente vasta e muito complexa." (330)

Efetivamente, a coleção que ele apresenta é respeitável. E difícil lhe fora essa apresentação, dado o embaraço da escolha. E' ele que o confessa:

"Em centenas, em milhares de fenômenos psíquicos dessa ordem, só temos o embaraço da escolha, para verificar a existência, no homem, de faculdades desconhecidas e de enigmas a resolver." (331)

---

328) **Richet** — "L'Av. et la Prémontion". Paris, Mont., página 35.

(329) **Bozzano** — "Dei fenomeni premonitori"., pág. 42.

(330) **Flammarion** — "Autour de la Mort". Paris, pág. 209.

(331) **Flammarion** — "Avant la Mort", pág. 95.

Diz Dunne, referindo-se ao sonho premonitório: "Os sonhos são uma mistura de acontecimentos passados e futuros. O sonho do futuro é tão normal como o sonho do passado."

Dream are a mixture of past and future events. A dream of the future is quite as normal as a dream of the past. (332)

Como se vê, pela opinião dos maiores entendidos, é a premonição o fenômeno psíquico mais fàcilmente demonstrável.

Poderíamos, se não fôssem as aperturas do espaço, alongar-nos em extraordinária cópia de citações.

As obras sobre o assunto avultam diàriamente; os casos se multiplicam, a lenda vai-se inscrevendo firmemente nos fatos científicos.

Entre as obras que tratam da premonição ou de casos premonitórios poderemos destacar as seguintes:

Camille Flammarion: — *L'Inconnu et les Problèmes Psychiques.* — *La Mort et son Mystère.*

C. de Vesme: — *Histoire du Spiritualisme Expérimental.* — *Le Merveilleux dans les Jeux de Hasard.*

Charles Richet: — *Traité de Métapsychique.* — *L'Avenir et la Prémonition.*

Desbarolles: — *Les Mystères et la Main.*

Emile Magnin: — *Devant le Mystère de la Nevrose.*

Emil Mattiesen: — *Der jenseitige Mensch.*

Ernesto Bozzano: — *Dei fenomeni premonitori.* — *Precognizioni, Profezie.*

Eugéne Osty: — *La Connaissance Supranormale.* — *Une faculté de connaissance supranormale.* — Vários trabalhos na *Revue Métapsychique.*

E. Wietrich: — *L'Avenir et son Mystère.*

Frederic Myers: — *Human Personality.*

Friedrich von Gagern: — *Geister Ganger Gesicht Gewalte.*

Friedrich zur Bonsen: — *Das Zweite Gesicht-Neure Vorgeschichte.*

Gabriel Delanne: — *Documents pour Servir à l'Étude de la Reincarnation.*

Gabriel Trarieux: — *Cassandre.*

---

(332) **J. W. Dunne** — "Experiment with Time".

Giambattista Ermacora: — Vários trabalhos na *Rev. di Studi Psichici*.
Gurney, Meyers and Podmore: — *Phantasms of Living*.
Gustave Geley: — *L'Ectoplasme et la Clairvoyance*.
Ignaz Jezower: — *Das Buch der Traume*.
J. Delesky: — Artigos na *Rev. Mét.*
J. Maxwell: — *La Divination*.
J. W. Dune: — *An Experiment with Time*.
Johannes Illig: — *Historische Prophezeiungen*.
Justinus Kerner: — *Die Seherin von Prevorst*.
Mary E. Monteith: — *A Book of True Dreams*.
Maurice Maeterlinch: — *La Connaissance de l'Avenir*.
Max Kemmerich: — *Prophezeiungen*.
Nell St. John Montague: — *Revelations of Society Clairvoyante*.
P. E. Corniller: — *La Prédition de l'Avenir*.
Rosa Agullana: — *La Vie Vécue d'un Medium Spirite*.
René Allendy: — *Le Problème de la Destinée*.
Sidgwick: — Artigos nos *Proceedings*.
Walter Bermann: — *Die Nornen, Forschungen uber Fernsehen in Raum und Zeit*.
Walter Prince: — *Human Experiences*.
W. C. Sermyn: — *Contribution à l'Étude de certaines facultés cérébrales méconnues*.

*
* *

Propondo-nos tratar das premonições, um só e único embaraço nos tolhe na escolha dos exemplos, e esse embaraço já não escapara a Flammarion: — que é a grande abundância dos casos.

Pois resolvamos a dificuldade, apresentando-os ao acaso.

Freud principiou por dizer que os casos — e foi aí que se firmou a sua conclusão — não tinham sido relatados antes do acontecimento, donde inferia que se tratava de suposta previsão.

Entretanto, verificando-se que há inúmeros casos relatados antes de sucederem, cai por terra o esteio do professor.

Vamos apresentar alguns exemplos, entre os milhares que existem, absolutamente autenticados, de premonições referidas **ante eventum**, ficando, portanto, afastada essa tábua a que Freud recorreu. E, demonstrada a existência da premonição, fica aberto o caminho para provar-se que seria muito mais lógico fôssem premonitórios os sonhos das experiências do eminente mestre da Psicanálise.

Conta Richet:

"Meu amigo Maurice Berteaux, em sua primeira adolescência, interrogou, para divertir-se, uma sonâmbula, na feira de Neuilly, e dela obteve essa informação extraordinária, a de que ele estaria um dia à testa do exército e seria morto por um carro voador *(un char volant)*.

Ora, isso foi em 1880. Maurice não tinha a menor relação com coisas militares; era simples caixeiro de agência de câmbio e não sonhava com política nem com exército.

Em 1880, naturalmente, tratava-se tanto de carros voadores e de aviões, como duma viagem à Lua.

Os acasos da vida fazem com que Maurice Berteaux, dotado de admirável inteligência, se tornasse agente de câmbio, que entrasse em política, que se fizesse eleger deputado do Seine-et-Oise, que representasse na Câmara um papel importante e que fôsse nomeado Ministro da Guerra.

Ora, em 1907, presidindo como ministro da Guerra uma revista militar, foi morto pela queda brutal de um aeroplano que o piloto não sabia dirigir e que *se precipitou sobre ele*." (333)

Comentando esse caso, diz Richet que o acontecimento era absolutamente improvável **(follement improbable)**; que a predição, feita vinte e cinco anos antes, é mil vezes mais improvável ainda. **Falar em 1880** de um carro voador, quando as **máquinas aéreas não existiam**, dizer a esse jovem caixeiro, inteiramente desconhecido, que ele estaria à testa do exército e **seria morto** por um carro voador, ultrapassa todas as **probabilidades** e não é permitido duvidar — acrecenta o **grande mestre** da Sorbona — de que se trata de estupenda **premonição**.

E premonição devidamente autenticada, acrescentamos nós.

---

(333) **Richet** — "L'Avenir et la Prémonition", pág. 37.

Outro caso, que se reveste de natureza histórica, se passou com o Dr. Tardieu, e Richet o narra por esta forma: (334)

"No mês de Novembro de 1913, o Dr. Tardieu, antigo interno dos hospitais, médico em Mont Doré, discípulo de meu pai, procurou-me e disse precisamente isto: — *Chegou o momento em que lhe devo expor os fatos que se ligam às questões que lhe interessam.*

Isso foi em 1868. Tinha um amigo íntimo, Sonrel, hábil matemático, astrônomo no Observatório de Paris. Passeávamos ambos no jardim de Luxemburgo, quando vejo, de repente, Sonrel mudar de fisionomia, cair numa espécie de êxtase e *dizer-me*: Como é estranho! vejo-te com roupas militares e a contar dinheiro num quépi. Eis-te em caminho de ferro. Mas aonde vais? A Hirson? A Sedan? A minha pobre pátria! Eu também tenho trajes militares e venho a Paris, como oficial superior, porém morro dentro de três dias. Felizmente, tu chegas a tempo para que te possa confiar os meus filhos.

Fi-lo parar e lhe disse: — Tu sonhas! Respondeu-me ele: — Não, ainda não acabou. Anos se passam, é a guerra, uma grande guerra. Quanto sangue! O' França, ó minha pátria, eis-te salva.

Pois bem! Todas essas previsões, relativas aos acontecimentos de 1870, se realizaram e rigorosamente.

Encarregado de dirigir uma ambulância em 1870, eu trazia um uniforme militar, quando, dirigindo minha ambulância, fiz uma visita a feridos nos Bulevardes. Depois, transportei-me, em trem de ferro, para uma direção desconhecida. Em caminho, contei no meu quépi o dinheiro das visitas.

Repentinamente, como um dos meus companheiros perguntasse para onde íamos (o que não se sabia, porque a confusão era geral), respondi: — a Hirson, a Sedan!

Quanto a Sonrel, ele veio a Paris alguns dias antes do assédio, como comandante de Engenharia, mas foi logo atingido de varíola e morreu dentro de três dias. Cheguei, justo, a tempo de receber o seu último suspiro. Ele viu que eu chegava e disse: Eis aí Tardieu. *Voilà Tardieu, voilà Tardieu!*"

Trata-se de um acontecimento relatado **ante eventum** e **post eventum**. O professor que o expõe, e que

(334) **Richet** — Op. cit., págs. 41.

ouviu a confidência do próprio Tardieu, acha que não se lhe pode pôr em dúvida a lealdade, nem a inteligência. Seria incrível o aceitarmos que por velhacaria absurda os inventasse o Dr. Tardieu.

Eles foram narrados com grande riqueza de pormenores, sendo ainda deles testemunha, entre outros, o Dr. Monod.

Assim, a predição para 1868 realizou-se espontâneamente, declara Richet.

Mas a premonição não parou aí. Richet chama-lhe dupla premonição, porque, depois de falar nos horrores da guerra de 1870, continua o vidente: "O' França, eis-te salva. Quanto sangue! Eis-te às margens do Reno! Tu és sempre, ó França, a rainha do mundo, e todos os povos te admiram."

O professor Richet relatava essa premonição nos "Annales des Sciences Psychiques", n.° 1, de 1915. E então ele perguntava: — Que se passará quanto à segunda previsão?

Eu o ignoro, mas julguei oportuno contá-la — disse-me Tardieu —, porque os momentos estão bastante próximos.

Ora, as condições impostas à Alemanha pelos Aliados, em 1918, vieram confirmar, ainda, essa outra parte da visão.

O mesmo Richet, no seu citado livro, narra diversos fatos que ele reúne com o título de "Minhas observações pessoais". Todos estão meticulosamente estudados e não nos deixam a menor dúvida de sua autenticidade, a menos que tenhamos como embusteiro um dos maiores cientistas dos nossos tempos.

Vejamos o caso que tem o n.° 5, relatado à pág. 73, o qual foi devidamente registado **antes do acontecimento:**

"Alice deu-me uma bela premonição relativa a uma pessoa que a moça, de forma alguma, conhecia. Disse ela:

— *Vejo alguém que ficará doente em pouco tempo e gravemente doente.*

— *Será, perguntei-lhe, um de meus filhos, um dos meus parentes, um de meus amigos?*

— *Não, não; mas, não trate do caso ligeiramente, porque lhe vai ele dar muitos aborrecimentos.*

E ainda acrescentou o seguinte, de que tomei nota imediatamente, logo que cheguei a casa, e que fielmente transcrevo:

Ele terá arrepios, uma febre muito forte, com tremores, sufocações, estremecimentos de febre, umas como cólicas no ventre (e com as mãos indicava os rins). A febre se declarará sem grande sofrimento, ele terá grande prostração, lassidão extrema, a cabeça será atacada." (10 de Dezembro de 1886).

Ora, a 18 de Dezembro, meu colega Eugéne Yung, diretor da "Revue Bleu", associada à "Revue Scientifique", foi tomado, apesar da sua aparente saúde, de febre, calafrios, dores agudas no ventre, cólicas nefríticas devidas a um abcesso dos rins. A doença fêz rápidos progressos. Declara-se uma infecção urinária com uremia, e meu infeliz colega sucumbe ao fim de quatro dias.

O diagnóstico dado por Alice foi preciso: febre, dores abdominais e coma (a cabeça será tomada).

E' preciso notar que Yung, apesar de nossas excelentes relações, não era absolutamente amigo íntimo. Devo acrescentar que sua morte me causou muitos aborrecimentos e aborrecimentos prolongados durante mais de seis meses, pois que esteve a ponto de ser comprometida minha posição como diretor da "Revue Scientifique".

Falaram da morte de Yung nos jornais. E foi a própria Alice que, em transe, me chamou a atenção para o fato premonitório, que eu tinha esquecido, apesar de haver-lhe tomado nota em minha agenda.

E' impossível estabelecer por cifras uma premonição semelhante. Parece-me que a avaliando em 1/10.000, fico abaixo da pequenez da probabilidade."

Dos fenômenos premonitórios, revestem-se de grande interesse os que têm uma feição histórica ou que se passaram com personagens notáveis, quando devidamente documentados.

O que se vai narrar é contado pelo próprio Linneu em sua autobiografia. (335)

---

(335) **Linneu** — "Autobiography". Upsala, 1823.

Diz o grande naturalista que o seu irmão Samuel, o qual sempre se distinguiu nos estudos, era tido como muito inteligente e se destinava ao magistério, enquanto ele, Carlos, não passava de um estudante considerado medíocre.

Apareceu-lhes, um dia, uma pobre mulher à procura de trabalho; ela não conhecia nem o Samuel nem o Carlos; dizia-se animada de um espírito profético e declarou, ao contrário da suposição geral, que Carlos seria professor, faria longínquas viagens, e tornar-se-ia o homem mais célebre do reino.

Como se sabe, a profetisa acertou.

Outro fato interessante, sob o ponto de vista histórico, é o narrado pelo capitão Montluc em seus "Comentários"; ele previu, em sonho, a morte de Henrique II, ferido mortalmente num torneio em 1559. Ouçamos o capitão:

"Na noite que precedeu ao torneio, sonhei, no meu primeiro sono, que via o rei com o rosto inteiramente coberto de gotas de sangue. Ouvia dizerem uns: está morto; e outros: não está ainda. Via os médicos e cirurgiões entrarem na câmara e, ao acordar, achei-me com o rosto banhado em lágrimas e não pude, por muito tempo, conter o choro. Minha mulher buscava consolar-me, mas eu não pensava em outra coisa que não fôsse a morte do rei. Muitas pessoas que ainda estão vivas sabem que isto não é fantasia, porque narrei o sonho logo que acordei.

Quatro dias depois, um correio chegou a Nérac e trouxe ao rei de Navarra uma carta do senhor Condestável na qual o advertia da grave ferida do rei e da pouca esperança que havia em salvá-lo." (336)

Como se vê, não há dúvida nenhuma de que o sonho foi relatado antes do acontecimento. Afirma-o o capitão, havendo, ainda, a circunstância de que ele acordara em pranto e que a mulher procurara confortá-lo.

Impossível, portanto, acomodar-se aqui a teoria do Prof. Freud, de que o sonhador supôs ter sonhado, na ocasião em que se verificou o fato.

---

(336) **Richet** — "L'Avenir et la Prémonition", pág. 81.

Richet relata-nos, ainda, a notável premonição de Monsenhor Lanyi, geral dos Jesuítas na Hungria:

"O bispo sonhou, na manhã de 19 de Junho de 1914, que ele vê em sua mesa uma carta tarjada de preto; no sonho, abre a carta e na frente da mesma vê uma rua onde se achava o arquiduque Fernando, de quem Monsenhor Lanyi tinha sido professor de língua inglesa. No sonho de Monsenhor, o arquiduque estava de automóvel; na multidão que cercava a carruagem havia dois rapazes que atiraram sobre Suas Altezas Imperiais.

O texto da carta que Monsenhor leu em sonho foi o seguinte:

Eminência, eu vos anuncio que acabo de ser, com minha mulher, em Serajevo, vítima de um crime político.

Nós nos recomendamos às vossas preces. Serajevo, 23 de Junho de 1914, às 4 horas da manhã.

Acordei, tremendo, diz Monsenhor; vi que eram quatro horas e meia, escrevi o meu sonho, reproduzindo a forma das letras que me tinham aparecido na carta do arquiduque.

Às 6 horas, quando o meu criado chegou, encontrou-me sentado à mesa, trêmulo, desfiando o meu rosário.

Eu lhe disse logo: "Chame minha mãe e meu hóspede, para que lhes anuncie um sombrio sonho que tive."

Ao correr do dia chegou-me a notícia anunciando a terrível nova." (337)

Como se vê, o sonho se verificou em todos os pontos.

Ainda está na memória dos contemporâneos o que foi o crime de Serajevo, origem, podemos dizer, da maior conflagração da História, a chamada Grande Guerra ou a guerra europeia de 1914, terrível prélio que fêz doze milhões de mortos, vinte milhões de feridos e dez milhões de mutilados, sem falar nas cidades destruídas, nos campos arruinados, nas famílias em miséria, na mais profunda desorganização econômica que já se tem registado e na multidão de desempregados que hoje pesa na balança orçamentária de alguns países, e na de outros contribui para o aumento da situação de angústia em que eles se encontram.

Tal a hecatombe produzida pelo crime de Serajevo.

---

(337) **Richet** — "L'Avenir et la Premonition", pág. 81.

Outro crime, também executado na Sérvia, previsto pela vidência extraordinária, foi o dos infelizes soberanos daquele país, o rei Alexandre e a rainha Draga, assassinados na flor da juventude, em 1903.

Leiamos um dos maiores sábios contemporâneos da Inglaterra, o célebre físico Sir Oliver Lodge, reitor da Universidade de Birmingham. (338)

"Este caso colhi-o do meu amigo, o Prof. Richet, que, na ocasião, dele me fêz uma relação completa, que aqui resumo:

Na tarde do assassínio, que era absolutamente desconhecido e imprevisto, o Prof. Richet e alguns amigos assistiam a uma sessão espírita de mesa, em Paris. As letras do alfabeto eram acentuadas por pequenas pancadas. Iam-se registando as letras para interpretá-las mais tarde.

As letras seguintes foram indicadas por pancadas muito nítidas: — *"Bancalamo"*. Richet observou: vão servir-se do latim com uma pena. Mas, a soletração continuou com as letras, aparentemente sem significação: *"rtgu"*. Sempre ligando pouca importância, o Prof. Richet continuou a escrever maquinalmente: *"ette famille"*.

A mensagem parecia ter pouco senso; percebia-se, apenas, que se tratava de uma família. Viu-se, porém, logo após, que as letras podiam ser separadas em palavras, como se segue: *Banca, la mort guette famille. (Banca, a morte espreita a família)*.

Essa mensagem foi recebida a 10 de Junho de 1903, às 10 horas e meia da noite.

Dois dias depois, os jornais franceses davam numerosos pormenores do assassínio selvagem do rei Alexandre, de sua esposa, a rainha Draga, e de seus irmãos, em Belgrado. O nome do pai da rainha, morto também havia pouco, era dado como Panca, dizendo-se que toda a família estava em perigo de perecer.

Richet, lendo esse nome nos jornais da tarde, ficou surpreendido pela semelhança entre o nome Panca, ainda desconhecido e por vezes citado como Panka, e o começo da ignorada e misteriosa palavra Banca; o engano único era a confusão entre o B e o P.

Podia-se ler a mensagem como uma espécie de comunicação telegráfica da parte de Pança ou Panca, prevenindo

---

(338) **Lodge** — Why y believe in Pers. Imm". 1928.

que, nesse momento, a morte espreitava sua família: *"la mort guette famille."*

Depois de haver tomado informações e aprofundado o caso, soube Richet que o crime devia ter sido perpetrado pouco depois da meia-noite, isto é, *que no momento da sessão ele ainda não se tinha realizado;* que a hora em a qual a mensagem tinha sido recebida, em Paris, devia estar próxima daquela em que os assassinos deixavam o hotel da Coroa da Sérvia, em Belgrado, para cometerem sua trágica tarefa. Não existia hora de verão, nessa época, e dez horas e meia da tarde, em Paris, correspondiam a meia-noite, na Sérvia.

Como nota Richet, a palavra *guette* (espreita) foi singularmente bem escolhida, porque dá a ideia da atitude de um gato esperando o rato. O termo não teria sido empregado tão a propósito, se o fato sucedesse algumas horas mais tarde ou mais cedo.

O assassínio foi cometido, quarta-feira, lá para alta noite, ou melhor, um pouco antes da alva, na madrugada de quinta-feira, 11 de Junho de 1903, para citar o livro de Mijatovitch ("A Tragédia Sérvia", 1906); entre 10.30 da noite às 2 horas da manhã de 11 de Junho, para citar o "Times" de 12 de Junho de 1903.

A notícia chegou a Paris às 2 horas da madrugada, como o soube Richet, mas sem nenhum detalhe, antes de quinta-feira.

Quanto à ausência real de notícias normais, ela foi completa. Ninguém, em Paris, estava ao corrente da trama maquinada contra o rei Alexandre e sua esposa Draga, e, entre as cinco pessoas que assistiam à sessão, nenhuma estava em relações com qualquer Estado balcânico, nem ouvira jamais falar, provàvelmente, da rainha Draga.

A *mensagem,* se houve uma, foi seguramente transmitida antes do acontecimento.

Toda a família Panca se achava, então, sob a ameaça de terrível perigo; Draga e seus dois irmãos foram assassinados, e as suas duas irmãs acabavam de escapar da mesma sorte."

Aqui termina a narrativa de Sir Oliver Lodge.

Comentando o fato, escreve o escritor francês Jules Gaillard:

"Esse acontecimento trágico foi revelado ao Prof. Richet e a seus amigos em circunstâncias que escapam à competência da ciência oficial. Trata-se de um caso de premonição, que é autenticado ou garantido por dois homens de rara autoridade. Sabe-se que Richet foi durante 42 anos lente de Fisiologia da Faculdade de Medicina de Paris, que é membro da Academia de Medicina e da Academia de Ciências e ganhou o grande prêmio Nobel de Biologia.

Oliver Lodge é um dos mais ilustres físicos da Inglaterra. Suas teorias, em matéria de eletricidade, são ensinadas nas Universidades do mundo inteiro."

Mas, não existe só essa premonição com referência à terrível e dolorosa tragédia sérvia.

"Não é tudo — diz Gaillard. O massacre do palácio real da Sérvia não foi anunciado por antecipação uma vez, mas duas, em circunstâncias totalmente diferentes. Diferença de pessoas, de tempo e de lugar.

Com efeito, continua aquele escritor (339), a 20 de Março de 1913 o célebre jornalista inglês William Stead recebia, em seu gabinete de trabalho, uma médium da maior confiança, Mme. Burschell. O escritor ignorava completamente se se preparava qualquer sinistro projeto na Sérvia. Pôs, ao acaso, nas mãos da médium, uma assinatura do rei Alexandre, que cortara de uma carta.

O transe da médium não tardou em assumir um caráter trágico. Agitações, sobressaltos e lágrimas... Sangue no palácio, e quanto sangue!... Seguiram-se os pormenores. O rei e a rainha, pobres vítimas!

E poucos meses depois o massacre dos soberanos sérvios foi executado por um grupo de oficiais conjurados.

Ao dia seguinte do acontecimento, Stead contou a predição que lhe havia sido feita. O "Figaro" pediu-lhe que fizesse a narrativa, antecipada, para seus leitores, desse drama do palácio. Eu li nesse jornal, que infelizmente perdi, a predição de Mme. Burschell e lamento não poder apresentar aqui, senão incompletas recordações.

O número d'"O Figaro "seria aliás fácil de encontrar.

Eu me lembro, perfeitamente, que William Stead, em seu artigo, declara ter sido por tal modo impressionado com a comunicação, que achou de seu dever informar de tudo o ministro da Sérvia em Londres. Este último, porém, não jul-

---

(339) **Oliver Lodge** — "Why I believe in Personal Immortality", 1928.

gou útil inquietar-se, oficialmente, com um assunto mediúnico." (340)

A aproximação de duas informações convergentes — acrescenta Gaillard, em comentário — concernentes ao mesmo acontecimento histórico e recebidas sucessivamente em Londres e em Paris, conduz a conclusões probantes.

A respeito da Sérvia, país fadado a regicídios e fértil em profecias, colhemos, ainda, a seguinte, no livro de Catarina Cox:

"No dia 29 de Maio de 1868, um camponês, chamado Mata, vinha pouco mais ou menos, ao meio-dia, da aldeia de Kremna para a cidade de Ujitza, e, correndo pelas ruas, gritava com grande aflição: Irmãos, levantai-vos para lhe acudir! Salvai-o! Salvai-o! Estão assassinando o nosso príncipe!...

Ora, Mata de Kremna era tido como um simplório, e, em regra, não se tomava muita nota de suas exclamações agitadas; mas, nesta ocasião, como falasse da morte do príncipe e o espalhar de boatos falsos alarmantes fôsse ato proibido pelas leis, a polícia deu-lhe ordem de ficar calado, e, como não obedecesse, prendeu-o.

Na mesma noite, já tarde, chegou um telegrama oficial de Belgrado, participando que o príncipe Michael Obrenovitch III, ao dar um passeio, com algumas senhoras de sua família, nos bosques de Koohoskmyak, fora assassinado."

A narrativa prolonga-se. Suspeitara o prefeito de Ujitza que o camponês soubesse algo do assunto, e começou a interrogá-lo em sua cela. Os interrogatórios provaram, entretanto, que ele era inteiramente inocente. Espantado com o fenômeno, o prefeito estendeu-se nas suas inquirições e pediu ao detento que fizesse outras profecias. Disse este, então:

"A Sérvia terá um mancebo para príncipe, mas, de fato, o país será governado por uma comissão de três, e o mancebo será o soberano dentro de poucos anos. E' inteligente, mas muito inquieto e terá todas as espécies de dificuldades.

(340) **Jules Gaillard** — "Revue Spirite", 1929.

O país, durante seu reinado, nunca terá sossego. O jovem fará um casamento infeliz, terá um filho só e acabará divorciando-se. Entrará em várias guerras, fará o país maior, depois abdicará e irá para o estrangeiro, onde morrerá, relativamente moço.

Terá por sucessor seu filho, cujo reinado será ainda mais turbulento; casará com uma mulher do povo; aos 27 anos deixará de ser rei e findará sua dinastia. Será substituído por Peter Kara, que reinará três anos. Um exército estrangeiro entrará no país e o povo sofrerá muito. Por fim, levantar-se-á um homem do povo, unirá todo o povo dos sérvios e dará começo a uma era feliz da história nacional."

Realizaram-se os vaticínios. O mancebo que, depois da comissão dos três, governou a Sérvia, foi o rei Milan. Ele casou com a rainha Natália, foi infeliz, divorciou-se, abdicou e faleceu fora da pátria, em Viena d'Áustria.

Seu filho casou com uma jovem de origem plebeia, Draga Mashin, pois que era viúva de um oficial subalterno. O jovem soberano foi o infeliz Alexandre, que morreu assassinado, conjuntamente com a esposa.

Ao tempo em que foi publicada essa profecia, escrita em Março de 1916, tinham sido estes os únicos fatos realizados. O futuro se incumbiu de demonstrar a exatidão dos demais.

No mesmo livro donde extraímos a presente história, refere-se que Draga Mashin, quando ainda era dama de honor da rainha Natália, foi consultar Mme. de Thèbes, que lhe disse: — "Vós tendes uma grande ambição; tereis uma carreira extraordinária; desposareis a primeira personagem do país, mas sereis a desgraça de vosso marido e perecereis com ele."

Palavras — declara a relatora —, cuja verdade agora o mundo inteiro conhece. E acrescenta que o palácio de Belgrado é visitado pelos Espíritos do massacrado rei Alexandre e da rainha Draga. (341)

Esse relato subverte, ainda, as doutrinas expendidas pelo Prof. Freud, pelo Prof. Austregésilo, pelo ministro Moreira, e por tantos outros que lhes seguem as pegadas.

---

(341) **Catherine Cox** — "Os Espectros Reais".

Continuemos as nossas profecias históricas, devidamente comprovadas:

Em 1828, o "Times", de Londres, publicava a seguinte narrativa de predição em sonho, a qual não deixa a menor dúvida de que o sonho fora relatado antes de sua realização.

Refere-o o Sr. John William, de Senrier House, no Condado de Cornwall, Inglaterra:

"Como me pedissem que desse por escrito as particularidades de um sonho que tive em princípios de Maio de 1812, julgo dever declarar que, naquele tempo, toda a minha atenção era absorvida por meus negócios, estando encarregado da superintendência de algumas minas extensas e importantes em Cornwall. Assim, não me preocupava com a política e mal sabia as pessoas que formavam o Ministério.

O meu sonho foi o seguinte:

Sonhei que estava no corredor da Casa dos Comuns. Um homem de pequena estatura, vestido de colete branco e casaco azul, entrou; imediatamente um sujeito, tirando uma pistola, apontou-a ao homem de pequena estatura; a bala atingiu a vítima no peito, do lado esquerdo; a sua fisionomia mudou instantâneamente e o pobre homem caiu. Fui informado de que a pessoa ferida era o chanceler. Reconheci nele, então, o Sr. Perceval, ao tempo ministro das Finanças. Vi o assassino preso por vários cavalheiros presentes.

Quando acordei, contei todas as particularidades aqui mencionadas a minha esposa; esta, porém, não ligou importância ao sonho e pediu-me que dormisse, dizendo: — E' apenas um sonho.

Logo adormeci e o sonho se repetiu. Acordei, novamente, minha mulher, e ela me disse que eu deveria esforçar-me por afastar o assunto do meu espírito.

Adormeci pela terceira vez, e, tendo o mesmo sonho, ainda, acordei bastante agitado. Impressionei-me tanto, que perguntava a mim próprio se não era meu dever ir a Londres e comunicar o fato às pessoas nele interessadas. Consultei alguns amigos, eles, porém, dissuadiram-me da intenção, dizendo que eu podia expor-me a ser ridicularizado ou tomado por um fanático. Nada mais disse.

Na noite de 13 de Maio não havia, ainda, notícia da morte do Sr. Perceval nos jornais, mas meu segundo filho, voltando do Truro, entrou nervoso, no quarto onde eu estava e exclamou: — Meu pai, o seu sonho realizou-se! O Sr. Perceval foi morto a tiro no "lobby" da Casa dos Comuns; a notícia veio de Londres para Truro, depois de impressos os jornais.

De fato, o Sr. Perceval fora assassinado na tarde do dia 11.

Pouco depois os meus quefazeres obrigaram-me a ir a Londres e numa loja de papel vi uma gravura que representava o atentado; ela era a expressão do que tinha visto em sonho: as cores do vestuário, os botões do casaco do assassino, o colete branco do Sr. Perceval, a nódoa de sangue na cara, a atitude das pessoas presentes.

Este estranho caso, mencionado entre amigos e conhecidos, formou o assunto das conversações em Londres, e, em consequência, o meu amigo, o falecido Sr. Rennie, recebeu o pedido de alguns cavalheiros, enviados pela marinha, para que ouvissem o fato de mim próprio.

A esses cavalheiros contei, em casa do Sr. Rennie, todas as particularidades que, naquele tempo, ainda estavam frescas na minha memória.

Não desejo fazer comentários. Declaro, apenas, solenemente, que o que está acima escrito é a fiel narração dos fatos, tais como na verdade se sucederam.

(a) *John Williams.*" (342)

Como se vê do exposto, o sonho produziu-se três vezes; por três vezes o sonhador o relatou à esposa, que procurou sossegá-lo, dizendo, ora que aquilo não passava de um sonho, ora que afastasse o assunto de seu espírito.

Além de contá-lo à esposa, ele o referiu, ainda, a vários amigos, que lhe fizeram ver o a que se iria expor, podendo ser escarnecido, tachado de ridículo ou fanático. Acresce mais a circunstância de haver o seu filho, logo que soube do assassínio, corrido à casa e exclamado: — Meu pai, o seu sonho se realizou!

A admitirmos a doutrina de Freud, teremos que acreditar que, ao ver, ler ou saber do acontecimento, o relator não só supôs ter sonhado aquilo como idealizou os demais pormenores, os quais demonstram a realidade do sonho: a narrativa que fêz à mulher, a resposta des-

(342) "The Times", 28 de Agosto de 1828.

ta, a narrativa aos amigos, o que estes lhe disseram, a exclamação do filho...

E como, certamente, nem a mulher, nem os amigos, nem o filho o desmentiram, antes confirmaram suas declarações, vamos crer ainda que neles se desenvolveu um processo subconsciente análogo; que todos foram vítimas da mesma ilusão, a qual lhes tocava sucessivamente ao terem conhecimento do caso, ao ouvirem o narrador, ou não sabemos quando...

Por aí se verifica como a questão se complica ao encará-la sob o ponto de vista da psicanálise. As hipóteses de Freud, pelo menos neste terreno, são muito mais fantásticas que todas as almas do outro mundo, que ele e seus discípulos repelem.

Mais vale aceitar a coincidência. E' uma palavra **ônibus**, que pode abraçar tódos os acontecimentos, por mais complicados, estranhos e curiosos que pareçam. Dentro da coincidência podem caber todos os fenômenos premonitórios, como dentro do inferno podem caber todos os pecadores.

Vamos a outro fato semelhante. Trata-se de uma premonição ocorrida por ocasião do assassínio de um grande chefe de Estado.

Há milhares ou milhões de fatos que tais. Assim, a regra de Freud, se fôsse verdadeira, só teria o apoio das exceções, e das exceções raríssimas.

De muito mais fácil saída é, sem dúvida, o caso fortuito ou a coincidência, não há dúvida. São termos que nada explicam, nem significam coisa nenhuma. Mas com eles o indivíduo se exime de massadas e, na melhor hipótese, arranja uma retirada.

Conte lá quem quiser a mais assombrosa premonição, cheia dos mais surpreendentes pormenores. Não importa; o douto ouvinte dá de ombros e sai-se com o vocábulo. A "coincidência" resolve tudo: é o **coringa** metapsíquico.

*
* *

O assassínio do rei de Navarra foi precedido de avisos. Seis meses antes um astrólogo lhe dissera que tomasse bem cuidado com o mês de Maio de 1610, visto como ele seria assassinado durante uma grande festa por ele mesmo ordenada, e que morreria numa carruagem.

Ao aproximar-se a data fixada para a coroação de sua segunda mulher, Maria de Médicis, 13 de Maio de 1610, Henrique começou a inquietar-se. E como Sully procurasse dissuadi-lo de seus pressentimentos, o rei declarou: — Matar-me-ão hoje, nesta cidade!

A coroação realizou-se em S. Diniz, com tristeza e silêncio. Ao dia seguinte, Henrique de Navarra ainda se achava mais acabrunhado. O Sr. de Vêndome pediu-lhe que não saísse, mas o soberano alegou que precisava visitar Sully, que estava enfermo. E partiu com seu séquito, e, ao chegar à rua Ferronerie, foi apunhalado por um fanático, de nome Ravaillac.

Em 1671, Margarida Maria, de Paray-le-Monial, predisse a Luís XIV que, depois de 1793, nenhum chefe de estado coroado morreria na sua cama, em França.

O ano de 1793 foi o da execução de Luís XVI pela Revolução Francesa e a História nos refere que, depois daí, só Luís XVIII morreu em seu leito. Mas este foi rei que nunca se fêz coroar.

Dir-se-ia até que tais acontecimentos são sempre previstos. No caso presente, foi a morte de Abraham Lincoln, o insigne presidente dos Estados Unidos, prenunciada por sonho ou visão. Refere-o Catarina Cox, tendo sido o fato relatado também no "Progressive Thinker", de Chicago:

"Em 1865, uma jovem de 17 anos, Maggie Plug, que vivia com seus pais, na cidade de Catskill, acordou e achou-se num quarto que não conhecia. Da janela via a rua de uma grande cidade e gente a correr de um lado para outro.

O povo rodeou a casa, e o corpo de um homem alto foi carregado escada acima e colocado sobre a cama do quarto em que ela se achava.

O homem estava sem sentidos e o sangue lhe corria de uma ferida causada por bala, que recebera na cabeça. A jovem lembrava-se que já tinha visto aquelas feições

Médicos estavam à cabeceira do ferido e ela ouviu repetidas vezes perguntar: — Não há esperança? — E a resposta era sempre a mesma: — Não há. Uma senhora, a esposa do homem, entrava e saía de contínuo, e chorava amargamente.

Tornou a adormecer a jovem e, quando acordou, viu um grande cortejo fúnebre, seguido de tropa.

Ao almoço contou o seu duplo sonho às pessoas da família.

Uma semana depois chegou a notícia do assassínio do presidente Lincoln e a descrição do acontecimento foi lida em voz alta. Logo ao princípio da leitura, a mãe de Maggie empalideceu e exclamou: — Maggie, o teu sonho!

Mais tarde chegou um jornal ilustrado com estampas onde se viam as tropas acompanhando o enterro de Lincoln pelas ruas de Nova York, e todos que tinham ouvido Maggie contar os seus sonhos declararam que a estampa era a reprodução do que ela tinha visto, por clarividência, tal como o contara." (343)

Ainda aqui o fato foi narrado antes de sua realização. A moça contou o sonho ao almoço, descreveu tudo que viu, inclusive o préstito fúnebre, acompanhado de tropa, pelas ruas de uma grande cidade. Os membros de sua família ouviram o relato. Só uma semana depois é que se deu o homicídio.

Não há dúvida nenhuma de que o sonho foi narrado **ante-eventum**. Aliás, é esta a regra.

A morte do rei da Dinamarca, Frederico VII, que se deu repentinamente, foi prenunciada e consta de um documento arquivado em palácio.

Em 1542, Philippe Dieu-Donné Noel Olivarius escreveu um livro, que seria atualmente desconhecido, se François de Metz, secretário geral da Comuna de Paris, não o descobrisse e salvasse quando os revolucionários franceses estavam destruindo a biblioteca dos Beneditinos.

Chamava-se o "Livro das Profecias" e entre outras destaca-se a que se refere a Napoleão I.

---

(343) **Cath. Cox** — **"Os Espectros Reais".**

O aparecimento desse famoso cabo de guerra era já descrito em 1542, com todas as suas cores. Relatavam-se naquelas páginas, prestes a desaparecer nos escombros da Revolução, toda a vida de Napoleão Bonaparte, com sua política, suas batalhas, suas campanhas, suas vitórias, seus reveses, seus amores, seu exílio, suas amarguras, sua morte.

Ali estavam claramente profetizados o dia e o lugar de seu nascimento, a sua despreocupada juventude, todas as suas conquistas, todos os seus trabalhos, os seus casamentos, o nascimento do seu primeiro e único filho, a invasão da Rússia, o incêndio de Moscou, a retirada trágica do guerreiro através de terras desertas e geladas, os frios do Berezina, o cativeiro de Elba, a restauração do Império, o revés de Waterloo, o desterro e a morte em Santa Helena.

A profecia fora mostrada a Josefina, que muito se impressionou. Napoleão, com quem ela conversara sobre o assunto, pareceu não dar muita importância ao caso, mas, voltando de Elba, dizia ao coronel Abd: — Nunca quis dar crédito a semelhantes fatos, mas, na verdade, devíamos tomar conhecimento de tudo que existe no Universo e tentar aproveitar essas faíscas de luz divina que, às vezes, são encontradas em certas criaturas privilegiadas, as quais nos indicariam o caminho que devíamos seguir e nos fariam conhecer os perigos que nos ameaçam.

Carlos I, rei de Inglaterra, nasceu em 1600, sendo coroado em 1625. Entrando em luta com o Parlamento, resolveu governar sem o mesmo, o que fêz desde 1629, pretendendo estabelecer o absolutismo. Lavrando o descontentamento, convocou o chamado Long Parlament, assembleia que acusou os ministros do rei e principalmente Strafford, que subiu ao patíbulo. Foi vencido por Cronwell em Newbury, Marston Moor e finalmente em Naseby, sendo executado em 1649, em frente ao palácio de Whitehal. (344)

---

(344) **Guizot — "Hist. de Charles I". — Macaulay — "Hist. d'Angleterre".**

A propósito deste rei, ao mesmo tempo despótico e infortunado, refere Rastall o seguinte episódio:

"Pouco tempo antes da batalha de Naseby, Carlos, descuidado, como se sua coroa não perigasse, caçava veados.

Depois, retirou-se para os seus aposentos; mais tarde, como se ouvissem ruídos ali, algumas pessoas do seu séquito entraram apressadamente no seu quarto. Sua Majestade estava sentado na cama, muito agitado, e contou que vira em sonho Lord Strafford, o qual, depois de lhe haver lançado em rosto sua falta de bondade para com ele, disse-lhe: — Vim pagar o mal com o bem e o aconselho a não combater o exército do Parlamento, pois o não poderá vencer pelas armas.

O príncipe Ruprecht dissuadiu o monarca de suas apreensões e este resolveu atacar o inimigo.

A aparição voltou na noite seguinte e com evidente sinal de contrariedade disse que era a última vez que lhe seria permitido trazer conselhos, e declarava que se o rei persistisse na resolução de combater, estaria perdido.

O rei, a princípio vacilante, nada fêz, mas, instado pelo príncipe Ruprecht, ofereceu batalha ao adversário. Todos sabem quais foram para Carlos I as desastrosas consequências da batalha."

Conta-nos, então, Rastall, de como se arrependera o rei por não ter ouvido os sábios conselhos do fantasma:

"Ouviram o monarca muitas vezes dizer que bem queria ter escutado o conselho que lhe davam e não se empenhar na batalha de Naseby. A significação disso foi um mistério para todos, com exceção daqueles que sabiam, pelas confidências de Carlos I, da aparição de Daventry, e de que se comprometeram a guardar segredo." (345)

*

* *

Finalizemos as predições que dizem respeito a fatos históricos com esta que se refere ao maior conflito internacional:

---

(345) **Rastall** — "History of Southwell".

Nos primeiros meses do ano em que estalou a Grande Guerra de 1914, na qual se deveriam empenhar quase todas as nações do Globo e se ia tornar célebre nos fastos da mortandade, vários jornais franceses e alguns de outros países referiam-se a uma profecia de guerra, dada por uma camponesa inculta, e assinada pela heroína, que foi Jeanne d'Arc.

A mensagem que, segundo várias testemunhas, data de 1913, foi publicada integralmente na "Vie Nouvelle", nos meses de Janeiro a Março de 1914. O texto foi reproduzido por uma folha argeliana — "La Vie Future", que o estampara em Maio daquele ano, com o título — "Guerre Prochaine".

Ora, tendo aquela grande calamidade, que ninguém previa, irrompido em Agosto, difícil será admitir-se com o Prof. Freud, que as predições surgem na mente do preditor depois do acontecimento, cuidando o dito preditor, por misteriosa e complicada engrenagem do subconsciente, que aquilo ele pensara, arquitetara ou sonhara depois da realização dos fatos.

Como se tratava de profecia, ninguém lhe deu importância. Não obstante, poucos outros periódicos a ela se referiam, a título de curiosidade, e pelas assombrosas coisas que revelava: — uma guerra inopinada, uma hecatombe como nunca se vira, um país neutro invadido, o inimigo assolando a França, muitas nações empenhadas na luta, e a França, quando já todos temiam a sua derrota, levando o inimigo de vencida e lhe impondo a paz.

A mensagem era cheia de minúcias. O padre Petit foi, principalmente, quem procurou divulgá-la. Aqui, mesmo, entre nós, a Federação Espírita fazia editá-la em folheto, no ano de 1914. Ainda em princípios do terrível prélio, M. Durville a reimprimia no "Psychic Magazine", número de Fevereiro e Março de 1915. E' fora de qualquer dúvida que tudo foi minudentemente publicado **ante-eventum**.

Devemos ao escritor francês, Sr. Gaston Luce, uma síntese da aludida premonição que teve o título de "Le

Message Céleste", como era publicada; esse escritor bordou-a de instrutivos comentários.

Sendo ela excessivamente longa, daremos aqui, assim mesmo, resumindo-a de muito, por nossa vez, e isso, embora, com prejuízo para o valor da mensagem, a transcrição feita, na "Revue Spirite", por aquele citado escritor:

"Que destruição de carne humana!...

Será pela fronteira de Noroeste que se fará a invasão. O país ficará por ela coberto como se uma nuvem se abatesse sùbitamente. A massa invasora será tão grande que atingirá muitas cidades de outro departamento. Isso se dará em pouco tempo, no meio de indizível balbúrdia. Quantos mortos! Quanto sangue derramado! Haverá consternação nos países invadidos; os habitantes serão obrigados a tudo abandonar à pressa. Atrás deles ficará tudo aniquilado.

Apesar da resistência que lhe será oposta, a massa, como num transbordamento, continuará entrando sempre em solo francês. Enquanto durar essa invasão, lutareis com intrepidez e outros generais virão com tropas, não onde a luta se prossegue, mas para formar enorme círculo de homens e peças de canhão. E quando tiverem todos tomado posição, o ataque será fulminante. Nunca, de memória de homem, tal coisa aconteceu."

Comenta Gaston Luce:

Esse princípio de profecia, lido a distância dos acontecimentos, é de empolgante precisão. Nada aí falta: o ataque alemão pela Bélgica, o horror sem precedentes dessa invasão monstruosa, que nada pode parar, a calma impressionante de nossos generais, em particular a impassibilidade de Joffre, agora lendária, depois da contra ofensiva vitoriosa: — "Le miracle de Marne": — **"Quand tous auront pris position, l'attaque sera foudroyante. Jamais de mémoire d'homme pareille chose ne sera accomplie."** Não é impressionante?

Continuando a citação:

"Apesar da energia dos combatentes e dos esforços da artilharia francesa, é preciso ceder, ainda, depois de uma luta encarniçada. O Norte e o Este terão muito que sofrer.

O inimigo descerá, então, paralelamente à fronteira, sulcando a terra de ondas de sangue. Ele virá chocar-se em uma praça forte em que a França terá concentrado grande quantidade de homens e máquinas de destruição. O inimigo será conduzido, pela própria luta, até esse lugar, sem avaliar a situação. Ele só se aperceberá dela quando encontrar a praça três vezes mais temível do que o fora...

E' aí, irmãos e amigos, que vos recomendo conservar todo o sangue frio, porque é bem dessa praça que dependerá vosso futuro, quero dizer, o futuro da França.

Passar-se-ão, em torno dessa praça, coisas terríveis. Será para aqueles que tiverem desprendido energia física e moral, com o apoio divino, uma vitória gloriosa.

Tudo ainda não será terminado, depois desse medonho combate. Dir-se-ia um rio de sangue humano. Mas, em meio a essa desolação, ouvireis vozes que hão-de gritar: — Confiança no futuro, porque ainda não é o fim."

Diz ainda o comentador:

Como não nos maravilharmos da nitidez de tal predição? Quem não reconhecerá na praça forte de Este, Verdun! **"O inimigo será conduzido a essa praça sem avaliar bem a situação..."** Não foi, com efeito, pela inconcebível obstinação do Kronprinz que o exército alemão foi levado a impor-nos, diante dessa cidade, a mais dura batalha da guerra? Todos se lembram, ainda, **"des choses terrifiantes"**, às quais ela deu lugar, e o esforço inaudito que foi sustentado de uma e outra parte, no curso daqueles assaltos gigantescos.

"Em todos os pontos — continua a profecia — a batalha se encarniça: avanço e recuo — defensiva, ofensiva, contra-ofensiva. Combates, ainda, brusca transformação. A luta se transporta de um a outro teatro; cada beligerante procura o ponto fraco do adversário.

Os reforços alemães chegam sem cessar. Reúnem-se em massa considerável e isso lhes basta para avançar. Eles não se preocupam muito sèriamente com as posições francesas.

Friamente, gravemente, nossos generais esperam o momento, caem sobre eles e os repelem. Com a raiva nalma, são eles obrigados a recuar, tendo perdas consideráveis.

Considerai o inimigo. Pela massa dos combatentes, ele

se vê já franqueando todos os obstáculos... Sangrentos combates se sucedem."

A previdente declarava que a França não estava só; fala na violação de um território neutro, pela qual outras nações se uniriam à França.

Enfim, a profecia termina:

"Aproxima-se a vitória. Do lado dos franceses, tropas cheias de ardor; do outro, homens idosos que já não têm o vigor da mocidade. As colunas inimigas caem em massa. O inimigo está nas últimas. Imediatamente, o contra golpe se faz sentir no seu país. Todo o povo se levanta contra seus representantes que lhe causaram essa destruição inútil.

Os franceses e seus aliados se reúnem para estabelecerem um tratado de paz equitativo, tendo em vista reunir todas as nações em um mesmo sentimento de justiça e de fraternidade. As potências estarão de acordo nesse ponto: que a França tem o direito de exigir garantias e forte indenização. O inimigo rejeita as condições. Novas reuniões das potências aliadas...

Tomarão, então, conta do poder na nação inimiga, homens inspirados no desejo de paz, os quais verificarão que só há um caminho a seguir, que é aceitar as condições impostas pela França."

A mensagem estava assinada por Joana d'Arc. (346)

Poderíamos prolongar indefinidamente as narrativas de acontecimentos históricos por suceder. Eles são muitos e enchem as páginas dos livros cuja relação já mencionámos. Aqui apresentamos, apenas, alguns exemplos.

Vamos, agora, a um fato interessante passado nos domínios da Igreja, ela tão inimiga da superstição:

"Em fins do mês de Agosto último, o padre Gaetano Dall'Olio, jovem professor do Seminário de Bolonha, viu em sonho um dos seus antigos mestres, o padre Artur Pieralli, falecido nove anos antes. O morto lhe pareceu de aspecto rejuvenescido, o que fêz com que lhe dissesse Dall'Olio: — Muito bem! Não se vive mal no outro mundo.

— Sim, sim, eu não estou mal, respondeu o outro: —

---

(346) **Gaston Luce** — "Revue Spirite" — Maio, 1930.

depois acrescentou: — O papa já apontou o cardeal que lhe deve suceder.

— Quem é ele?

— E' o cardeal Ratti, arcebispo de Milão. O trespasse não tardará a produzir-se: será em Janeiro.

— Quando, precisamente, e em que dia?

— Entre 20 e 25.

Dall'Olio acordou logo depois, perturbado pela ideia de que a segunda parte da predição não dissese respeito ao papa, mas a si próprio, e que fôsse ele quem devesse morrer pròximamente.

No mesmo dia, Dall'Olio apressou-se a contar o seu sonho ao cura da Igreja de S. Próculo, M.A.P., e a seus dois vigários. Alguns dias mais tarde, narrou-o ao cura da Igreja dos Celestinos, o que estão todos prestes a testemunhar.

Os amigos e superiores de Dall'Olio procuram tranquilizá-lo, fazendo-lhe notar que, em todo o caso, a predição de morte parecia aplicar-se ao papa Benedito e não a ele; discutiram o sonho, demonstrando quanto era improvável que ele se realizasse, e, enfim, na qualidade de superiores, lembravam a Dall'Olio que a Igreja proíbe acreditar em superstições.

Dall'Olio tranquilizou-se, com efeito. Entretanto, quando, a 19 de Janeiro seguinte, os jornais anunciaram quase simultâneamente, a doença do papa e sua gravidade, Dall'Olio entristeceu-se, mas começou, então, a reparar que o seu sonho se revestia, realmente, de natureza profética, quanto à morte iminente do papa. Aliás, o sonho não tardou a ser conhecido em Bolonha, por grande número de pessoas, especialmente no meio eclesiástico. E a tal ponto que sucedeu o seguinte: Monsenhor B., da direção do jornal católico local, como se houvesse realizado a parte do sonho que se referia à morte de Benedito XV, e achasse que a outra referente à eleição do seu sucessor deveria dar-se também, mandou logo preparar um clichê de fotogravura, representando o cardeal Ratti já revestido do hábito e das insígnias pontificais, fêz compor sua biografia, etc. De sorte que, quando a nova da eleição chegou a Bolonha, ele estava apto a fazer aparecer a notícia em seu jornal, antes de todos os outros, e da forma mais completa."

Vesme apresenta, sobre o caso, os seguintes comentários:

Tratando desse fato, o Prof. Ferrari faz notar que a eleição do cardeal Ratti podia ser prevista em certa medida; os cardeais papáveis não passavam de uma dezena; a hipótese de uma coincidência não pode ser razoàvelmente eliminada.

Mas a coisa muda inteiramente de aspecto no que concerne à segunda parte do sonho: o falecimento se produzirá entre 20 e 25 de Janeiro.

Benedito XV morreu a 22 de Janeiro de 1922, de bronco-pneumonia, proveniente de um ataque de influenza; sua doença só foi conhecida dois dias antes, como o dissemos; no mês de Agosto, quando se deu o sonho, nada podia prever a morte que se produziu cinco meses mais tarde.

Assim, pensa o Prof. Ferrari que se trata de um dos casos mais clássicos e melhor documentados de premonição de morte, infelizmente realizados.

Há nesse juízo algum exagero — diz Vesme —, mas não é menos verdade que o caso merece conhecido e registado nos anais da Metapsíquica. (347)

*
* *

Cremos que fica absolutamente demonstrado que erraram todos os teoristas que negam a profecia, ou a explicam a seu modo, invocando umas tantas circunstâncias que os fatos desmentem.

Os documentos que enriquecem, neste assunto, a literatura psíquica, não deixam a menor dúvida, por mais fantástica que seja a imaginação dos nossos opositores em inventar explicações.

Supondo, mesmo, que fôssem mentirosos, alucinados ou doidos, todos os autores, em número avultado, que nos relataram inúmeros casos de premonição, há para prová-las os escritos que as referem, datados anteriormente aos acontecimentos. Deles estão cheios tratados, livros, folhetos, revistas e jornais. E' só ir procurá-los.

É, acolhido à sombra das autoridades já mencionadas, que ousamos aparecer com o nosso contingente pessoal:

---

(347) C. de Vesme — "Revue Métapsychique", pág. 261. 1932.

Fomos, certa vez, a uma "vidente". Espalhou ela sobre uma tripeça de madeira o seu maço de cartas e pôs-se a ler.

Falou-nos do passado e do presente com pasmosa exatidão. Depois entrou pelo futuro: coisas agradáveis umas, desagradáveis muitas, como soem ser comumente as histórias da vida.

Entre estas, referiu-se a um doente que havia em nossa casa, o qual, acrescentou, já tinha médico à cabeceira. — Mas, que moléstia longa... e complicada... e trabalhosa... Quantos banhos! Quantas bacias d'água!... E' muito grave a doença — ia dizendo a vidente — Ela é bem grave! Os parentes perderão noites a fio, terão muitas canseiras, chegando a ficar desanimados. Quando menos se esperar, porém, o doente ficará bom.

A profecia parecia não ter senso. Não havia doente nenhum em casa e, muito menos, médico à cabeceira. Por maneira que nos consolamos dos maus presságios em geral, pelo erro que víamos nesta visão, em particular.

Chegados a casa, demos com uma pessoa enferma. Era um adolescente e um médico já tinha vindo vê-lo.

O doutor voltou ao dia seguinte. Dissemos-lhe da previsão e do nosso receio; ele, porém, sem se interessar muito com o vaticínio, limitou-se a apontar o doente, que já estava de pé e a quem, até, julgou inútil examinar.

Passam-se alguns dias e o rapaz volta ao leito. O médico tornou à sua cabeceira e, desta vez, tomou providências que inquietaram a família: isolamento do que pertencia ao enfermo, asseio e arejamento do aposento, exames de laboratório, precauções para evitar o contágio...

Confirmara-se o diagnóstico que aquelas medidas já estavam indicando: tratava-se de febre tífica.

Desenvolveu-se o que a cartomante previra: banhos, canseiras, inquietação, noites perdidas. Por fim, já todos desanimavam. O mal se agravava e o rapaz ainda devia vencer o terceiro e tenebroso período da enfermidade.

Mas, com espanto geral e geral satisfação, a febre cessou de repente. Estava debelada a doença. E' que ela tinha começado desde que o jovem acamara pela primeira vez, não havendo, nem os parentes, nem o próprio médico, pessoa, aliás, das mais competentes em sua arte, tomado a primitiva indisposição como o começo do tifo.

De fatos que tais há muitas testemunhas, muitíssimas testemunhas mais do que no-las referem os livros e no-las apresentam os autores.

Inúmeros são os depoentes. As pessoas de responsabilidade, porém, as que melhor portariam por fé, são as que menos se animam a contá-los e, de forma nenhuma, a escrevê-los.

Nós, mesmo, não teríamos a temeridade de vir com o nosso caso, se não o cercássemos de muitos outros iguais, por forma que, a passar por burlador, teríamos que arrastar, na onda do descrédito, nomes de alta valia nos círculos científicos do mundo inteiro.

Relatemos, pois, ainda alguns, recomendáveis pela notoriedade dos seus narradores e por sua brevidade.

E' do professor Liébault o seguinte:

"Em 1879, o Sr. M. L. vai a casa de uma sonâmbula e esta lhe diz que o pai do visitante deveria morrer dentro de um ano; informa, ainda, que o consulente se casaria, que teria dois filhos, e morreria aos vinte e seis anos de idade.

Tudo se foi realizando, conforme o prenúncio. À vista disso, e como se estivesse aproximando a data fúnebre marcada para o termo de sua existência, M. L. começou a mergulhar em profunda e angustiosa melancolia.

Vendo-o nesse lamentável estado, os amigos resolveram aconselhá-lo a que fizesse nova consulta e, de antemão, *maquinaram* as respostas, por forma que as negativas pudessem restituir a calma ao infortunado investigador.

Saiu tudo admiràvelmente bem, mas a Parca, inexorável, veio buscar M. L. aos 26 anos de idade, como estava predito. *"On n'échappe pas à sa destinée"*. Ninguém escapa a seu destino, concluiu o Dr. Liébault." (348)

Agora, um testemunho pessoal de Charles Richet. Conta o mestre:

(348) Liebault apud Bozzano.

"Madame Montebello encontrou, por acaso, em 1884, uma vidente, a qual lhe predisse que uma pessoa muito cara à senhora de Montebello, morreria de terrível acidente.

— Será minha mãe? — perguntou, a senhora. — Não, respondeu a pitonisa, é pessoa de sua afeição, e parenta; sucumbirá esmagada por uma parede.

Algumas semanas depois, a Sra. Richet, mãe do fisiologista e tia da senhora de Montebello, ficava sepultada sob os escombros de um muro que ruíra." (349)

O mesmo professor conta outro caso pessoal, este de cores sombrias, porém sem consequências trágicas. Demos-lhe a palavra:

"Eu tinha o costume de deixá-la (a sonâmbula de nome Alice) algumas horas em sono hipnótico. Ora, nesse dia, disse-me ela alguma coisa de grave que iria suceder. Vejo-o colérico, uma cólera violenta, extremamente violenta. Há pessoas lá... e indica com a mão, como se houvesse três ou quatro pessoas em torno de mim. Isso não me impressionou, porque não costumo encolerizar-me. Mas, Alice insistiu tanto, ficou tão perturbada, que me vi obrigado a acordá-la.

Nesse mesmo dia, às 18 horas, vou à redação da "Revue Scientifique", no bulevarde Saint Germain, para corrigir algumas provas, conjuntamente com o Dr. Héricourt, secretário da Revista. Lá estava também Henri Ferrari, que era diretor da "Revue Bleu" e que ia também corrigir provas. Estávamos os três absortos nesse trabalho, quando chegou mais um quarto colaborador da Revista.

Põe-se ele a olhar-nos espantado e então lhe digo: — Espere alguns minutos, nós já acabámos.

O homem começa a passear de um lado para outro e, depois, não sei por que estranha, por que inverossímil extravagância, posta-se diante de Henri Ferrari e exclama: — "V. me parece um satrapinha e..."

Vi Ferrari empalidecer, mudo, estupefacto, sem compreender nada. Fui tomado, então, de cólera furiosa, e, batendo na mesa, disse a X.: — E você é o último dos vagabundos, *le dernier des voyous;* sáia! — Fui à porta e abri-a." (350)

Paramos aqui a narrativa. O mais é pouco. O ca-

---

(349) **Richet** — "Traité de Métapsychique", 2.ª, pág. 468.
(350) **Richet** — Traité de Métapsychique". Id., pág. 473.

valheiro mandou desafiar Richet para um duelo. Foi o único desafio que teve o professor. Também foi o único a que não respondeu. **"Bien entendu, j'ai laissé sa lettre sans réponse"**, confessa o eminente mestre.

Mais tarde, o desafiador voltou às boas; tornou-se grande camarada de Richet, e, quanto ao duelo, não se falou mais nisso.

Outro depoimento pessoal, este do brilhante escritor Arsène Houssaye:

À irmã do publicista dissera uma profetisa italiana: **"que o mar lhe seria funesto".**

Diante do mau augúrio, Cecília, que estava de viagem para a Inglaterra, desistiu da jornada; mas, a 10 de Outubro de 1870, foi dar um passeio à ponta de Penmarch. "Era grandioso o espetáculo das vagas que se lançavam de encontro ao rochedo". De repente, uma delas se ergue, varre o promontório, e arrasta para o abismo Cecília Houssaye e três jovens que a acompanhavam.

Verifica-se a asserção de Liébault: — ninguém foge a seu destino.

Depois da narrativa de um literato, a de um cientista: Conta o Dr. Charles Roux que a senhora de um seu colega encontrou-se com uma sonâmbula, que lhe disse: — Dentro de poucos dias a senhora estará de luto; vai haver uma catástrofe em sua família.

Um tanto perturbada, a senhora dirige-se a uma segunda profetisa, que declara: — Em breve manifestar-se-á doença em sua filha; ela terá dores no ventre e será operada... mas ficará boa.

Uma terceira, a quem Mme. consultou para serenar-se, também afirma: — A doente terá o ventre muito doloroso, haverá pus; é uma peritonite, mas curar-se-á.

Quinze dias depois da última predição, a filha da senhora em questão, que tinha quinze anos e estava de perfeita saúde, é atingida bruscamente por uma peritonite aguda. Tiveram de operá-la sem demora, encontraram pus no peritônio.

Era a confirmação da profecia, só infiel num ponto,

infelizmente, na cura predita pelas últimas videntes, porque a moça faleceu. E' possível que estas duas pitonisas não quisessem alarmar a consultante. O que é certo é que se deu a catástrofe a que se referia a primeira consultada.

Outro cientista de quem não se pode duvidar é do fisiologista Triedman, de Heidelberg.

Este tinha uma neta que possuía o dom divinatório. Certa vez predisse a um cavalheiro que ele ainda seria senador, no Missouri, Estados Unidos.

Que um cidadão apagado, sem pretensões políticas, morador no Wisconsin, se transformasse em senador americano, era coisa que faria rir a todo o mundo, como fêz rir ao inculcado legislador. Pois se passaram dois anos, o nosso homem se transfere para o Missouri, bafeja-o a fortuna; entra-lhe pela janela a prosperidade, busca-o a glória, ei-lo eleito senador.

Ah, se nos dispuséssemos a referir tudo que se lê nesse gênero! Veríamos, diante de nós, os mais surpreendentes contos. Não são eles, entretanto, descoberta de agora. Já eram referidos por Heródoto, Tácito, Suetônio, Tito Lívio... Plínio, o jovem, assegura haver recolhido para mais de vinte mil! Vinte mil!...

Sócrates possuía o seu "demônio", que sabia do porvir do filósofo.

De sibilas e oráculos está cheia a História antiga. O potentado Creso mandara consultar um deles sobre o modo de curar seu filho mudo. O oráculo respondeu: — Rei da Lídia, ó imprudente Creso, não desejeis ouvir a voz do teu filho, porque ela só será ouvida no dia da desgraça.

Tal resposta seria tida hoje como saída medíocre. Mas, algum tempo depois, Sardes é assediada e tomada. Um soldado meda lança-se contra o rei, para matá-lo, e seu filho mudo, extremamente emocionado, grita ao assassino: — Não mates Creso! — Eram as primeiras palavras que pronunciava: tinha recuperado a voz no dia da desgraça.

Mais outra: A sibila de Delfos aconselhava os gregos a não se oporem às pretensões de Filipe de Macedônia. Mas os gregos deram mais crédito à eloquência de Demóstenes, e resistiram ao guerreiro. A batalha de Cheroneia e a destruição de Tebas fizeram com que os filhos da Hélade amargassem seu cepticismo.

Já se profetizava 1400 anos antes do Cristo. Homero, na Ilíada, fala dos oráculos de Dodona e 200 anos antes da revelação messiânica, Moisés proibia que se sondasse o futuro.

Por toda a parte se fazem predições exatas, assim entre os civilizados como entre os selvagens. Glen Hamilton refere: **Those who have lived among the Northern Indians know that they have the gift of prophesying future events.** Aqueles que viveram entre os indianos do Norte sabem que eles possuem o dom de profetizar os acontecimentos futuros.

Para onde quer que volvamos os nossos olhos, dos mais remotos tempos aos nossos dias, em qualquer ponto da terra para onde nos dirijamos, encontramos sempre, inscrito nos pergaminhos, nos livros, nas lápides ou nos monumentos, referências às predições. Sempre as houve! Delas fala a História antiga. A Idade Média, com os clarões trágicos de suas fogueiras, lembra-nos os martírios dos que possuíam o dom funesto. Chegam os tempos modernos. Os Códigos Penais ainda são severos, mas uma ciência nova desponta — a Metapsíquica —, começa a reabilitar os adivinhos e uma revolução se opera nos domínios filosóficos.

Num relato, sintético como o presente, toda a dificuldade, toda a imensa dificuldade, como dizia Flammarion, reside na escolha.

*
* *

E' possível, pois, desvendar esse porvir misterioso para o qual caminhamos, descuidosos e inconscientes, preocupados, apenas, com as frivolidades do presente e desatentos às lições do passado? Os fatos dizem que sim, e não há nada mais berrante que um fato.

O homem traz escrito o seu futuro! E esse futuro se lhe lê nas linhas das mãos, nos caracteres da escrita, nas mesas das cartomantes, nos sonhos, no êxtase das videntes e até nos laboratórios científicos.

Se os fatos nos demonstram a existência desse futuro, certo, seguro, iniludível, graves problemas se levantam ao espírito humano. Não será esse futuro as consequências de um passado? Não virá a Ciência demonstrar que o nosso triste fadário de agora é o reverso da fortuna dos dias que já se foram? Serão as antigas malevolências que surgem, como espectros invisíveis, e nos castigam por lei inexorável?...

Há, parece certo, um destino contra o qual se desvanece todo o nosso esforço, toda a nossa vontade, títeres que somos nas mãos da Providência.

E o homem que sobe muito e que, no alto da glória, se julga feitura de si próprio, pode ser projetado no solo em que todos rastejamos, e aí aprender, nas lágrimas do infortúnio, que não somos mais que pó, no qual se há-de tornar o nosso pobre corpo.

Joana d'Arc, no seu cárcere, ouvia vozes que lhe prediziam um esplendoroso triunfo. Mas veio o julgamento, vieram os algozes, veio a fogueira e o triunfo não chegou.

Subiu ela ao temível posto de tortura, convencida que as vozes lhe tinham mentido pela primeira vez. Envolveram-na as chamas, o fumo sufocou-a e, já ao despedir-se da Terra, a mártir encara um ponto no espaço, enche-se-lhe o rosto de satisfação desmedida, e clama, num brado de vitória: — Oh!, eram bem verdadeiras as vozes que eu ouvia!...

A predição se cumprira, embora do outro lado da vida!

PSICOGRAFIA

Não é da Psicografia, em geral, que pretendemos tratar, assunto vasto, já ventilado em vários pontos, impossível de tocar minudentemente, agora ao apagar das luzes, senão de um psicógrafo, Francisco Cândido Xavier.

Cumpre dizer algo sobre o nosso patrício, pois num trabalho como este seria impossível esquecer-lhe o nome, embora ele e sua obra sejam muito conhecidos em todo o país; provocaram já muito ruído, e os inscientes não deixaram de meter a sua colher, procurando turvar o caldo, que eles seriam incapazes de preparar e muito lhes custava engolir.

A feitura do trabalho de Xavier, a sua assombrosa atividade, o seu labor sem tréguas é já motivo que farte para admiração. Funcionário público, com o tempo absolutamente tomado, a fazer viagens constantes no exercício de sua profissão, escreveu, entretanto, até hoje, mais de 40 obras, cuida de enfermos, recebe diàriamente centenas de cartas, a que responde, é chamado a todo instante; as visitas o procuram em verdadeira multidão, ou amigos, ou confrades, ou admiradores, ou curiosos. E os livros saem de suas mãos, com a presteza que nunca se viu em nenhum escritor vivo. E ele escreve em casa, como nas sessões públicas, ràpidamente, vertiginosamente. As mensagens se sucedem, em verso ou prosa, nos mais variados estilos. Para supor-se dele aquilo tudo, seria preciso que o tivéssemos como um repentista jamais imitado nos quatro cantos do mundo. E com a psicografia literária surgem as comunicações de amigos e parentes dos presentes, a quem ele não conhece, que vê pela vez primeira.

Acrescentem-se a este indigente resumo a que nos vemos forçado, vários outros fenômenos dos que compõem a vasta fenomenologia supranormal, geralmente observados na intimidade dos amigos, e teremos a mediunidade de Francisco Cândido Xavier.

Conclusão

E' preciso terminar. Não que faltem os assuntos; pelo contrário, eles se amontoam em barda. Quando principiámos este trabalho, quase desistimos da tarefa, tal a sua vastidão. Havia, para cada objeção dos nossos antagonistas, um livro a escrever. Por forma que tínhamos a dificuldade, não já de achar a resposta, mas a de escolher o que era possível pôr de lado.

Pelo acumulo da matéria, limitámo-nos aos fatos. Sentimo-nos forçado à aridez dos documentos, à monotonia das citações, à sensaboria dos nomes. Trabalho sem gosto e sem arte, bem o sabemos, mas que se nos afigurou necessário para destruir as bases, embora visìvelmente fracas, onde os nossos antagonistas se acastelaram.

E, de caminho, lhes pedimos que nos desculpem, se algo viram em nossas palavras capaz de magoá-los. Levem-nas à conta do desalinho do estilo, antes do que à má intenção.

Dos três ramos do Espiritismo, não é o de que tratámos aquele que mais nos seduz. Seria preciso, entretanto, deixar patente que a filosofia espírita repousa em terreno sólido. E' partindo dos fatos que os espíritas espalham as suas doutrinas, as quais miram salvar a Humanidade do naufrágio para que ela se encaminha.

Assim, o que se pretende proclamar, com o esteio da demonstração espírita, é que devem ruir as barreiras que limitam as nacionalidades; que não podem subsistir os interesses que separam as classes; que terão que cair os sentimentos egoísticos que dividem os homens.

O que se pretende implantar é o advento da fraternidade universal. Aqui, na terra providencialmente denominada de Santa-Cruz, levantou-se o pavilhão do Evangelho. Cristãos, dizemos, porém, ao mundo, que a sua salvação não depende dos dogmas, nem dos ritos de uma religião, nem de quaisquer práticas ou de quaisquer teorias religiosas, senão dos princípios da mais pura moral.

E' do pedestal dos fatos que nos erguemos para entoar o hino de amor e de paz pregado pelos profetas, ensinado nas religiões, repetido pelo Nazareno, ordenado pelo Senhor em todas as suas mensagens, e que terá que substituir definitivamente as explosões da cobiça, as ambições dos povos, os clangores de guerra.

Os ensinos espíritas buscam esculpir nos corações a máxima d'Aquele que dizia aos seus discípulos, para que estes a transmitissem a todo o gênero humano: — Amai-vos uns aos outros.

Nota da 2ª. edição

À luz da Razão

A primeira edição de "O Espiritismo à Luz dos Fatos" data de 1935. Em 1941 apareceu o livro dos Padres Pascoal Lacroix e Bueno de Siqueira, denominado "O Espiritismo à Luz da Razão".

A obra, no tamanho, no formato, na impressão, na capa, na apresentação, enfim, parece-se com o nosso trabalho. Até no título andou o arremedo. Dir-se-ia uma resposta disfarçada ao que escrevemos. A não ser, porém, no aspecto, na semelhança do título e nas diversas citações do nosso nome, não vimos ali resposta nenhuma.

Foi o que dissemos a vários amigos que insistiam pelo nosso revide. O nosso trabalho tinha por fim demonstrar a realidade do fato psíquico, sobre o qual é edificada a Doutrina Espírita. Ora, os Padres, apesar da grande brecha que procuraram abrir nos fastos da fenomenologia, acabaram declarando que existe o sobrenatural, isto é, o fato metapsíquico. Não puderam vencer, apesar de grande pugnacidade, o acervo das demonstrações. Mas, se o fato é autêntico, se há na obra dos Reverendos grande cópia de textos que atestam essa autenticidade, temos que ela confirma a nossa, em vez de destruí-la.

E' verdade que entra na causa produtora do fenômeno a figura do diabo. Era imprescindível. Não só essa causa, porém, foge à finalidade de nossa tese, como o assunto é por demais frívolo para que nos ocupemos com ele. Tão pueril será a doutrina do demônio, num trabalho sério, como a que procurar combatê-la. Além de tudo, a controvérsia nesse terreno é perda absoluta de tempo. Porque, ou o estudioso da matéria é pessoa de critério, e então as afirmações inócuas, ocas e indemonstráveis das artes do Capeta o deixarão imperturbável, ou é um fanático, e será inútil convencê-lo do ridículo da hipótese.

Muitos pontos, entretanto, mereciam reparo. Surgindo agora a 2.ª edição desta obra, aproveitamos o ensejo para tocar em alguns deles, ainda que apressadamente, oprimido pelo espaço, nas aperturas de um limite intransponível. Deve o livro dos Reverendos a essa circunstância ficarem impunes muitos equívocos, desacertos, inverdades e erros que pululam em suas páginas. A inexorabilidade da ampulheta e das medidas deste tomo forçam-nos a cruzar os braços diante do imponente cortejo de heresias científicas, de disparates filosóficos, de irrealidades históricas que, impàvidamente, desfilam diante de nossos olhos.

Vamos ver o que é possível.

*

No "À Luz da Razão" os Autores lançam, em torno da razão e da luz, uma cortina de fumaça que nos deixa sèriamente embaraçado. Assim, muitas de suas citações não se acham extraídas do original, ou ao menos de traduções acessíveis ou de livros ao nosso alcance, mas se encontram em obras exóticas, com línguas desconhecidas do comum dos brasileiros. Destarte, aponta-nos Geley como a declarar umas coisas que esse notável psiquista nunca poderia ter dito; vai-se procurar onde Geley, que era francês e só escrevera em francês, contara a história e encontra-se: **"G. Geley — Materialisationphaenomene mit Fanck Kluski"** ou ainda **"Geley — Hellesehen-Teleplastik"**; Richet é apontado em **Grundzuege der Parapsychologie der Parapsychophysic** ou **Grundis der Parapsychologie der Parapsychophysik**; Couvin — **Experimentelle Untersuchungungen**.

O grosso, porém, do elemento em que se escudam os AA., está na fileira de padres e autores católicos, comprovadamente suspeitos, ou, o que é pior, em uns tantos velhacos mascarados de psiquistas, que entraram nas águas claras das mais sólidas experiências para turvá-las. Daí as citas visìvelmente truncadas, os fatos deturpados, opiniões em oposição formal com o que disseram os escritores citados. Não é de admirar que os Autores inteiramente desorientados com a bússola que lhes trouxeram à torre de comando perdessem o rumo e desgarrassem da verdade.

Ninguém mais do que nós ou nenhum outro livro mais que o nosso, a que parecem querer responder, poderia estar-lhes ao alcance da mão; vemo-nos citado várias vezes, o que sobremaneira nos honra, mas é de tal ordem a confusão, o baralhamento, o falseamento do que dissemos, que nos tomamos do espanto de Flammarion, quando leu, em letra de forma, pela pena do famigerado Paul Heuzé, uma entrevista que nunca dera.

Não há que admirar. Paul Heuzé é um dos melhores arrimos a que se acostam os dignos adversários do Espiritismo, e o exemplo possui uma força que não é para desprezar.

Muitas de nossas frases apresentam-nas os AA. para reforçar as suas conclusões. E algumas dessas conclusões são ajeitadas de tal forma que parecem nossas. E ficará o leitor pensando que houvéramos confessado umas tantas coisas que nunca nos passaram pela cabeça. Haja exemplo no seguinte lanço:

"Aliás os próprios espíritas admitem que, se algo há de real nos fenômenos, deve ter por autor o demônio. Com efeito, confessam que maus espíritos se imiscuem com os bons na escuridão das sessões. Esta é a doutrina de Kardec. E o Sr. Imbassahy vai mais longe. Diz ele: Os demônios, os espíritos impuros da Bíblia, os áugures do Paganismo, os deuses que falavam pela boca das estátuas, os gênios, são simples nomes dados às entidades manifestantes. Não importa o nome com que cada um batiza o fato supranormal." (Pág. 205).

Eis-nos, também nós, ensalmourados com os propugnadores de Mefisto; eis-nos também a defender a causa do diabo e a ver nos casos psíquicos as unhas do Mafarrico.

Ora, o que dizíamos era justamente o contrário, isto é, que aquilo que se tomava por demônio, espírito impuro, deuses ou gênios, não passava de Espíritos, os Espíritos dos defuntos, não importando aqueles nomes com que os batizavam.

Os AA. viraram o tópico pelo avesso e nos deram como partidário da intervenção de Satã.

E' bom desde já informar que Allan Kardec jamais **confessou** que bons e maus Espíritos se metem no escuro das sessões. O capítulo é inverídico e inconsistente. **Primo**, não se sabe porque seria uma confissão o princípio de que há bons e maus Espíritos; **secundo**, não se percebe, ainda, porque os maus Espíritos haviam de ser os habitantes do inferno; **tércio**, convém explicar que a grande maioria das sessões é realizada em plena luz; só algumas, as de efeitos físicos, se processam na obscuridade; assim mesmo, como já fizemos notar em capítulo especial, as principais se realizaram no claro.

A páginas 211 apresentam-nos, descrevendo a mediunidade de Mirabelli como possessão diabólica. Mais uma vez às voltas com o diabo. Quem entretanto ler o tópico acima julgará que dissemos aquilo que lá está, quando nos limitamos a descrever os fatos presenciados com o Mirabelli, **fatos onde poderia haver a intromissão de Espíritos perturbadores.** Nunca tratámos do diabo, nem sabemos o que é uma possessão demoníaca. Nunca vimos as proezas do diabo. Mas é falar em maus Espíritos e os AA. a dizerem que estamos confirmando a causa que desposaram.

A págs. 215 ainda se nos atribui esta frase:

> "O demônio faz crer a seus adeptos que, nas materializações, se alguém tocar nestas, pode prejudicar a saúde do médium e até causar-lhe a morte."

Aqui estaríamos dizendo que o demônio faz acreditar em coisas...

Nunca nos referimos a Satã.

Mas o que declaramos foi que as materializações, quando tocadas, produzem desastrosos efeitos sobre os médiuns, e isso, não porque o diabo faça crer, mas porque os fatos são assim, é o que se dá, é o que acontece, faz parte da natureza do fenômeno. Não nos preocupamos nunca com o que o diabo podia acreditar. Não há diabo nenhum em nosso período.

Os padres' elidem as provas que apresentamos em abono da afirmativa, passam uma esponja nos fenômenos descritos e põem a nossa assinatura no trecho que estampam, estabelecendo, como nossa, a conclusão lá deles. Ficamos, assim, a afirmar que o demônio faz crer... Ora, nisso nem o próprio diabo creria.

A mais interessante das citações que nos dizem respeito é a que se encontra a págs. 222:

"A literatura espírita está cheia de episódios interessantes... porém naturais para um psicólogo moderno. Este, por exemplo:"

E vem agora o que apresenta como nosso:

"Hodgson, australiano, tendo sido noivo de uma moça com quem não pudera casar, vai para a Inglaterra. Um dia, em sessão espírita, a Sra. Piper, em transe, lê na mente de Hodgson toda a história de seu antigo noivado. O interessante é que, contando essa história, Piper se julga em comunicação com a própria noiva de Hodgson, e dos relatos não consta que essa noiva já houvesse falecido. Mesmo, porém, que esta última hipótese se houvesse realizado, a presença de Hodgson na sessão é suficiente para explicar a leitura de seus sentimentos pelo médium hipnotizado."

E no pé: "Carrington — **The History of Psychic Science**, citado por Imbassahy."

E' de admirar-se a fidelidade com que os AA. nos reproduzem. Se o demônio costumasse divertir-se, não haveria dúvida de que pregara uma boa peça aos Reverendos, expondo-os a uma embaraçosa situação. Se não foi o demônio, poderá tratar-se do dedo brincalhão de um desses que vivem a divertir-se conosco e que buscaram uma oportunidade para que tivéssemos os conceituados escritores como pessoas de má fé.

Ora, o trecho acima está em destaque, em corpo diferente, apresentado como de Carrington e como citado por nós. Teríamos Carrington a dizer, com o nosso aplauso, que a Sra. Piper lera o episódio na mente de Hodgson, que este se **julgara** em comunicação com a noiva, que a presença de Hodgson explicaria a leitura de seus sentimentos e que a médium estava hipnotizada.

Volte-se, entretanto, ao nosso capítulo — **A opinião de um bispo** — e leia-se a narrativa que lá se encontra:

Hodgson se enamora de uma patrícia, deixa-a na Austrália e dela nunca mais teve notícias. Manifesta-se pela Sra. Piper, diz que morrera e "NARRA PARTICULARIDADES DE QUE NINGUÉM PODERIA TER TIDO CONHECIMENTO".

Não poderíamos, portanto, ter dito, nem se inferiria que disséssemos, ser a **Sra. Piper quem se julga,** pois que afirmamos que é a comunicante quem se declara a noiva de Hodgson; nem que houvesse leitura de pensamentos ou sentimentos, ou que fôsse suficiente a presença de Hodgson para explicá-las, visto que a entidade "narra particularidades de que ninguém podia ter tido conhecimento".

Se ninguém poderia ter conhecimento dos fatos narrados, como os leria a Sra. Piper no cérebro de Hodgson? E é Carrington quem afirma a tolice da transmissão e somos nós que a endossamos!

Os Reverendos tiveram a prudência de não incluir no trecho que nos emprestam o episódio que vem dar valor probante à presença da noiva, isto é, **os fatos de que ninguém sabia.** Mas, ainda que ele ali não estivesse para o devido esclarecimento do fenômeno, e mesmo que fôsse verdadeiro o enxerto que se nota na transcrição dos AA., seria inadmissível a sua conclusão, diante da longa narrativa, dos grandes estudos e dos muitos livros escritos sobre a mediunidade da afamada médium. Inúmeros sábios vieram observá-la e ficou exuberantemente demonstrado que as suas manifestações tinham a característica inconfundível da presença do morto, já pelo estilo, já pela forma das mensagens, já pelo segredo das revelações, já por diversas particularidades, entre as quais o sentimento, impossível de imitar. Os psiquistas mais infensos à teoria espírita, como Richet, Flournoy e outros, esbarraram diante do caso Piper. Richet chegou a dizer que a intervenção ali, do defunto, seria a única hipótese possível.

Se, depois disso, nós e o Carrington viéssemos falar na mediunidade da Piper como leitura de cérebros, teríamos por certo deixado na consciência dos entendidos a convicção profunda de nossa crassa ignorância.

Outro lance nosso, conforme os AA., a págs. 348:

"Que os médiuns não raro são rivais uns dos outros."

Não seria estranhável que o disséssemos, visto que o fato de ser médium não imuniza o indivíduo de possuir más qualidades. Mas o caso é que não vimos na dita página esse nosso parecer. Alguém disse isto, mas não fomos nós. A César o que é de César.

A págs. 253 declaram que, para os autores espíritas, **magia** e **espiritismo** é a mesma coisa. Estribam-se no nosso trecho em que se diz que os chineses sabiam que havia Espíritos superiores e inferiores, que seus feiticeiros equivaliam aos nossos médiuns.

Pelo que se vê, achar que os chamados feiticeiros chineses e outros têm os mesmos predicados supranormais que os nossos médiuns, o mesmo é que declarar sinônimos, magia e Espiritismo.

Se julgarmos que os antigos energúmenos iam à fogueira por apresentarem, muito contra a vontade, as características da mediunidade, estaremos a proclamar que o Espiritismo é o mesmo que Satanismo.

Denominamos fenômeno espírita a muitos dos que os materialistas têm como perturbações mentais. Logo, Espiritismo e Idiotia é a mesma coisa!?

Fiquemos nestes paralelos, que já são o bastante para que se tenha ideia da felicidade das conclusões.

Mais tarde espantam-se da ginástica mental que fazemos para explicar a pobreza de ideias de que sofrem os desencarnados. (Pág. 277).

Essa ginástica consiste em declararmos que o médium, tendo determinadas opiniões, repelem as opiniões contrárias que os Espíritos lhe trazem; e mais ainda, a dificuldade que tem muitas vezes a entidade para comunicar-se conosco e transmitir-nos seu pensamento, havendo mensagens admiráveis ao lado de trivialidades e disparates.

E os Reverendos se admiram de nossa boa vontade, visto que, mesmo sem procuração, tentamos defender a imbecilidade dos desencarnados.

Estão os AA. tomando por invenção nossa o resultado de dezenas de anos de estudo, a reprodução do que ensinam os que com esse estudo se familiarizam, a repetição, enfim, do que nos transmitem os Espíritos comunicantes.

Os motivos das dificuldades, as explicações ministradas pelos seres espirituais, já se acham descritos nesta e em muitas obras; seria ocioso voltar a elas. Mas, se em vez de seguirem a rota de escritores leigos, tendenciosos ou suspeitos, procurassem os AA. folhear os verdadeiros tratados de Psiquismo, já encontrariam tudo aquilo que lhes parece agora fruto de uma ginástica mental nossa.

E tão grande é o desconhecimento que se nota nas objeções, que ali se fala na imbecilidade dos Espíritos com uma ironia e uma ênfase, como se nós ou a Doutrina fôssemos os responsáveis por essa imbecilidade. Não sabem que os mortos são aqueles que foram vivos, novidade que não escaparia ao espírito atilado do Conselheiro Acácio. E que, portanto, hão-de possuir as mesmas qualidades dos viventes, dos que palmilham o solo do planeta, onde a imbecilidade se acha incluída.

O que seria extraordinàriamente espantoso é a imbecilidade do diabo, sendo ele o autor das estrepolias ditas dos Espíritos.

E esta:

"Assim, a doutrina da reencarnação leva para o fatalismo. De fato, mesmo sem quererem tirar as últimas consequências de seus erros, os autores espíritas caminham diretamente para a negação do livre arbítrio. Imbassahy é claro:

"O que nos parece, entretanto, é que os incidentes da vida já estão prèviamente escritos; eles obedecem a desígnios que nem sempre podemos perscrutar."

Referíamo-nos às provas por que temos que passar, aos incidentes a que somos arrastados por força dessas provas, pelo império de nossas paixões, por circunstâncias a que não podemos fugir, que nada têm que ver com o livre arbítrio. Assim, se alguém feriu a outrem, se causou um mal qualquer, terá, fatalmente, em determinada ocasião, de passar pelas dores a que dera causa. Aí teremos incidentes da vida prèviamente escritos, por serem resgates de uma dívida que teríamos infalìvelmente de pagar. Pois foi o bastante para que se visse nisso o resultado horrendo da doutrina reencarnacionista e em nós o seu divulgador. Entretanto, na doutrina que perfilham os Reverendos se estabelece que Deus nota a queda de um pardal, tem por conta os cabelos de nossa cabeça, que nenhuma folha e nenhuma asa caem sem ser por sua vontade, que dispõe de nossa sorte. A presciência pressupõe a preordenação. Se Deus preconhece, na sua onisciência, tudo o que acontece, segue-se que todos os acontecimentos estão determinados e fixados de toda a eternidade. Não perceberam os ilustrados Reverendos a hediondez desse fatalismo; não deram tento no horroroso dessa doutrina. E vão horrorizar-se com a que fala na inexorabilidade do destino ou da prova.

E note-se que nos referíamos aos **"principais incidentes"**.

Lamentam, ainda, que um homem do nosso estofo defenda a crença na bruxaria, quando escreve "que se lê o futuro nas linhas da mão, nos caracteres da escrita, nas mesas das cartomantes, nos sonhos..."

Mas isso a que chamam bruxaria são apenas ciências até então desconhecidas, hoje já devidamente estudadas com os nomes de quiromancia, oniromancia, cartomancia etc. Muito agradecido pelo estofo, mas bruxaria nenhuma.

Finalmente, "confessamos que **a má ambiência atrai seres inferiores**". Não sabemos porque a declaração de uma verdade, de um princípio, de qualquer coisa real passe a ser uma "confissão".

O que nunca poderíamos prever, conforme a ilação tirada pelos AA., é que uma ambiência má viesse depor contra o Espiritismo, que não tem culpa nenhuma de que ela exista. Más ambiências sempre existiram na Terra e no espaço, entre encarnados e desencarnados, com homens ou com Espíritos. Só velhacos atraem velhacos, como gente séria só com gente séria procura meter-se. E' a lei da afinidade. Por maneira que se malandros e indivíduos de má nota se reúnem, forma-se uma ambiência que para ela arrasta outros sujeitos afins. Se tais pessoas resolvem formar uma macumba e se nela há médiuns, é de crer que os semelhantes do espaço se aproximem e manifestem. E às vezes, mesmo, se apresentam, sem que ninguém no grupo os chame, ou entenda algo de mediunismo. Teremos, então, as obsessões, possessões, perseguições e mais o que por aí se conhece com o nome de psicoses, perturbações e até demência. E' por essas aproximações que o indivíduo dementado comete por vezes toda a sorte de aberrações e de crimes. São elas que explicariam muitas das chamadas alucinações, se houvesse quem estudasse o assunto, livre dos dogmas da Igreja ou dos imperativos das Academias. São fatos comuns, naturais, de que tão culpado é o Espiritismo como o seria por todas as calamidades que assolam o mundo, provenham dos homens ou da Natureza.

*

* *

O estilo dos AA. principia calmo; dir-se-ia uma exposição tranquila e imparcial, em que se colocavam acima das paixões, tendo ùnicamente por escopo abrir os olhos aos descuidados habitantes do planeta. Mas, **chassez le naturel il revient au galop**; a folhas tantas, isto é, a págs. 209, 237 e outras, já se não podem conter, e desabafam a indignação que lhes vai nalma. Temos alguns exemplos:

"O espírita tem uma lógica diferente da dos outros homens e seu cérebro se torna impermeável aos raciocínios fáceis e sadios. E' um homem evadido do senso comum. Daí a dificuldade de um espírita vir a abandonar as suas práticas supersticiosas."

"As sessões noturnas, portanto, realizadas quase ao escuro, com promiscuidade de machos degenerados e de fêmeas histéricas são de criação nìtidamente diabólicas."

"Ora, o espiritismo é um amontoado de contradições e imoralidades. Se, pois, de semelhante prática nascem fenômenos transcendentais, estes só podem ser produzidos pelo demônio."

"Esses espíritos vagabundos que aparecem, um, o de um filho que vem consolar o pai ou a mãe, outro, o do marido, que vem consolar a esposa sobrevivente, e outros, tudo isso não passa de uma comédia insossa e canalha."

"Círculos estreitos de pessoas que se reúnem em plena escuridão. Misturas de homens com mulheres. Não só mistura: nímia aproximação e até contactos. O médium muitas vezes é uma mulher e nem sempre normal, mentalmente sadia. Não raro é uma histérica, atacada de ninfomania. Essas pessoas que se reúnem em tais circunstâncias, podem estar bem intencionadas a princípio, mas a ocasião faz o ladrão."

Para amostra basta. A vulnerabilidade do telhado do vizinho poderia proporcionar aos espíritas formidável réplica; mas estariam fora da ética e dos princípios doutrinários.

Esses trechos nos arrastariam a comentários infinitos. Abafado, arrasado antecipadamente só em considerá-los, limitamo-nos a uma cena elucidativa que só por só vale por um sermão.

Certa vez disse o pastor metodista Dr. Fiske ao padre Chisholm:

— "Meu caro Chisholm, estive refletindo profundamente numa prédica que ouvi certa vez dos lábios do Dr. Elder Cummings, nosso eminente teólogo, na qual ele declarava: "O maior mal dos tempos modernos é a crescente propagação da Igreja Católica, através das nefastas e diabólicas intrigas dos seus padres".

"Quero dizer-lhe que desde que tive a honra de merecer a sua estima, estou firmemente convencido de que o Reverendo Cummings estava raciocinando com o chapéu quando disse aquilo."

Chisholm foi consultar seus livros de Teologia e, encontrando-se com o pastor, disse:

— "Meu caro Dr. Fiske, no Catecismo do Cardeal Cuesta encontrei impressas, em letras bem visíveis, a seguinte frase: "O Protestantismo é uma prática imoral, que blasfema contra Deus, degrada o homem e põe a sociedade em perigo." Quero dizer-lhe, meu caro doutor, que mesmo antes de merecer a honra de sua estima, eu já considerava o Cardeal Cuesta um caso imperdoável."

Deixamos aos eminentes autores de "O Espiritismo à luz da Razão" retirarem do episódio acima as lições que julgarem convenientes.

À LUZ DOS FATOS

Principiemos por notar alguns enganos mais ou menos graves no livro em que os sacerdotes procuram esclarecer devidamente a questão e destruir definitivamente o que a Doutrina Espírita estabelece.

Não nos perderemos na questão pròpriamente doutrinária, que o escopo principal desta obra é assentar-lhe as bases. Como já vimos, eles aceitam os fatos, com uma interpretação particular. Entretanto, perdem considerável tempo na demonstração de que são falsos, naturais ou fraudulentos, muitos fenômenos.

Se há casos reais, indubitáveis, como os que se encontram pelo livro todo, com o abono dos Autores, que adiantaria provar a existência de alguns embustes?

Dir-se-ia que amontoando os casos negativos, inconsistentes ou dolosos, estaria desmoralizada a Causa, sem perceberem que bastaria a realidade de um único, como o corvo branco de William James, para ficar patente a existência do fenômeno supranormal.

Tempo completamente perdido e tática inteiramente inútil.

Nem assim foram felizes quando se referem aos casos clássicos da Metapsíquica e mesmo a outros.

Tratando do transe ensinam:

"que o médium age como uma máquina e o corpo se lhes torna insensível ou quase, devido ao estado de letargia, onde arremeda o êxtase dos santos *(Diabolus est Dei simius)*; a imaginação é superexcitada, a inteligência não funciona."

A generalização é inexata. A natureza do médium é variadíssima e o estado de transe vai da insensibilidade absoluta à mais completa normalidade. Já o provamos em recente trabalho. ("A Mediunidade e a Lei").

Vamos, pois, a outra inverdade flagrante:

"Se é certo que nem todo histérico é médium, o certo é que todo médium é histérico."

Veja-se, entretanto, Richet:

"On a souvent parlé d'histerie; mais il semble, bien que l'histeria ne soit pas une condition favorable."

"Tem-se falado muitas vezes de histeria, mas me parece, seguramente, que a histeria não seja uma condição favorável." (351)

Maxwell afirma:

"Minhas melhores experiências foram feitas com pessoas de nenhuma forma histéricas."

Ou ainda:

"Je ne puis que répéter ce que j'ai dit il y a douze ans: le tempérement psychique n'est pas le tempérement histérique; les médecins que les confondent sont victimes d'une erreur d'observation."

"Só me cabe repetir o que disse há 12 anos: o temperamento psíquico não é o temperamento histérico; os médicos que os confundem são vítimas de um erro de observação." (352)

E assim opinam Geley, Sage, Flournoy e outros.

---

(351) **Charles Richet** — "Traité de Métapsychique", 2.ª ed., pág. 51.

(352) **J. Maxwell** — "Le Phénomène Spirite", pág. 41.

Tais citações já se encontram no capítulo desta obra: **Médiuns e experimentadores.** Parece que, ao tratar da matéria, os Autores deveriam refutar primeiro o capítulo. Deram-no, porém, por inexistente e lançaram o aforismo.

Que haja médiuns histéricos como os há de todas as qualidades físicas ou morais, sabe-o toda a gente a quem o assunto é familiar. A definição, porém, dos AA. é que está errada. Outro desacerto:

"Local. Haverá um gabinete à parte; é aí que o médium se isola e se concentra."

Tal engano importa o desconhecimento dos fenômenos subjetivos, onde não há gabinete nenhum, nem isolamento, e às vezes nem mesmo concentração; e ainda o das manifestações espontâneas, que se dão em qualquer lugar, quando menos se espera e à revelia do médium.

SÁBIOS E EXPERIMENTADORES

Na descrição da fenomenologia vão logo assegurando que Eusápia foi apanhada em fraude nas experiências de Cambridge. Poderíamos remeter o leitor às nossas páginas anteriores, para a elucidação do caso; poderíamos, ainda, mostrar que, entre a presunção da fraude e o ser apanhada em fraude, a distância é imensa. Preferimos, porém, aconselhar a própria leitura da página 36 dos Autores:

"A S. P. R., segundo afirmam, chegou a restabelecer a realidade de muitos fenômenos."

Apenas se esqueceram de ampliar a frase: segundo afirmam **e provam.**

Contam-nos mais que ela teve a má sorte de perder em Paris um pedaço de ferrocérium. Os AA. não nos apresentam maiores esclarecimentos. Devem estar confundido com o que se passou com Pascoal Erto.

*

* *

Para Kathleen Goligher, que operou sob a direção de Crawford, foram buscar o Heuzé, que afirma ter Fournier d'Albe apanhado a médium em fraude.

Impossível, dado o rigor das experiências do notável professor de Mecânica de Belfast, descobrir nelas qualquer vislumbre de embuste. Basta que se leia a sua obra sobre essas experiências, com as precauções e a fiscalização tomadas, para que se verifique a ingenuidade da acusação, a qual vem sendo repetida em todos os livros anti-espíritas e que retumbou num grosso volume dado ùltimamente à publicidade.

A respeito, escreveu Gustavo Geley:

"Crawford realiza, durante anos de labor, experiências que são verdadeiras obras-primas; acumula, do ponto de vista das leis mecânicas da telecinesia, uma documentação de primeira ordem; depois, esgotado, morre na estacada *(à la tache)*.

Ficou ignorado, fora do restrito círculo de seus admiradores.

Depois de sua morte, outro experimentador, Fournier d'Albe, tem com a médium, Miss Coligher, uma quinzena de sessões, que não o satisfazem. Exprime a sua opinião numa brochura destinada aos metapsiquistas, ùnicamente como simples matéria de discussão.

Mas a brochura cai nas mãos *de adversários sem escrúpulo,* eles dela se apoderam, truncam-na, passam em silêncio tudo que lhes contraria a tese e logo lhe desnaturam o sentido. Está, pois, formada a opinião de Pecus: Crawford não passava de um ingênuo, vítima da impostura, e morto, talvez, de pesar por havê-la descoberto." (353)

Passemos de largo por outros trabalhos e outros autores que trataram do caso Fournier d'Albe, para apresentar um nome insuspeito, que é o de René Sudre, nome com que se apadrinham os contraditores e que brilha em suas páginas como astro de grande fulgor.

Ora, René Sudre chegou a prefaciar a edição francesa das obras de Crawford. Tece em torno do autor e da obra os elogios que merecem. Começa dizendo-nos

---

(353) G. Geley — "Revue Métapsychique", 1922, pág. 284.

"que não é necessário esperar que a ciência psíquica tenha saído inteiramente do período do empirismo para atribuir a W. J. Crawford um lugar eminente entre seus organizadores".

Tratando de Miss Goligher:

"A descoberta acidental de uma grande médium explicará porque Crawford constitui uma singularidade num país onde qualquer movimento a distância é suspeito, e são tratados injustamente os pacientes que os produzem."

E a respeito do experimentador:

"E' o mais positivo, o mais *matter-of fact* que se poderia encontrar nesse país do pragmatismo. Ele não vai além do testemunho dos sentidos. Assim, quando equilibra uma balança, quando lê o termômetro, quando examina com a lente, poderemos estar seguros do que assenta em seu caderno."

Sudre não esquece que a fraude sempre preocupou o psiquista, e enumera as razões, quer de ordem moral, quer de ordem técnica, que, depois de um áspero e acurado trabalho de seis anos, lhe fazem repelir tal hipótese. Não lhe escaparam as dúvidas de Fournier d'Albe, e declara:

"Quando pesamos todas as suas queixas, verificamos que são de muito fraco valor; é que não podem ser absolutamente elevadas à altura de uma prova. E' muito levianamente que Fournier ensaia demolir em poucas sessões, com o menor método possível, um trabalho que custou à honestidade de Cráwford anos de experiências engenhosas e contra-experiências severas."

E entra-nos a demonstrar a fraqueza de uma por uma das alegações de Fournier. (354)

Schrenck Notzing chegou a afirmar:

"Se há algo que possa reforçar minha certeza na exa-

---

(354) René Sudre — "Introduction à la Réalité des Phénomènes Psychiques".

tidão das pesquisas do Dr. Crawford, será o livro do Dr. Fournier d'Albe." (355)

Eis ao que fica reduzido o grande caso Fournier. Ainda conviria uma observação. E' que os Autores afirmam que a médium perdia nas experiências 24 quilos. Se ela perdia quilos, é claro que houve fenômenos. Essa perda de quilos, sem balança falseada, e sem fenomenologia, deve ser uma novidade de mágica.

*
* *

A respeito da médium que trabalhava com Crookes, repetem as estafadas velharias que correm mundo nas páginas dos detratores. Poderíamos relembrar o que aqui já escrevemos. Há, porém, um tópico que deve merecer algumas considerações:

"Não obstante, Crookes, que era míope e que nunca tocou no fantasma, estava convencido da realidade deste."

Ora, Crookes, para convencer-se da realidade do fantasma, não precisaria tocá-lo, tais as provas que obteve. Entretanto, é absoluta inverdade o que afirmam, visto que o eminente físico chegou até a auscultá-lo.

Vejam-se as seguintes passagens já focalizadas neste livro. Nunca é demais repetir para os que não podem e os que não querem ver:

"Muitas vezes tomou-me o braço (Katie King) e a impressão sentida por mim é que uma forma viva..."

"Levantei e abaixei a lâmpada e convenci-me plenamente de que o que eu via era realmente a verdadeira Katie *que apertara em meus braços* alguns minutos antes."

"Apoiando os meus ouvidos ao peito de Katie, pude ouvir-lhe o coração bater; suas pulsações eram ainda mais regulares que as de Mlle. Cook..."

---

(355) "Revue Métapsychique" — 1922, pág. 308.

"Pelo mesmo modo foram observados os pulmões de Katie e de Miss Cook..."

Wallace acrescentava: — Tendo tido a necessária permissão, Crookes fêz o que faria um céptico: tomou o Espírito em seus braços e verificou que ela era o de uma pessoa viva. (356)

Ele contestava serenamente os seus acusadores, declarando: "Ouvistes dizer que o fantasma de Katie King foi seguro com ambos os braços, o que é verdade, e que Florence Cook foi desmascarada, o que é mentira." E assegurava, finalmente: — "Obtive, enfim, a prova absoluta."

Entretanto, todos os que lêem a obra dos Reverendos estarão assegurando que Crookes jamais conseguiu tocar no fantasma.

Só nos resta, pois, repetir com Morselli: — Os cépticos não fazem mais que reeditar as objeções já cem vezes rebatidas vitoriosamente.

*
* *

De Marta Béraud, das memoráveis experiências de Richet, o que se sabe, conforme os AA., é que o pai e ela declaram a uma Sra. Mersault que os fantasmas eram produto de brincadeira.

Depois das experiências e da fiscalização exaustiva realizadas nos gabinetes de Richet, Mme. Bisson, Schrenck-Notzing, o que deve ser brincadeira é essa confissão. E' como se nos dissessem que os Padres B. e L. confessaram a um Sr. Sancho que nunca escreveram livro nenhum. Necessàriamente, perguntar-nos-ão qual é a autoridade e a idoneidade de Sancho; e que provas há disso. É, precisamente, o que indagaríamos a respeito da Mersault.

*
* *

(356) **Henri Regnault** — **"Les Vivants et les Morts". Ed.** Durville. Págs. 326 e segs..

Maria Silbert foi um dos médiuns de quem nada se pôde dizer em desabono. E os AA., como também nada puderam achar contra ela, por distração talvez dos Heuzés, das Mersaults ou dos Davis, dão-nos este pequeno período elucidativo:

"As sessões de M. S. têm aspecto assombrador e deprimente, pois são caracterizadas, sobretudo, pela frequente visita de fantasmas materializados."

Centenas de sessões célebres, com muitas dezenas de médiuns, e em idênticas circunstâncias, têm sido realizadas sem assombrarem nem deprimirem ninguém. Porque haveriam de assombrar e deprimir as de Maria Silbert? Está claro que não havendo fraudes a apontar, o estudioso deve ficar assombrado e deprimido.

O mais interessante é que, tratando-se de materializações, não se devessem materializar os fantasmas... para não assombrar.

MÉDIUNS

Acostumados a fabular em matéria religiosa, a ponto de nos informarem do que vai pelo Céu, do que se passa no Inferno, de quando Deus fecha ou abre os olhos, do que o Diabo costuma fazer ou não fazer, de como nos engana a nós e passa a perna ao Criador, resolvem os ilustrados ministros da Igreja usar dos mesmos processos nas questões metapsíquicas, esquecidos de que os fatos, com sua força probante, não se podem prestar a semelhantes fantasias.

Ora, leiamos os AA. no que toca à mediunidade de Helena Smith:

"Helena lera em tempos idos uma antiga história da Índia, escrita por Marlès. Isto lhe inspirou em transe um complicado romance sobre a princesa Simandini."

Em casos semelhantes, os Reverendos, talvez desconfiados da insuficiência do demônio, vão arrumando uma saída qualquer. Dizem-nos agora, com uma invejável segurança, que Helena lera...

Mas lera como? Como sabem que Helena lera? Quem lhes disse isto? Quais as provas que têm dessa leitura?...! Sobre esses informes, silêncio absoluto.

Apesar das quatrocentas páginas do livro e da extensão dos comentários, puseram de lado uma prova que seria de real importância, visto como os que tocam no assunto, até hoje, jamais conseguiram dizer-nos como teria Helena lido esse livro, ignorado numa biblioteca, e que elementos possuem para afirmar que o lera. Mas foram nas águas dos seus antecessores cépticos e nos deixaram um dogma metapsíquico: — Helena lera uma história da Índia.

E do longo episódio que mereceu o volumoso livro de Flournoy, pouco mais disseram.

Do mesmo passo e no mesmo tom dogmático declaram que

"Madame J., hipnotizada pelo Coronel A. de Rochas, descreveu dez vidas anteriores que ela teria vivido. Helena também hipnotizada, diz ter sido a princesa Simandini."

E estendendo esse caso aos demais de regressão da memória, observados por Marata, Bouvier, Bertrand, afirmam desassombradamente "que não passam de criações do subconsciente, arquitetadas com elementos confusos armazenados no estado de vigília".

A linguagem é a que vemos repetida por todos os inscientes e fantasistas no assunto. Ora, os fatos aí estão para desmentir os fabuladores.

E' falso que Helena fôsse hipnotizada para descrever as suas narrativas. Cremos que não poderá haver mais formal desmentido à asserção que o de quem, por tanto tempo, examinou a sua mediunidade, o Professor Flournoy, e em cujo livro se vão abeberar de conhecimentos os que tratam do interessante caso. E eis o que diz o Professor:

"Mlle. Smith n'a jamais été hipnotisée ou magnetisée. Dans son aversion instinctive, qu'elle partage avec la plupart des médiuns, pour tout ce qui lui apparait comme une expérience sur elle, elle s'est toujours refusée à se laisser endormir."

"A senhorita Smith nunca foi hipnotizada ou magnetizada. Em sua aversão instintiva, que partilha com a maioria dos médiuns, por tudo que lhe parece como experiência nela, sempre recusou a deixar-se adormecer." (357)

Suas manifestações eram espontâneas e muito difícil seria admitir sugestões hipnóticas naquilo que Flournoy nos descreve: **divinations, objets égarés retrouvés mystérieusement, pressentiments exacts, intuitions justes...** (358)

A essas adivinhações, descoberta de objetos perdidos, pressentimentos exatos, intuições justas, convém acrescentar as misteriosas reminiscências de uma vida passada na Índia, em que foi princesa, e a passada em França, em que foi rainha, e assinatura de nomes ignorados, e mais os fatos misteriosos e inexplicáveis que se encontram na obra do Professor de Genebra.

Alguns já se acham descritos neste nosso trabalho. Não deram os AA. por eles e reduziram o impressionante mediunismo de Helena Smith à leitura de um livro, coisa absolutamente inexata, e à hipnotização da médium, fato flagrantemente desmentido.

Não foram igualmente certos quanto às experiências de Rochas. Ele não observou ùnicamente a Sra. J. Muitos sensitivos descreviam longínquas vidas passadas, tendo o experimentador, em vários casos, verificado a exatidão das reminiscências. (359)

Vemos, portanto, que as maiores fantasias não são as da médium em transe, mas as dos respeitáveis Padres em vigília.

PERSONALIDADES SEGUNDAS

Outra chamada dos Reverendos:

"Os próprios autores espíritas notaram que a chamada mediunidade pode ser muitas vezes estado mental natural."

---

(357) **Th. Flournoy** — "Des Indes", pág. 56.
(358) **Th Flournoy** — "Des Indes", pág. 45.
(359) **Albert de Rochas** — "Les Vies Successives".

E apresentam uma citação extraída por nós de "O Problema do Ser", de Léon Denis, em que falamos nas personalidades segundas, que não devem ser confundidas com as personalidades medianímicas.

Pois é. E daí? O que queríamos provar é que os espíritas não confundem as duas espécies de fenômenos.

Os psiquiatras apresentam os casos de personalidades múltiplas, a fim de evidenciarem o nosso erro, o de que os supúnhamos medianímicos. Procurámos demonstrar-lhes a falsidade, isto é, que há muito já se fazia a distinção.

Vêm agora os AA., baralham as cartas, e nos apresentam como tendo notado que "a chamada mediunidade pode ser estado mental natural".

Como **chamada mediunidade**, se há muito já se diz que no caso não há mediunismo? Ressalva-se, já se vê, a intromissão — que por vezes acontece — de entidades estranhas.

O que não diríamos, porém, nem o disse Léon Denis, nem o dirá quem conhecer o Psiquismo, é que se trata, no dito fenômeno, de um estado mental **natural**, ou tudo azul, nessa transformação, como é comum notar-se, completa, radical, da personalidade, com as inúmeras e perturbadoras complicações que acarreta.

IDENTIFICAÇÃO

Para provar que os Espíritos não se identificam, caem os AA. na velha tecla. — "Como sabemos que, de fato, é Sócrates que se comunica?"

Sabê-lo-íamos se dissessem o que Sócrates poderia dizer-nos. E se houvera alguma dúvida, era pô-lo de lado.

Mas o fenômeno da identificação não consiste, apenas, em saber se é Sócrates que nos fala. Consultem-se os Anais do Psiquismo e os verão cheios de relatos em que os Espíritos comunicantes informam o que só eles poderiam dizer-nos. Os conhecimentos de Metapsíquica dos AA. deveriam ter ido até lá.

O exemplo que nos oferecem é sobejamente infantil para os conhecedores da matéria:

"Basta que alguém, antes de morrer, nos prometa aparecer depois de morto, e, uma vez morto, venha conversar conosco sobre assunto prèviamente combinado."

E trazem à baila o caso de Hodgson, que teria feito uma promessa dessa natureza e não cumpriu.

Não. Não basta aquilo. Mas se alguém promete aparecer depois de morto, e de fato aparece, e trata de assuntos prèviamente combinados, já há uma forte presunção a favor da realidade do fenômeno.

Não se cifram neste, porém, os variadíssimos casos de identificação. Todos os psiquistas se fartam de o demonstrar e nós mesmo já escrevemos um livro a respeito, mostrando fatos em que as provas apresentadas pelo morto o deixam iniludível, absolutamente identificado. Seria supérfluo repeti-las.

Algumas mentalidades superiores, que não descem ao raso de nossas superstições, para justificar aqueles fatos, alvitram umas hipóteses, que dariam ao Espírito do vivo o poder da onisciência.

Quanto ao caso de Hodgson, não passaria de um caso negativo; só o sectarismo impenitente e apaixonado poderia basear-se em casos negativos, abandonando os positivos, os devidamente comprovados.

Após a argumentação, como vimos, por demais modesta, apresentam, como a reforçá-la, "a confissão de sábios, de espíritas e de médiuns".

De Flammarion:

"Alma dos mortos? Minhas observações de mais de 40 anos provam o contrário." *(Les Forces Naturelles)*.

Há ainda uma opinião do astrônomo extraída dos "Anais Políticos".

Não viram, porém, que naquela obra já dizia ele que "nada nos prova que não estejamos rodeados de forças invisíveis". E ainda:

"Não me surpreenderei se certas interpretações das páginas precedentes se traduzirem pela opinião de que não admito a existência dos Espíritos. Não há qualquer opinião deste gênero nesta obra, nem em nenhuma das que publiquei." (360)

Posteriormente, procede a um inquérito a que poderemos chamar convincente e esmagador, e estabelece a comunicabilidade dos mortos. (361)

Tudo isto já está devidamente anotado e explicado na presente obra. Não deram tento ao caso os Reverendos, e, como se nada existisse, como se Flammarion continuasse sem ver as manifestações dos mortos, ou, pior ainda, a afirmar que nada as provava, lançaram a frase fulminante.

Enfim, cada um elucida os semelhantes a seu jeito.

De Conan Doyle, a respeito das comunicações medianímicas:

"Vós estais numa extremidade do telefone, se se pode recorrer a esta comparação; mas não sabeis, com certeza, quem está na outra extremidade." (*The New Revelation*, página 21).

Entretanto, é inútil a pesquisa para o descobrimento do lance; vai-se à página vinte e um, nada; anda-se para trás, volta-se adiante e não se encontra nada ainda. E' preciso ler-se a obra inteira para descobrir-se algo que com aquilo se pareça. Trata-se de uma senhorita que predisse o recebimento de um telegrama, cheio de indicações seguras e notórias lacunas. E então declara o novelista:

"I was like getting a good message through a very imperfect telephone."

"Foi como se houvéssemos recebido uma boa comunicação por um telefone imperfeito." (362)

Como se vê, muito diferente da transcrição dos Padres. O **good message** desapareceu; em compensação, surgiu o **"não sabeis quem está na outra extremidade"**, que não consta no tópico; pura invenção, portanto, para

---

(360) **Flammarion** — "Les Forces Natureles Inconnues". 1921, II, 595.

(361) **Flammarion** — "Après la Mort", 922.

(362) **C. Doyle** — "The New Revelation". 10 ed. pág. 52.

dar ideia da dificuldade de identificação do Espírito. E o que é mais interessante: Conan Doyle referia-se a um caso particular, à mensagem de Miss L.S. E a imagem do telefone foi invocada, apenas, para justificar as deficiências do comunicado, **naquele caso**. Os Padres, porém, cortam, acrescentam, generalizam, modificam para chegarem à tese que têm em vista.

Poderíamos citar vários trechos constantes de toda a obra do autor de Sherlock Holmes, a fim de provar que ele nunca tivera dúvida da presença do Espírito desencarnado. Acrescentaremos, apenas, um caso resumido:

Numa sessão apresenta-se o Espírito de um famoso jogador de criquete, de nome Dodd, que estivera no Cairo, e morrera na expedição Dongolesa. Nenhuma das pessoas sentadas à mesa o conhecera. O novelista começou a interrogá-lo, **como se o tivera defronte de si,** e ele a replicar **com presteza e decisão,** dando respostas tão em oposição ao que ele esperava, que nenhuma suspeita poderia haver de as estar influenciando.

"I began to ask him questions exactly as if he were seated before me, and he sent his answers back with great speed and decision. The answers were often opposed to what I expected, so that I could not believe that I was influencing them." (363)

Falar com um cidadão como se estivesse diante de si e receber respostas com grande presteza e decisão é algo diferente do "aparelho telefônico, onde não se sabe quem está no outro extremo".

*

* *

De Aksakof nos comunica o seguinte:

"Diz que as provas de identidade não se podem deduzir com seguro das manifestações espíritas, pois o que um morto diz outro espírito pode saber e imitar o primeiro. E conclui: A prova absoluta de identificação para o espírito que se manifesta é impossível." (*Animismo,* 623).

(363) **C. Doyle** — Idem, idem, 32.

Poderíamos dizer, comparando o texto com a citação de Conan Doyle — **même jeu,** se o jogo não fôsse pior.

Vejamos, entretanto, o que disse Aksakof.

"Já que ficou estabelecida a existência individual do espírito humano depois da morte, a questão de sua personalidade no ponto de vista subjetivo adquire direitos que lhe foram recusados até o presente.

O ponto de vista objetivo é implacável; suas exigências serão peremptórias; ele só atende à lógica, e esta afirma que a prova absoluta é impossível.

O ponto de vista subjetivo é muito diferente... é um veredito que satisfaz a consciência íntima, a convicção pessoal, que se baseia em um conjunto de dados imprecisos para o julgamento objetivo, porém de irresistível força para a convicção subjetiva. O que para mim é inteiramente concludente e demonstrativo, nada é para outro." (364)

Com um ligeiro confronto, vê-se como foi acomodado à tese eclesiástica o verdadeiro período de Aksakof, entretanto que é ele inteiramente contrário a ela.

A falta de provas absolutas não seria de causar admiração, pois difícil é encontrá-la em qualquer ramo da atividade, e em qualquer ciência, fora a Matemática. Não foi, porém, o que disse o Conselheiro russo. Ele não se referia às provas de identificação para as personalidades que se manifestam, "senão aquelas apenas do ponto de vista objetivo".

Jamais dissera que "aquilo que um morto diz outro poderia saber e imitar o primeiro", frase que, se fôsse verídica por parte do eminente Autor, não só seria inteiramente falsa diante da filosofia, da lógica e sobretudo dos fatos, como desmentiria toda a sua imponente obra. Além de tudo, se um morto pudesse saber o que qualquer outro morto sabe, ficaria dotado de um saber divino. Em breve não se distinguiria o defunto da divindade.

Aksakof não iria proferir um disparate de tal mon-

---

(364) **Al. Aksakof** — "Animismo e Espiritismo". 1903. Edição Garnier, pág. 687.

ta. A sua frase é bem diversa. "O que para mim é inteiramente concludente e decisivo não será para outro".

Convenhamos em que não poderia haver maior deturpação do pensamento e das frases do Conselheiro. Examinemo-las em sua plena claridade: Há provas que convencem um indivíduo sem que tenham valor para outros. Assim, se o Espírito se manifesta com seus modismos, suas expressões particulares, suas ideias, seus sentimentos, seu modo especial de encarar o que quer que seja, e mesmo seus gestos, suas manias, seus cacoetes, tudo o que só o íntimo, só o familiar, só aquele que participou do seu convívio pode apreender, compreender e sentir, para esse a prova terá valor imenso, enquanto seria fraca ou mesmo nula para qualquer outro. E' isto o que significa a impossibilidade da prova absoluta num caso, e a força irresistível em outro caso.

*
* *

Sobre Dunglas Home repete-se a confissão do médium a um tal David ou Davies; o nome varia conforme os apontadores. Já estudámos o caso, que se repete invariàvelmente em todos os tomos mais ou menos suspeitos. Remetemos o leitor às páginas antecedentes.

*
* *

Finalmente Gastão Mery teria dito:

"Será possível que um espírito evocado dê provas de sua identidade?"

Fomos verificar a nota e topámos com a seguinte cita: **"Conf. Echo du merveilleux."** Só. Mas quer seja de Mery ou de Confúcio, depois das provas que existem, a declaração do "Eco" parece mais um eco de profundo desconhecimento ou rematada tolice.

HIPERESTESIA

Os AA. levam um tanto em consideração o valor da hiperestesia e dizem:

"Quando um médium ou muitos vêem fantasmas, temos, então, apenas um caso de hiperestesia. Trata-se da promoção da linha perceptiva ou da divisa sensória."

Depois da promoção da linha perceptiva, da divisa sensória e da hiperestesia, deve agora ficar claríssimo porque se vêem fantasmas.

Citam ainda Richet "que pretende explicar **toda a espécie** de clarividência pela hiperestesia do tato".

Se não nos matássemos a folhear o "Traité" ficaríamos **in albis** quanto ao tópico e talvez a acreditar num dislate de Richet, pois o que os AA. nos apresentam é o "Gundriss der Parapsychologie". Descubra-se agora o Gundriss e o texto!

Ora, o fisiologista nos fala de uma hiperestesia auditiva, num caso especial obtido pelo Professor Murray e numa visual **chez M... une grande histerique.** Casos particulares. (365)

E como poderia dizer Richet que toda espécie de clarividência seria proveniente do tato? Salvou-nos o "Traité". O que o mestre aventava era a hiperestesia do tato, **apenas** para os casos em que se tocava, em que se apalpava o objeto. **"C'est en palpant et en malaxant fiévreusement l'objet qu'on lui a soumis".** (366)

Por fortuna os AA. opinam "que o tato, ainda que desenvolvido e excitado, não dá explicação aceitável" Antes assim.

METAPSÍQUICA E ESPIRITISMO

E já que estamos no terreno dos cochilos, lembremos mais alguns:

---

(365) **Richet** — "Traité", 237.
(366) **Richet** — "Traité", 255.

"E chegamos aos dois sistemas gerais em matéria de interpretação dos fenômenos: Metapsíquica e Espiritismo. E a Metapsíquica quer explicar os fenômenos pelo Animismo."

Engano grave para quem se propõe ensinar. O Espiritismo pode ser uma doutrina interpretativa. De fato, no Espiritismo há uma interpretação dos fenômenos, mas em Metapsíquica não há interpretação nenhuma. A Metapsíquica é o estudo do fenômeno. Apenas. O metapsiquista, esse pode dar a interpretação que quiser, e entre estas a espírita, como acontece com Bozzano, Flammarion, Barrett, Crawford, Wallace, Lombroso, Edmonds, Gibier, Santoliquido, Frederico Myers e tantos outros. Pelo visto, esses cientistas não se poderiam dizer metapsiquistas.

Afirmam-nos ainda que "a diferença entre um e outro sistema é simplesmente a que há entre a explicação natural e a preternatural".

Erro triplo: não há dois sistemas; o Metapsiquismo não apresenta explicação natural, pela simples razão de que não apresenta nenhuma; nunca, a não ser da parte de eclesiásticos e sectaristas, se viu denominar de preternaturais os fenômenos psíquicos ou as manifestações espíritas.

Sobre Maurice Maeterlinck transcreveu o seguinte:

"Posso dizer que em vinte anos de estudo... nunca obtive nem vi obter por outros uma única comunicação, que possa merecer a atenção de um filósofo ou de um sábio."

Contrapomos a esta a seguinte cita:

"Nous avons outre la logique, les très troublantes constatations des sociétés savantes qui se sont vouées à la recherche des cas de survivance rigoureusement constatées, notamment les cinq ou six cent apparitions de morts controlées par la S. P. R."

Tratando da sobrevivência, dizia-nos pois:

"Temos, além da lógica, as verificações muito perturbadoras das sociedades sábias, que se dedicaram à pesquisa dos casos de sobrevivência rigorosamente examinados, notadamente as quinhentas ou seiscentas aparições de mortos, fiscalizadas pela S. P. R." (367)

E mais:

"Há manifestações que se apresentam rodeadas de tais garantias, tão longa e rigorosamente fiscalizadas por sábios, de incontestável autoridade e, a princípio, de intratável cepticismo, que se torna difícil nutrir qualquer suspeita." (367 A)

PERISPÍRITO

Outro engano que convém esclarecido:

"De duas uma: ou o perispírito é imaterial e então não é distinto da alma, ou é de algum modo material e então deveria ser sentido de qualquer maneira. A existência do perispírito não tem nenhuma prova."

Tem, pela opinião concordante e o testemunho dos Espíritos. O com que não atinamos foi com as conclusões. Porque, sendo imaterial, não poderia o perispírito ser distinto da alma?

Os AA. parecem desconhecer que nas "visões", quando se percebe um fantasma, o que se vê é o corpo astral ou perispírito, que é a forma fluídica do corpo material. Quando há toques, contactos, eles se realizam por intermédio do perispírito. Temos ainda desmentida a proposição, nos inúmeros fenômenos de sensações e percepções diversas. E ainda a respeito de perispírito:

"O Padre Mainage observa mui judiciosamente que, se existisse perispírito, todos os fenômenos poderiam ser atribuídos ao perispírito do médium e assim poderiam excluir a hipótese da intervenção do espírito."

Mesmo os subjetivos? Mesmo aqueles em que não se sabe onde o médium teria ido buscá-los?

---

(367) **M. Maeterlinck** — "Le Grand Secret", pág. 294.
(367-A) **M. Maeterlinck** — "La Mort". Paris, 1920, pág. 88.

Os Espíritos moldam os corpos e se manifestam por uma infinidade de maneiras. E deixam inteiramente provada a não intervenção do médium, quando apresentam características físicas, morais e intelectuais próprias do defunto que dizem ser, sem que o médium as conheça. E assim, com um só exemplo, cai por terra a judiciosa observação do Padre Mainage.

Vê-se que não estão a par dos trabalhos e experiências nesse sentido.

Carrington, no prefácio ao livro de Silvan Muldvon, dizia:

"Podemos afirmar com segurança que as provas de algo que se parecem com o corpo astral se vão acumulando com as pesquisas psíquicas de hoje, e essas provas são mais convincentes que nunca." (368)

Bozzano estuda o assunto apresentando as provas que os AA. desconhecem e cuja enunciação ultrapassaria os limites deste trabalho. (369)

FENÔMENOS ANÍMICOS E ESPIRÍTICOS

Relevemos algumas inexatidões constantes ainda da obra em cujos pontos estamos tocando ligeiramente, com a pressa que não desejaríamos, mas que os estreitos limites de que dispomos nos impõem:

"Admitindo que há fenômenos reais, os partidários do animismo pretendem que quase todos são produzidos pelas forças físicas do médium; os sequazes do Espiritismo, que são todos ou quase produzidos pelos Espíritos do Além."

Ora, basta que se atente na classificação que todos os espíritas conhecem, já estabelecida por Aksakof e seguida pelos demais autores, a de fenômenos anímicos e espiríticos, para que se verifique a inverdade da afir-

(368) **Hereward Carrington** — "The Projection of the Astral Body", págs. 19-20.

(369) **E. Bozzano** — "Des Phénomènes de Bilocation".

mação, não obstante o **quase**. Isto sem já falar nos fenômenos supostos, atribuídos a causas comuns, ou nos falsos, atribuídos ao embuste.

Assim, a grande maioria de fenômenos, como a visão a distância, a criptomnésia, a leitura de escritos em cartas ou receptáculos fechados, sonhos, premonições, a telepatia, a transferência da sensibilidade, as personalidades múltiplas são fenômenos anímicos, isto é, da alma dos vivos, embora, por vezes haja imiscuição de entidades extrínsecas. Há ainda os casos vários de desprendimento do Espírito, sem já falar na histeria e outros que tais, que nenhuma relação têm com os Espíritos do Além.

Como é, pois, que os espíritas poderiam achar que todos os fenômenos ou quase são produtos dos Espíritos? Com esta grande margem para os fenômenos não espíritas, como seriam espíritas, **todos ou quase**?

Vão notando como é seguro o ensino que se nos vai fornecendo no "Espiritismo à luz da Razão".

ESPIRITISMO À LUZ DA RAZÃO. HISTÓRICO

Lá para o fim do livro, os AA. resolvem fazer o histórico do Espiritismo moderno. E dizem-nos que Maggie e Katie foram as iniciadoras da negregada superstição. As Fox ouviam ruídos estranhos; esses disseram que se tratava do Espírito de Carlos Rayn, enterrado na dispensa. Avisada a polícia, veio ela e não conseguiu descobrir nada; nenhum vestígio do crime. A história era uma fábula, o Espírito uma mentira. A moça Lia, espírito fraco, lembrou-se de atribuir as pancadas aos diversos espíritos do mundo. Cientistas de Búfalo declararam que as pancadas provinham das articulações. Em 1888, Margarida declara que ela e Katie tinham sido vítimas da esperteza da irmã mais velha e da idiotice da mãe; as pancadas provinham dos estalidos dos dedos. Todavia, as irmãs retrataram-se, dizendo que altas personalidades católicas queriam encerrá-las num convento. Morrem vítimas do excesso de álcool.

Eis em resumo a história como no-la referem os Padres. Muito mal contada em vários pontos.

E' absolutamente inexato que não se verificassem

vestígios do crime. Em 1849, descobrem-se na adega dos Fox os primeiros sinais do assassínio — cabelos, ossos e utensílios de um mercador ambulante; cinquenta e seis anos depois, nas ruínas de uma parede, acha-se um esqueleto humano.

Não foi Lia quem atribuiu as pancadas a Espíritos, foram as pancadas, conforme a convenção pelo alfabeto, que se disseram provenientes de um Espírito. Os próprios AA. se contradizem quando declaram que os ruídos é que afirmaram tratar-se do Espírito de Carlos Rayn.

Não podiam, pancadas e ruídos, ser causados pelos artelhos nem pelos dedos, pois que as testemunhas, quaisquer que fôssem, os técnicos, as comissões, os cientistas, as observaram nas paredes, no teto, no assoalho, em compartimentos vizinhos, em lugares muito distantes da médium.

A retratação das moças tira todo o valor da confissão, mormente sabendo-se que ela foi extorquida pela situação precária em que se achavam, pelas dificuldades financeiras em que se viam. Essa retratação é confirmada pelos fatos. Para examiná-las foram nomeadas comissões populares, comissões de peritos; vários sábios tiveram ocasião de observá-las com o emprego de aparelhos de fiscalização, e não só ficaram comprovados os "raps", senão que tiveram ocasião ainda de notar fenômenos de várias categorias.

Valeria a pena que expuséssemos com todas as minúcias a história verdadeira em que foram protagonistas as irmãs Fox, história que, na pena dos adversários, toma o aspecto de espelhos deformantes. Como, porém, o espaço nos míngua, poderemos enviar o leitor a Conan Doyle: "History of the Spiritualism"; a Aksakof: "Animismus und Spiritismus"; a Capron: "Modern Spiritualism"; a Dale Owen: "Footfalls on the Boundary of Another World"; a Harding Britten: "Autobiography; a Delanne: "Le Phénomène Spirite"; a Chiesa: "Origen del Espiritismo"; finalmente ao nosso patrício Alfredo Miguel: "As Heroínas de Hydesville".

*

* *

No seguinte histórico apresentam Kardec como mau pagador, dizem que foi despejado e ainda deixou por in**cúria o prédio em péssimo estado**.

Essa calúnia não é a primeira vez que surge, mas, como todas, sem quaisquer elementos de prova.

Ensina o Talmude que a calúnia mata três homens: o caluniado, o caluniador e aquele que escuta a calúnia. E o Basílio do "Barbeiro" já dizia: **Calomniez, il en reste toujours quelque chose.** Por isso a contumélia lançada contra Kardec vai andando de boca em boca e aumentando na razão do tempo e da iracúndia do detrator. **La calunnia è un venticello... và crescendo, và crescendo...**

Apesar do Talmude, o caluniado não morreu. Kardec sobrevive à protérvia. A vida honesta do Codificador, que distribuía com os pobres o que possuía, tem servido de pretexto à mordacidade e ao aleive. Para atingirem a Causa buscam ferir o homem. E o homem não lhes fêz mal nenhum. Nunca teve o menor intento de atingir ou ferir a P. ou a B. Expôs o que aprendeu, como qualquer indivíduo que desejasse pudessem aproveitar os outros de sua experiência.

O caso do célebre despejo de Kardec virá devida e minuciosamente explicado na obra do Dr. Canuto Abreu, prestes a entrar no prelo "História do Espiritismo", talvez a mais importante no assunto, pelos documentos que possui o Autor.

Não nos admiremos do ataque pessoal a Allan Kardec, dolorosa consequência das paixões humanas que, fracas nos argumentos, lançam-se às pessoas. No mesmo capítulo se fala na "insinceridade dos espíritas", os quais "ocultam os intentos do Espiritismo e dizem a princípio que não é religião, mas apenas sistema filosófico próprio para conciliar todos os crentes espiritualistas".

Não há conhecedor da Doutrina que afirme, no princípio ou no fim, que o Espiritismo é religião ou não é religião. O que se sabe é que o Espiritismo é um sistema que se compõe de uma parte religiosa, uma filosófica e uma científica. Isto é o que deve ensinar quem conhece o que é o Espiritismo.

O que se sabe de Espiritismo promana do fato.

Assim, apresenta-se-nos um Espírito, diz o nome, identifica-se, revela o que só ele poderia revelar, demonstra a sua personalidade por todos os meios possíveis. O espírita não faz mais, portanto, do que declarar o que viu, ouviu ou sentiu; ou que outros viram, ouviram ou sentiram. Parece que não pode haver nada mais claro nem mais honesto.

Pois não é, dizem-no os dignos Reverendos. Trata-se de uma insinceridade onde se ocultam intuitos... Quais sejam os intuitos e onde estaria a insinceridade, é ponto que não nos esclarecem.

E' insincero o que apresenta provas e se baseia na realidade, ao passo que a sinceridade consiste em descrever as delícias do Paraíso e os horrores do Averno, o que a ninguém é dado verificar.

*
* *

Finalmente, vendo pelo trabalho dos sacerdotes, de como os médiuns enganam e de como os cientistas são enganados; sabendo-se que os fenômenos devem ser "**naturais**" e que a trabalheira dos sábios deve ter sido inútil; notando-se como foi velhaco o Kardec, e embusteiras as Fox, e trapaceadores tantos quantos se metem em Espiritismo; perplexos diante do desmascaramento das experiências, todas, ou quase, hábil ou inàbilmente arranjadas, chegamos à conclusão de que não há nada, ou quase, em matéria do **preternatural**. E se não há nada, ou quase, fica-se, afinal, sem compreender qual é a parte do diabo, cuja intervenção constitui o principal objetivo do livro dos Reverendos. Acabam não lhe deixando coisa alguma ou pondo-o em disponibilidade.

O ESPIRITISMO E SUAS PROVAS

Ausência completa de razão e luz é o que vemos n'"O Espiritismo à luz da Razão", quando nos querem mostrar a causa dos fenômenos psíquicos, o dos raros que escapam à vassourada que levaram aos Anais do

Psiquismo. Algumas teias, teimosas, resistiram ao basculho. Era preciso dar um jeito e entraram com o Diabo.

Desde o começo dos séculos que os Espíritos se apresentam com essa feição de desencarnados. E Deus assiste impassível à farsa!

Mas, são tantos os enganos no livro dos Reverendos, que se não fora o horror que tem o Mafarrico pelo hissope, éramos capazes de afirmar que o dedo dele andou nos muitos cochilos dos Autores, isso com o firme propósito de incompatibilizá-los com as pessoas de senso.

Os tropeços já começaram na definição:

"O Espiritismo é um conjunto de doutrinas e de práticas encaminhadas a obter a comunicação do homem com os Espíritos do outro mundo."

Pensa-se que o trecho é de Kardec. Engano. E' da **Juventud Católica.**

Não há tal, porém. Não se trata de um conjunto de doutrinas encaminhadas a obter comunicações com os Espíritos, mas a buscar, pelos Espíritos, o aperfeiçoamento da Humanidade. A comunicabilidade é o meio; o aperfeiçoamento é o fim. Como ensina a **Juventud**, seriam os homens que teriam estabelecido o conjunto de doutrinas para o fim das comunicações, quando os homens não estabeleceram doutrina nenhuma; as comunicações é que estabeleceram o conjunto das doutrinas, com o propósito de esclarecer-nos e encaminhar-nos.

Há ainda no intercâmbio a prova da sobrevivência, ponto capital, que os AA. não só fingem desconhecer, como o negam sem-cerimoniosamente. E' ainda escopo da chamada **Nova Revelação** apresentar-nos essa prova, a fim de que tenhamos certeza da imortalidade com todas as suas consequências.

A lição da **Juventud**, que os AA. apadrinharam, acha-se, pois, flagrantemente errada.

E, a propósito das comunicações, afirmam com segurança invejável:

"Esquecem-se os espíritas de provar que, de fato, as causas desses fenômenos são os espíritos ou almas desencarnadas com quem pretendem comunicar-se."

Esta afirmação é mais assombrosa do que as manifestações das almas desencarnadas com que pretendemos comunicar-nos. Pode-se dizer que, ao arrepio dessa assertiva, mais não têm feito os escritores espíritas, que demonstrar a comunicação dos Espíritos. Quase toda a literatura espírita tende a essa demonstração. Para nos convencermos basta folheemos as páginas de Léon Denis, Gabriel Delanne, Eugênio Nus, Chevreuil, Regnault, Oliver Lodge, Myers, Gibier, Sage, Nielsson, sem já falar na plêiade de escritores portugueses, argentinos e brasileiros. Aksakof, refutando Hartman, buscava demonstrar o erro da tese daquele impugnador. Toda a extraordinária obra de Ernesto Bozzano prova não só a sobrevivência como a intervenção dos Espíritos **sulla base dei fatti.** A trilogia de Flammarion — **La mort et son mystère** — não possui outra finalidade.

Cada um dos fenômenos espíritas, em si, já basta para trazer-nos a convicção da hipótese espírita; a sua reunião forma um pedestal granítico impossível de destruir. E' a isso que se chama a convergência da prova, ou a prova absoluta, impossível de apagar-se com as fantasias infernais, onde os elementos demonstrativos que nos oferecem se resumem num jogo de palavras ou em afirmações dogmáticas, deixando-nos perplexos entre o absurdo e o ridículo.

As provas que o morto nos traz de sua existência extra-terrena é o que constitui a literatura espírita. Pois, diante da literatura e diante das provas, dizem-nos os honrados eclesiásticos que **os espíritas se esqueceram de provar as causas dos fenômenos.**

Se uma pessoa vê um parente, amigo ou conhecido defunto; se outras pessoas também o vêem pela mesma forma, ou segundo a posição em que se acham; se ele é visto ainda por crianças de tenra idade, sem nenhuma ideia sobre o assunto, capaz de as sugestionar; se há ainda animais que dão evidente sinais de estarem reconhecendo o falecido; se, a par de tais fatos, ainda existem inúmeros outros como o da correspondência cruzada, o da identificação, o dos avisos, o da descoberta de segredos, o das mensagens com os caracteres gráficos do falecido, o das línguas desconhecidas, sem já falar na gama extensa dos fenômenos objetivos, com a reprodução do corpo físico e do aspecto intelectual e moral do manifestante; se tudo isto é que os espíritas registam em suas obras, como é que se esqueceram de provar?

Bozzano concluía num de seus trabalhos:

"De minha afirmação deriva como consequência que a interpretação dos fatos, no sentido espiritualista, se impõe agora de modo racionalmente inevitável. Quer isto dizer que, por obra dos fenômenos de xenoglossia, se tem que considerar provada a intervenção de entidades espirituais extrínsecas ao médium e aos presentes nas experiências medianímicas." (370)

E em outro:

"As provas experimentais da sobrevivência na realidade assentam no conjunto inteiro da fenomenologia supranormal, anímica e espirítica, em que todas as manifestações convergem para a demonstração da sobrevivência humana." (371)

Nos "Fenômenos de Assombração":

"Recapitulemos dizendo que pelos processos de análise comparada, aplicados aos fenômenos de assombração, *conseguimos pôr em evidência* que a hipótese espírita... é a única verdadeiramente suscetível de explicar a maior parte deles." (372)

Em "Fenômenos Psíquicos":

"Sabe-se que no domínio científico não se pode fornecer prova melhor em apoio de uma hipótese que aquela graças a qual se mostra que a multidão heterogênea dos fatos convergem a demonstrar o seu fundamento. E' o que se cha-

---

(370) **E. Bozzano** — "Xenoglossia". Trad. de Guillon Ribeiro., pág. 216. 1923.

(371) **E. Bozzano** — "Animismo e Espiritismo". Trad. G. Ribeiro. 1940. Conclusão.

(372) **E. Bozzano** — "Les Phénomènes de Hantise". 1929 pág. 309.

ma a prova crucial, ou a prova das provas, e a hipótese que dela sair vitoriosa se transformará em verdade sòlidamente adquirida pela Ciência; mas as hipóteses científicas que conseguem constituí-las são bem raras. Pois bem, pode-se afirmar desde já, sem receio de erro, que a hipótese espírita saiu vitoriosa dessa prova; as monografias publicadas pelo Autor, precisamente com o fim de submeter a hipótese à prova das provas, bastam para demonstrá-lo." (373)

Na "Crise da Morte," principia Bozzano por mostrar, **baseado nos fatos,** que as mensagens medianímicas em que os Espíritos descrevem as fases por que passaram na crise da morte e as circunstâncias em que fizeram a sua entrada, no meio espiritual, concordam admiràvelmente entre si, de maneira que nelas não se encontra uma só discordância absoluta com as comunicações de outros Espíritos que se hão comunicado com os vivos. Passa a demonstrar a concordância de todos, no que se refere às primeiras impressões e aos primeiros fatos após a morte, com o se verem com forma humana, ignorarem que tinham morrido, haverem memorado na crise preagônica, ou pouco depois, os acontecimentos da existência; terem sido colhidos no Além de acordo com a vida que tiveram; passarem por um sono reparador ou agitado, com um acordar feliz ou tenebroso consoante a sua moral e as faltas da vida extinta; encontrarem um mundo subjetivo, substancial, real, mais ou menos análogo ao meio em que viveram; com o pensamento por linguagem, a locomoção pela vontade, a afinidade como condutora para a vida apropriada nas esferas. E conclui:

"Ninguém pode deixar de perceber que as concordâncias cumulativas são inexplicáveis por qualquer teoria, exceto aquela segundo a qual, como espíritos que são, relatam circunstâncias verídicas e comuns à experiência de todos." (374)

Em cada uma de suas monografias, o filósofo ita-

---

(373) **E. Bozzano** — Phénomènes Psychiques au moment de la Mort". — Paris, 1923, pág. 260.

(374) **E. Bozzano** — "A Crise da Morte". Trad. G. Ribeiro, 2.ª ed., págs. 144-156.

liano, que possuía um arquivo completo sobre a fenomenologia psíquica, deixou patente que cada um dos fenômenos era suficiente para comprovar a tese espírita. E que o conjunto dos fenômenos, em suas várias modalidades, constituía a prova crucial, tão difícil de encontrar em qualquer ramo da Ciência.

E depois dessa exaustiva demonstração declaram os ilustrados Padres, com a firmeza de quem erige um princípio, que os espíritas se esqueceram de provar que são as almas desencarnadas que se comunicam!

*
* *

Numa sessão em casa do Dr. Valdemar da Silva, ministro presbiteriano, onde havia outros ministros, apresenta-se o Espírito de Eduardo Carlos Pereira. Perguntaram-lhe porque estava ali, ele, ministro presbiteriano outrora, e Carlos Pereira respondeu: "Os caminhos são diferentes mas o destino é o mesmo. Hoje, irmanados na mesma fé, seguimos de cabeça erguida e peito aberto. Não conduzimos, somos conduzidos em busca do mesmo ideal".

Comentário dos AA.: — "De propósito, transcrevemos dois pequenos diálogos em que a feição anti-católica e anti-religiosa do Espiritismo é evidente."

Queriam os AA. que Carlos Pereira, que sempre foi inteligente e honesto, apalpando a verdade, voltasse ao mundo para nos impingir um carapetão, de maneira a pôr-se de acordo com a feição católica.

GUIAS

Sobre guias nos dão este elucidativo informe:

"A doutrina corrente entre europeus, pelo menos entre ingleses e alemães, é que os desencarnados não intervêm diretamente neste mundo. Conforme esses espíritas os desencarnados se servem de um espírito intermediário, chamado guia ou controle...

Portanto, as comunicações são feitas de médium a médium; os assistentes de uma sessão e os desencarnados ficam estranhos uns aos outros. Nesta teoria o guia pode muito bem não ser um desencarnado. E mesmo que o fôsse, os outros desencarnados nunca se comunicariam conosco..."

O fato de haver guias no espaço não é motivo para que possua a exclusividade das comunicações. Por nos valermos de cicerones não se segue que jamais, em nenhuma circunstância e em nenhum lugar, dispensemos um condutor. Ninguém dirá que por tomarmos um guia, para escalar os Alpes, deixemos de andar pela mão nas ruas do Rio de Janeiro.

Nem todos os Espíritos se podem comunicar, já por desconhecimento, já por falta de afinidade ou adaptação ao médium, já por qualquer outro motivo, e se servem então de um intermediário do Espaço, mais prático, ou mais afim com o ambiente e com o médium.

Entretanto, vários Espíritos se comunicam diretamente. Consultem-se os trabalhos com referência às experiências da Sra. Piper e se verá que, apesar de seus controles, por ela se manifestaram, sem o auxílio dos mesmos, várias entidades espirituais. Em regra, nos fenômenos de incorporação, há ligeira interferência dos guias para auxiliar a comunicação, e às vezes não há nenhuma. Francisco Cândido Xavier tem um guia — Emmanuel, o que não impediu que Humberto de Campos e outros autores dessem por ele, diretamente, as suas comunicações em prosa e verso. Dessem e continuem a dar.

Os AA. devem reler o capítulo sobre esse assunto psíquico.

INTERVENÇÃO DIVINA

Navegando num mar de conjeturas, põem nos ensinos espíritas coisas que nunca lá se acharam. E nos dizem:

"Ninguém, nem mesmo os espíritas, ousa atribuir os fenômenos à intervenção divina. Não os católicos. A majestade de Deus é obstáculo a que ele intervenha direta ou indiretamente em reuniões inteiramente profanas, de caráter particular e às vezes manifestamente suspeito. Nem os espíritas: o Deus deles é um deus longínquo e indiferente; segundo eles, os espíritos agem com inteira independência do chamado Criador."

O período, aliás, está confuso: "Nem os espíritas nem ninguém atribui os fenômenos a Deus. Não os católicos." Mas os católicos atribuem ou não?

Em suma, o que se percebe é que para os espíritas tudo anda à revelia do Criador. Ele não se mete em nada, não sabe de nada; o mundo é uma nave à matroca, com um deus longínquo e indiferente. Os espíritas pensam assim, dizem-no os ilustres Padres!

Ora, os espíritas pensam e dizem precisamente o contrário: Enquanto a Igreja vê o dedo satânico naquilo que não pode explicar; enquanto nos ensina que o Diabo é um rival do Criador, a arrebatar-lhe as almas, e a competir com ele em poder, ensina o Espiritismo que o Criador preside a todos os atos da Natureza e que nada se processa sem a sua soberana vontade.

Não o faz como um patrão, constantemente em cima dos caixeiros, mas por suas leis, leis físicas e morais, que estabelece com uma finalidade, a do progresso universal.

E mais adiante, os Reverendos:

> "E' que os espíritos — dizem os cardecistas — estão em evolução e aqueles a que se dá o nome de maus são apenas inteligências imperfeitas; ora, ninguém vê nexo nesses conceitos; inteligência imperfeita e maldade intrínseca e consciente. Os espíritos maus — ou são maus visceral e permanentemente, conforme a concepção bíblica ou não são maus. Ou o espírito é bom, isto é, sem possibilidade de perder a bondade ou é mau definitivamente."

Desapareceu-lhes com o sectarismo a visão da realidade. Por certo vivem em outro mundo que não este. Ao que parece nunca viram nem lhes constou que o indivíduo mau se modificasse. O mau terá que ser mau até ao fim dos séculos.

Entretanto, o que se dá é a transformação do indivíduo, no decorrer da existência, pelo estudo, pelo exemplo, por uma crença religiosa, por circunstâncias diversas. Não se trata de doutrina, mas de fatos patentes, evidentes.

No espaço o processo é o mesmo. A cortina de ferro que procuram estabelecer para os dois mundos é inaceitável. A maldade eterna estaria a depor contra as obras do Criador como as imperfeições de um edifício contra a arte do arquiteto. Um Deus criando seres maus visceral e permanentemente, teria falido na sua construção e nos deixado a certeza absoluta de sua inutilidade. E não é isto, seguramente, o que os Espíritos ensinam.

O DIABO

Quando vemos tratar do diabo, quando se narram as suas façanhas, parece-nos estar a ler histórias para amedrontar ou divertir crianças. São como as **Mil e uma Noites**, com menos animação e graça. E' preciso força de vontade para encarar o assunto a sério. Além disso dissaborea-nos a personagem.

Não obstante, resolvemos penetrar nessa espécie de "jardim infernal", que os AA. cultivam com o fim de afugentar os Espíritos, e tentaremos esflorar os canteiros, com a parcimônia que o espaço nos impõe; estudaremos algumas boninas silvestres que aí se encontram, sem a meticulosidade do botânico, mas com o interesse que as curiosidades despertam.

*
* *

A fls. 86 contam-nos os AA. um caso sucedido a Van Zantem. Era uma casa mal-assombrada e causou admiração que de 300 pedras lançadas, nenhuma ferisse uma só pessoa.

O incidente nada tem de extraordinário para quem conhece o fenômeno. O que provoca espanto é a benevolência do demônio. Trezentas pedras sem ferir ninguém! Deve estar ficando humanitário.

Outro caso. E este se passa numa casa paroquial wurtemberguense, com um cura católico, de quem dizia Ludwig: — Esse homem não sofre de alucinações. — Pois cenas assustadoras se dão com o bom do cura e na casa paroquial. A ousadia do **"velhaco"** chegava ao ponto de bater na porta, toda a vez que se rezava a ladainha. Era uma barulhada terrível. Acordavam o vigário, que se via puxado por mãos invisíveis. Um vigário nas mãos do Demo é simplesmente horrível! Ouviam-se ainda estampidos, latidos, sentiam-se correntes de ar frio, tudo ali às barbas eclesiásticas, ao pé do altar, junto de Deus!...

Inútil o ritual.

Tudo isto coisas do diabo.

Agora o reverso. Falece a freira Margarida Gesta no Convento das Irmãs Terceiras, em Foligno. Três ou quatro dias depois, ouvem-se soluços no seu quarto, e uma voz dizia: — O' meu Deus, que grande dor. — A freira proferiu outras palavras, deu fortes pancadas na porta e aí lhe ficou impressa a mão e "muito mais distintamente do que se fôsse gravada a ferro quente".

Ação do demônio? Não. Aqui foi mesmo a freira, e o caso tem cheiro de santidade.

Cumpre distinguir entre o que é e o que não é do demônio. E' preciso, porém, usar batina para perceber a distinção.

Os fenômenos demoníacos, porém, afirmam-nos eles, são poucos. Valha-nos este consolo: Satã é parco e modesto.

*
* *

O demônio se distingue da alma, elucidam-nos. Já os espíritas não distinguem, e assim declaram os AA.:

"Para os espíritas alma e demônio é a mesma coisa."

Ao ler isto, supor-se-á que os espíritas têm a alma como demônio, ou o demônio como a alma. Daí a estarmos proclamando também que é o demônio que se manifesta nas sessões não vai mais que um pulo.

Mas o que os espíritas dizem é que os gregos chamavam aos Espíritos **daimon**, que queria dizer gênio. De gênio, espírito. Relação nenhuma, portanto, com os "réprobos" que os antagonistas lançaram nas manifestações psíquicas.

*
* *

Muito para reter é o que ensina o 2.° Congresso de Baltimore:

"O demônio é caprichoso. Tendo ambiente preparado, intervém quando lhe apraz e se Deus lho permite."

Aqui temos um período que dá tratos à bola.

Que o demônio é caprichoso, já se sabia. A dúvida está no poder intervir quando lhe apraz, do mesmo passo que esta intervenção só se dá quando Deus o permite. Mas é Deus que permite ou ele faz o que quer?

Aí temos Deus permitindo os caprichos do demônio. Ora, se ele não tinha em mira ensanchar aos Padres a oportunidade de escrever o livro, procurava perder a Humanidade, e, na melhor hipótese, contrariar a Igreja.

*
* *

Saiba-se que o Espiritismo é sempre diabólico porque

"Mesmo que a presença física de Satanás não possa ser sempre provada, o demônio excogitou meios de estar presente fìsicamente umas vezes, moralmente outras."

Ensino difícil de entender-se. A não ser no **Mefistófeles** de Boito, no **Fausto** de Gounod, na **Danação de Fausto** de Berlioz e outras peças dramáticas e musicais, nunca vimos relatos seguros da presença física de Satã. Tornar-se-ia interessante que o pudéssemos conhecer pessoalmente. Engraçado termo-lo cara a cara.

E como seria a sua presença moral? De tudo, porém, o que se pode perceber é que o Espiritismo é diabólico.

Temos agora as razões. Há o **ambiente**:

> "O fato de se reunirem em torno de uma mesa e esperarem o invisível cria um estado que predispõe à loucura, ao suicídio, às aberrações... O cérebro do espírita é impermeável ao raciocínio."

Disse-nos, entretanto, o Divino Mestre, que quando dois ou mais se reunissem em seu nome ele aí estaria. Pois vão os espíritas, reúnem-se em nome do Cristo, oram e esperam. E em vez de vir o Cristo, como prometeu, vem a loucura, o suicídio, a aberração, o demônio. Se não acreditarem os espíritas que o Cristo mentiu, é que têm mesmo o cérebro impermeável ao raciocínio.

Há as **circunstâncias**. O demônio não precisa de trevas, mas

> "Porque essa tática de Satanás? Simplesmente porque a luz prejudica os seus interesses e as trevas os favorecem."

E não nos deram maiores explicações, devido talvez à impermeabilidade do raciocínio dos espíritas. Porque as trevas favorecerão?

Mas com ou sem raciocínio, o que se sabe é que toda a fenomenologia subjetiva se processa em plena claridade, e com a objetiva, todos os casos clássicos se obtiveram à luz. Já estudámos o fato no capítulo deste livro — **Sessões à luz**. O caso é que a tática do velhacaz nos fenômenos espíritas falhou completamente, desde que sempre houve luz por toda a parte.

Quanto ao **médium**:

> "Médium é a pessoa em presença da qual o demônio opera. Quem realiza o fenômeno é o demônio."

Esta segurança no afirmar que quem realiza o fenômeno é o demônio dá a entender que se não foi o próprio demônio quem confidenciou o fato, trata-se de um caso criptestésico, isto é, de clarividência.

E por falar em clarividência ou vidência: Explicando-a, dizem que

"O espírito age na imaginação do visionário e este julga ver exteriormente o que, na realidade, só existe na sua fantasia. E' a visão imaginativa."

Entretanto, no caso em que são várias as pessoas a verem o fantasma ou o objeto, notando-o cada uma de acordo com a posição em que se acham, o que prova a objetividade? E quando a visão é acompanhada de fenômenos materiais? E quando é consequência de uma promessa ou se reveste de circunstâncias que demonstram a presença da entidade espiritual? E a chapa fotográfica?... Como poderia o Espírito agir na fantasia de uma chapa?...

Até aí não chegaram as elucidações dos Autores. Seria bom que na próxima edição nos explicassem esse jogo de fantasias.

*

* *

Os nossos opositores viram falar na **dissociação de psiquismos**. E' um termo e um tema que dão ares de erudição: não convém desprezar. E não o desprezaram.

Resolvendo ilustrá-los, apresentam-nos o livro de Andrew Davis, "onde existem as reminiscências de Swedenborg".

Não houve, porém, um livro só de Davis, e os ensinos que lhe saíram da pena foram extraordinários. E de tal ordem que assombraram os pensadores e sábios da época. O fenômeno é dos que não se podiam explicar por forma nenhuma das conhecidas até então e só veria ali reminiscências de Swedenborg quem não soubesse patavina do que foi a longa clarividência do médium ou nunca folheasse as obras do místico filósofo sueco.

Aconselhamos os AA. a que leiam os trabalhos sobre o assunto, a verem como é frágil a hipótese das reminiscências. E acharíamos um tanto melhor deixar este caso com o demônio, que tem costas mais largas que as de Swedenborg.

*
* *

Também o **hipnotismo** partilha com o demo, e a dissociação, e as fantasias, a autoria dos fatos psíquicos. Senão vejamos:

"O hipnotismo é o maior e mais eficaz auxiliar do espiritismo; provocado coletivamente nas sessões, estas se enchem de fantasmas, de espíritos, de ectoplasmas." (Pág. 227).

O hipnotismo rivalizando com o demônio na fabricação de ectoplasmas é uma novidade de arripiar. E como não há parar na rota do absurdo, ensinam que

"O médium pessoa pode ser substituído por uma mesa. Então a mesa é que é o medium."

Para os que querem conhecer o assunto, ou para quem o não conhece, devemos explicar que não há mediunidade de mesas. Quando a mesa se move é sempre pela ação de um ou alguns médiuns. Estes lhe ficam em torno e põem a mão levemente em cima. E quando não as coloquem, é sempre com a presença ou a intervenção de um médium que a mesa se movimenta.

Eles esclarecem:

"Há uma corrente das mãos dos crentes, mas não há o médium pessoa."

Não há o médium pessoa, mas há mãos. Ora essa! Se há mãos, há pessoas, e essas pessoas é que são os médiuns. Salvo se os crentes aí são os demônios, com suas respectivas mãos.

*
* *

"Existem uns sinais diabólicos — dizem os AA. — que não nos deixam dúvidas sobre a intervenção demoníaca". Assim, por exemplo, o fogo que não queima é coisa que ele não poderá fazer. Se os Reverendos aceitassem, convidá-los-íamos para uma sessão chamada de terreiro. Os médiuns colocam grandes brasas na mão, com grande espanto dos peritos que os examinam. E não se queimam! Gente feliz! Não tanto por não se queimarem, mas por não terem parte com o demônio. Mas porque será essa exceção?

"A ação divina é marcada pela raridade do milagre."

Outro sinal, este divino. Mas como a ação do demônio também é rara, vamos ter dificuldade em classificá-las.

Há outros sinais mais ou menos do mesmo teor, mas um tanto confusos, de sorte que aquele que se propuser à verificação do que é ou do que não é diabólico, perde-se irremissìvelmente.

Vamos ao último farolete:

"Quanto mais insensato e ao mesmo tempo ridículo é o fenômeno, mais diabólico. Nesta categoria devem entrar os que não têm motivo razoável de se produzir e que só servem para entreter curiosidades malsãs, como as mesas girantes, os raps, as materializações."

Quais serão os motivos reais de produção? Mas aqueles fenômenos que lhes parecem insensatos e ridículos servem para nos trazer a prova da imortalidade, a da existência de Deus, a de outras vidas, a da verdade do ensino que prevê a felicidade do justo e o sofrimento do mau. Nos "raps" e pancadas das mesas há por vezes lições sublimes.

Resta-nos, agora, descobrir aquela gradação nos fenômenos diabólicos; há uns mais diabólicos, outros menos diabólicos. A razão dessa maior ou menor intensidade no diabolismo valia a pena fôsse melhor esclarecida, visto poder, por exemplo, parecer ridículo aos Autores umas tantas comunicações e outros a tomarem por muito proveitosas. Assim, enquanto acham desprezível a prova da sobrevivência, nós a temos como de incalculável valor. Outros também poderão supor assim.

O caso da Pitonisa de Êndor não é do demônio, dizem-nos os Reverendos. E' necessário possuir um diabômetro ou demonômetro para saber-se o grau de demonismo ou sua ausência. Aplicado o aparelho ao caso Êndor, verificaríamos logo a sua ademonia, ou ausência do demônio, sem necessidade de adivinhar ou recorrer a Suas Reverendíssimas.

Sem a aparelhagem como se iria saber?

Dizem-nos ainda que

> "Ninguém de bom senso acredita que os espíritos acudam ao chamado dos homens e há aparições espontâneas como as da evocação da alma de Samuel..."

Temos aqui talvez um sinal: o não diabolismo do caso Êndor se verifica pela espontaneidade. Destarte ficamos sabendo do bom comportamento do Tinhoso: só vem a chamado. Mesmo porque, "segundo observam Dubray e outros, a Igreja não nega a realidade de algumas aparições espontâneas da alma".

Como, porém, seria **espontânea** a aparição no caso Êndor, quando houve **evocação**, isto é, **chamamento**, é o que estará por compreender-se.

Deve estar isso entre as muitas misteriosas lições que os AA. nos ministram. Convém notado que, em matéria de fenômenos, não há maior espontaneidade que a das formas obsessivas. As obsessões, as possessões, as perseguições espirituais de toda a ordem são espontâneas. Não há ninguém que evoque para si os obsessores, e o que procuram, muito ao contrário, é expulsá-los. Existe, entre nós, grande número de sessões com esse fim — expulsar os maus Espíritos. Pois ai, justamente, é que não há intervenção do demônio. Como estão vendo, não é ele tão ruim como o pintam.

*
* *

Recapitulando-se, vê-se pela estirada lição dos Padres, que fenômenos congêneres, com as mesmas características, produzidos nas mesmas circunstâncias, vão tendo causas diversas e arbitrárias, conforme o paladar do classificador; ora são naturais, ora fantasias do cérebro, ora devidos à dissociação dos psiquismos, ora ao hipnotismo, ora aos santos, ora às almas permitidas por Deus, ora aos demônios. Se se processam em atmosfera eclesiástica, trata-se de manifestação divina; entre espíritas, é manifestação demoníaca. Deus teria para com os homens as exceções e os privilégios que os políticos usam para os do seu partido.

*
* *

Já é tempo de reparar uma injustiça. Tido até agora como grande mistificador, o diabo não passa de eterno mistificado.

Já em nossa literatura, a exemplo da obra de Goethe, as criaturas, em troca de uns tantos favores, lhe prometem as almas. O diabo, honesto, cumpre o trato, e elas "farreiam" e pecam até à hora da morte. Uma vida em pecado mortal leva ao Averno. Chega o momento fatal a que não há fugir. Já Mefisto esfrega as mãos de contente, pois que irá usufruir o justo prêmio de seus esforços. A alma está prestes a pertencer-lhe, mas o pecador treme. Aos suores frios da morte juntam-se os suores gelados do pavor. Medo, remorso, tudo se confunde. Pede então um rosário, um padre, confessa-se. E salva-se. E a alma escorrega pelos grifos do "Sedutor" e cai nos braços da Divindade. Embaucado o demônio!

E isto não acontece sòmente em literatura. Vemo-lo na vida comum. Aí está o confessionário para deixar-nos limpos instantâneamente de toda mácula.

Mas tão grande prova de ludíbrio, e por tanto tempo, não o emendou. E' embrulhado agora com o Espiritismo, dando, depois de velho, a maior prova de imbecilidade que jamais olhos humanos presenciaram.

Que faz ele? Prega a existência de Deus, e os predicados divinos. Ordena que amem o Criador acima de todas as coisas.

Manda que levem o ensino do Cristo a toda a parte e a toda criatura.

Estabelece como lema a solidariedade, a fraternidade e a caridade. Os homens se devem amar uns aos outros como o Cristo nos amou. Prega a paz entre os cidadãos, a harmonia entre os povos.

Demonstra a imortalidade e com ela as tristes consequências de nossos erros e de nossas paixões. Explica a razão das injustiças do mundo.

Cura os enfermos, consola os tristes, promete aos deserdados, expulsa os perseguidores, encaminha os transviados, aconselha as criaturas. O sofrimento de um lado, o altruísmo do outro, eis as potentes asas da redenção. O sofrimento não deve ser provocado e o altruísmo deve ser sincero.

Obriga o homem à prática das boas ações, ao uso da boa palavra, ao exercício do bom pensamento. Devemos sentir a necessidade do Bem. E assim procura tornar o indivíduo bom, caritativo, honesto. Purifica-lhe a alma, adorna-a de virtudes, regenera a criatura.

Eis, portanto, o Tentador, levando o homem, pelas virtudes, aos pés de Deus. Incrível! Está positivamente idiota e redondamente embaído!

E não deram por esta os honrados Reverendos!...

Salvo se, apesar de purificado, crente, caritativo, vai o indivíduo, assim mesmo, parar no Inferno. Não havia que admirar; a Justiça Divina, pela voz da Igreja, tem desses eclipses. Já não possui apenas nos olhos a venda de Têmis, senão que esta lhe envolve o corpo todo e a própria alma.

A MORAL

Quando o adversário do Espiritismo amontoa uma série de argumentos que podem impressionar, pelo menos os leigos na matéria, ou uma série de inverdades que podem ficar fazendo fé, é preciso destruí-los.

E' este o nosso objetivo no apêndice que aqui incorporamos à obra.

Finalizou o espaço de que dispomos. Ficam de lado alguns capítulos, como o da reencarnação, porque estariam fora do programa deste trabalho e pela extensão que tomariam os comentários que devêssemos expender.

Terminemos as linhas que nos restam com o capítulo da Moral. A moral deve ser, de fato, o fecho de nossos estudos.

Sobre o ponto, dizem os Reverendos:

> "Os espíritas negam a Justiça Divina. Todas as religiões querem uma sanção condigna após a vida terrena. O espiritismo prescinde dessa sanção. Com efeito, examinando o sistema espírita, encontramos nele esta série de afirmações..."

As nossas afirmações versam sobre o Céu e o Inferno, sobre o fogo eterno, que é uma metáfora, e a eternidade das penas, que não existe. Quanto ao Purgatório, põe nos ensinos espíritas que **é neste mundo que ele existe** e, ao mesmo tempo, que **existe nos mundos de expiação, onde os homens expiam o passado e o presente.**

Essa contradição não existe nos ensinos espíritas. Faz parte apenas das noções embaralhadas que nos emprestam. O purgatório se nos apresenta onde há faltas a purgar. Não existe só neste ou naquele lugar.

Enfim, o que chamam negar a Justiça Divina é negar os horrores do Inferno e a eternidade das penas.

Se é dos preceitos espíritas que o indivíduo responda por seus atos; se não ficará impune de suas maldades, de sua desonestidade, de seus erros; se sofrerá na razão do que fêz sofrer os outros; se pagará todas as suas dívidas "até o último ceitil", como o Espiritismo nega a Justiça Divina?...

A negação de toda a justiça está nas penas eternas, infinitamente desproporcionais à falta, e sem nenhuma finalidade, ao contrário do que seria a pena com o objetivo da regeneração.

Mais adiante discorrem sobre a moral espírita, e, entre vários ensinos estupefacientes, dão-nos o seguinte:

"Dentro desta moral ampla e imprecisa (a moral espírita) cabem todas *as patifarias* (grifo dos AA.) — o adultério, a prostituição, a avareza, os vícios solitários, o homo-sexualismo etc. E o hedonismo de Epicuro em larga escala. Ademais, o espiritismo não aceita o decálogo como moral inspirada."

Vejamos, porém, como a lição dos Autores é desmentida pelo Código Espírita:

"A Moral é a regra de bem proceder, de distinguir o bem do mal. Funda-se na observância da lei de Deus. O homem procede bem, quando tudo faz pelo bem de todos. O bem é tudo o que é conforme à lei de Deus, o mal tudo que lhe é contrário." (375)

Se o bem é tudo o que está na lei de Deus e o mal o que lhe é contrário, não se compreende como, aconselhando os Espíritos que pratiquemos o bem, nos apresentem uma ampla e imprecisa moral onde caibam todas as patifarias. Ou será que o adultério, a prostituição, a avareza, os vícios solitários, o homo-sexualismo estarão incluídos na lei de Deus?

No capítulo "As virtudes e os vícios" dizem os Espíritos:

"Toda a virtude tem seu mérito próprio porque todas indicam progresso na senda do Bem." (376)

"O escopo da religião é conduzir o homem a Deus; ora, o homem não chega a Deus senão quando perfeito." (377)

Estas transcrições nos bastam. Se o Código condena os vícios, se aconselha a virtude; se o escopo é a perfeição humana, fica patente aos que não perderam de todo o uso do raciocínio, que é absolutamente falsa aquela **moral imprecisa**. Difícil será conceber que possam todas as patifarias caber num homem perfeito.

Não poderíamos transcrever tudo o que se encontra

---

(375) "O Livro dos Espíritos", 629 e 630.
(376) O Livro dos Espíritos", 893.
(377) "O Evangelho segundo o Espiritismo", pág. 102. 1933.

n'"O Evangelho segundo o Espiritismo". Bastaria essa obra, que faz parte do Pentateuco de Kardec, e onde se prescrevem as ordenações do Divino Mestre, obra que não é mais do que os ensinos do Cristo, escoimados da ganga humana, para que qualquer pessoa de juízo estranhe tenha saído da pena de dois sacerdotes semelhante protérvia.

Parece-nos, felizmente, que um deles está isento de culpa.

*
* *

Oe ensinos espíritas perderam-se, ao que parece, nos largos bolsos das vestes talares. Lembremo-los, não aos senhores Padres, que sofrerão sempre, a esse respeito, de uma amnésia profunda. Seria inútil a recordação. Do mesmo mal, porém, não hão-de sofrer os nossos leitores.

Ora, o Espiritismo nos apresenta Jesus cheio de bondade, de perdão e de amor, ensinando a remissão do pecado pelo esforço próprio; pregoa a equidade do Criador pela salvação de todos; dá-nos, como lei suprema, a da Caridade, onde se resumem a solidariedade e a fraternidade humanas; tem como imperativo os princípios de Justiça; evoca os velhos ditames do Direito Romano, mandando viver honestamente, não prejudicar a ninguém e dar a cada um o que lhe pertence; reafirma a lei áurea, já ditada por Confúcio: Não faças aos outros o que não queres que te façam; ou previne pelo exemplo dos mortos: — Assim como fizeres, assim acharás. E apresenta a finalidade da Doutrina — **A felicidade pelo aperfeiçoamento.**

Daí, para o que os AA. proclamam, há um verdadeiro abismo, que assombrará a eles próprios, quando tiverem um olhar capaz de sondá-lo.

Há, de fato, em Espiritismo uma Doutrina perturbadora, que é o **dai de graça.** Essa vai de encontro, não há dúvida, à moral consuetudinária, à moral de todos os tempos, de todos os lugares e de todos os homens, não lhe escapando mesmo aqueles que deveriam, com as luzes do Alto, arrancar da alma humana o terrível espinho do **Egoísmo.**

Livros da Federação Espírita Brasileira

Carlos Imbassahy

A MEDIUNIDADE E A LEI

É estudado neste livro o importante e transcendente problema da mediunidade curativa em face do Código Penal brasileiro.

Apoiado em um sem-número de provas e assertivas de inegável valor e indestrutível força, o Autor expende, em defesa dos verdadeiros médiuns curadores, inteligentes argumentações sobre os preceitos do Cristo e as curas, o curandeirismo e a repressão, a antiguidade das curas religiosas, a cura e a fé, a falibilidade da Medicina, a terapêutica mediúnica, a fragilidade dos acórdãos, os cientistas e as curas supranormais, e muita coisa mais em torno do sempre discutido assunto.

RELIGIÃO

Sob este simples título de obra oculta-se um admirável trabalho, pleno de raciocínios claros e rigorosamente lógicos, em que é focalizado o Espiritismo no seu tríplice aspecto: científico, filosófico e religioso, sendo estudado, em especial e a fundo, o último aspecto, tão debatido dentro e fora de nossas fronteiras.

O Autor, firmado numa documentação vasta e positiva, faz a defesa da Doutrina contra os que lhe negam o caráter religioso, esclarecendo e demonstrando que o Espiritismo é também *religião,* ou melhor, "uma como síntese de todas as religiões", consoante as próprias palavras do Autor.

Vinícius

EM TORNO DO MESTRE

Esta leitura é para todos, visto como não há quem não sinta fome e sede de justiça, fome e sede de paz, fome e sede de certeza. Neste trabalho evangélico, cheio de lavor literário, simples na exposição, rico nos conceitos, doce na linguagem, sublime na moral, todos serão saciados.

Livro para quaisquer religiões, pois que se baseia no Amor, é para todos os momentos da vida de cada dia.

*

Gabriel Delanne

O ESPIRITISMO PERANTE A CIÊNCIA

Demonstra com a rara mestria dos homens cultos que o Espiritismo, longe de contrariar a Ciência, é nela que se firma, não havendo entre um e outro nenhuma incompatibilidade.

O Magnetismo, o Sonambulismo, o Hipnotismo, a Mediunidade, tudo isso é tratado com aquela argumentação científica e segura de Delanne, fazendo deste livro uma obra indispensável nas bibliotecas espíritas.

Epes Sargent

BASES CIENTÍFICAS DO ESPIRITISMO

Epes Sargent, famoso escritor norte-americano, conforme o demonstra a biografia que dele se traçou no início do livro, apresenta, em 360 páginas, seu trabalho de trinta anos de estudos, observações e pesquisas, firmado sobre fatos que provam exuberantemente a realidade do mundo invisível.

O Autor, entretanto, não fica no relato simples e cru de vasta fenomenologia; vai muito mais além, analisando, comentando, argumentando e, em ilações verdadeiramente geniais, envereda pelo aspecto filosófico-religioso da Doutrina Espírita.

É preciso que os confrades brasileiros leiam esta obra, que recomendamos insistentemente.

*

Dr. José Lapponi

HIPNOTISMO E ESPIRITISMO

Escreveu esta interessante obra, por mais estranho que pareça, um adversário do Espiritismo, protomédico do Vaticano ao tempo dos Papas Leão XIII e Pio X, ambos seus clientes e amigos.

A argumentação sincera do Autor, médico e professor de Antropologia, é digna de respeito, merece conhecida de todos os espiritistas e, também, dos católicos em geral, principalmente dos católicos que, sem qualquer estudo aprofundado e sem experimentação alguma, se põem a repetir tolices e infantilidades que leram em livros suspeitíssimos e de nenhum valor convincente.

Áspero, até mesmo violento ao se referir ao Espiritismo, e melífluo com a religião a que estava ligado, foi, entretanto, claro, sincero e incisivo nos seus relatos.

Impressão e Acabamento GRÁFICA LIDADOR LTDA.
Rua Hilário Ribeiro, 154 - Pça da Bandeira - RJ
Tel.: (21) 2569-0594 • Fax: (21) 2204-0684
e-mail: lidador@terra.com.br